U0530774

教育部人文社会科学研究规划基金项目《中国职业教育原创困境与范式转换研究》（项目批准号：15YJA880045）资助。

中国传统职业教育"断代工程"研究：
基因谱系

ZHONG GUO CHUAN TONG ZHI YE JIAO YU
DUAN DAI GONG CHENG YAN JIU:
JI YIN PU XI

路宝利　著

中国社会科学出版社

图书在版编目（CIP）数据

中国传统职业教育"断代工程"研究：基因谱系／路宝利著．—北京：中国社会科学出版社，2018.10
ISBN 978-7-5203-3221-7

Ⅰ.①中… Ⅱ.①路… Ⅲ.①职业教育—教育史—中国 Ⅳ.①G719.29

中国版本图书馆 CIP 数据核字（2018）第 220412 号

出 版 人	赵剑英
责任编辑	喻　苗
责任校对	赵雪姣
责任印制	王　超

出　　版	中国社会科学出版社
社　　址	北京鼓楼西大街甲 158 号
邮　　编	100720
网　　址	http://www.csspw.cn
发 行 部	010-84083685
门 市 部	010-84029450
经　　销	新华书店及其他书店
印刷装订	环球东方（北京）印务有限公司
版　　次	2018 年 10 月第 1 版
印　　次	2018 年 10 月第 1 次印刷
开　　本	710×1000　1/16
印　　张	21.25
插　　页	2
字　　数	338 千字
定　　价	89.00 元

凡购买中国社会科学出版社图书，如有质量问题请与本社营销中心联系调换
电话：010-84083683
版权所有　侵权必究

前　言

在中华民族复兴之路上，依托由中国道路、中国理论、中国制度构成的"三位一体"的中国模式至关重要。作为其中一个组成部分，职业教育如是。问题是，在中国百余年"被现代化"历程中，"西方话语"渐次主导了本土模式，遂使包括职业教育在内的自然进程遭到"断裂"。换言之，职业教育"中国话语"呈整体性被遮蔽甚至遗失，但"西方话语"最终不能破解中国问题，当下中国职业教育内在困境逐一凸显，此即关键因素之一。遂厘清传统社会匠人、匠制、匠道的基本框架，即重构职业教育"中国话语"之逻辑起点与基因谱系。尽管与之有别，但颇受"夏商周断代工程"启鉴，是故以此命名。

匠人，即手工业者。本研究试图超越这一惯常理解，遂采介先秦管子"四民分业"的政策规制，包括士、农、工、商四部分。之所以如此，关键在于，与儒学相比，"四业"多属技艺承传。以现代话语诠释，其间以"技术知识"、"缄默知识"或"实践知识"成分居多。秦汉之后，"士"成为知识分子的代称，故仅有部分属于该范畴，以"匠士"相称谓。农人、工者、商贾与"匠士"有所不同，完全归于掌握行业技艺的庶民。诸业之兴衰与农耕文明的文化底色息息相关，这些于士策、农策、工策、商策层面多有凸显。诚如"农本商末"与"农商俱利"有别，其结果自然有异。正如长期"农本"之策使农艺发明从三皇五帝至清末相继不辍，而商贾技艺虽起于商代，发展于唐宋，但辉煌时已进明清。言及匠人，传统"匠籍"制度不能逾越。设若将"匠籍"制度仅仅视作被"奴役"则有失公允，在一定意义上，"匠籍"制度对于确保技艺"家传"至关重要。自夏禹开端，商代发展，至西周成熟的"职业为氏，行业族居"的制度逐渐成为一种文化,并成为"匠籍"制度的习俗积淀。可以说,商代起对于"匠人"的垂青一直盛行于整个封建历史时期。当然,其间糟粕需有辨析。问题在于,《大学》《中庸》《论语》《孟子》等儒家经典世人皆耳熟能详,但是,东周《考工记》、宋代《营造法式》等却鲜有人知。事实上,诚如吴国盛在《科学的历程》中所揭示的:"推动人类文明进步的有两个传统,一个是哲学家传统,一个即工匠传统。"① 这正是阐论匠人部分的主旨所在。

匠制,即匠人生产与技艺传承的制度设计。本研究主要因循两条主线。其一是行业主线,即不同行业之间传承制度之异,诚如农业传承的"劝课农桑",工业传承的"学徒制";其二是技艺特征主线,即具有不同特征的技艺之间传承制度之别,正如民间工艺一般采介"箕裘相继"或"学徒制",官府工艺则是"艺徒制"。中医、艺术等则依托于专门职业学校,中国第一所职业学校——"鸿都门学"即是如此。诸制度间既有共性,又有个性,以现代话语阐释,即"产教融合""教、学、做一体"构成诸制度共同的特征。但其间又差别各异,譬如"学徒制"的"师门文化"、"职官制"的"畴人世学"、"艺徒制"的"物勒工名"等皆各具特色。问题在于,即便是手工时代,匠人培养制度皆如此之丰富,故近代以来完全以"学校制"一统天下自然不妥。当下,在世界范围内探究"现代学徒制",是对职业教育传统的一种"回归"。前人之宝贵经验,学界不能视而不见,这是当下设计现代职业教育制度体系的逻辑起点之一。只是于民间"隐性"存留的传统制度需经"现代化"的变革,继而在传统与现代的张力空间中构建本土职业教育制度框架。

匠道,即"工匠精神"。其对"中国制造2025"至关重要。在一定意义上,中国可参照日、德先进工艺,但不可照搬整个匠人体系,作为一种历史和文化的存在,其间的"工匠精神"尤其如此。当下言及德国工业4.0之时,每每引述德国"工匠精神",这既是长期"被现代化"过程中由"西方话语"遮蔽所致,也在另一维度表明,德国"工匠精神"从未停止自然现代化之脚步,遂而使传统性与现代工业融合一体。支撑"中国制造2025"务须中国"工匠精神",故需在"西方话语"遮蔽中,

---

① 吴国盛:《科学的历程》,北京大学出版社2002年版,第14页。

在民间工艺传承中，在历史文化记述中，剥离出本土的、传统的"工匠精神"是为起点。本研究在掌握翔实匠人、匠艺材料基础之上，揭示出由通艺通道、德艺兼求、维新守庸、强勉拙诚、民生家国所构成的中国本土"工匠精神"框架。与西方相比，有三点特质，即在走向、取向与信仰维度所彰显的特殊品性。就走向而言，欧洲"匠道"最终走向科学，中国"匠道"则最终走向艺术；就取向而言，欧洲"匠道"最终生成视"职业"为天职的"职业主义"[1]，中国"匠道"则最终顺应于自然之"道"；就信仰而言，欧洲"匠道"最终皈依上帝，中国"匠道"则终蕴家国情怀。二者各具特色，难分伯仲。当然，揭示该框架不是终极目的，而是视之为走向自觉现代化"重建"之路的逻辑开端。

本研究是职业教育中国话语之"传统"部分，是一种全景式、事实性描述，尽管其间多是本人个体的诠解，但并没有着意作出个人主观性的价值判断，故其价值更多属于文献层面。但历史的价值并非只拘囿于文献功用，因为"历史"是"现实"的逻辑起点，"现实"则是"历史"的延续。研究并没有就此终止，接下来，将聚焦于中国职业教育"断代工程"研究，本书是其基础。

在谋篇布局之时，本研究受美国学者桑德斯《匠人》一书启发，故以匠人、匠制、匠道三部分搭建出中国传统职业教育——基因谱系的基本框架，但并没有照搬该书一味"叙事"之手法，而多有个体"建构"之元素。但由于本人史学修养及对职业教育理解之局限，难免有错误与偏颇之处，敬请学界同人批评指正！

著　者

2017.6 于江城

---

[1] Clarke, L., Winch. C. A European skills framework?—but what are skills? Anglo-Saxon versus German concepts [J]. *Journal of Education and Work*, 2006 (3): 255-269.

目　　录

第一部分　匠人

第一章　匠士 …………………………………………（3）
第二章　农人 …………………………………………（32）
第三章　百工 …………………………………………（66）
第四章　商贾 …………………………………………（115）

第二部分　匠制

第五章　治事之学 ……………………………………（157）
第六章　职官制度 ……………………………………（176）
第七章　修业学馆 ……………………………………（190）
第八章　劝课农桑 ……………………………………（203）
第九章　学徒制度 ……………………………………（217）
第十章　艺徒制度 ……………………………………（236）
第十一章　箕裘相继 …………………………………（247）

第三部分　匠道

第十二章　通艺通道 …………………………………（261）
第十三章　德艺兼求 …………………………………（271）

第十四章　强勉拙诚 …………………………………………（281）

第十五章　维新守庸 …………………………………………（292）

第十六章　民生家国 …………………………………………（306）

结语 ……………………………………………………………（317）

主要参考文献 …………………………………………………（327）

后记 ……………………………………………………………（331）

第一部分

匠　人

第一章

匠　士

作为"四民"之首，即便在世界范围内，中国"士"阶层仍是一种独特的文化存在。甚至可以说，中国知识分子所有的内在含蕴几乎都在"士"阶层中得以表达。"士"在中国早期社会并不明朗，从其他阶层中分化开来已是进入阶级社会之事，匠士则属"士"阶层中的一部分，带有"士"的底色，也涵括自身的独特性。

一　士子

在历史演进中，分工推进了人类文明的进程，体、脑分离尤为如此。诚如马克思、恩格斯所指出的："分工只是从物质劳动和精神劳动分离起才开始成为真实的分工……从这时候起，意识才能摆脱世界而去构造'纯粹的'理论，诸如神学、哲学、道德等。"[1] 同理，就中国而言，"士"阶层的产生与崛起，对于推进古代中国学术思想、科学技术、教育事业飞跃式发展尤为重要。

"士"最早可追溯至原始社会末期，或言"第四次"社会大分工之时。考古发现，在原始社会末期遗址中，其随葬品无论是数量还是质地皆表明社会已出现剩余产品，这成为一部分人可以不从事直接生产劳动的基础条件。脑力劳动与体力劳动分离终使专职"文化人"出现，诸如巫、卜、史、贞人等皆是体、脑分工的标志。自此，教育开始分化为培养"劳心者"与"劳力者"两种类型。但由于知识尚未从生产中完全分

---

[1] 《马克思恩格斯选集》，人民出版社1979年版，第312页。

化出来，因此，尽管原始知识分子脱离生产，但工作中技术操作取向明显。以"巫"为例，作为脱离物质生产最早的知识分子，且为掌管宗教、巫术、医药、天文历法和文字记录的专业人才，显然，在其工作中"科"少"技"多。

至夏商周，"士"阶层属于具有一定技艺的末层贵族，在王朝、诸侯宫廷和基层管理机构中任职事官，或在卿大夫采邑中任邑宰、家臣，一般称为宗法"士"。有三点主要特征：在本质上，与百工、商旅、农夫皆属职业划分，即职事官吏士；在标志上，是掌握知识技能的典型群体；在教育上，接受"六艺"浸濡，具有实用技艺的特征。[①] 西周时期，宗法"士"阶层知识技能世传成为当时的重要载体。

春秋战国时期，空前的思想解放运动形成多样化人才观。由于争霸之需，官吏世袭制度被打破，各诸侯国皆以不同方式聚集人才，养士之风盛行。春秋战国之"士"，根据职业特征可分三类，即学术圣贤、职业政治家、匠器之士。[②] 孔子、孟子、老子、庄子、墨子等皆属学术圣贤，分别开启了中国儒家、道家、墨家等思想流派，尽管其弟子之中涵括匠器之士，但诸学术圣贤开启了中国特色的学术体系，与西方穷自然之理的学术体系不同，孔子等人完成了中国探究人文之理的学术体系。以儒家为例，自东周奠基以后，先后经历了宋明理学、心学以及清代实学的沿革。其一直依托于国家正规的教育体系，隶属于国子监管理体制，且一直主导科举考试的内容。如唐代之后四书五经成为中国古代读书人必读必考之书，太学则分置五经博士。[③] 孔子等圣贤开启的学术体系与匠器之士、农夫、百工、商贾构成的职业教育体系截然双轨。另外，管仲、苏秦、张仪、商鞅、李斯等皆为春秋战国时期杰出的职业政治家，虽曾为"士"，但与门客、基层官吏实属不同。在"士"群体之中并非皆有"治国平天下"之才，各种人才皆具备。因此，春秋战国新兴"士"阶层三类职业中，将身处基层、以一技之长安身立命的"执事官吏"，统称"匠士"，包括算学、数学、医学、天文学等领域的"技术职官"，且一般

---

① 路宝利：《中国古代职业教育史》，经济科学出版社2011年版，第20页。
② 同上书，第57页。
③ 毛礼锐、沈灌群：《中国教育通史》（第三卷），山东教育出版社2005年版，第169页。

以"宦学"或"专门学校"形式培养。

与春秋战国有别,国家统一成为秦汉时期的主要特征。比较而言,诸侯争霸,群雄以"士"争得天下。作为一个活跃的阶层,"士"因具备知识、谋略、技能而被诸侯所重用。国家统一,则社会安定备受统治阶级关注。为了保证政治正常运转,需大批官吏去治理。与春秋战国时期以"士"夺得天下相比,秦汉则需以"吏"治理天下,"吏"成为一个重要的职业阶层。当然,"吏"伴随国家产生而产生。在《说文解字》中,许慎有言"吏,治人者也。从一从史"。事实上,"吏"在西周文献中已有记载。诚如《礼·曲礼》中有"五官之长曰伯,是职方,其于天子也,曰天子之吏"之说。又《周礼·天官·大宰》中有"八则,三曰废置以驭其吏"。而在《左传·成二年》中有"王使委于三吏",等等。秦朝实行"以法为教""以吏为师"之政策。[①] 知识分子"士"并未消亡,但"士"与"吏"成为不同的群体,只是部分"士"成为"吏"而已。

事实上,秦汉"吏"阶层与古代"设官教民"职官制度已经不尽相同,因为秦汉之"吏"业已成为封建政治制度体系中的工具,其官僚化趋向日益浓化。但在另一维度,与历史演进亦不无关系。至原始社会末期,公职人员往往与知识分子同一。据记载:自舜始设置有文化的公职人员,即《尚书·舜典》中所谓"命汝典乐,教胄子"。亦有《史记·五帝本纪》中"契,百姓不亲,五品不驯,汝做司徒,而敬敷五教,在宽"一说。并且,教育分化的同时促使教育等级性出现,"官师"底色渐次形成。由此推断,汉代起,"士"阶层对于官宦的追求不足为奇。"学而优则仕"成为重要的文化特征。但终究"士"精神与"吏"文化殊异,此张力对于知识分子群体人格至今尤有影响。

概而言之,秦汉时期,以"吏"治天下替代了春秋战国时期以"士"争天下。"吏"阶层始为中国封建社会特殊与重要的职业群体。尽管"吏"逐步彰显官僚化趋向,但汉代"宦学"之中仍然存有职业教育元素。另外,秦汉天文、历法尤其是医学职官教育出现了历史跨越。秦汉之后,"匠士"之中不乏"墨家"的后人,但一般多指等级社会中的"执事官吏",该现象一直延至封建社会的末期。

---

① 《韩非子·五蠹》。

二　士策

士策，即史上诸代对于"士"阶层的政策取向，旨在解析"匠士"阶层取得卓越技术成就的社会归因。其中，最重要的显然是其政治地位如何。事实上，自原始社会末期至西周，"士"尽管与农、工、商合称"四民"，但同时隶属低级贵族，只是，春秋战国之后，"士"的贵族底色逐渐褪去，完全属于"四民"之行列，即便是"执事官吏"，也处于整个官僚体系的底层。

西周时期，"士"是居于大夫之下、庶人之上的低级贵族。但与世袭的王公贵族根本属性不同，其与农、工、商皆称为"民"且居于"四民之首"。在《周官·春官·大宗伯》中有此记述："以禽作六挚以等诸臣，孤执皮帛，卿执羔，大夫执雁，士执雉，庶人执鹜，工商执鸡。"在另一维度，处于官僚底层的"士"阶层不过为诸种社会身份、职业划分之一，与百工、商旅、农夫等一般无二。诚如在《礼记·少仪》中有言："问士之子长幼，长，则曰'能耕矣'。幼，则曰'能负薪'、'未能负薪'。"在一定意义上，"士"更因处于贵族与庶人之间的特殊地位，故知书达理之外，其子须任耕种薪采之事。又《孟子·万章下》曰："下士与庶人在官者同禄"，所谓"庶人在官者"又可称"不命之士"，因士的下层与庶人地位相近，又有"士庶人"之称谓。另外，"士"阶层具有很强的流动性。庶民上升为"士"与"士"降为庶民皆为惯常之事。在《作雒》中有"农居鄙，得以庶士"一说，另《齐语》有言：农民"其秀民之能为士者"，皆证明庶人可上升为"士"的制度。可以说，作为不稳固的末层贵族，西周宗法"士"阶层实为具有特殊职业身份之"民"。

春秋战国时期，周室衰微，诸侯争霸，宗法制度被突破。"士"完全成为身份自由的知识分子。与西周末层贵族"士"因宗法制度仅为"执事官吏士"的单一身份不同，春秋战国之"士"身份地位差异显著。既有如管仲之为相，又有"鸡鸣狗盗"之徒，更多为贵族门客。之所以如此，源于春秋战国争霸时期"养士"之风盛行。该风气源于春秋，盛于战国。诚如齐桓公"养游士八十人"，后成为春秋五霸之首。至战国时期，先是公室"用士养士"。国君如秦穆公、魏文侯、齐威王、齐宣王、梁惠王、燕昭王等都一度"尊贤使能",争取人才。如秦王对范雎,"敬执宾主之礼"①。随后私门"养士用士"也蔚然成风,如荀子曾带徒依附于春申君,公孙龙曾带徒充当平原君的门客。齐国的孟尝君(田文)、赵国的平原君(赵胜)、楚国的春申君(黄歇)、魏国的信陵君(魏无忌),养士皆数以千计,他们对"士"恭谨有礼,史称战国"四公子"②。一时"士"之地位极高,更有如"平原君因士杀妾"等范例。

汉代思想家王充曾指出:"六国之时,贤才之臣,入楚楚重,出齐齐轻,为赵赵完,畔魏魏伤。"③ 因此,《战国策》记载"士"在春秋战国之际地位很高,即"朝为布衣,夕为卿相",甚至有的知识分子被王侯尊称为师。在《史记·田敬仲完世家》中记载:"宣王喜文学之士,自如邹衍、淳于髡、田骈、接予、慎到、环渊之徒 76 人,皆赐列第,为上大夫,不治而议论。是以齐稷下学士复盛,且数百人。"关于这些"士"的待遇,在《孟子·荀卿列传》中记载道:"齐王嘉之,自如淳于髡以下,皆命曰列大夫,为开第康庄之衢,高门大屋,尊宠之。"④ 春秋战国之所以成为文化和教育的黄金时代,与"士"之贡献有直接关系。

由于"士"为处于统治者与庶民之间的活跃角色,因此极不稳定。尤其受到"学而优则仕"的文化影响,"士"阶层职业性质以及所受教育的职业属性更加淡化。春秋战国之后,部分"士"阶层明显成为官僚的代名词,尤其是秦汉之后,"匠士"阶层主要指"技术职官"。直至清代,覆盖天文、历算、医、工、商、厨等各领域的天文官、医官、工官、商官等皆属此列。与"士"的其他部分不同,"技术职官"尽管官职不高,但由于专于此道,其间没有如从汉代孔融至明代方孝孺等大儒对于政治的威胁,因此,政治待遇稳定甚至偶有颇受欣赏之事。

秦汉初期用人,主要视军功与资叙。汉代逐步建立诸如察举、皇帝征召、公府与州郡辟除、私人举荐、任子、考试、纳赀(资)等制度体系,创制出"四科取士"标准并察举与考试相结合的选材形式。⑤ 社会对

---

① 《战国策·秦策三》。
② 毛礼锐、沈灌群:《中国教育通史》(第一卷),山东教育出版社 2005 年版,第 145 页。
③ 《论衡·效力》。
④ 杨宽:《战国史》,上海人民出版社 2003 年版,第 464 页。
⑤ 林剑鸣:《秦汉史》,上海人民出版社 2003 年版,第 319 页。

人才的需求，导致汉代官学与私学之发达。"太学"诞生，其标志中国古代"大学"制度的确立，并逐步形成太学、宫邸学、鸿都门学以及郡国学校等组成的官学体系。以此为基础，官学与私学并盛。据《史记·龟策列传》记载，汉武帝时由重武功改为"德行道艺"，唯视品学才绩"博开艺能之路，悉延百端之学，通一伎之士，咸得自效，绝伦超奇者为右，亡所阿私"。汉代选官制度中，以察举制度为最，汉代察举科目繁多：孝廉、茂才、贤良方正、文学、明经、明法、尤异、治剧、兵法、阴阳灾异、童子科等。此外，还有诸多临时特定科目。如哀帝初诏举吏民"能浚川疏河者"；又平帝元始五年，王莽秉政，曾举行过一次规模巨大、范围甚广的荐举，即"征天下通知逸经、古记、天文、历算、钟律、小学、史篇、方术、本草及五经、《论语》《尔雅》教授者，在所为驾一封轺传，遣诣京师，至者数千人"①。汉代察举取士促进了专门人才的培养。比较而言，民间医户地位不高，被视作商人对待。如王莽新法规定："工匠、医、巫、卜视及他方技、商贩、贾人，皆各自占所为于其所之。"②

魏晋南北朝时期，社会变革与动荡并存是为显著特征。其间近400年，尽管政治与经济状态起伏不定，但也因此缔造出实业发展、民族融合以及科技与文化的大繁荣。即便在职业教育领域亦形成"继汉开唐"之发达局面。考究其职业教育发展，其主要特征是培养"实才"的专科学校诞生，儒家"致仕"的单一人才观被打破，多元"人才观"无论从思想上或是实践层面皆得以彰显。官学与私学多元并存的办学局面，推进了佛、道、玄学盛行以及文学、史学、自然科学发达。三国魏明帝置律博士，教授刑律，招收律学弟子，这是我国古代法律分科设学之始。在数学、农学、地理学、天文历法、机械制造、冶炼技术、医学等许多方面又多有创新。专科学校产生，技术职官颇受重视，也颇具贡献。其中，祖冲之圆周率的计算、北魏郦道元《水经注》、贾思勰农学著作《齐民要术》、葛洪炼丹术等最为著名。科学与技术繁荣反过来推动了农业、

---

① 林剑鸣：《秦汉史》，上海人民出版社2003年版，第320页。
② 同上书，第631页。

手工业等领域的发展。①

唐代开放且多元文化并存。诚如张广达所指出的："在中国历史上，唐代是一个少有的既善于继承，又做到了兼收并蓄的朝代。"②亦因此促进了唐朝文化的大繁荣，此在文学、艺术、宗教等领域皆有鲜明的体现。甚至，在唐初百余年间，科学技术得到了朝野人士的普遍重视。先后有武后、玄宗、德宗分别著有农书和医书，文武大臣则有不少从事过医药、化学、建筑、水利、农业、机械制造等工作。据《唐六典》及新、旧《唐书》记载，士子凭借自己的科学知识和技术即可参加科举考试，获得职位，甚至可以官拜尚书，遂使科学技术在民间亦受到重视。中唐以后，国家离乱，战事频繁，学校不存，科学技术的传播主要由私学承担。因此，中晚唐时期，朝廷欲求科技人才往往需到民间访求。

宋代政治环境宽松。宋法规定皇帝不可在朝廷之上鞭打大臣，不准对公卿辱骂等，另有"不得杀士大夫及上书言事人"，"子孙有渝此誓者，天必殛之"的"誓牌"，历代皇帝皆严格执行这一祖训。③宋朝没有文字狱并专门建立了言官制度。开明宽厚的政治氛围，造就了范仲淹、欧阳修、王安石等伟大的变法者。宋代采取"右文"文教政策。重用文官、倾向文治。宋太祖明确提出"宰相须用读书人"④。自皇帝均亲历宣扬读书之道，宋太宗自谓"朕无他好，但喜读书，多见古今成败"⑤。宋真宗所作的《劝学诗》中"富家不用买良田，书中自有千钟粟。安房不用架高堂，书中自有黄金屋……"皆在大力宣扬读书的好处及重要性。⑥改革科举制度，扩大录取名额，提高科举及第后的待遇。宋代统治者重视书籍的收集整理、编校和刊印，为此，还专门建立图书管理和研究的官方机构，如昭文馆、史馆和集贤院，史称"三馆"。宋代历史上三次兴学即庆历兴学、熙宁兴学、崇宁兴学，极大促进了教育发展。⑦宋代重视并鼓

---

① 毛礼锐、沈灌群：《中国教育通史》（第二卷），山东教育出版社2005年版，第252页。
② 张广达：《唐代的中外文化汇聚和晚清的中西文化冲突》，《中国社会科学》1986年第3期。
③ 《避暑漫抄》。
④ 《续资治通鉴·卷四》。
⑤ 毛礼锐、沈灌群：《中国教育通史》（第三卷），山东教育出版社2005年版，第6页。
⑥ 同上书，第7页。
⑦ 同上书，第13页。

励科技发明。在《中国科学技术史》一书总论中，李约瑟指出："对于科技史专家来说，唐代却不如宋代那样有意义，这两个朝代气氛不同。唐代属于人文主义，宋代则着重科学技术方面。"① 宋代曾颁旨组织制作大型天文仪器，下令采访"医术优长者"，对于重大发明，皆给予奖励。据《宋史·兵志》记载，故导致"吏民献器械法式者甚众"。譬如，冯纪生因进献火药法而赐给衣物束帛，高宣因制造八车船而受到赞扬等。宋时，科技人才得以提拔重用。如科学家沈括在京师昭文馆编校书籍时开始研究天文历算，不久便任提举司天监，后官至龙图阁大学士。于开宝三年（970年）正月发布的《举孝悌》文中，虽要求孝悌彰闻、德行彰著，搜乡曲之誉、为王庶所服者方可被举，但又规定，有奇才异行者不拘此限。这种学习、研究和传授自然科学的风气，至金元之际形成高潮，遂在这一时期人才辈出，沈括、苏颂、韩公廉、毕昇、宋慈、李诫等将宋代科学技术推至封建时代的高峰。宋代理学盛行，其中亦涵盖科技教育因素，且研究成果广泛应用于天文、历数、音律、丈量、罗盘与巫占等各方面。其中，蔡元定、蔡沈、朱熹等为代表人物。②

元代近百年，承接唐宋科学技术并拓展出卓越成果。由于统治需要，元代重视科技人才，因此涌现出许多著名的科学家和技术发明家，诚如撰著《农书》的王祯，革新纺织术的黄道婆，天文学家郭守敬等。与唐宋比较，尽管元代培养技术职官的专科学校从总体上处于不发达并有衰落之征兆，但是其医学以及天文学职业教育出现新的特点并有所进步。

明万历至清康熙100余年，西方近代科学知识渐次涌入中国。在时序上，与耶稣会传教活动及欧洲资本主义殖民扩张相伴随。总体上，对于西方近代科学知识采取较宽松、开明之政策。作为中西科学文化的第一次交流，对中国科技教育产生了深远影响，并在天文、历法、数学、测量等方面提供了新的经验。明时专科学校与唐宋相比有所衰退，一直不景气，直到万历末年，才逐渐复苏、回升。据考释，算学在明一代未曾设立。洪武二十五年虽命国学生员兼习射、舆、书、数之法，但只是"兼习"，故要求很低，只需掌握《九章》之法。天文、历法亦处于低潮。

---

① ［英］李约瑟：《中国科学技术史》，科学出版社、上海古籍出版社1990年版。
② 毛礼锐、沈灌群：《中国教育通史》（第三卷），山东教育出版社2005年版，第559页。

但同时萌生了现代因素,如四夷馆外语专科学校出现。① 明时实行军户制度,武人世职,故武学颇受重视。公元1582年,意大利传教士利玛窦乘船至广东,1601年身穿儒服到北京朝见万历皇帝,揭开了"西学东渐"的帷幕。之后陆续来华传教、颇负盛名并掌握一定科学知识的耶稣会士还有南怀仁、艾儒略、熊三拔等,皆与在朝为官的士大夫如徐光启、李之藻等人来往,亦得到自万历到乾隆等一些皇帝的赏识。汤若望、南怀仁等人先后担任钦天监监正之职,参与过明末清初修改历法的工作。② 其间,诸传教士介绍了西洋历法,编制了天文计算表,引进了望远镜等天文观测仪器,协助培养了一批精通西方历算的人才。但由于封建制度的局限以及中国传统科技文化的特质,"西学东渐"仍受到一定的拘囿。

至清,可谓政治专制与吏治严格并存,经济破坏与恢复发展并存,民族冲突与融合进步并存,文化垄断与实学突破并存。比较而言,官方和学术界皆轻视科学技术和生产技术,故该方面的成就受到限制。实施文化专制政策,则制造出多起文字狱,甚至导致思想上"万马齐喑"之局面。康熙本人遂注意学习西洋科学,遗憾的是,却不在知识阶层加以提倡。因此,历法、医药、建筑等较前朝只是略有发展,而如"鸟铳"等发明因未推广而失传。但由于诸皇帝个人兴趣之故,科技之"士"偶得青睐。清代第一位皇帝顺治对汤若望的渊博学识非常敬佩,多次向他进行天文咨询,鉴于他制定的精密历法,赐予"通玄教师"的称号。康熙帝为弄懂天文学,自幼热心向传教士学习天文和数学,注意理论联系实际,亲自参加科学研究实验。因而在他亲政后能纠正"杨光先教案",为汤若望等人的冤案平反,并迅速恢复使用西法制历,继续任命传教士主持钦天监业务工作。康熙、乾隆还亲自视学钦天监,诏见师生。召集中外科学家在皇宫为其讲解自然科学知识时,常命科技专科学校官学生旁听。③ 蒙古著名科学家明安图,在钦天监学习时,就有幸到皇宫去听讲。他的学生陈际新对此有所记载:"明静庵(明安图的字)先生自童年

---

① 路宝利:《中国古代职业教育史》,经济科学出版社2011年版,第279页。
② 毛礼锐、沈灌群:《中国教育通史》(第三卷),山东教育出版社2005年版,第579页。
③ 同上书,第577页。

亲受数学于圣祖仁皇帝，至老不倦。"① 康熙巡幸热河避暑山庄，曾让一批著名科学家和钦天监师生随行，《清史稿》卷四十五志二十："上亲临提命，许其问难，如师弟子。"② 清廷组织大规模舆地测绘时，雍正曾命何国宗（当时著名测量学家）"将算法馆行走，明白测量人员，带去测量河道"。乾隆帝对天文工作亦非常重视。《历象考成后编》和《仪象考成》星表也是在他主政时完成的。清代实学兴起，因此，一些在科技方面学有专长者，常被聘为幕僚，如著名水利专家陈潢被靳辅聘为幕僚，协助治河工；又如著名文学家，在医学、农学、天文学都有所涉猎的蒲松龄，曾任宝应县知县的幕宾等。清代最大的官僚学术幕府是阮元幕府。有学者统计，曾在阮元幕府游幕的学人达120余人。"阮元幕府可以说汇聚了乾嘉之际以至道光几乎所有在野的一流汉学家以及众多知名的诗文作家。"这些学人中包括了该时期绝大多数一流科学家。如凌廷堪、程瑶田、焦循、张鉴、李锐、凌、吴兰修、汪莱等。③ 在当时的"官科技"共同体内部形成了一个以阮元为核心的科学家群体。另外，梅文鼎做过大官僚李光地、裕亲王的"西席"。据统计，清代做过幕僚的知名科技专家达128人。清代科举考试除普选（正科）之外，还有特选（特科），即"博学鸿词科""经学特科""孝廉方正科"等。自康熙至乾隆，在取中的50人中有"名士"朱彝尊，擅长食品科学、医学，著有《食宪鸿秘》；汤斌曾任工部门尚书；潘耒擅长历算之学，纂修《明史》，主纂《食货志》；毛育龄、尤侗等人，均被授予翰林院官职，此特科被称作"得人极盛"④。经过科举选拔的人才皆是以经学为主的"通才"，这些"通才"恰恰成为科技主体。

三　士典

士典即"士"阶层撰著的与职业技术相关的典籍。由于受到"君子

---

① 李迪：《蒙古科学家明安图》，内蒙古人民出版社1978年版，第3页。
② 同上书，第4页。
③ 罗士琳：《续畴人传》；诸可宝：《畴人传三编》。
④ 毛礼锐、沈灌群：《中国教育通史》（第三卷），山东教育出版社2005年版，第396页。

不器"的文化拘囿,"士"阶层著书立说往往不以周遭生产生活为主体,而是如北宋大儒张载所标榜的士子志向,即"为天地立心,为生民立命,为往世继绝学,为万世开太平"的圣贤之典。如此,出自"士"的关乎生产性的典籍记述甚少,即便有也被淹没于"四书五经"之中,或是在圣人著书中"片段式"的记载。但是,东周之后,"匠士"中多为技术职官,该群体之著述则为士典的重要组成部分。

夏商周时期,已有典籍涵括与技术相关的记述。诚如《尚书·尧典》记写了"敬授民时"之说;巫咸,商代太戊帝之国师,用筮占卜的创始者,著名的占星家,曾作《咸乂》;再有,《礼记·月令》开农家月令先声;《周礼·天官冢宰》记述"医师掌医之政令,聚毒药以共医事。食医掌和王之六食、六饮、六膳、百羞、百酱、八珍之齐。疾医掌养万民之疾病。疡医掌肿疡、溃疡、金疡、折疡之祝药,刮杀之剂。兽医掌疗兽病,疗兽疡"。说明当时已有食医、疾医、疡医、兽医之分;《周礼·地官·司徒》则提出"土宜之法",所谓"辨十有二土之名物"用以安排农事。如此等等。

春秋战国时期,诸子百家中对于技术知识偶有提及的,如《论语·学而》提出"使民以时"等,但对于职业技术内容多有涉猎者,当属《管子》《墨子》和《吕氏春秋》。其中,《管子》一书彰显了管子政治家眼光,除提出"四民分业定居"理论外,与职业技术有关的还提出"君择臣而任官,大夫任官辩事,官长任事守职,士修身功材,庶人耕农树艺"即"五务"的分工思想①;基于"是故其父兄之教不肃而成,其子弟之学不劳而能……"的认识,首提"同业相聚,父子相承"技艺传承范式;尤其手工业"相良材……相语以事,相示以功,相陈以巧,相高以知事……"、农事"审其四时……深耕、均种、疾耰。先雨芸耨,以待时雨"、商者"观凶饥,审国变,……料多少,计贵贱,以其所有,易其所无,买贱鬻贵……"② 等方面以"深描"的方式刻画出技艺传承的"场景叙事"。《墨子》一书刻画了墨子庶民之底色。与儒家"君子"有别,墨子试图将"农与工肆之人"培养成各从事其所能的"兼士",其

---

① 《国语·齐语》。
② 《管子·小匡》。

中,"厚乎德行""辩乎言谈""博乎道术"是为标准。① 与儒家"仁者在上"政策有别,墨子提出以"富贵敬誉"激励有"技"者,即"譬若欲众其国之善射之士者,必将富之、贵之、敬之、誉之,然后国之善射御之士可得而众也";墨子强调以"强力从事"为职业道德,强调王公大臣、士君子、农人、妇人等皆需做好分内之事。其力主"赖其力者生,不赖其力者不生"。墨门师生"多以裘褐为衣,以跂蹻(草鞋)为服,日夜不休,以自苦为极"②,即他们穿粗衣,着草鞋,日夜操劳,食不得饱,自觉地同"贱人"为伍。墨子以"譬若筑墙然,能筑者筑,能实壤者实壤,能欣者欣,然后墙成也"比喻因材施教之理。在《墨子·耕柱》中,另以木、铁自然属性不同,大匠、巧冶的制器方法各异为例,对其进一步加以论述:"夫物有以自然,而后人事有治也。故良匠不能金,巧冶不能铄木,金之势不能,而木之性不能铄也。以为器,木以为舟,铄铁而为刃,铸金而为钟,因其可也,驾马服牛,令鸡司夜,令狗守门因其然也。"③《吕氏春秋》一书乃吕不韦门客所著,作为集百家思想于一体的著作,其中涵盖着天文、农业、手工等诸多知识与技术等。尽管吕门为杂家之流,但在诸侯门客之中亦多技能之士。

秦汉之后,"士"演变为中国知识分子阶层,与职业教育相关者有两类,即朝堂技术职官与民间方士。由于儒家思想为显学,鄙弃巫师、方士,故巫师、方士的行事和遗书亦多失传。《山海经》为古代记述众多技术的经典资料。《汉书·艺文志》曾将《山海经》列入数术略刑法家之首,与《相人》《相六畜》之类的巫卜星象之书混在一起。在《中国小说史略》中,鲁迅先生称其为巫书,"记海内外山川神祇异物及祭祀所宜……所载祠神之物多用糈,与巫术合,盖古之巫书也"④。就技术职官而言,经典颇多,农官、工官、商官所撰之著在以后诸章列述,此处仅以天文、历法、医学为例。汉代,刘向父子著《域分》,为疆域地理提供了资料;班固父子撰写《汉书·地理志》,编撰出我国第一部历史地理学

---

① 《墨子·尚贤上》。
② 《墨子·非乐》。
③ 《墨子·耕柱》。
④ 鲁迅:《中国小说史略》,江苏文艺出版社2007年版。

专著;《史记·天官书》则开创了史志记载历代科技成就的体例,为后世职官性职业教育提供了教材;经司马迁等人提议,公元前104年,汉武帝曾征召天文学家落下闳、邓平等20多位民间天文学家,制定《太初历》。① 再有,张衡著有科学、哲学、文学著作32篇。人们对宇宙的认识逐步深化,提出"浑天说"以及"宣夜说",在认识上具有进步性。秦汉时期,民间医学尤其以淳于意、华佗、张仲景等名医为代表,无论医学理论、技术抑或传承皆作出极大贡献。其中,张仲景《伤寒杂病论》奠定了中医学的基础理论。

魏晋南北朝时期,书学、算学、医学等专门学校发达,典籍涌现。北魏时殷绍,世祖时为算生博士,掌握《九章算术》《周髀算经》《七曜》等天算著作,并熟知堪舆之术,撰有《四序堪舆》一书。② 南朝宋大臣、天文学家何承天,对天文律历造诣颇深,曾上表指出沿用的景初乾象历法疏漏不当,奏请改历,史称《元嘉历》,订正旧历所订的冬至时刻和冬至时日所在位置,一直通行于宋、齐及梁天监中叶,在我国天文律历史上占有重要地位。其论周天度数和两极距离相当于给出圆周率的近似值约为3.1429,对后世历法影响颇大。兼通音律,发明一种接近十二平均律的新律,能弹筝,复擅弈棋,著作有《达性论》《与宗居士书》《答颜光禄》《报应问》等。何承天之外,祖冲之在刘家大明六年(公元462年)完成《大明历》,这是一部精确度很高的历法,如它计算的每个交点月(月球在天球上连续两次向北通过黄道所需时间)日数为27.21223日,同现代观测的27.21222日只差十万分之一日。律学名家层出不穷,形成了一个重要的社会职业阶层。其中,曹魏时期刘劭、卫觊,西晋时期杜预、刘颂、张斐,南北朝时期封氏家族等较为突出。其中,律学家杜预曾直接参与《晋律》20篇的制定工作。③ 三国时名医吴普、樊阿、李当之等是汉末著名医家华佗的弟子,皆颇负医名。吴普著有《吴普本草》,李当之著有《药录》,樊阿善于针灸。沿袭秦汉,魏晋南北朝方术之士有所发展,其中葛洪与陶弘景为杰出代表。方士"炼丹术"

---

① 《汉书》。
② 《魏书》。
③ 《晋书》。

涵盖着科学技术研究与传播，并成为中国古代化工技术的萌芽。受郑隐秘不示人的《九鼎丹经》《金液丹经》等典籍启发，深信其理，结合亲身体验，东晋葛洪著作《金匮药方》100卷、《肘后救卒方》三卷。①

唐时专科学校发达，并且已有成熟的教材。以算学为例，唐代算学课程有《九章》《海岛》《孙子》《五曹》《张丘建》《夏侯阳》《周髀》《五经算》《缀术》《缉古》《记遗》《三等数》等。②初唐高宗时，在官学中颁行了李淳风等人编著的"算学十经"，这是有史以来第一套由官方颁布的算学教科书。在其他科技学校中都详细规定了教科书的书目。历算类书463卷，《算经十书》集以往古算之大成，其中《九章算术》是最重要的一部，它对以后中国古代数学发展所产生的影响，正像古希腊欧几里得《几何原本》对西方数学所产生的影响一样。这10部算书中不少内容在数学上的成就具有世界意义：联立一次方程的解法，早于欧洲1500多年；《孙子算经》的"物不知数"解法，已包含了现代数论中著名的剩余定理的基本形式；《缀术》又记载了早于欧洲1000余年的祖冲之的密率……李淳风编撰《算经十书》，也正是由于进行了深入的研究，才能超过前人，纠正了"南北两地相距千里则日影长相差一寸"等错误结论。再有，书学有《说文》《字林》等③，律学主要有《律》《令》《格》《式》《法例》亦兼习之。④ 在天文历算方面，崔良佐曾撰《历像》《浑仪》等论著，据《畴人传四编》记载："卢肇，宜春，举进士第一。肇始学浑天之术于王轩，轩以王蕃之术授之。后因演而成图，又法浑天作《海潮赋》及图。"唐太史令庚俭，出生于天文占星世家，祖上四代皆长于天文历算。其先祖庚诜是著名数学家，曾著《帝历》，其曾祖庚曼倩曾著《七历术》和一些数学古籍，其祖庚继才原为周太史，后为隋代的著名天文学家。至唐代，该家族则造就了一位谙熟天文历算的庚俭。⑤ 隋唐两代的道教人士中，多有传授科技知识者。诚如对传习天文知识起重

---

① 《南史》。
② 《唐六典·国子监》。
③ 《新唐书》。
④ 《唐六典》。
⑤ 毛礼锐、沈灌群：《中国教育通史》（第二卷），山东教育出版社2005年版，第453页。

大作用的《步天歌》，就出自道士之手。① 再如李淳风的父亲李播"弃官为道士，号黄冠子"②，曾撰写过《大象元机歌》三卷及《大象历》等，据清人黄钟骏称"皆《步天歌》之类也"③，亦为传天文知识所用。医学领域，当推孙思邈。孙思邈（541—682年），耀州区孙塬镇孙塬村人。自幼天资聪颖，勤奋好学，七岁就学，日诵千余言。少年时就博涉诸子百家，被称为"圣童"，青年时即冲破世俗，不入仕途，立志学医，终成隋唐时代伟大的医药学家。孙思邈一生著作颇丰，代表作即《急备千金要方》（30卷）及《千金翼方》（30卷），被誉为中国最早的医药百科全书：一是首创复方治病；二是主张妇科、幼科独立设科；三是首创养生保健理论，创老年医学；四是提倡辨证施治；五是提出了针与灸综合治疗方法；六是创立了先进的医学预防思想；七是治病从营养上找原因；八是诊断手段上首创葱叶导尿术，其法早于西方1000多年，他采用的"验透膈法"是全球最早的透视诊断法，他的下颌脱臼复位法代表了当时世界最高水平；九是在心理治疗和心理影响等医疗心理学上也有独到建树；十是规范医学职业道德第一人，其中《大医精诚》至今仍可称为医德论述之圭臬。孙思邈重医术，更重医德，提出了"人命至种，有贵千金；一方济之，德逾于此"的基本行医准则。④

宋时，知识分子研讨科技的兴趣日益提高。司马光撰写《太元历》；苏轼研究医道，且收集的药方被编入《苏沈良方》（苏轼与沈括药方的合集）；屡任州学经师教授的曾元忠，著有《春秋历法》。宋代学者王应麟的专著《六经天文篇》，系统采缀六经中的天文知识，更为以往经学研究所未有。丁度《武经总要》为北宋官修的一部军事著作。大篇幅介绍武器的制造，分前、后两集，每集20卷。详尽记述北宋时期军队使用的各种冷兵器、火器、战船等器械，并附有兵器和营阵方面的大量图像。特别是第10卷至13卷，如《攻城法》《水攻》《水战》《守城》等攻战篇，不但记录了与这几种战法有关的兵器装备，还有防御工事和战舰的情况。

---

① 《新唐书·艺文志》。
② 《新唐书·方伎列传》。
③ 《畴人传四编·卷四》。
④ 《千金要方》。

世界上最早的天文钟是宋代科学家苏颂于公元1088年研制的水运仪象台，此成果比欧洲人早600年，被喻为"时钟之祖"。在《新仪象法要》一书中，苏颂相当详细地介绍了水运仪象台的构造，反映了当时科学技术的卓越成就。这部书还附有全图、分图、详图60多幅，多是透视图或示意图。美国天文学家海尔曾赞叹道："中国古人测天的精勤，十分惊人。黑子的观测，远在西人之前大约二千年。历史记载不绝，而且颇为确实，自然是可以征信的。"① 医学方面，方脉科教材以《素问》《难经》《脉经》为大经，以《巢氏病源论》《龙树论》《千金翼方》为小经。此外，各科另加该科的专著，如大方脉加学《伤寒论》等，针、疡两科去《脉经》，增三部针灸经。宋时，曾修订《新修本草》，其他如《素问》等医学名著也有新的注本和校订本，这些也是医学的学习用书。宋太宗时，编辑了《太平圣惠方》；后来据此书选编了《圣惠选方》作为教材。② 宋代医学为使教学更为直观，多采用图解、教具，如《仲景三十六种脉法图》、"针灸铜人"等。北宋，有一医官尚药奉御王惟一，对针灸学颇有研究，除编修一部针灸书《铜人腧穴针灸图经》外，终用纯铜铸造出针灸用的人体模型。窦材，宋代医家，曾求学"关中老医"，积数十年经验，著成《扁鹊心书》3卷，附"神方"1卷。窦氏主张扶阳以灼艾为第一，常从肾脾着手，注重灸法，且针对当时士大夫惧灸畏痛，发明"睡圣散"，遂有"惟是膏粱之人，不能忍耐痛楚，当服睡圣散，即昏不知痛"③。钱乙，字仲阳，祖籍浙江钱塘，后祖父北迁，遂为东平郓州（今山东郓城县）人，中国医学史上第一个著名儿科专家，撰著《小儿药证直诀》。作为世界上现存最早的小儿科专书，比意大利医生巴格拉尔德《儿科集》早351年。④ 它第一次系统地总结了对小儿的辨证施治法，使儿科自此发展成为独立的一门学科。后人视之为儿科的经典著作，把钱乙尊称为"儿科之圣""幼科之鼻祖"。在治学上最突出的地方，即"专一为业，垂四十年"。宋慈（1186—1249年），字惠父，南宋福建建阳

---

① 自然科学史研究所：《中国古代科学成就》，中国青年出版社1978年版，第8页。
② 《宋史·职官四》。
③ 《扁鹊心书·卷上》。
④ 毛礼锐、沈灌群：《中国教育通史》（第三卷），山东教育出版社2005年版，第558页。

人，法医学家。宋代，法医著作已有无名氏的《内恕录》，1200年郑克的《折狱龟鉴》，1213年桂万荣的《棠阴比事》及赵逸斋的《平冤录》、郑兴裔的《检验格目》等。宋慈博采近世所传诸书，参以自己的实际经验，总为一编，名曰《洗冤集录》，刊于湖南宪治，供省内检验官吏参考，以指导狱事检验，达至"洗冤泽物"之目的。《洗冤集录》即世界上现存第一部系统的法医学专著，比国外最早的由意大利人菲德里写的法医著作早350余年。全书共5卷，卷1载条令和总说，卷2验尸，卷3至卷5备载各种伤死情况。其中，区别溺死、自缢与假自缢、自刑与杀伤、火死与假火死之法，至今沿用；著中洗尸法、人工呼吸法、迎日隔伞验伤以及银针验毒、明矾蛋白解砒霜中毒等甚是合乎科学道理。自13世纪至19世纪，《洗冤集录》在我国沿用600年之久，且被译成荷兰文、法文、德文等多种文本。[①]

元代时涌现出一批新兴学科，相伴科技活动皆有撰著。光学领域，赵友钦《革象新书》具有重要科学价值，其中记载了关于小孔成像规律的论述。生前，赵友钦对此著十分重视，特别传授给门徒朱辉，朱辉又传至门徒章浚，后经宋濂作序而刊刻问世。其他如建筑学、兵器制造学、水利工程学等，皆有杰出者。相继涌现出擅长制造"回回炮"的亦思马因，著名铁工瓜尔佳部的鄂博台，著名锻工温都部的乌春阿卜萨水，等等。再有，朱思本费"十年之力"绘成"舆地图"，它不仅为当时地理知识的传播提供了形象直观的教具，且流传后世，还成为明清两代"舆图"的范本。元代传统医学，出现金元四家，即所谓"儒之门户分于宋，医之门户分于金元"[②]，具体指以刘完素为代表的"寒凉派"、以张从正为代表的"攻下派"、以李杲为代表的"温补派"、以朱震亨为代表的"养阴派"。其中，出生于统一后的南方的朱震亨"兼收并蓄刘完素、张从正、李杲三家之长，提出'阳常有余，阴常不足'的医学理论，并以'补养阴血'为主要治疗原则。撰有医学著作多种，师从者众多"。其弟子戴思恭著有《推求师意》及《证治要诀》，皆发扬了朱氏学说，做到了

---

① 陈振：《宋史》，上海人民出版社2003年版，第632页。
② 《四库全书总目·子部·医家类·前言》。

"无愧师门"①。忽思慧（1314—1329 年），元延至天历年间曾任宫廷饮膳太医，代表作《饮膳正要》。元时十分注重宫廷饮食卫生，仿照古食医之制，设置掌执饮膳太医。饮膳太医须将每日所用标注于历，详加记录。忽思慧就任此职，积累了丰富的食疗营养方面的资料，且亲侍进用奇珍异馔，具有长期的实践经验，终成《饮膳正要》一书。此书于元天历三年（1330 年）初刻问世，后曾流传日本。明清两朝曾多次翻印。书中所列诸种食品，均详述制作方法、烹调细则，对于研究烹饪技术发展史亦是一份不可多得的资料。天文学方面当推郭守敬，其发明的简仪等在同类型天文仪器中居于世界领先地位。在郭守敬主持下，太史局进行了一次大规模的恒星位置观测工作，精确度比宋代又提高了约一倍。他们记录的星数增加到 2500 颗，而西欧直到 14 世纪文艺复兴前观测到的星数仍只有 1022 颗。其显示了我国古代天文科学的先进性，同时也反映了科技教育中运用先进观测方法的成效。其中，《授时历》为 1280 年颁行的中国传统历法中最杰出的一部。由"从其学者众"的刘秉忠所倡议②，主要由弟子郭守敬、王恂具体操持以及张文谦、张易参与完成。《授时历》不用"积年"，不用"日法"。创始用"招差法"来推算太阳、月球的运动速度，用弧矢割圆术来推算黄道经度和赤道经度、赤道纬度的关系。《授时历》的编制者们研制改创了观测仪器，从而采用了一批经由实测而得的较准确的天文数据。该历法是中国古代最精良的历法。定一年为 365.2425 天，比现行格里高利历早 300 余年。③

至明一代，虽天文、历法等专科学校一直不甚景气，但商业发达，商业数学和珠算产生。其中，吴敬"积二十年"之功编著的《九章算法比类大全》，是商业应用数学发展的一个成果。该书共 10 卷，集聚诸多商业应用问题，如计算利息、合伙经营、就物抽分等。④ 明时，珠算替代竹制算筹用于计算。数学家兼商人的程大位编著《算法统宗》，共 17 卷，皆用珠算演算，最早记载以珠算法开平方、开立方，以及"丈量步车"

---

① 毛礼锐、沈灌群：《中国教育通史》（第三卷），山东教育出版社 2005 年版，第 558 页。
② 钱宝琮：《科学史论文选集》，科学出版社 1983 年版，第 323 页。
③ 毛礼锐、沈灌群：《中国教育通史》（第三卷），山东教育出版社 2005 年版，第 558 页。
④ 南炳文、汤纲：《明史》，上海人民出版社 2003 年版，第 1418 页。

等工具，该书在明清不断翻刻、改编，颇具影响，明末李之藻编译《同文算指》亦从中有诸多摘录。① 在医学方面，李时珍著《本草纲目》举世闻名。该著凡16部、52卷，约190万字。全书收纳诸家本草所收药物1518种，在前人基础上增收药物374种，合1892种，其中植物1195种；共辑录古代药学家和民间单方11096则；书前附药物形态图1100余幅。"发明"项中，第一次提出"野人"一词。李时珍打破了自《神农本草经》以来，沿袭了一千多年的上、中、下三品分类法，把药物分为水、火、土、金石、草、谷、菜、果、木、器服、虫、鳞、介、禽、兽、人共16部，包括60类。每药标正名为纲，纲之下列目，纲目清晰。书中还系统地记述了各种药物的知识，包括校正、释名、集解、正误、修治、气味、主治、发明、附录、附方等项，从药物的历史、形态到功能、方剂等，叙述甚详。李时珍采用以纲挈目的方法，在药物检索、植物分类学以及生物进化论方面具有重要贡献。《本草纲目》是到16世纪为止中国最系统、最完整、最科学的一部医药学著作，且对世界医药学、植物学、动物学、矿物学、化学的发展产生了深远影响。该书出版后，很快就传至日本，以后又流传到欧美诸国，先后被译成日、法、德、英、拉丁、俄、朝鲜等十余种文字在国外出版，传遍五大洲，被誉为"东方医药巨典"，英国著名生物学家达尔文也曾受益于《本草纲目》，称其为"中国古代百科全书"②。除《本草纲目》外，明代医学著作还有：明初王履《医经溯洄集》，指出瘟病与伤寒之别；明末清初吴有性著《瘟疫论》二卷，提出"戾气病因"学说，在17世纪荷兰生物学家列文虎克发现细菌之前，价值甚大。③ 在外科方面，明代中期有薛立斋《外科心法》七卷、《外科发挥》八卷、《外科枢要》四卷等；王肯堂《古今医统正脉全书》《证治准绳》等，其中成就最大的，当属1617年陈实功著《外科正宗》，收集大量有效方剂，注重实践，勇于革新，创造性地进行了截趾（指）、气管缝合等外科手术，另书中对一些肿瘤也作了论述。④ 再有，

---

① 南炳文、汤纲：《明史》，上海人民出版社2003年版，第1420页。
② 同上书，第1424页。
③ 同上书，第1421页。
④ 同上书，第1422页。

1406年，朱棣等主持收集编成《普济方》，载方61739个，是我国现存最大的一部医方书；1601年，杨继洲著《针灸大成》；1624年，张景岳撰《类经》刊行；同年，张景岳再编《类经图翼》和《类经附翼》；1640年《景岳全书》64卷成书；王夫之则提出关于生物体的新陈代谢的观念，即"质日代而形如一……肌肉之日生而旧者消也，人所未知也。人见形之不变而不知其质之已迁……"① 另外，1567年在宁国府太平县试行中国人痘接种方法预防天花，并推广至全国，17世纪初传入欧洲。② 贾铭《饮食须知》，专论饮食禁忌。明末清初的医家汪昂，编纂至为精要的医学普及读物，即"汪氏四书"：《医方集解》《灵素类纂约注》《本草备要》和《汤头歌诀》。这四部医书具有很强的实用价值，几百年来流传不衰。新中国成立后，中医院校使用的中药学教材所选药物，大部与《本草备要》相同，方剂教材也多半与《医方集解》《汤头歌诀》一致。可见，"汪氏四书"在传播和普及祖国中医学上，作用甚大。此外，将三百多个常用方剂编成歌谣，"发前贤未竟之旨，启后学便易己用"，这种苦心热肠，也是后学的榜样。明代隆庆二年（1568年）全国性医学学术团体的产生，即"一体堂宅仁医会"，是我国第一个医学家的学术团体。该组织由医师徐春甫发起组织，成员都是当时在北京游学、肄业和供职"太医院"的名医，计四十六人，是一个全国性的学术交流团体。他们主张对病人应"尽心施剂，而急救其疾苦"。需注意之处，在华传教士著述颇丰。譬如，利玛窦居京十载，连续译著《几何原本》《乾坤体义》《测量法义》《万国舆图》等二十余种自然科学图书。其中，1607年，徐光启与利玛窦合译《几何原本》前六卷正式出版；利玛窦与李之藻二人合译《同文算指》；1626年最早的中西文辞典《西儒耳目资》在杭州初刻；1629年，由李之藻编纂的中国第一部全面传播西学的丛书《天学初函》在杭州刊出。1631年，亚里士多德逻辑学名著《名理探》也最早在杭州出版。汤若望口授、焦勖笔录《火攻揭要》是最早传授西方火器知识的书籍。汤若望和南怀仁先后受命铸造枪炮，康熙十二年刊行《神武图说》。且在康

---

① 《思问录·外篇》。
② 南炳文、汤纲：《明史》，上海人民出版社2003年版，第1422页。

熙支持下，编成《数理精蕴》。① 针对"西学东渐"一事，明代思想界有三种态度：以冷守中、魏文魁和杨光先为代表的全盘否定派；以徐光启、李之藻为代表的全盘接受派；以方以智、王锡阐和梅文鼎为代表的批判吸收派，三派皆有论述。

清代专科学校发展比较缓慢，基本处于衰落状态，主要有算学、天文历法学以及医学。但由于"西学东渐"之故，朝廷组织编辑了诸多科技专著。譬如，康熙帝在位时，利用传教士的长处和中国学者进行合作，除天体测量外，还颁布了《康熙永年历》，编著了《历象考成》和《数理精蕴》《律吕正义》等书籍。康熙个人还著有《量天尺论》和《三角形推算法论》等书。② 乾隆时官修《医宗金鉴》（九十卷）。其中，征集不少新的秘籍及经验良方，并对《金匮要略》《伤寒论》等书作了诸多考订，是一部介绍中医临床经验的重要著作。清代医学教育，虽然大体上沿袭宋明以来的制度，但趋向衰弱，不复历代兴盛，具有悠久传统的民间家传与师徒相授成为主要教授医学形式，造就出不少医学名家。如章虚谷、王孟英、薛生白、吴鞠通、邵兰荪、黄退庵、计南等皆名医。其中，叶天士为杰出代表。叶天士（1666—1745年），江苏吴县人。清代名医，四大温病学家之一，与薛雪等齐名，著有《温热论》。在整个中国医学史上，叶天士被后人称为"仲景、元化一流人也"，为温病学派的奠基人物，对儿科、妇科、内科、外科、五官科无所不精，史书称其"贯彻古今医术"，谦恭好学、改名换姓求师学艺的精神永远是后世习医者的光辉典范。另外，《叶天士医案存真》《未刻本叶氏医案》《医效秘传》《叶氏医衡》《叶氏名医论》《叶天士家传秘诀》《女科症治秘方》《本事方释义》（有乾隆十年自序）、《叶评伤寒全生集》《柯氏来苏集评批》《景岳发挥》《眉寿堂方案选存》《三家医案合刻》《南阳医案》等皆是叶天士行医的宝贵财富。③ 另外，清代名医王清任在医学上亦有突出的成就，著有《医林改错》一书。著中强调解剖学知识对医病的重要性，并对古籍中有关脏腑的记载提出了疑问。尤其通过对尸体内脏的解剖研究，绘制

---

① 毛礼锐、沈灌群：《中国教育通史》（第三卷），山东教育出版社2005年版，第579页。
② 同上书，第574页。
③ 戴逸：《简明清史》（第二册），中国人民大学出版社2006年版，第665页。

成《亲见改正脏腑图》二十五种，改正了前人的一些错误，为中国解剖学的发展做出颇多贡献。① 此外，方以智《物理小识·自序》、王锡阐《晓庵新法·自序》等皆是"西学东渐"之结果。② 或因受此影响，清代中叶中国学术史上诞生了专讲训诂考据的"乾嘉学派"，诸学者在治经过程中涉足天文、历法、数学、音律、物理、地理等实学内容，多有专著问世。其中，发轫者阎若璩曾编著《四书释地》六卷，胡渭曾撰著《禹贡锥指》一卷，顾祖禹编撰《读史方舆纪要》等；③ "乾嘉学派"高峰阶段即以惠栋为代表的"吴派"与戴震为代表的"皖派"崛起。"吴派"中以惠栋弟子钱大昕成就最高。诚如江藩所称道的："不专治一经而无经不通，不专攻一艺而无艺不精。"④ 受其影响，"吴派"后学钱塘著《律吕考文》六卷及《史记三书释疑》等。"皖派"之中，当首推戴震，其师江永即一闻名经师，撰著《翼梅》八卷和《推步法解》一书。戴震数学上的成就得益于江永指点，遂成《筹算》《勾股割圜记》《考工记图注》《周髀北极璇玑四游解》等科技专著。⑤ 戴震之后学越加突出，弟子焦循曾撰著《天元一释》《开方通释》等专门著作，汪莱著有《衡斋算学》，作为戴震后学之中坚，阮元在经史、数学、天算、舆地、编纂、金石、校勘等方面都有着非常高的造诣，被尊为三朝阁老、九省疆臣、一代文宗。先后撰著《皇清经解》《揅经室集》等，尤以《畴人传》阐明了算学的源流。⑥

四 士艺

士艺即"匠士"之职业技艺的简称。在推动人类文明的车轮中，精神文明之外，器物文明堪称重要一轮，其间涵括着士艺的成分。尽管与农人、百工、商贾相比，通过"匠士"表达的技艺所占比例不多，但其

---

① 戴逸：《简明清史》（第二册），中国人民大学出版社2006年版，第667页。
② 毛礼锐、沈灌群：《中国教育通史》（第三卷），山东教育出版社2005年版，第581页。
③ 同上书，第583页。
④ 江藩：《国朝汉学师承记》，中华书局1983年版，第50页。
⑤ 毛礼锐、沈灌群：《中国教育通史》（第三卷），山东教育出版社2005年版，第584页。
⑥ 同上书，第585页。

间不乏"精艺"与可圈可点之处。在演进中，西周"宗法"士偏重"六艺"，春秋之"士"开启诸家分化，秦汉之后，"匠士"偏向技术职官范畴。

西周宗法"士"居于"四民之首"，其经历了男子、武士、技术士等不同角色的阶段，且"文武兼备"成为其显著特征。在山东大仪门文化的后期墓葬中，发现一些成年男子的墓，他们用龟甲来保护膝和生殖器，手执牙制钩形器，考古学家推测他们生前皆为武士。军队的骨干便是"士"，执干戈以卫社稷是"士"必须履行的义务。《礼记·王制》云："有发，则命大司徒教士以车甲。"在《史林杂识》中，顾颉刚断言："吾国古代之士，皆武士。"[①] 除此以外，夏商周"士"亦可追溯至原始末期的"贞人"等。比较而言，传统"士"阶层以知识、技能安身立命，故有别于王公贵族及农、工、商诸民。诚如《汉书·食货志上》有"士农工商，四民有业，学以居位曰士"之说，士即指受过教育而掌握一定文化知识且以晋身为官作为目的的社会群体。在《礼记·王制》中曰："祝、史、射、御、医、卜及百工，凡执技以事上者，不贰事，不移官，出乡不与士齿。"可见，"士"之身份高于"祝、史、射、御、医、卜及百工"诸"执技以事上者"。之所以如是，非仅限于贵族出身，关键在于其文化素养远非后者所能比拟。

在《说文解字》中，许慎指出，"士，事也。数始于一，终于十，从一，从十。孔子曰：'推十合一为士'"。对此，段玉裁注曰："凡能事其事者称士。"说明"士"应为执事的基层官吏。"士"作为任职执事者，与卿大夫等不同，需要一定的岗位知识与技能。在《周官·夏官·司士》中记载："掌国中之士治，凡其戒令……凡祭祀，掌士之戒，诏相其法事……帅其属而割牲，羞俎豆。凡会同，作士从，宾客亦如之。作士适四方使，为介。大丧，作士掌事，作六军之士执披。凡士之有守者令哭，无去守。国有故，则致士而颁其守。凡邦国三岁则稽士任而进退其爵禄。"据其所言，则国中大小事职悉由士担任，包括祭祀、会同、出使、宾客、丧纪、军旅诸事无不如此。与其说为基层官吏，不如说其为技术执事群体。再有，《孟子·滕文公下》有曰："士无事而食，不可也。"显

[①] 顾颉刚：《史林杂识畿服》，中华书局1963年版，第10—11页。

然，士有职食禄强调了士任事的社会角色特征。

"士"因有技艺之长，因此以"官师"相称。《穆天子传》卷六郭注说："官师，群士号也。"郑注谓官师乃中士、下士。古代所谓"师"多指掌握某一具体技术、技艺者，如农师、工师、贾师、市师、乐师、舞师等。官师特指士，则因其有技艺之长，又担负基层管理职责的下层官吏身份。其奔走执事、注重实践的人格特征对于后世新兴"士"阶层倡导经世致用的文化精神影响颇大。基层管理专业技艺与六艺等在"士"阶层得以传承。由于西周宗法制度与技术官守，因此，宗法"士"知识技能惯常以世代相传。

关键在于，士阶层无论具备何种知识、技能，六艺皆为基础。在《周礼·保氏》中有"养国子以道，乃教之六艺：一曰五礼，二曰六乐，三曰五射，四曰五驭，五曰六书，六曰九数"之说。概而言之，"六艺"夏商周三代共施，只是诸代有所偏好，即"夏代尚武、商代敬神、周代则文武兼备"。在一定意义上，"六艺"凸显伦理性与职业技能性的统一。

礼乐之教以培养职事官吏修养与规范。夏商周重视"礼乐"之教，尤其商代有"以乐造士"之说。在人类早期，礼乐制度有明人伦与别等级之功用。[①] 所谓文明社会，即以人伦去凸显与自然之别，以等级求得社会秩序与稳定。有《礼记·乐记》曰："乐也者，圣人之所乐也，而可以善民心。其感人深，其移风易俗，故先王著其教焉。"另有《礼记·曲礼》云："夫礼者，所以定亲疏、决嫌疑、别同异、明是非也。……君臣、上下、父子、兄弟，非礼不定……是故圣人作，为礼以教人"，以及"人有礼则安，无礼则危。故曰：礼者不可不学也"。在《周礼·正义序》中曰："礼仪三百，威仪三千。"以此看出，礼乐在维护社会和谐与稳定方面意义重大。礼乐合一，在于相辅相成。在《礼记·乐记》记载："乐也者，情之不可变者也。礼也者，理之不可易者也。乐统同，礼辨异。礼乐之说，管乎人情矣。"职事官吏必须掌握礼乐知识技能方可完成"守事从上"的职责。

礼乐教育包括五礼、六乐。五礼包括吉礼、嘉礼、宾礼、军礼、凶

[①] 毛礼锐、沈灌群：《中国教育通史》（第一卷），山东教育出版社2005年版，第82页。

礼。① 吉礼即祭礼之礼，指祭祀天神、地祇、人鬼等礼仪活动；嘉礼即冠婚之礼，如君主登基、策拜王侯、公侯大夫士婚礼、冠礼、乡饮酒等；宾礼即宾客之礼，包括天子受诸侯朝觐、天子受诸侯遣使来聘、天子遣使迎劳诸侯等；军礼即军旅之礼，包括《周礼》所举大师即召集和整顿军队，大均即校正户口、调节赋征、大田即检阅车马人众，亲行田猎、大役即因建筑城邑征集徒役，大封即整修疆界、道路、沟渠，以及《开元礼》的告太庙、命将、出师、宣露布、大射、马祭、大傩等；凶礼即丧葬之礼，包括丧葬礼、荒礼、吊礼、恤礼、禬礼等。六乐，包括云门、大咸、大韶、大夏、大濩、大武等古乐，诸乐皆是对前代乐舞遗存的整理。其中，云门为黄帝之乐、大咸即"咸池"为尧之乐、大韶即"大磬"为舜之乐、大夏为禹之乐、大濩为汤之乐、大武为武王之乐。以六代舞为总称谓，且设立庞大的乐舞机构"大司乐"。学习五礼、六乐，方可任职执事。

礼仪教育不仅要懂得各种礼仪知识，而且还要亲自"演礼"。如学校定期或不定期举行的各种典礼，其主要表现为如入学、敬师、射、乐舞、飨宴、养老、献俘等，在《周礼·春官·大胥》载有学员"春入学，舍采，合舞。秋颁学，合声。以六乐之会正舞位，以序出入舞者"。在学校教育基础上，社会教育尤为重要。如官府教谕，有《酒诰》曰："文王诰教小子有正有事"；《洛诰》曰："朕教汝于棐民彝""文武勤教"；《无逸》曰："古之人犹胥（相）训告，胥保惠，胥教诲"，如此等等。西周时，在学校之外有不同规模的典礼仪式。如射礼，根据层次不同，西周举行的射礼有四种：乡射、燕射、宾射和大射。《礼记·射义》说："天子将祭，必先习射于泽。泽者，所以择士也。已射于泽，而后射于射宫，射中者则得与于祭，不中者不得与于祭。"

射御之教以培养职事官吏的军事技能。夏商周处于军事斗争残酷的历史阶段，射御教育尤其重要。在《礼记·明堂位》中有："序，夏后氏之序也……"根据《孟子·滕文公上》曰"序者，射也"。凸显出夏代"为政尚武"之风尚，故《文献通考·学校考》有"夏后氏以射造士"一说。夏代军体教育除"射"外，还有"御"。诚如在《尚书·甘誓》

---

① 毛礼锐、沈灌群：《中国教育通史》（第一卷），山东教育出版社2005年版，第83页。

中有"御非其马之正"的记述，说明夏初已经有了兵车。在《礼记·射义》中有："古者天子以射选诸侯、卿、大夫、士。射者，男子之事也，因而饰之以礼乐也。"说明，射御之教涵括技艺与德行双重教育。"散军而郊射，左射《狸首》，右射《驺虞》，而贯革之射息也"即周武王克商之后，大修文教的记载。其中，"贯革之射"属于军事之射，"散军而郊射"为平时之射。如此即可达至两个目的，其一，人人练射，保存臣民作战能力；其二，延伸了射之意义。射之技术和精神相统一，达到体育竞赛、修身养性、守法存诚的多重作用。

甲骨卜辞已有庠学教射的记载，殷墟小屯业已发现骑射的遗址。[1] 一般而言，男孩长至十三岁或十五岁以后，就要"学射御"，此成为后来军体教育的萌芽。[2] 不能脱离农业生产的士，则"三时务农，而一时讲武"。射御包括"五射"和"五御"。[3] 五射即古代举行射礼的五种射箭法，包括白矢、参连、剡注、襄尺、井仪。其中，白矢，即箭穿靶子而箭头发白，表明发矢准确而有力；参连，即前放一矢，后三矢连续而去，矢矢相属，若连珠之相衔；剡注，即所谓矢行之疾；襄尺，即臣与君射，臣与君并立，让君一尺而退；井仪，即四矢连贯，皆正中目标。五御，即古代驾车之五种技术，即鸣和鸾、逐水曲、过君表、舞交衢、逐禽左。显然，五射与五御皆需高超的技艺。

据传，羿为东夷族的酋长，不但善射，且善于教射。在《左传》中曾曰其"代夏政，恃其射也"。又有《礼记·射义》曰："故射者，进退周旋必中礼，内志正，外体直，然后持弓矢审固，持弓矢审固，然后可以言中，此可以观德行矣。"由此可见，"射"之目的主要不在于比技艺、决胜负，而在于观德行、贵揖让。甚至射已成为礼教的一种形式。[4] 再有，在《山海经·海外西经》中曰"大乐之野，夏后启于此舞九伐"，即夏后启在大乐原野上教授"九伐"舞。《礼记》将其解释为"一击一刺为一伐"，"九伐"即九个回合的击刺。这里"舞"即"武"，说明夏后

---

[1] 毛礼锐、沈灌群：《中国教育通史》（第一卷），山东教育出版社2005年版，第91页。
[2] 《礼记·内则》。
[3] 毛礼锐、沈灌群：《中国教育通史》（第一卷），山东教育出版社2005年版，第92页。
[4] 同上书，第93页。

启在与有扈氏的征战中,曾有过武艺教授。

　　书数之教以培养职事官吏之才智。书指"六书",数指"九数"。"六书"指象形、指事、会意、形声、转注、假借。主要任务即让学生掌握基本字的音、形、义,为阅读、写作、理解等能力打下基础。即所谓"不明六书,则字无由识"[①]。"九数"则指方田、粟米、衰分、少广、商功、均输、盈不足、方程、勾股。主要任务即掌握基本的运算、计算等能力。吕思勉则指出数指"六数",即天文、历谱、五行、蓍龟、杂占、形法。[②] 另外,上古"数"与"礼"的关系密切即所谓"礼数",即《左传》中曰:"王命诸侯,各位不同,礼亦异数。"如城墙的长度、舞蹈的行列数、棺木的厚薄度、守丧的年数、用兵的人数、礼让的次数等,等级不同,数量各异。就舞蹈行列而言,天子用"八佾"即八行,每行八人,共六十四人;诸侯用"六佾";大夫用"四佾"。守丧年数规定:臣为君,子女为父母,守丧三年即"夫三年之丧,天下之通丧也"。在学习次序上,有《周礼》记载"八岁入小学,保氏教国子,先以六书"可知,儿童入学,先是教最基本的文字。九数的学习,一般在十岁开始,《礼记·内则》曰:"十年,出就外傅,居宿于外,学书计。"从"九数"所包含的内容来看,田地面积的划分、租税的合理摊派、土石方体积的计算、各种工程的求证,几乎处处皆能用到它。

　　概而言之,六艺教育,礼乐侧重于德育,书数侧重于智育,射御侧重于体育。六艺具有诸育兼备、相济相成的特点。六艺之艺为"艺能"的意思,即知识传授与能力训练并重。

　　东周时期,西周"宗法"士逐渐演变,在《中国思想通史》一书中,范文澜将战国时期之"士"分为四类:第一类是学士,如儒、墨、道、名、法、农等专门家,著书立说,提出各种政治主张,在文化上有巨大贡献;第二类是策士,即所谓纵横家,长于政论,凭口舌辩说猎取富贵;第三类是方士或术士,可分两等,一等是天文、历算、地理、医药、农业、技艺等学科的专家,在文化上也有巨大的贡献,一等则是阴阳、卜筮、占梦、神仙、房中术等骗取衣食的游客;第四类是食客,数量最大,

---

[①] 毛礼锐、沈灌群:《中国教育通史》(第一卷),山东教育出版社2005年版,第94页。
[②] 吕思勉:《先秦史》,上海古籍出版社1982年版,第457页。

流品最杂，其中包括鸡鸣狗盗之徒、任侠刺客、奸人犯罪、赌徒屠夫和市井无赖等。①

其中，方士或术士与职业技术联系最为紧密。方士有悠久的历史，西周以降，巫师退居民间和少数民族地区后，仍活跃不衰。陈国、楚国及若干民族部落，巫师的地位仍与殷代无异。随着社会的发展前进，巫师技艺也有提高，逐渐发展成为多种专业，如天文、地理、历法、医方、工巧、数术、方技、阴阳、五行、诗歌文艺等。先秦，他们占有当时诸子百家和"九流"之绝大部分，以"方士"相称谓，即有方法解决问题的学者之意。《左传》昭二十九年，蔡墨之"官修其方"，《论语》之"子贡方人"，《史记》之"萇弘以方事周灵王"的"方"字，皆是方士之义。在《汉书·艺文志》中，将"方"分为医经、医方、房中、神仙四类。事实上，在我国古代除六艺外，其他的一切百工技艺均称方术。

秦汉时期，"士"之技艺即"技术职官"之技艺。诚如汉代张衡，观测记录2500颗恒星，在落下闳浑天仪基础上创制世界上第一架漏水转浑天仪，第一架候风地动仪，还制造出指南车、记里鼓车、飞行数里的木鸟等②；魏晋南北朝时期，书画艺术取得辉煌成就，书法名家辈出，如张芝、钟繇、王羲之、崔瑗、杜度、师宜官、张昶、王献之等，尤以书圣王羲之为代表。③ 流芳千古的画家有：曹不兴、卫协、顾恺之、陆探微、张僧繇等。另有炼丹者葛洪、陶弘景等名家。据《南史》记载，陶弘景曾进行无数次的炼丹实验。方士炼丹过程，既神秘，又复杂，还有诸多禁忌。自选址、建屋、筑坛、安灶、置鼎、配料以至升火炼药，皆颇有难度。鼎是炼丹的反应容器和冷凝装置，其中火鼎最重要，炼丹用的药料即放于其中，鼎内燃火加热；水鼎中盛的是水，外围充以灰土之类。二鼎有管相通，水鼎另有一管贯通，以供给冷水和引出蒸汽。根据炼丹时所用材料的不同，外丹道士可分为金砂派、铅汞派和硫汞派三大派。金砂派资格最老，左慈、葛洪、陶弘景等人为其代表。④ 至宋，张思训曾

---

① 范文澜：《中国思想通史》（卷一），人民出版社1961年版。
② 林剑鸣：《秦汉史》，上海人民出版社2003年版，第1028页。
③ 王仲荦：《魏晋南北朝史》，上海人民出版社2003年版，第933页。
④ 同上书，第979—982页。

设计并制成重要的天文观测仪器,并被任命为浑仪丞;苏颂绘制《浑象紫薇恒星之图》;北宋天文学家韩显符制造了至道浑仪,他大胆简化,取消了白道环,在地平圈上首次设置"地盘平准轮",加强了仪器工作部分的水平调节。且在"游规"中设计"二直矩"以夹窥管,使其运转平稳。明确提出定天极高度的问题,为后世定天极的理论和方法奠定了基石。尤其是火药技术在宋代业已达至极高的程度①,之后元、明、清诸代"技术职官"在天文历算、医学术士、科技发明等方面的技艺皆在"士典"中有所详述,此处不一一列举。

本章小结

本来,士、农、工、商"四民"边界清楚,但由于"士"的精神和之后中国一直尊崇的儒家精神一脉相传,因此该精神逐渐衍生至农、工、商等范畴之中,因此有士商、儒将等说法。尤其"技术职官"使士之技艺得以有效地传承。遗憾的是,由于经学至上原则,尽管"匠士"亦在中华文明的形成过程中作用显著,但是哲学史上、文化史上、教育史上,与帝王将相、名儒经师比较,一直未居主导地位,学问则多为"隐学"。

---

① 陈振:《宋史》,上海人民出版社 2003 年版,第 618 页。

第二章

农　人

　　中国自古以农业立国，但农人非指一般意义上的民间"农夫"，而是主要指史上知名农业思想家、农业科学家、重农政治家，以至基层农官、农业"把式"中之杰出者。在历史演进中，华夏民族独特的地理气候环境为农耕文明的形成奠定了基础，在一定意义上，农耕文明孕育了华夏农人；反之，农人制定农策，撰著农典，创制农艺，遂而推动了农耕文明的持续进步。

一　农人

　　"圣贤农人"需首推神农。有《白虎通》卷一中记载为证："古之人民皆食禽兽肉。至于神农，人民众多，禽兽不足，于是神农因天之时，分地之利，制耒耜、教民以耕……"在《易经·系辞》中有"包羲氏没，神农氏作。斫木为耜，揉木为耒，耒之利，以教天下"。与神农齐名者，或曰嫘祖，一作累祖。在《史记·封禅书》中记有"黄帝娶西陵氏之女，是为嫘祖"一说。在《通鉴外记》中，刘恕亦曰：西陵氏之女嫘祖，为黄帝元妃，治丝茧以供衣服，后世祀为先蚕。意思是，嫘祖是西陵氏之女，轩辕黄帝的元妃。她发明了养蚕，史称嫘祖始蚕。当然，神农、嫘祖之外，三皇五帝诸古圣先贤皆为农业发展作出了贡献。譬如"尧有天下，饭于土簋，饮于土簋"[1]，"古者舜耕历山，陶河滨，渔雷泽"[2] 以及"禹

---

[1] 《韩非子·十过》。
[2] 《墨子·尚贤中》。

之王天下也，身执耒耜以为民先"① 等。事实上，该历史阶段正是农业从攫取业中分离出来的过渡期，圣者的发明与创制成为农耕文明起点时期的典范。

"农官农人"需首推后稷。至原始社会末期，设官农师，教民农作，神农传人始从"圣人"走向"拜官"之人。农官之始，或起于有虞氏。据《史记·周本纪》载："周祖姬弃，其游戏好种树麻、菽，麻、菽美。及为成人，遂好耕农，相地之宜，宜谷者稼穑焉。民皆法则之。帝尧闻之，举弃为农师，天下得其利，有功。"遂被舜帝封号后稷，即司农之官。在华夏部落联盟中以善于经营农业而著称，即所谓周人"世后稷，以服事虞、夏"。又有《吴越春秋》中"尧聘弃……拜弃为农师，封之台，号为后稷"，以及"后稷教民稼穑，树艺五谷，五谷熟而人民育"等记载。至夏，农官之中业已产生世传相马术的"马质"，养鸟术的"掌畜"，养马术的"校人"与"趣马"，医马术的"巫马"等诸官设置。② 至西周，国家机构设置渐趋完备，专设农官以司其职，诸文献中已有籍臣、农正、司民、田畯等称谓。至于传授养马术与驯马术，则谓"庚人之职"③。而"服不氏"一官即世传驯养猛兽技术。④ 诸官皆与分封制相适应，即贯彻世袭制度。在吕思勉先生看来，《周礼》中出现的兽人、鳖人、牧人、牛人、充人、迹人、角人、羽人、掌蜃、囿人、鸡人、羊人等皆是官员之名，职业概为农业与畜牧业。⑤ 西周时，基层农官已渐完备，即所谓"六乡""六遂"之说。⑥ 与"六乡"君子所享用的受教育权利相比，居于六遂之奴隶则远离文化教育。六遂建制以五家为邻，五邻为里，四里为酇，五酇为鄙，五鄙为县，五县为遂。且从六遂所设官员与职责可见一斑。据《周礼》记载：有掌郊外野地六遂各级政教的遂人、遂师、遂大夫、县正、鄙师、酇长、里宰、邻长等八职。⑦ 其中，"遂人"

---

① 《庄子·天下》。
② 吕思勉：《中国制度史》，上海三联书店2009年版。
③ 《册府元龟》。
④ 《周礼》。
⑤ 吕思勉：《中国制度史》，上海三联书店2009年版。
⑥ 《论语注疏·卷三·八佾第三》。
⑦ 《周礼·地官司徒第二·叙官》。

以岁时稽其人民而授之田野，教之稼穑；"遂师"巡其稼穑，而移用其民；"遂大夫"以教稼穑，以稽功事；"县正"趋其稼事而赏罚之，其任务主要是农业生产考核与监督；"鄎长"趋其耕，指导耕种；"里宰"则"掌比其邑之多众……以岁时合耦于锄，以治稼穑。趋其耕耨，行其秩叙"①。又《周礼·地官·遂人》记载，农业职官有草人、稻人、司稼等三职，草人，"掌土化之法，以物地，相其宜而为之种"，即向民众普及农业技术；"稻人"，"掌稼下地"；"司稼"，则掌"巡邦野之稼，而辨穜稑之种，周知其名，与其所宜地以为法……巡野观稼，以年之上下出敛法"。即所谓掌巡视田野之稼，辨析谷种及其所适宜种植的土地，公布于乡里；按年成上下制定征收赋税之法；并掌调剂民食。可见"司稼"是一种掌管督促农业生产、征收农业赋税的官。另外，掌管粮食及仓储的官，有廪人、仓人、司禄（职文缺）、舂人、饎人、槁人等，凡七职。说明农产品储藏走向专业化。春秋战国时沿继西周农官制度。据《管子》、《韩非子》所载，五官名称各不相同，但其中必有田官。田官以主经济而不可或缺。诚如《管子·六政》所述虞师（主林业）、司空（主水利）、司田（主农业）等皆为田官大司田属官。其中有乡师一职，掌劝农。《管子·立政》所言："修火宪，敬山泽林薮积草，夫财之所出，以时禁发焉，使民足於于宫室之用，薪蒸之所积，虞师之事也。决水潦，通沟渎，修障防，安水藏……司空之事也。相高下，视肥硗，观地宜……申田（司田）之事也。行乡里，视宫室，观树艺……乡师之事也。"这里所说的虞师、司空、申田、乡师等，皆为农官，乡师则从综合、宏观角度督导、管理农业，与虞师、司空、司田之职互为补充。战国时期，许多官吏以"啬夫"相称谓。啬同穑，啬夫"原为农夫之别称，其中的生产能手被选拔为田官，遂变成一种官称"。战国啬夫，是基层政务的主要承担者，负责赋税征收、户口审核、监督生产、主持奖惩等事务。啬夫多选拔于民间，因而较多地与农事管理相关。云梦秦简中提到"啬夫"100余次，其中涉及农事者有田啬夫、食啬夫、库啬夫、苑啬夫、厩啬夫、皂啬夫、漆园啬夫等。从云梦秦简看，"啬夫"之优秀者或可为县、道长吏。有《南郡守腾文书》曰："南郡守腾谓县、道啬夫"，即为有别

---

① 《周礼·地官·遂人》。

于乡啬夫的"县啬夫""大啬夫"。事实上，管子一直充分肯定"啬夫"之官在中央集权统治下的重要地位与作用，认为在基层的啬夫把事情做好了，"则人君之事究矣"①。秦汉之后，农官多有沿袭，只不过"技术"印迹有所消退，"官吏"底色渐次增长。

"思想农人"则起于农家。即所谓"农家者流，盖出于农稷之官。播百谷，劝耕桑，以足衣食，故八政一曰食，二曰货"。孔子曰"所重民食，此其所长也"②。周初由地官司徒总管农业和教育，下设农稷、农正、农师、司稼、遂人、草人、稻人等中下级官吏专管农业。他们都是世代相传的农业专家。周室衰微，这些人流散民间，设学收徒，著书立言，组织学派成为农家。其中，堪称典范者即许行。作为战国时期著名农学家、思想家、农家杰出代表，许行生于楚宣王至楚怀王时期，依托远古神农氏"教民农耕"之言，主张"种粟而后食""贤者与民并耕而食，饔飧而治"等。③许行曾带领门徒数十人，穿粗麻短衣，在江汉间打草织席为生。滕文公元年（前332年），许行率门徒自楚抵滕国。滕文公根据许行的要求，给他划定了一块可以耕种的土地，经营效果甚好。大儒家陈良之徒陈相及弟弟陈辛带着农具从宋国来到滕国，拜许行为师，摒弃了儒学观点，成为农家学派的忠实信徒。同年，孟轲游滕，遇到陈相，于是展开了一场历史上有名的"农""儒"之辩。④孟子出于维护封建统治阶级利益的立场，对许行农学派大加讨伐，贬斥为"南蛮䴂舌之人，作先王之道"。许行及门徒从理论上和实践上进行了反驳。农家思想的核心是反对不劳而食。许行和门徒以农事为主业，同时也从事手工业生产，还认识到市场货物交换的重要作用，以粟易帽、锅、炊具、铁制农具等需要品。并且指出，如果一切自制，将"害于耕"。他还否定君主拥有仓廪、府库的物权。对滕文公的"历民以自养"的君主剥削制度持批评态度。其思想是小农经济平均主义的反映，集中显示了劳动农民自食其力的淳朴本色，表达了企图解除现实压迫的强烈愿望，充满对想象中平均

---

① 《管子·君臣上》。
② 《汉书·艺文制》。
③ 《孟子·滕文公上》。
④ 同上。

社会的美好憧憬，对后世产生了很大影响。另外，在商业上提出"市贾（价）不贰""莫之或欺"的著名见解。再有，农家提出"民舍本而事末"的警告。尽管孟子对于许行有所批判，只不过针对于农家"重农"极端化思想。但是儒家重农与农家具有一致性，如《汉书·艺文志》所说："儒家者流，盖出于司徒之官。"从儒家"所重民食"看，在农学教育上亦有贡献。汉代之后，独尊儒术，虽与许行一般的农家逐渐泯灭，但重农思想在更广泛的范围传播。

"帝王农人"当首推舜帝。事实上，中国历代王朝，特别是开国之君，对劝课农桑皆很重视。除下达诏书、命令提倡之外，亲耕垄亩以劝民归农并启发农官传播先进的农业科学技术。史上卓越典范不胜枚举。早在《史记》当中，即有"舜帝耕种于历山"之说。自夏王朝建立者禹起，沿袭舜道，其能够"卑宫室而尽力沟洫"。据《韩非子·五蠹》记载："禹之王天下也，身执耒臿，以为民先。"商代甲骨文中有"受年""观黍""求晴雨"等活动，多由商王亲自主持，商王武丁为其中典范。周人先祖后稷"遂好耕农，相地之宜，宜谷者稼穑焉……天下得其利，有功"①。又公刘"虽在戎狄之间，修后稷之业，务耕种，行地宜……民赖其庆，百姓怀之，多徙而保归焉"②。周公旦贵为摄政，亦"先知稼穑之艰难"，中国古代重农思想和重农理论便初步形成。至秦朝，始皇"焚书坑儒"但农书除外；汉代帝王皆重农耕，否则不会有赵过"代田法"推行；魏晋"耕籍礼"开启了帝王"劝农"的神圣化；唐朝李世民、武则天屯田之功史上留存。之后，除元代之外，后世帝王皆是重农典范。

"政治农人"当首推李悝与商鞅。李悝（前455—前395年），战国初期魏国著名政治家、法学家，魏国丞相，也作李克，编制中国历史上第一部系统的封建法典《法经》。至于功绩，司马迁曾曰："魏用李克尽地力，为强君。"③ 班固称李悝之策可"富国强兵"。这些记载皆表明，文侯时魏能走上富强之路，李悝曾作出很大贡献。在魏国变法时，李悝提出"农事害则饥之本""女工伤则寒之原""农伤则国贫"的著名论

---

① 《史记·周本纪》。

② 同上。

③ 《史记·平准书》。

断。并且认识到，如若农业生产停滞不前，即会"饥寒并至"遂而导致"奸邪萌生"的危险局面。李悝"重农"思想主要表现在"尽地力之教"和"平籴法"①。所谓"尽地力之教"，即将一部分荒地分给农民，国家因此增加"什一之税"的收入。要点有四：第一，倡导农民"治田勤谨"。即治田勤谨，则亩益三斗（约合今六升，当时一亩约合今三分之一亩）。李悝指出，在百里见方的范围内，有九万顷土地，除去山川、村落占三分之一以外，有六百万亩耕地。如果农民"治田勤谨"，精耕细作，每亩可增产粟三斗。反之，就合减产三斗，一进一出要相差一百八十万石。第二，"必杂五种，以备灾害"②。意思是，同时播种粟、黍、麦、稷、麻，以防某种作物发生灾害而难以补救。第三，"力耕数耘，收获如寇盗之至"③。即要促使农民努力耕作、勤于除草，收获时要加紧抢收，如同防止强盗来抢劫那样，以防备风雨对庄稼的损害。第四，"还（环）庐树桑，菜茹有畦，瓜瓠果蓏，殖于疆场"④。即住宅周围要栽树种桑，菜园里要多种蔬菜，田埂空隙多种瓜果。这些农业技术经验，在先秦时期提出非常可贵。与此同时，实行"平籴法"，二者互为补充，从不同的角度，促使农民勤于耕垦。李悝认为："籴甚贵则伤民，甚贱则伤农。民伤则离散，农伤则国贫。"为了政局稳定，就得使农民生活安定，重要的是把农民牢牢地束缚在土地上。"平籴法"即此目的。具体做法是：当收成时节，农民缴纳"什一之税"，留下自用的粮食外，其余的粮食由政府按定价收购。待到荒年缺粮食时，保持粮价稳定。这样一来就"使民无伤而农益劝"⑤，从而达至国富民强，使魏的统治得到巩固和发展。与李悝比较，商鞅提出"农本"与"耕战"思想影响更甚。商鞅（前390—前338年），卫国皇室的后裔，又名公孙鞅或卫鞅。商鞅自卫国入秦。公元前361年开始历史上著名的变法运动，其中，"农本"与"耕战"为其核心思想。商鞅认为，农为强国富民的根基，温饱是社会秩序稳定的保障。即所谓"民之性，饥而求食，劳而求佚，苦则索乐，辱则求荣，此

---

① 《汉书·食货志上》。
② 《通典·食货二·水利田》。
③ 《迈典·食货·水利田》。
④ 《迈典·食货二·水利田》。
⑤ 《汉书·食货志》。

民之情也"①，否则，将有大量人口流离失所，成为"游民""淫民"，甚至被迫成为"上犯君上之所禁，而下失臣子之礼"的"盗贼"。②另外，农业是"化民成俗"与稳定统治的重要手段，即"国安不殆"。"使民归心于农，归心于农，则民朴而可正也。"③"农则易勤，勤则官。"④百姓衣食无忧，才能做到"上令行而荒草辟，淫民止而奸无萌"⑤。农业是财富之源，国家实力之本。"国好生粟于竟内，则金粟两生，仓府两实，国强"⑥，又"民不逃粟，野无荒草则国富"。"壹务则国富"，"田荒则国贫"。"国不农则与诸侯争权，不能自持也，则众力不足也。"至于发展农业，国家首先需在政策上使农民专一于务农。"事本不可不专"。商鞅强调"令民归心于农，是圣人的治国之要"。对于一个国家来说，农业能否兴旺发达，在很大程度上取决于农业的从业人数，即所谓"百人农，一人居者王；十人农，一人居者强；半农半居者危"⑦。粮食既源自于土地，又通过农民劳动得来。故要想国富，就要开荒拓土，农民尽力劳作。即所谓"夫实旷土，出天宝，而百万事本，其所益多也"⑧。商鞅"尽人力"主张提高农业生产效率。为此，商鞅利用政策优惠吸引魏、韩、赵等国的人口，以充实农业人口。商鞅曾指出"今以草茅之地，徕三晋之民而使之事本，此其损敌也与战胜同实，而秦得之以为粟"⑨，又宣布"今利其田宅而复之三世""不起十年之征"，这些政策吸引了大量的三晋之民入秦，对秦国的发展壮大发挥了重要作用。再有，商鞅认为"地大而不垦者，与无地同"，"地少粟多"比"地多粟多"更佳，故商鞅把"尽人力"与"尽地力"结合起来，既鼓励多开垦土地，又谋求提高农业生产率。由于洞察出农业和战争之间的密切关系，故而在《商君书》中，

---

① 《商君书·算地》。
② 同上。
③ 《商君书·农战》。
④ 《商君书·壹言》。
⑤ 同上。
⑥ 《商君书·去强》。
⑦ 《商君书·农战》。
⑧ 《商君书·徕民第十五》。
⑨ 同上。

商鞅较全面地阐述了"农战思想"。即所谓"国之所以兴者,农战也"①。"民之外事,莫难于战;民之内事莫苦于农。"② 且倡导将农战教育作为常规教育来实行,使秦国时时处于"兴兵而伐,按兵而农"的战时状态。③ 尤其是,商鞅变法首倡"重农抑商"。商鞅认为"商贾之事佚且利"。认为商业发展有损于农业,"农少商多贵人贫"。抑商主要办法课以重税,"不农之征必多,市利之租必重"。"以其食口之数,赋而重使之"。对有损于务农的消费品如酒的税收更重,"令其十倍于朴",即酒税为其成本的十倍。其次,禁止商人经营粮食买卖,使商"无得粜",还规定商人和社会无业游民只能以高价向国家购买口粮,使这些人感到"食贵,籴食不利"以转而从事农业。商鞅农战思想及变法改革具有重要历史作用。李斯认为商鞅变法使秦国"民以殷富,国以富强,百姓乐用,诸侯亲服"。西汉的思想家贾谊也对商鞅辅佐秦孝公"内立法度,务耕织,修守战之备"持肯定态度④;桑弘羊则认为"秦任商君,国以富强,其后卒并六国而成帝业"⑤。同为西汉时期,但董仲舒却认为:"用商鞅之法,改帝王之制,除井田,民得买卖,富者连田阡陌,贫者亡立锥之地……"⑥他认为,商鞅的变法使得社会的贫富差距加大,人民负担沉重,致使百姓沦为盗贼,社会治安状况混乱。至唐代,陆贽与元稹尤显突出。陆贽是一位杰出的政治家和思想家。其思想主要表现在国家与农民的关系、预防灾害的重要性以及关于边地农业的论述。在国家与农民的关系,其提出著名的"百姓足,君孰与不足"的"农本"与"富人"思想。另外,陆贽推崇一夫百亩制度。"古先哲王疆理天下,百亩之地,号曰一夫,盖以一夫授田,不得过于百亩也。欲使人无废业,田无旷耕,人力田畴,二者适足。是以贫弱不至竭涸,富厚不至奢淫,法立事均,斯谓制度。"目的即建立稳定的小农经济社会。陆贽认识到预防灾害的重要性。即所谓"立国而不先养人,国固不立矣;养人而不先足食,人固不养矣;足

---

① 《商君书·农战第三》。
② 《商君书·外内第二十二》。
③ 《商君书·去强》。
④ 《史记·秦始皇本纪》。
⑤ 《盐铁论》。
⑥ 《文献通考》。

食而不先备灾，食固不足矣。为官而备者，人必不赡；为人而备者，官必不穷。"陆贽提出："储积备灾，圣王之急务也。"陆贽关于边地农业的论述，实际上也是移民实边。他说，"臣愚谓宜罢诸道将士番替防秋之制，率因旧数而三分之：其一分委本道节度使募少壮愿住边城者以徙焉……"招募来的人，每家给耕牛一头和田农水火之器，使其有充足的生产资料。第一年，每户颁给两个人的口粮，并且给予种子，劝令播殖。一年过后，农户就能自给自足。如果农民有了余粮，政府出面收购，粮价高于内地数倍，其目的是奖励营田，"既息践更征发之烦，且无幸灾苟免之弊"。如果边境有敌情，人人都可以作战；农时到了，家家户户可以互相劝勉耕作。① 元稹与陆贽农业思想齐名。其认为"农，天下之本也"。故而在其诗文中重农思想有比较完整的反映。元稹指出"官家岁输促"是农民生活贫穷的根源。为了"恤黎人之重困"，必须严格执法，革除弊端；控制农业生产人员的减损；征税要任土之宜，无抑配之名；要整治杂徭的征发；要"审详垦田"；重新核定土地和抑配职田等。元稹针对农民脱离农业的严重现象提出以"抑工商"达至"促农"目的。即所谓"今陛下诚能明考课之法，减冗食之徒，绝雕虫不急之工，罢商贾并兼之业，洁浮图之行，峻简稽之书，薄农桑之征，兴耕战之术，则游堕之户尽归，而恋本之心固矣。恋本之心固，则富庶之教兴，而贞观、开元之盛复矣。若此，则既往之失由前，将来之虞由后，在陛下惩之、戒之、慎之、久之而已"②。元稹的思想自身存在局限性，依靠"抑工商"以"促农"并非可以解决根本问题。相比较而言，其余各代"政治家农人"在业绩上一般逊于商鞅、李悝等人，但如宋代陆游、朱熹等撰写劝农诗、劝农文等也颇见功效。

二　农策

中国以农业立国，且在"四民"之中，"农人"居多。但是，贯穿夏代至清代的整个等级社会中，"农人"地位一直处于社会底层，尤其是围绕

---

① 《均节赋税恤百姓》。
② 《才识兼茂明于体用策》。

土地政策，或为自由人，或为奴隶，"农人"对于土地的依附关系明显。

夏代，一般战俘大部分被杀死，小部分成为奴隶被驱使劳役。商代参加生产劳动的主要不是奴隶，而是"众人"。殷代卜辞记载"王大令众人曰'协田'"。关于"众人"，丁山先生认为"日为殷商民族大神，众人在日下，应作受日神保护的民众解释，至少为自由民"[①] 为商代主要农业劳动者。西周生产劳动者有"仆庸土田""庶民"等称谓。如西周晚期器《琍生簋（簋—食物器皿）》记有"仆庸土田"之说，《诗经·鲁颂·閟宫》则有"土田附庸"。自王国维、郭沫若等学者研究，基本意思是附着于"土田"上的庸人，即古代一种特殊身份的人，附着于农田上的劳动者。有学者认为，商族被克，尤其是"百蛮"被征服而称谓"土田附庸"的农业劳动者。[②] 据斯维至先生研究"庸人"绝不是一无所有，只是会说话的工具，其身份低于庶人，高于奴隶。《国语》记载周宣王时虢文公言："庶民终于千亩……民用莫不震动……"其间"民""庶民"皆指向务农。其身份高于奴隶与庸人。从文献推断，指从事农耕的主要生产劳动者，有自己的劳动时间和私有经济。至周代，农业生产者从上至下有庶人、庸人和奴隶。

西周末期，井田制开始瓦解，土地逐步私有化。首先是"公田"体外分配的"私田"私有化。故原来"国人"与"庶人"都成为耕种百亩（相当于现在31.2亩）的自耕小农。另各国先后推行按户籍身份授田制，于是自耕小农在战国时代普遍存在，"一夫百亩"成为战国通行制度。[③] 正因为自耕小农普遍存在，小农经济成为当时各国立国基础，随之战国时代农本观念逐步确立。国家采取一系列政治、经济、法律措施以确保农业发展，各级官吏以农政为首务，形成举国重农之势。国家重农体制的形成与完善，是战国农业迅速发展的重要因素之一。

春秋战国时期，统治阶层制定了严密的政策以加强对农民的控制。据《管子》卷一七《禁藏第五十三》记载：严密的什伍制度使农民被政府牢牢控制，"奔亡者无所匿，迁徙者无所容，不求而约，不召而来。故

---

① 丁山：《甲骨文所见氏族及其制度》，科学出版社1956年版，第38页。
② 王玉哲：《中华远古史》，上海人民出版社2003年版，第697页。
③ 杨宽：《战国史》，上海人民出版社2003年版，第176页。

民无流亡之意,吏无备追之忧"。在秦国,商鞅则"改帝王之制,除井田,民得卖买"①。其人身自由或有所增强,但隶属性质并没有改变。土地私有而使其自由安排生产与生活以及各国变法奖励耕织,极大地促进了自耕小农的生产积极性,使其具有强大的生命力而长期存在。自耕小农每年上缴的租税成为国家财政的主要收入。除自耕农外,还有农奴性质的庶子,以及没有土地而依附于地主的佃农与雇农,一般是为了逃避徭役。

秦汉时期,重农政策业已十分鲜明。伴随着地主对土地的兼并,汉代出现劝课农桑与抑制土地兼并并存的农业政策。汉代专业农户逐步发达,"非身份性地主"出现,自耕农数量增加。西汉政权建立以后,以维护封建中央集权为目的,军功地主和宗法地主组成的"身份性地主"削弱,而由商人、手工业者、高利贷者等因购买土地而成的"非身份性地主"迅速发展。② 其中,多数为中小地主。西汉政权对其采取保护政策,如汉初"复故爵田宅"令中有"其七大夫以上,皆令食邑","非七大夫以下,皆复其身及户,勿事"等记述。③ 与"身份性地主"不同,"非身份性地主"其土地由买卖而来,出租给佃户时,必定考虑和关心土地收成。故而关心改善耕种方法、改革农具以及修建水利等,遂利于生产发展,具有进步意义。汉初,由于废除了秦代苛政,又实行了一些有利于农业生产发展的措施,农民生产与生活条件有所改善,自耕农数量渐增。据记载,许多原来无地的"游食之民",亦在"欧民而归之农"政策之下,"转而缘南亩"④。秦末农民大起义以后,之前处于奴隶或半奴隶状态的劳动群众如"苍头""甿隶""厮徒""胥靡"等皆无,其中多数均进入"编户齐民"的行列。⑤ 其中,《汉书·高后纪》中"民务稼穑,衣食滋殖"之赞,以及《汉书·文帝纪》之"海内殷富"皆为自耕农当时的实际情况。伴随土地兼并的加剧,自耕农丧失土地,沦为受奴役的依附农民,地位越来越低。汉代,农奴待遇有所提高,东汉刘秀即九次下令

---

① 《商君书·算地》。
② 林剑鸣:《秦汉史》,上海人民出版社2003年版,第493页。
③ 《汉书·食货志》。
④ 同上。
⑤ 田昌五:《中国古代农民革命史》,上海人民出版社1979年版,第107页。

不得杀死奴隶、对奴隶不得肉体折磨等。

魏晋南北朝时期，小农经济的成分相当复杂，主要由自耕农、半自耕农和租佃农民组成。自耕农是小农中经济条件较好的，半自耕农可以从事小商贩、小手工业，出卖手艺或当雇工等来补充生计。租佃数量较大的可以断定为租佃农民，数量较少的有可能是半自耕农。东晋以后，世族地主的土地兼并与政府的苛捐杂税，终使自耕小农濒临破产。如浙东农民蚕桑所得丝、绢数量不多，有时只好到市场购买以缴纳给政府。[①]诚如在《宋书·沈怀文传》中有"民间买绢，一匹至二三千，丝一两，亦三四百"的记载，农民因无法承受而"贫者卖妻儿，甚者或自缢死"。自耕小农赤贫化使其大部分只能沦为依附农民。再有，《南齐书》卷一四《州郡志》云："时百姓遭难，流移此境，流民多庇大姓以为客。"农民破产导致部曲和佃客等职业身份出现。魏晋南北朝时指家兵、私兵称部曲。作战时是部曲，平时是佃客，即且耕且战的武装耕作者。

唐代农业均田制与租庸调制并行。均田制，不是把土地重新分配，而是在地主占有土地的基础上，把控制在国家手中的荒地，按农户人丁数量定期分配给农民耕种，然后向农民征收租调摇役的制度。唐的均田制，始行于武德七年（624年），即"唐制，度田以步，其阔一步，长二百四十步为亩，百亩为顷。凡民始生为'黄'，四岁为'小'，十六岁为'中'，二十一为'丁'，六十为'老'"。"授田之制，丁及男年十八以上者人一顷，其八十亩为口分，二十亩为永业"。"老及笃疾废疾者四十亩，寡妻妾三十亩，当户者（户主）增二十亩，皆以二十亩为永业，其余为口分"[②]。受田人身死，永业田可由子孙继承，口分田归还官府，另行分配。唐政府制定的租庸调制于624年与均田制同时执行。它是以授田为前提向农民征税派役的制度。租，即田税，唐政府规定每丁每年交租二石。调即绢税，唐政府规定每丁每年调绢二丈或布二丈五尺。庸指以绢或布替劳役，唐政府规定每丁每年服摇役二十天，不服役者，可缴纳绢三尺或布三尺七寸五分，以绢代役。[③] 租庸调制保证了国家财政和劳役的来

[①] 王仲荦：《魏晋南北朝史》，上海人民出版社2003年版，第395页。
[②] 《新唐书·食货志》。
[③] 王仲荦：《隋唐五代史》，上海人民出版社2003年版，第224页。

源,"输庸代役"则保证了农民劳动的时间,提高了农民生产的积极性,客观上有利于唐代农业经济的发展。其中,均田制至代宗大历年间(766—779年)废弛,推行100年。它使一些背井离乡或无地少地的农民得到一份耕地,生活安定下来,对农业生产的恢复和发展,起到了积极作用。均田制崩溃后,在两税法下,农民人身自由得到加强。契约租佃制普遍发展,这一转型既是当时商品经济发展的客观要求,又是生产力发展、小农经济独立性增强的必然趋势。农村经济作为一种家庭经济,农户会以最大的努力运用手头的资源和几代人积累起来的知识来使其收入最大化。正是由于小农经济,唐时期所创造的灿烂文明为世界所罕见,其深刻根源即在于,这一时期社会身份等级制的消灭使得人们的身份控制得以松弛,社会生产力获得极大发展。

宋时,土地田亩制度先进,由门阀私有制和国家分配土地制转变为土地自由买卖和契约化。私人地主土地所有制已成为主要的土地占有制,形成了"千年土地八百主"的局面。① 唐末五代以来,租佃制生产关系在中原地区迅速发展。租佃的契约,多半由私人之间决定,非常自由,租佃制普遍发展,这种情况和体制一直被沿用到清朝末年,可见其先进性。地主与佃户之间通过订立契约,规定以分成租或定额租的形式交纳租粮。订立契约并列入政府诏令中。据记载,"诸路州民户,或有能勤稼穑而乏种与土地者,或有土田而少丁男与牛力者……明立要契……依契约分,无致争讼"②。政府要求农师与乡村基层官员,依照民间租佃关系,组织各类农户订立契约进行生产,收成依契约进行分成。租佃制通常实行对分制,或六四、四六分成制,田主提供牛、种子的得六成,反之则佃户得六成。租佃制度提高了双方积极性。宋代的佃农地位也有所提高,虽中古式的身份制仍残存,但政府基于财政的考虑把全国居民分为"主户"与"客户",也就是说只看财产,不看身份,拥有财产的主户直接承担各种赋税,没有产业的客户则不直接承担。③ 在农村,客户是指佃农一类的人,他们不再是世族地主的"私属"而是直接编入国家的户籍。

---

① 陈振:《宋史》,上海人民出版社2003年版,第97页。
② 《宋会要辑稿》。
③ 陈振:《宋史》,上海人民出版社2003年版,第97页。

成吉思汗统治时期，蒙古族尚处于奴隶社会，根本意识不到农业生产在经济上的重要性。蒙古大臣别迭等人提出"汉人无补于国，可悉空其人以为牧"的主张。加之战争破坏，致使大片农田变为牧场，北方社会生产凋敝，"城无居民，野皆榛莽""仓廪府库，无斗粟尺帛"到处荒残不堪之景。[①] 窝阔台时期，中书令耶律楚材反对把农田变为牧场，并在其积极策划下，蒙古统治者括天下户口，将百姓编籍定户为"良民"，使之进行农业生产。同时，采用中原封建剥削制度，立十路课税所，行丁税地税之法，建立了适应定居农业区的各种政治经济制度。忽必烈时期，制定了一整套符合中原地区社会实际的治国方略。忽必烈登汗位后即"首诏天下，国以民为本，民以衣食为本，衣食以农桑为本"。并采取一系列恢复和发展生产的措施，诸如设置劝农官、颁布农书、奖励农桑、屯田开荒、兴修水利、建立村社、减免赋税、抑制兼并、禁止扰农、救济灾荒等。有关诏书令文不胜枚举。《通制条格》即其中著名代表。元代为了保护农桑，严禁蒙古贵族、军队损害桑林。至大四年三月，元朝廷的诏书记载："农桑，衣食之本。仰提调官司，申明累降条画，谆切劝课，务要田畴开辟，桑果增盛，乃为实效。诸官豪势要、经过军民及昔宝赤、探马赤委养马驼人等，索取饮食、草料，纵放头匹，食践田禾、桑果者，所在官司断罪赔偿。"[②]《元史·刑法志》进一步规定：所在镇守蒙古、汉军，各立营所，无故辄入人家求索酒食，及纵头匹食践田禾桑果，罪及主将。元朝廷这样不断地颁发诏令、禁令，说明元政府对蚕桑的重视。在朝廷的提倡和鼓励下，各地区大量植桑。姚天福在山北道："其民鲜知稼穑，教以树艺，皆以蕃富。"伴随"重农"方略的制定，开始积极保护生产劳动者，忽必烈在诏谕文告中一再告诫"勿杀良民"，要"使百姓安业力农"。此外，在剥削方式上则进一步改变"课以畜牧之事"，采用地主经济的经营方式，使原来的奴隶主贵族转变为封建的地主阶级。元代实现了"汉唐极盛之际有不及"的空前大统一，出现了"轻刑薄赋，兵革罕用"的和平安定时期，为生产的恢复和发展创造了极为有利的客观条件。特别是两淮地区恢复最为突出。总的来说，南方的农

[①] 顾菊英、周良宵：《元史》，上海人民出版社2003年版，第479页。
[②] 同上。

业生产和农耕技术比北方进步。

　　与前朝相比,明代农民地位有所提高。两宋特别是南宋和元代还存在着"随田佃客"。朱元璋从农本思想出发,"锄强扶弱","佑贫抑富",尤其"重农减征"的配套政策,使农民境况相对好转。另外,积极赈灾以减民苦。如"预备仓之外,又时时截起运,赐内帑。被灾处无储粟者,发旁县米振之。蝗蝻始生,必遣人捕瘗。鬻子女者,官为收赎。且令富人蠲佃户租……建官舍以处流民,给粮以收弃婴。养济院穷民各注籍,无籍者收养蜡烛、旃竿二寺"①。租佃自由政策于明代出现萌芽。在《明律》中规定,佃户被视为国家的齐民,除了对贵族和官僚地主等仍要守等级名分外,其余一律按"凡人"律例科断。另外,"主佃两业"、顶种制度使佃户土地可以任意"虎踞"(霸佃),又可以任意实行转租。其中,福建的"久佃成业"、广东的"田主寄命于田客"和湖广衡州的地主"听命于佃"皆表明佃户对土地的控制和经营自由,明代农民的自由化为后期资本主义萌芽奠定了基础。②但明代封建徭役制度本质未变,如洪武十年,朱元璋明令:"食禄之家,与庶民贵贱有等。"另明代官庄,对佃户"渔敛惨毒","驾帖捕民,格杀庄佃,所在骚然"常有发生。③ 吕坤的文稿记录河南梁宋的佃农要承担地主派给的"夜警""兴修""杂忙"等各种徭役。徽州的"世仆"至清代雍正年间才得以廓清等。

　　清时,人口压力巨大,获得一块土地耕种权等于获得了生活保障。在一般租佃关系中,佃户不可以将佃耕的土地转让给他人,这就有可能出现下述情况:一方面有耕种权的佃农无力耕种,而又"不敢懒惰、抛荒及私相授受";另一方面,一些有能力耕种的人却又无田可耕。永佃权的出现正好解决了这一矛盾,它使更多的直接生产者加入到租佃关系中来,使更多的人借此获得了生存的机会。乾隆时福建永福县黄用东有田一处,"原是族人黄宗劝世代承耕。乾隆十年(1745年),黄宗劝兄弟缺乏耕本,便将此田给罗起光耕种";广东新宁县人陈建安,"由嘉应挈眷来宁,佃耕度日。建安承批陈振公、陈崇弼田六亩。乾隆九年(1744年)

---

① 《明史·卷七十八·志第五十四》。
② 汤纲、南炳文:《明史》,上海人民出版社2003年版,第149页。
③ 《明史·蒋琬传》。

二月内，因人少难于讲管，得钱二千文，转顶与世纯邻人陈子忠耕种"，如此范例甚多。① 概而言之，永佃制下佃农因获得更大主动权，遂有利于土地资源的利用。

三 农典

农典即农业典籍。作为一个历史悠长的农业国，中国堪称有最早、最先进、最系统的农业典籍。并且，在浩如烟海的农业典籍之中，经典之作颇多。令人耳熟能详的当属《氾胜之书》《齐民要术》《王祯农书》《农政全书》四大农书。甚至可以说，无论质量或是数量，灿若星河的中国农业典籍皆超越了世界上的其他文明古国。

最早涉农文献可追溯至西周，尽管系统的农业著作尚未问世，但诸文献中关于农业的阐述开始出现，表明人们对于农业生产有了理论认知。诚如《诗经》中《豳风·七月》，即利用诗歌形式概括了一年四季的气候变化，农业生产由耕种、管理到收藏的全过程，集中总结了我国古代"观象授时"的农业生产经验。《诗经》中提及动物有一百多种、植物有一百四十余种，且作出粗浅分类。中国最早的词典《尔雅》即根据《诗经》中动植物分类体系，第一次把植物分为草、木两类。在木类中又有桃李类、松柏类、桑类等。分动物为虫、鸟、禽、兽四大类。表明我国古代劳动人民对于动植物观察与研究达到了一定的水平。另《周礼·地官》《尔雅》等书，虽非农学专著，但对于农业科技知识皆有提及。

相对系统性、专业性的农业文献始自东周，其中，《管子》和《吕氏春秋》堪为典范。管子历来主张重视"本事"（农业生产），禁止"末作文巧"②。《管子》一书中有《地图》《地数》《地员》和《度地》等篇，涉及地图、植物地理、植物生态、找矿等内容。《管子·地员》按照农业生产的情况，对地形类型作了分类。由于当时不少地方是在山南向阳坡地进行开垦，整平高地和低地，引灌泉水进行耕种，所以《管子·地员》

---

① 中国第一代历史档案馆、中国社会科学院历史研究所合编：《清代地租剥削形态》，中华书局1982年版，第524页。

② 《管子·为政》。

篇把丘陵地分为15种,山地分为5种。《管子·地员》后半部分专论土壤,即九州之土,它根据土色、质地、结构、孔隙、有机质、盐碱性和肥力等特性,结合地貌、高度、坡面、水文和植被等条件,将土壤分为上土、中土、下土三大等级,每一等级再分为物,每一物又以赤、青、黄、白、黑分为5种。如上土包括五粟、五沃、五位、五隐、五壤、五浮;关于五粟再分说其土区所长的许多草木、渔牧的发展等,大致符合土壤性质的实际情况。《管子·度地》篇提出了治水的重要性,指明了各种水道的特点,对于河道演变的复杂作用和变动过程的规律性予以概括与论述,对于治水与引水灌溉奠定了基础。《吕氏春秋》中有《上农》《任地》《辩土》《审时》四篇。其中,《上农》篇中提出的重农理论和政策,与商鞅、吴起、韩非的重农思想基本一致。《任地》《辩土》《审时》三篇专讲农业技术。《任地》讲土地的利用、改良、耕作保墒、锄草通风等十个重要问题。提出土壤的"力"和"柔"、"息"和"劳"、"瘠"和"肥"、"急"和"缓"、"湿"和"燥"等不同状态以及适耕状况。《辩土》在于解决《任地》篇提出的问题。对性质不同的土壤在耕作时间上作不同的安排。提出耕作不良引起的三种弊害,称作"三盗",即"地窃"(播种过稀)、"苗窃"(缺苗)、"草窃"(杂草妨害苗生长)。[①] 再则谈到需耕种及时与整地得法,尤其提到播种布局方式对农作物生长的影响。《审时》篇讨论耕作与节气之间的关系,出现了作物生长"物候期"的理论萌芽。总结出适时种植麻、菽、麦等抗虫免虫的经验,得出"得时之稼兴,失时之稼约(青病)"的结论,论证了"凡农之道,候之为宝"的道理。至于农时,则有"敬时爱日,非老不休,非疾不息,非死不舍。上田夫食九人,下田夫食五人,可以益,不可以损。一人治之,十人食之,六畜皆在其中矣,此大任地之道也"[②]。说明抢抓农时的重要性,以及对于勤劳耕作的倡导。

单行本农业专著始自汉代。据《汉书·艺文志》中记载,汉时农家共有9家114卷之多,其中《神农》20篇、《野老》17篇、《宰氏》17篇、《董安国》16篇、《尹都尉》14篇、《赵氏》5篇、《氾胜之书》18

---

① 《吕氏春秋·辩土》。
② 《吕氏春秋·上农》。

篇、《王氏》6篇、《蔡癸》1篇。另外，"相畜"方面已经有专门著作出现，如《汉书·艺文志》中载有"《相六畜》38卷"。东汉当首推政论家崔寔（约103—约170年）所著《四民月令》。现存版本共有2371字，其中，与狭义层面农业操作有关的共522字，占总字数的22%，再加上养蚕、纺绩、织染以及食品加工和酿造等项合计也不到40%，为东汉后期叙述一年例行农事活动的专书，成书于2世纪中期，叙述田庄从正月直到十二月中的农业活动，对古时谷类、瓜菜的种植时令和栽种方法有所详述，亦有篇章介绍当时的纺绩、织染和酿造、制药等手工业。《四民月令》亦是最先记述中国"别稻"即水稻移栽和树木的压条繁殖方法。至唐，农学家陆龟蒙《耒耜经》一书为记述江南地区农具的专著。全篇600多字，《耒耜经》一共记载了4种农具，除江东犁以外，还有杷、礰礋和碌碡，是中国最早的一部农具专著，也是第一篇谈论江南水田农业生产的专文。在《耒耜经》一文中，作者写道："耕而后有杷，渠疏之义也，散垦去芟者焉。爬而后有礰礋焉，有礰礋焉。"且根据自己对"象耕鸟耘"传说的理解，对精耕细作的技术体系提出了"深耕疾耘"的原则。根据《耒耜经》记载，陆龟蒙还对各种零部件的形状、大小、尺寸也有详细记述，十分便于仿制流传。针对柑橘害虫橘蠹，陆龟蒙亦撰著《蠹化》一文；观察凫（野鸭）和鹭（海鸥）对稻粱的危害，著《禽暴》一文，提出了网捕和药杀的防治办法；针对田鼠对水稻的危害性，撰写《记稻鼠》一文，首提驱赶和生物防治两种防治办法等。陆羽（733—804年）的《茶经》则是世界上最早的一部茶叶专著，中国古代最完备的一部茶书。对于推动唐代茶业发展起到了积极作用。宋代诗人梅尧臣所云："自从陆羽生人间，人间相学事新茶。"自此之后，历代均称陆羽为"茶圣""茶神"等。《茶经》分三卷十节，约7000字。其虽为茶业专著，但内容涵盖多个领域。"一之源"为农业栽培技术；"二之具""四之器"为手工制作技术；"三之造""五之煮"为农产品加工技术；"六之饮""七之事"为茶业文化领域；"八之出""九之略"为茶业经营领域；"十之图"为茶业技术的传播方法。作为一部传播茶文化、茶叶科学知识，普及饮茶习俗，推动茶叶生产的杰作，《茶经》自唐朝中期始即指导我国广大茶区的生产实践，且早已被很多国家所翻译，并广泛流传。宋人陈师道为《茶经》作序云："夫茶之著书，自羽始，其用于世，亦自羽始，羽诚有功于茶者也!"英国学者威廉·乌克斯在《茶叶全书》中说:"中国学者陆羽著述第一部关于茶叶的书籍,于是当时中国的农家以及世界有关人士俱受惠……"再有,唐末韩鄂《四时纂要》为月令式农书,分为四季十二个月。列举农家应做事项的月令式农家杂录。全书5卷,42000余字。内容除去占候、祈禳、禁忌等外,可分为农业生产、农副产品加工和制造、医药卫生、器物修造和保藏、商业经营、教育文化六大类,如此等等。至宋,南宋有《陈旉农书》,全书3卷,22篇,12000余字。上卷论述农田经营管理和水稻栽培,是全书重点所在。中卷叙说养牛和牛医。下卷阐述栽桑和养蚕。在"耕耨之宜篇"首先论述南方稻田4种类型即早稻田、晚稻田、山区冷水田和平原稻田,分别阐述整地和耕作的要领。尤其讲到稻作中耘田和晒田的技术要求、强调水稻培育壮秧的重要性等。中卷的"牛说"专谈水田地区耕畜水牛的饲养、医治,把牛看成事关农业的根本。下卷蚕桑亦有详细论述。在王毓瑚编撰的《中国农学书录》一书中,能够收录到宋朝以前农书60余种,宋朝农书105种。涉及桐树、菊、牡丹、梅、兰、芍药、荔枝、茶等种植技术以及耕种、织布、制糖等方面的知识和技术。至元,由专管农桑、水利的"大司农"主持编写出《农桑辑要》。全书共有65000余字,分作七卷。卷一典训,讲述农桑起源及其经史中关于重农的言论和事迹,相当于全书的绪论;卷二耕垦、播种,包括整地、选种、总论及大田作物的栽培各论。卷三栽桑,卷四养蚕,讲述种桑养蚕,篇幅大,内容丰富而精细,远超以前的农书,显示了其农桑并重的特点;卷五瓜菜、果实,讲述园艺作物,但和以前的农书一样,不包括观赏植物方面的内容;卷六竹木、药草,记载多种林木和药用植物,兼及水生植物和甘蔗;卷七孳畜、禽鱼、蜜蜂,讲动物饲养,牲畜极重医疗,但不采相马、相牛之类的内容,取舍较以前的农书不同。至于明、清两代,农书自然达至传统社会的顶峰。

  农典中以四大农书闻名于世。四大农书指《氾胜之书》《齐民要术》《王祯农书》《农政全书》。其中,《氾胜之书》由西汉末期农学家氾胜之所作,当是两千多年前现存最早的一部农学专著,亦为当时我国职官性农业技术教育第一部教材。《氾胜之书》总结了冬麦、春麦、大豆、桑等13种农作物的栽培技术;关于嫁接法、轮作、间作、混作等方面亦有记载。《氾胜之书》总结了西汉我国北方特别是关中地区的耕作制度,对耕作原理提出了一些基本原则：如"趣时"（赶上雨前雨后最合适的耕地时间）、"和土"（耕、锄、耱平，使土壤松软）、"务粪泽"（保持土壤肥沃和湿润）、"早锄早获"（及时中耕锄草和收割）等。《氾胜之书》列举栽培作物十多种，粮食作物有黍子、谷子、冬小麦（宿麦）、春小麦（旋麦）、水稻、小豆、大豆；油料作物有苴（雌株大麻）和荏（油苏子）；纤维作物有枲（雄株大麻）和桑树；还有瓜、瓠、芋等副食。对每种作物从选种、播种、收获到储种，都有精确叙述。《氾胜之书》首次记载了"区田"技术。这是一种园艺式的精耕细作高产的耕作技术。"区田"法把耕地分为上、中、下农区三种类型，通过深耕、勤浇、精管，使农作物获得高产。《齐民要术》，由北魏末期至东魏杰出的农业科学家贾思勰所作，是一部具有很高科学价值的"农业百科全书"。全书共 92 篇，分成 10 卷，正文大约 7 万字，注释 4 万多字，共 11 万多字；此外，书前还有《自序》和《杂说》各一篇。引用前人著作有 150 多种，记载的农谚有 30 多条。全书介绍了农作物、蔬菜和果树的栽培方法，各种经济林木的生产，野生植物的利用，家畜、家禽、鱼、蚕的饲养和疾病的防治，以及农、副、畜产品的加工，酿造和食品加工，以至文具、日用品的生产等，几乎所有农业生产活动都作了比较详细的论述，在农学方面具有重大意义。《齐民要术》涉及广泛的领域，用贾思勰自己的话来说，即所谓"起自耕农，终于醯醢，资生之业，靡不毕书"。《齐民要术》中涵盖许多深刻的农业思想，此著作突破了单纯农业技术的研究与记载，在大量实践科学基础上总结出许多农业生产的规律，如耕种要顺应自然的时序变化，提出了轮耕法、密植和套作法，重视种子品种和特性等。另外，在家畜饲养方面，《齐民要术》提出了"服牛乘马，量其力能；寒温饮饲，适其天性"的役养原则。再有，《齐民要术》第一次记述了马驴杂交培育骡的方法和有关技术原则。初步提示了生物和环境的相互联系，描述了生物遗传和变异的关系问题。贾思勰介绍了许多改变旧的遗传性、创造新品种的经验，涉及人工选择、人工杂交和定向培育等育种原理。19 世纪英国伟大的生物学家达尔文认为其人工选择思想源自"一部中国古代的百科全书"，此书即《齐民要术》。元时《王祯农书》在中国农学史上具有重要位置。元仁宗皇庆二年（1313 年），此书正式刻版发行。就农业知识而言，《吕氏春秋》中保存了一些片断；汉代的《氾胜之书》只残存3700字,已无法见其全貌。后魏《齐民要术》则在整体性和系统性上逊于《王祯农书》,在总论方面,只有"耕田"和"收种"两篇,在粪田和灌溉等方面都没有专篇论述。至于"农器图谱"则更无涉及。南宋《陈旉农书》只述及了南方地区的水稻种植、耕牛和蚕桑,尚不具备农业全书的性质。《农桑辑要》是元初官撰的农书,主要摘录而创造较少。比较而言,《王祯农书》内容全面、体系科学并多有创新。全书三十七卷,13万余字与300多幅图画,由《农桑通诀》《百谷谱》《农器图谱》三大部分组成。《农桑通诀》包括对农、林、牧、副、渔及水利等各个方面的综合性论述;《百谷谱》对各种农作物的品种、特性、栽培、种植、收获、贮藏和利用等知识加以介绍,尤其是王祯将农作物分为谷、蔬、果、杂等6大类,堪称中国农作物分类学的奠基者。此外,作者对于植物性状的描述之前不曾有过。《农器图谱》则是《农书》的重点部分,该部分就田制、仓廪、舟车、灌溉、蚕桑、织纴、麻芒等20个门类,详细介绍了257种农业机械,而且配绘图谱306幅并加以文字说明,描写这项农器的构造、来源、演变及用法,为读者提供了方便。该教材对农业技术和农业机械的普及和推广发挥了积极的作用。《农政全书》由明代徐光启(1562—1633年)所著,全书共分12门、60卷、70余万言。其中12门即农本、田制、农事、水利、农器、树艺、蚕桑、蚕桑广类、种植、收养、制造、荒政。徐光启自己撰写的文字概约有6万字。正如陈子龙所说,《农政全书》既"杂采众家"又"兼出独见"。《农政全书》以"农本"为首卷,征引经史著作及诸名家言论中关于农业的论述,通过大量的文献和资料阐明农业在国家发展中处于根本地位。徐光启指出,"君以民为重,民以食为天,食以农为本","故圣人治天下,必本于农",明确论述了君、民、食、农的相互关系,旨在说明为政治国、安邦育民必须重农,必须首先发展农业。其将农业看作国家增加和创造财富的重要途径,"农者,生财者业","富国必以本业",国家财政富足的根本方法是"务农贵粟"。以此为基础,徐光启提出,国家必须有"司农之官,教农之法,劝农之政,忧农之心"[①]。徐光启猛烈抨击了国家不重视农业知识、技术及其研究和传播的现象。他说:"唐宋以来,国不设农官,官不

---

① 《农政全书·第二卷》。

吃农政，士不言农学，民不专农业，弊也久矣。"提出国家应当设立专职农官，官吏应当以农政为急务，士子应当研究和讲论农学，百姓应当专心农业生产，这样，国家才会兴旺发达。徐光启认为，首先必须督促游食之民归于农，保证农业劳动力。他认为当时的状况是"农人不过什三，农之勤者不过什一。然则一人生之，数十人用之，财安得不诎……"① 因此，必须"有法以驱之，使去末而就本"，采取措施使百姓务本，即务农。徐光启还认为，应当减轻农民负担，令宗室食禄者也从事农业生产，以自给自足的方式保证宗室的供养，达到给农民减负的目的。另外，徐光启提出具体农政思想与方针：针对漕运之财政隐患，其力图以垦荒和开发水利的方法来发展北方的农业生产；提出"预弭为上，有备为中，赈济为下"以及"浚河筑堤、宽民力、祛民害"备荒、救荒等荒政方针；破除了中国古代农学中的"唯风土论"思想。通过试验可以改良土壤、推广种植；提出种麦避水湿、与蚕豆轮作以及棉、豆、油菜等旱作技术的改进意见；针对长江三角洲地区棉田耕作管理技术，提出了"精拣核（选种）、早下种、深根短干、稀稞肥壅"的十四字诀。另外，推广甘薯种植技术以及总结蝗虫虫灾的发生规律和治蝗的方法。

四　农艺

中国自古以"农艺"著称。在"农艺"领域，不仅有浩如烟海的发明创造，而且其水平之高、创新之巧妙、影响范围之广皆无与伦比。这些在农书、农史之中有着清晰的记载。选其范例列举如下：

（一）选育

考古发现，距今七八千年前，黄河流域业已种植粟子，长江流域已种植水稻。其在江苏吴县和西安半坡等遗址中得以佐证。其中，北方仰韶文化与南方河姆渡文化时期农业为典型生产方式。在仰韶遗址中，耕地分布在村落附近，在西安半坡、宝鸡北首岭和华县泉护村等遗址的窖穴、房屋和墓葬中，皆发现谷物皮壳，经河北农学院鉴定为粟。另外，

---

① 《皇编经世文编卷之四百九十》。

在半坡遗址的一个陶罐中,还发现有白菜或芥菜之类的种子,可能是人们当时有意储藏,以备种植。可以证明,在我国农业生产上,不但种粟,而且种植蔬菜也有悠久的历史。① 再有,1972年至1974年在浙江余姚河姆渡发现一个新石器文化遗址,在遗址第四层400平方米范围内,普遍发现稻谷、谷壳、稻秆、稻叶等物堆积。最厚处达七八十厘米。根据对谷粒外形鉴定,其属于栽培稻的籼稻稻谷,距今约7000年。由此推断,中国是人类农作物起源中心之一。至今云南"妇女开镰"尚有母系氏族劳动的印记。

商代谷类作物十分丰富,据于省吾先生从甲骨卜辞中考出六七种,西周时,齐思和先生仅从《毛诗》中即列举15种之多。② 其主要品种有黍、稷、麦、菽、稻等。中国传统主食是谷类,"谷"是禾本科粮作物的总称。《诗经·豳风·七月》:"其始播百谷",《诗经·周颂·噫嘻》:"率时百农,播厥百谷"。"百谷"犹言众谷。谷可细分为"五谷""六谷""九谷"等。《周礼·天官·冢宰》:"一曰三农,生九谷。"郑玄注引郑司农云,"九谷:黍、稷、秫、稻、麻、大小豆、大小麦"。据此可知,后世主要的粮食作物在先秦已大致齐备。先秦时蔬菜的栽培还处于初始阶段,食菜大多取自野生。据统计,《诗经》中提到132种植物,其中可食的就有20余种,例如,葵、菽、壶、荼、苡、葑、荠、薇等。商代后期农作物品种已相当复杂,在谷物中有了"黍""麦"的分类。另外,对于不同作物特性积累成经验。卜辞"竖丁,亡其告麦"等,说明麦子成熟如不立即收割则容易脱粒或因雨损失。另外,《诗·大雅·生民》中"诞降嘉种"与"种之黄茂",《小雅·大田》云:"大田多稼,既种既戒"等皆指良种选育的重要意义。《氾胜之书》列举栽培作物十多种,对每种作物从选种、播种、收获到储种,都有精确叙述。《齐民要术》记载了重要农业资源。魏晋南北朝时期,农作物品种显著增多,其中又以粟和稻最为突出。如粟品种《广志》记载了11个,《齐民要术》补充86个,加上梁的品种4个,秫品种6个,共记载粟类品种107个。水稻品种,《广志》记载了13个,《齐民要术》补充24个,共37个。

---

① 王玉哲:《中华远古史》,上海人民出版社2003年版,第64页。
② 同上书,第661页。

《齐民要术》中记载了栽培方法的蔬菜共达30余种,又据《齐民要术》卷十所载,南方此时的果树种类多达数十种等。《齐民要术》非常重视选育良种对于提高农畜产品的产量和质量的重要作用。书中仅谷种就搜集了80多个品种,并且按成熟期、植株高度、产量质量、抗逆性等特性作了比较科学的分类等。贾思勰强调搞好选种、浸种和种子的贮存。他主张用穗选法选种,选颗粒饱满,色要纯,单收单放。实际上是一种简单的"优选法"。王祯则创始了发酵饲料,即"用之时,铡切,以泔糟等水,浸于大槛中,令酸黄或拌麸糠杂饲之"等。

(二) 栽培

栽培技术更是源远流长,除先秦经典中有颇多记述之外,系统性、专业性记述尽在农著之中。诚如《齐民要术》一书记载了大量宝贵的农业技术。在蔬菜瓜果方面,出现留"本母子瓜"、助苗出土和甜瓜引蔓等技术、大蒜条中子繁殖法、细粒种子匀播法和促使莲子早发芽法。果树栽培方面,嫁树法最早见于此书,一是用斧背敲打枣和林檎的树干;另一种是用瓠石放在李的树杈中。嫁树是现代"环剥"技术的起源。魏晋时期,嫁接技术有了长足的发展,由靠接到劈接,由近缘嫁接到远缘嫁接,由单纯为了结果到选择接穗和砧木使其兼能提早结实和改良品质。在栽培方式上,《齐民要术》中记载了多种间、混作方式。如桑下种绿豆、小豆、谷子、芜菁等以及绿肥作物的栽培和加入轮作序列之中。在植物保护方面,提出了一些防治病虫害的措施,还记述了当时果农熏烟防霜害的方法。另外,《齐民要术》还记述了谷、瓜、葵、葱等作物生产中的绿肥使用。《四时纂要》为自6世纪初《齐民要术》以后至12世纪初《陈旉农书》以前,6个世纪中仅见的一部记载详备的农书,也是研究唐至五代农业技术发展史和社会经济史的珍贵资料。该书资料虽多采自《氾胜之书》《四民月令》《齐民要术》等书,但有许多新的创造。如种木棉法、种菌法、种茶法、枣树嫁接葡萄法、养蜂法等,都不见于此前农书。酿造技术方面,该书首次记载的干制"酱黄"法及酱油的加热减菌处理法,是生化工艺发展史上的一项重要资料。有关药用作物的栽培技术也是最早见之于该书。《农桑辑要》所引《齐民要术》内容,概两万多字,约占全书的百分之三十一。但《农桑辑要》具有一些显著的特点。首先,《农桑辑要》增加一些新的资料如苎麻、木棉、胡萝卜、同蒿、人苋、莙荙、甘蔗、养蜂等皆注明"新添",丰富了古代农书的内容。其次,《农桑辑要》最大的发展在于首次将蚕桑生产放在与农业同等重要的地位,栽桑养蚕两卷的篇幅占全书将近三分之一。而《齐民要术》养蚕没有专篇,而仅在"种桑柘"篇中作为附录,篇幅仅相当于《农桑辑要》的十分之一。最后,《农桑辑要》在重视蚕桑的同时,积极提倡向北方推广苎麻和棉花种植。详细地记载了这两种作物的种植、管理与加工、应用的方法,其"论九谷风土及种莳时月"和"论苎麻、木棉"从理论上阐述了向北方推广木棉和苎麻的可能性,从而发展了风土论的思想,成为农学思想史上的一个里程碑。

农业专著之外,农家另外题材作品中亦涵括诸多农艺。以唐陆龟蒙为例,在故乡松江甫里过隐居生活时,有田数百亩,屋30楹,牛10头,帮工20多人。由于甫里地势低洼,经常遭受洪涝之害,陆龟蒙因此而常面临着饥馑之苦。基于此,陆龟蒙亲自身扛畚箕,手执铁锸,带领帮工,抗洪救灾,保护庄稼免遭水害。他还亲自参加大田劳动,中耕锄草从不间断。在躬耕南亩生活之余,他写下了许多诗、赋、杂著,并于唐乾符六年(879年)卧病期间自编《笠泽丛书》,其中便有许多反映农事活动和农民生活的田家诗,如《放牛歌》《刈麦歌》《获稻歌》《蚕赋》《渔具》《茶具》等,而他在农学上的贡献,则主要体现在其小品、杂著之中。

(三) 农具

根据学者考证,河姆渡遗址第四层出土的农具即骨制耒耜,一般认为耒耜为两种农具,其区别在于刃部的不同,耒是双齿刃,而耜是有宽度而尖首形的耕具。河姆渡遗址第四层出土的骨制耒耜76件,骨制耒耜不仅数量多,而且制作精,此为原始农具重要的飞跃。这是比刀耕火种进步的农耕方法。[①] 我国很早就发明了简单方便的绘图工具和测绘仪器——规和矩。《史记》记载夏禹治水时"左准绳,右规矩",反映了规、矩、准、绳作为测量和绘图工具在兴修水利时所受到的重视程度。古代

---

① 王玉哲:《中华远古史》,上海人民出版社2003年版,第66页。

的"规"相当于圆规,"矩"类似木工用的曲尺。在甲骨文中就已经有了规和矩两个字。西周主要农具有耜、耒、钱、镈(音博,锄)、铚(音制,镰刀),尤其是耜在《诗经》中出现多次。学者对于耒耜为何物争论,一般认为,耒与耜为一件农具两个部分。但据《考工记》描述,耒为"曲柄枝刃"耕器;耜为"单刃耕器"[①]。耒为歧头或独头尖刃农具,用以刺土;耜则宽为平刃铲形农具,用以起土;两种农具作用不同,可以长期并存,朝代变化,仅材料木制、铜制、铁制变化而已。据《后汉书·杜诗传》载,杜诗任南阳太守时,"造作水排,铸为农器,激用力少见功多,百姓便之";据《三国志·韩暨传》载,汉代韩暨任乐陵太守时,"旧时冶,作马排……更作人排,又费功力;暨乃用长流为水排,计其利益,三倍于前。在职七年,器用充实",这皆是制造和传播水排技术之例。陆龟蒙的《耒耜经》是中国唐代末期记述江南地区农具的专著。陆龟蒙曾经亲自经营农业,留心农事,对当地农具种类、结构和耕作技术有较多了解。《耒耜经》就是在访问老农和实际观察的基础上写成的,收录在《甫里先生文集》第十九卷中。全篇600多字,《耒耜经》一共记载了4种农具,除江东犁以外,还有耙、礰礋和碌碡,是中国最早的一部农具专著,也是第一篇谈论江南水田农业生产的专文。在《耒耜经》一文中,陆龟蒙写道:"耕而后有耙,渠疏之义也,散垡去芟者焉。耙而后有礰礋焉,有碌碡焉。"他还根据自己对"象耕鸟耘"传说的理解,对精耕细作的技术体系提出了"深耕疾耘"的原则。根据《耒耜经》记载,陆龟蒙还对各种零部件的形状、大小、尺寸也有详细记述,十分便于仿制流传。积极宣传和推广新创制的农业机具,新创制耕耘器具铁搭、秧马、耘荡以及收获农具、灌溉机具、农产加工机械多种。

(四) 耕制

耕作技术发明最早可追溯至西周,首先,表现为从利用天然水到人工灌溉,《诗经·大雅·泂酌》"挹彼注兹,可以濯溉"说明可以抱瓮汲水灌溉田地。其次,菑田、新田、畲田。根据《毛诗》对这三类田的解

[①] 王玉哲:《中华远古史》,上海人民出版社2003年版,第673页。

释:"田,一岁曰菑,二岁曰新田,三岁曰畲。"可谓"三田制"技术。再次,耦耕制度,《考工记》谓"匠人为沟洫,耜广五寸,二耜为耦"①;《周礼·地官·里宰》记载"合耦于锄"。基本意思为两人合耕。重在两人合作以利功效。最后,农具发展出现青铜制品。西周主要农具有耜、耒、钱、镈、铚,尤其是耜在《诗经》中出现多次。由各种农具名称有"金"字旁可以推测农具皆为青铜制品。综上所述,西周已经具有麦、稻等主要作物品种,耕作技术奠定了中国特色精耕细作之基础,生产工具仍然为"金、石、木"并用时代。由此可知,西周开始告别粗放经营走向中国式的精耕细作。

西周实行井田制,把耕地划成不同的生产单位,由贵族派官吏直接指挥,组织"公社"进行集体劳动。产出由贵族与社员按比例分成。这是一种叫"彻"的集体生产和分成制度。土地国家所有,农官分发工具,以周王为代表,土地不准买卖,所谓"田里不鬻"②。"千耦其耘,十千维耦"为当时劳动的壮观景象。西周在克商以后,继承了商代氏族制的集体劳动。即"载芟载柞,其耕泽泽。千耦其耘,徂隰徂畛……有略其耜,俶载南亩,播厥百谷……"两千人大集体在田间进行生产劳动。③《周颂》稍晚的《大田》《甫田》也反映了集体生产。可以推测,两千人在田地中劳动,耕作技术自然通过直观学习与经验交流而逐步传承。又如《诗经·周颂·臣工》:"嗟嗟保介,维莫之春,亦又何求?如何新畲?於皇来牟,将受厥明。明昭上帝,迄用康年。命我众人:庤乃钱镈,奄观铚艾。"描写周王谕告其百官照顾农耕的事例,略谓时至暮春,新田如何垦殖,大麦小麦长势很好,丰年在望,命"众人"准备好他们的农具以及众多农夫集体在田中劳动。农官指导以及生产实践的创造,使精耕细作技术逐步在群体劳动中开始传承。甲骨文有关农事文字农、畴、疆、田、井、圃、囿,已开始从粗耕到精耕的跨越,《盘庚》"若农服田力穑,乃亦有秋",迁都原因推测为土地轮耕所需。农具以石器为主,牛耕并未普及。当时粮食充足主要原因为:第一,开荒。卜辞中,"田",即垦田,

---

① 王玉哲:《中华远古史》,上海人民出版社2003年版,第679页。
② 同上书,第668页。
③ 《周颂·载芟》。

商代后期统治阶级为了扩大生产面积，集中财富，经常派遣农官率众到远方异域，从事经年累月的垦殖活动。第二，组织合作。人们在田中并肩合耦而耕，这样可以更有效率地从事大面积松土。农作物收成与耕作技术关系很大。另《诗·豳风·七月》云"三之日于耙"说明周人已掌握气候与播种的关系。《大雅·生民》云："禾役穟穟。"《毛传》："役，列也。"说明已开始条播。

春秋战国时期，土壤已经有壤、埴、坟、黎、涂泥等称谓。《禹贡》列举了九州土地等级状况。农业生产主要表现在牛耕推广和耕作技术的进步。从山西浑源出土的牛尊来看，春秋后期晋国的牛都穿有鼻环儿，说明牛已被牵引从事劳动。[①] 另《国语·晋语》讲到范氏逃到齐国的情景，"令其子孙将耕于齐"好比"宗庙之牺为畎亩之勤"，足以证明春秋晚期牛耕已经普遍。《管子·乘马》记载，战国时代开始使用两牛牵引的犁，从河南省辉县固围村和河北省易县燕下都遗址出土的铁口犁来看，犁头全体成V字形，增强了破土划沟效率，为耕作技术的重大改革。另发现五齿耙和多种式样的小铁锄等。《孟子·梁惠王上》"深耕易耨"及《韩非子·外储说左上》说"耕者且深，耨者熟耘"皆反映当时耕作技术进步。灌溉方法已经用桔槔取代"抱瓮取水"。《庄子·天运》记载，子贡话桔槔"引之则俯，舍之则仰"。《孟子·滕文公上》载有"粪其田而不足，则必取盈也"，说明施肥技术进步。另《吕氏春秋·任地》说"劳者欲息，息者欲劳"，说明开始轮耕制。《管子·禁藏》说："亩取一石，则人有三十石，果瓜素食当十石。"意思是1亩地收1石粮食，30亩为30石，地里蔬菜瓜果的收成相当于10石粮食。可见园圃作物已成为仅次于谷物的重要食物。《素问·脏气法时论》说："五谷为养"，"五果为助"，"五菜为充"，说明蔬菜、果类在古代中国人的食物结构中占有十分重要的地位。

汉代，犁的使用逐渐被推广，尤其在边远地区，地方官员皆鼓励百姓采用牛耕。耕作方式则以"代田法"取代"撒播法"，之后又在"代田法"基础上进一步精细化"区种法"以适于零碎的边际土地。各种作物的复种与轮作并各种蔬菜进行间作套种开始推行。汉代耕作制度变革

[①] 朱顺龙、顾德融：《春秋史》，上海人民出版社2003年版，第207页。

需归功于武帝时期搜粟都尉赵过,其发明推行了"代田法"和新田器——耧犁和耦犁。在《汉书·食货志》中有以下记述:"过能为代田,一(亩)三(同畎)。岁代处,故曰代田。古法也。"该段记载扼要说明了代田的由来和特点。"古法"即春秋战国时盛行的"畎亩法"。《国语·周语》"韦昭注"解释说:"下曰畎,高曰亩。亩,垄也。""一亩三"即在一亩地里作三条沟、三条垄。"岁代处"则指沟和垄的位置每年互换。在《沟洫疆理小记》中,清代程瑶田曾说:"代田者,更易播种之名。播则垄休,岁岁易之,以畎代垄,以垄处畎,故曰岁代处也。"概而言之,"代田法"基本内容即在一亩地上开三条沟,形成三条沟和三条垄,垄和沟每年轮换着种植。因为播种时将种子播于沟内,水分和温度条件比垄上稍好,有利于作物出苗和生长。另外,"代田法"可使土地部分利用和休闲轮番交替,在肥料不足的情况下使地力能得到自然恢复和增进。其栽培管理也比"畎亩法"有很大改进,"播种于中。苗生叶以上,稍耨垄草,因其土以附苗根……苗稍壮,每耨则附根,比盛暑,垄尽而根深,能风与旱"。所以亩产量比不开沟作垄的缦田要高得多。赵过在推广"代田法"过程中分作三个步骤:首先,亲自实地实验,在"离宫"(正式宫殿之外别筑的宫室)内空地上实验,证实确比"旁田"多收一斛以上;证实"代田法"比"缦田法"优越,作为推广的先决条件。其次,借用行政力量,对县令长、乡村中的"三老""力田"和有经验的老农进行技术训练,"受田器,学耕种养苗状",再通过他们把新技术逐步推广出去;最后,先以公田和"命家田"作为重点推广,然后普遍开展。"是后边城、河东、弘农、三辅,太常民皆便代田"。"代田法"为黄河流域旱作地区防风抗旱的多种农法之一,不仅对于恢复汉武帝末年因征战、兴作而使用民力过甚,扭转凋敝的农村经济起过一定的作用,而且对后世农业技术的发展也有深远的影响。① 赵过推广"代田法"约七年时间,"一岁之收,常过缦田(没有亩的平作田)亩一斛以上,善者倍之",取得了"用力少而得谷多"②"民皆称便"的效果。赵过算得上是中国历史上农业技术推广程序

---

① 林剑鸣:《秦汉史》,上海人民出版社2003年版,第509页。
② 《汉书·食货志》。

的首创者，使农业科技推广工作具有一定的科学性。赵过在推广"代田法"的同时，大力推广牛耕与改革农具。据载："其耕、耘、下种田器，皆有便巧。率十二夫为田一井一屋。故亩五顷，用耦犁，二牛三人，一岁之收，常过缦田亩一斛以上。善者倍之。"又曰："大农置工巧奴与从事，为作田器。"① 根据考古学和古文字学，我国牛耕虽起源于商代，但在战国以前一直没有得到多少发展，到汉武帝初年，牛耕也只限于富豪之家，一般农民仍主要使用木制或铁制耒耜。赵过推广的牛耕为"耦"，"二牛三人"即二牛三人为一组，二牛挽犁，一人扶犁，一人在辕头旁控制犁辕，掌握深浅，一人在前边牵牛。由"疏耒而耕"变为畜力挽犁，在犁耕发展史上是一大进步。据史书载，"用耦犁，二牛三人，一岁之收，常过缦田畮（亩）"，此法每年可耕田五顷，十分利于土地的开垦，为"代田法"的推广，创造了有利条件。后因牛大多在富豪家中，农民缺牛无法趁雨水及时耕种，赵过采纳退职平都县令光的建议：令农民以换工或付工值的办法组织起来用人力挽犁。成效显著：人多组1天可耕30亩，人少组1天也可耕13亩。东汉时这种耕作法推广至辽东，开始时也是"两人牵之，一人将之"。二牛三人耕作法反映了牛耕初期时的情形，因为驾驭耕牛技术不熟练，铁犁构件和功能不完备，赵过总结劳动人民经验并吸收前代播种工具的长处发明了三脚耧。汉崔寔《政论》：赵过"教民耕殖，其法三犁共一牛，一人将之，下种挽耧，皆取备焉。日种一顷。至今三辅犹赖其利"。按"三犁共一牛"即三脚耧。三脚耧，即耧车，下有三个开沟器，播种时，用一头牛拉着耧车，耧脚在平整好的土地上开沟进行条播。由于耧车把开沟、下种、覆盖、镇压等全部播种过程统于一机，一次完工，既灵巧合理，又省工省时，故其效率达到"日种一顷"。三脚耧车系从独脚耧、二脚耧发展而来。独脚耧大约起源于铁制农具比较普遍使用的战国时期。在我国农业史上像赵过这样有独特创造和贡献的高级农业官员是不多见的。

在《氾胜之书》中，对于西汉北方特别是关中地区的耕作制度有所总结，对耕作原理提出了一些基本原则：如"趣时"（赶上雨前雨后最合适的耕地时间）、"和土"（耕、锄、耱平，使土壤松软）、"务粪泽"（保

---

① 《汉书·食货志》。

持土壤肥沃和湿润)、"早锄早获"(及时中耕锄草和收割)等。《氾胜之书》首次记载了"区田"技术。这是一种园艺式的精耕细作高产的耕作技术。"区田法"把耕地分为上、中、下农区三种类型，通过深耕、勤浇、精管，使农作物获得高产。氾胜之，汉成帝时议郎，知农事，后官至黄门侍郎。他曾以轻车使者的名义，在三辅（今陕西平原）指导农业生产，并使该地区获得丰收。《汉书·艺文志》中颜师在注引刘向《别录》云，成帝时使氾"致用三辅，有好田者师之"。《晋书·食货志》数："河遣轻车使者氾胜之三辅种麦，而关中遂穰。"氾胜之在总结推广"区田法"时，把土地分成若干个小区，做成区田。每一块小区，四周打上土埂，中间整平，深挖作区，调和土壤，以增强土壤的保水保肥能力。采用宽幅点播或方形点播法，推行密植，注意中耕灌溉等。"区田法"的推广和运用，大大提高了关中地区单位面积产量，受到广大农民的欢迎。① 他大力推广种子穗选法，要求在田间选择籽粒又多又饱满的穗留作种子。他发明推广了"溲种法"（在种子上粘上一层粪壳作为种肥），其原理直至今天还在应用。氾胜之对农业科学的贡献是多方面的。瓠子是当时三辅地区一种重要的经济作物。但由于瓠既不耐旱又不耐涝，产量一直低而不稳。氾胜之听说有一位农民是种瓠子的行家里手，就亲自登门拜访，同这位农民交上了朋友。他仔细观察研究这位农民的种瓠过程，自己还亲手反复做种植实验。他终于总结出了一套瓠子种植高产技术，即"种瓠法"。用这个新技术栽种的瓠子，个儿长得特别大，一个可抵过去的十个大。氾胜之虽然身为朝廷命官，但却时时想着农业丰收，惦记着百姓的温饱。为了总结推广群众中的新鲜经验，他常常微服出访，走遍了关中平原，虚心向种田好手请教，把群众的种田经验同自己的研究成果结合起来。他对北方的水稻、蚕桑、小麦、瓜果等作物的栽培技术进行了深入的研究，总结推广了种麦法、种瓠法、穗选法、种瓜法、调节稻田水温法、保墒法、桑苗截干法等。农业技术的推广，促进了农业生产的发展，受到了广大农民的尊敬和爱戴。

在《齐民要术》一书中，贾思勰反对广种薄收的农业粗放经营方式，强调："凡人家营田，须量己力。宁可少好，不可多恶。"其中，涵盖集

---

① 林剑鸣：《秦汉史》，上海人民出版社2003年版，第511页。

约经营科学思想。他认为提高产量和收益,需做到以下几点:改进工具与提高劳动兴趣。如"欲善其事,先利其器;悦以使人,人忘其劳"。以及"敬授民时","教知牛耕","教之垦辟,岁岁开广,百姓充给"。敦煌一带"不晓作耧犁,及种、牛功力既费,而收谷少"。当地官员后来"乃教作耧犁",人力少一半,收成增五成。贾思勰《齐民要术》严格要求操作技术。如"锄头三寸泽",就是讲锄耕对于保墒的作用;"湿耕泽锄,不如归去","初耕欲深,转地欲浅","秋耕欲深,春夏欲浅"等说明深耕浅耕的时节把握。尤其宝贵的是,《齐民要术》对开垦、选种、播种、耕耘、收割、贮藏到加工等农作物种植的全过程进行了系统研究。

在《陈旉农书》中,"地力常新壮"的著名论断被首先提出。陈旉在"粪田之宜篇"中说:尽管土壤种类不一,肥力高低,但都可改良;认为前人所说的"田土种三五年,其力已乏"之说并不正确,主张"若能时加新沃之土壤,以粪治之,则益精熟肥美,其力当常新壮矣"。另外,精辟论述了开辟肥源、合理施肥和注重追肥等措施。由于作者对黄河流域一带北方生产并不熟悉,因而把《齐民要术》等农书,讥为"空言""迂疏不适用",则是他思想和实践局限性的反映。

《王祯农书》首先提出"顺天之时、因地之宜、存乎其人"这一重要的农耕思想。尤其创制了"授时指掌活法之图",指出用"节气定月"以列农事,创制《全国农业情况图》以指导各地安排生产。对自后魏以来我国南北精耕细作的优良传统经验进行了新的总结。如把北方旱地的耕作体系概括为"耕、耙、劳"并完善提升。强调"秋耕为主,春耕为辅"的原则。开辟"粪壤"和"灌溉"专篇,提出"粪壤为急"的肥土思想。介绍多种地势的引水灌溉方法,总结围田和圩田经验,指出南方"水乡泽国"兴水利、除水害的途径。专辟"田制门",系统总结如围田、圩田、柜田、涂田、架田、沙田、梯田等几种特殊的土地利用方式。

徐光启在《农政全书》中针对漕运之财政隐患,其力图以垦荒和开发水利的方法来发展北方的农业生产;提出"预弭为上,有备为中,赈济为下"以及"浚河筑堤、宽民力、袪民害"备荒、救荒等荒政方针;破除了中国古代农学中的"唯风土论"思想,通过实验可以改良土壤、推广种植;提出种麦避水湿、与蚕豆轮作以及棉、豆、油菜等旱作技术的改进意见;针对长江三角洲地区棉田耕作管理技术,提出了"精拣核

（选种）、早下种、深根短干、稀稞肥壅"的十四字诀。另外，推广甘薯种植技术以及总结蝗虫虫灾的发生规律和治蝗的方法。

除选育、栽培、耕作、农具之外，在农业文献中还多有其他农艺范畴，诸多创制不胜枚举。譬如，《齐民要术》总结了我国6世纪以前家畜家禽的饲养经验并搜集记载了兽医处方48例，涉及外科、内科、传染病、寄生虫病等方面，如直肠掏结术和疥癣病的治疗方法，历时1400多年，现在仍然沿用。该著中还有我国独特的制曲、酿酒、制酱、作醋、煮饧以及食品保存和加工工艺的翔实记录，其中许多是现存最早的资料。在《南泾渔父》一诗中说："孜孜戒吾属，天物不可暴。大小参去留，候其孳养报。终朝获渔利，鱼亦未常耗。"作者陆龟蒙竭力反对"药鱼"，极力提倡"种鱼"，采收鱼卵，远运繁殖，借以保护渔业资源，等等。

本章小结

从历史演进层面分析，夏商周时期，开始显露"重农"之风，诚如《诗经》当中的诸多描述。农业越加独立且农业生产者逐步分化。农业技术在诸多领域取得突破。政府劝农、集体生产、家庭习传等基础性农业职业技术教育方式初步形成。春秋战国时期，诸侯争霸均认识到农业的重要作用。以齐国、秦国为代表的"重农"思想逐步形成。另有农家学说以及实践的影响，伴随铁制农具以及牛耕的使用，农业技术教育呈现出特有的形式。秦汉时期，重农政策已经十分鲜明。伴随着地主对土地的兼并，汉代出现劝课农桑与抑制土地兼并并存的农业政策。汉代专业农户逐步发达，"非身份性地主"出现，自耕农数量增加。牛耕与铁制农具的普及大大推动了农业发展，因帝王重视以及农官的推动，秦汉时期农业职业教育为后世奠定了体系与模式基础。魏晋南北朝时期尽管战争不断，但由于各个政权对于农业重要性认识深刻，因此均对农业以及技术推广极为重视。帝王耕籍之礼有所发展，贾思勰农业巨著《齐民要术》问世。隋朝"急农"与"榨农"政策成为迅速致富与灭亡的重要原因。唐朝吸取隋失败教训，以农为本推行一系列有效措施。均田制与租庸调制并行，农民有了初步的自由，因此推动了农业的大发展。在此期间，帝王以及官员劝农使等皆对农业职业教育起到了重要作用。尤其是元稹等思想家以及陆龟蒙、陆羽等农学家作出了突出贡献。宋代，帝王对于农业格外重视，多亲自率领官员引种、推广以劝课农桑。另外，劝农成地方官员的重要职责。劝农文与农师制度亦为一项创举。元代与以往时期一样奉行"重农"政策。其中，社学成为元代农业教育的突出创造，成为中国封建社会职业教育的亮点。明代以小农经济立国并达至顶峰。终明一代有大量关涉农业的政策与制度出台，涉及土地、赋役、水利、赈济多个方面，对当时的农业发展可谓影响至深。以汪洋大海般小农经济为背景，农业职业教育继续发展。清代农业生产十分发达，帝王重视是一个重要因素。另外，地方官员在品种、技术推广方面的贡献超过任何一个朝代。尤其是农书的数量与种类均达至封建社会的高峰。

第 三 章

百　　工

在名著《中国：发明与发现的国度》一书中，英国学者罗伯特·K.G.坦普尔慨叹道："如果诺贝尔奖在中国古代已经设立，各项奖金的得主，就会毫无争议地全都属于中国人。"[①] 显然，坦普尔主要指中国手工时代杰出的技术文明，尤其是著称于世的手工技艺。毋庸置疑，在士、农、工、商"四民"之中，"百工"即中国传统技术传承的核心群体。

一　工者

"工者"出现肇始于第三次社会大分工，即手工业在农业中分离开来。随着石器、木器等工具发明与应用，较大面积的农田耕作和伐林垦荒成为可能。农产品日益丰富亦引发了加工工业的产生与发展。由此，纺织、制陶、皮革加工等活动逐渐增多，专职手工业者随之产生，手工业遂从农业活动中分离，作为一独立的生产部门，中国早期工艺技术就此开端。

"工者"进化依托手工业内部分化。事实上，夏时手工业门类已较齐全，青铜器、玉器、漆器、陶器等初显端倪。《考工记》中"夏后氏上匠"一说，说明夏时匠人之地位。至商，已达青铜时代的全盛时期。陶器制造、纺织品、制骨业等皆至同期最高水平。商时手工业作坊规模相当，1959—1960年发掘的安阳小屯东南苗圃北地铸铜遗址，总面积约1

[①] ［英］罗伯特·K.G. 坦普尔：《中国：发明与发现的国度》，陈养正、陈小慧等译，21世纪出版社1995年版，第5—11页。

万余平方米，从礼器、生活、生产工具至武器等种类齐全。常见有鼎、爵、壶、尊、盘等数十种。商城周遭，铸铜作坊、人骨、兽骨作坊、烧陶作坊等皆具备相当的成熟度；从其布局分析，已经有了明显的行业分工。① 商中期，手工业内部业已出现固定的分工。诚如郑州紫金山北，酒器、铜器、玉器、缝纫、漆木业等一应俱全，由于每种工序皆比较复杂，设若没有细致的分工不可能有如此高的水平。② 达至西周，手工业作坊数量与规模有了新的发展，如上村岭虢国墓地，出土礼器达180件，工具、武器、车马饰件总数相加至5000余件；木器、纺织等遗址也显示出较高的发展水平。秦汉之后，手工业分工走向更高的水平。以明朝为例，据《天工开物》记载，造纸业作坊——槽坊规模甚大，千余人，分工细致。"片纸非容易，措手七十二"可见分工之细。制陶业亦是。据记载，制陶工艺包括取土、练泥、镀匣、修模、洗料、印坯、镟坯、画坯、荡釉、满窑、开窑、彩器、烧炉13道工序。每道工序需诸工种协同完成，譬如"画坯"工序需画工、染工，即"画者、染者各分类聚处一堂，以成其画一之功"，分工精细导致工者片面发展，即"画者止学画而不学染，染者止学染而不学画"。即便"火候"控制亦分三个工种："紧火工""溜火工""沟火工"，诸工种技术要旨清晰，即"火不紧洪，则不能一气成熟。火不小溜，则水气不由渐干，成熟色不漂亮。火不沟疏，则中、后、左、右不能烧透，而生所不免矣"③。

"工者"有"职业为氏"与"行业族居"现象，与士、农、商渐次厘清"边界"。据《百家姓》注：水姓"系出姒姓，明浙江省鄞县有水苏民，其先氏以禹王庶孙留居会稽，以水为氏，科第甚蕃"。《姓氏考略》《姓苑》等同载此事。意思是，远古大禹曾率水工至会稽山下，治水患后留一水工（禹的庶孙）居于会稽，便世代以水为姓，以水氏相称。商周时期，基于行业的族居渐渐多于纯血缘关系族居。同业关系比血缘关系渐渐重要起来，出现"职业为氏"与"行业族居"现象。据《左传》定

---

① 王玉哲：《中华远古史》，上海人民出版社2003年版，第215页。
② 北京大学历史系考古教研室：《商周考古试用讲义》，湖北省纪南城文物考古训练班印1972年版，第710页。
③ 《景德镇陶录·卷四·陶务方略》。

公4年记载，武王克商时，晚商遗民以职业不同分于诸贵族，如将条氏、徐氏、萧氏、索氏、长勺氏、尾勺氏6族分给鲁公；将陶氏、施氏、繁氏、锜氏、樊氏、饥氏、终葵氏7族分给康叔。在13族中至少有9族是手工业家族，如索氏即绳工家族，长勺氏、尾勺氏应即酒器工家族，陶氏应即陶工，施氏应即旗工，繁氏马缨工，锜氏应即锉刀工或釜工，樊氏即篱笆工，终葵氏应即椎工。诚如郑玄所云，古时有"以其事名官"和"以氏名官"①，即从事什么手工业就名什么氏族。西周时这种"氏族工业"有诸多品种，故称"百工"，氏族领袖自然成了"工官"。

"百工"称谓亦缘起于商朝，即所谓商有"百工"②。据专家考证，直接负责管理手工业的管理者就叫"工"。在甲骨卜辞中也有相关记载，诸如"己酉贞，王其令山司我工"，意即王命令山去管理王室的手工业生产。③另金文《令彝》曰："明公朝至于成周，出令，舍三事令，及卿事寮，及诸尹，及里君，及百工，及诸侯……"在《师毁簋》中有"司我西、东仆驭、百工、牧、臣妾"。蔡簋铭文："王若曰：蔡，昔先王既令汝作宰，司王家，……司百工，出入姜氏令。"公臣簋铭文曰："虢仲令公臣：司朕百工。"由诸铭文可以看出，西周时期的百工地位低下。这样看来，有两种可能，其一，百工起初为"工官"后演化为"工人"；其二，本身即为非奴隶身份的"自由人"。手工业作坊是由国君派遣官员管理，百工负责组织生产，生产体制与商朝相似。即"工商食官"政策。手工业者业已成为一个庞大的产业阶层。围绕"百工"似乎可以解读中国古代科技发达的原因。

"工者"之思想家需首推墨子。在诸子百家中，墨子是手工业者的代表。《墨子·所染》中"染丝说"否定了人性先天善恶与贵贱之分。墨子自称"贱人"，就其本身科技水平而言，可以推断其为从小手工业者上升为士的知识分子。作为一名杰出匠人，墨子倡导教育面前应该人人平等，即所谓"上说王公大人，次说匹夫徒步之士"④。作为"农与工肆之人"

---

① 《考工记·郑玄注》。
② 《尚书·康诰》。
③ 王玉哲：《中华远古史》，上海人民出版社2003年版，第710页。
④ 《墨子·鲁问》。

的代表，墨子试图建立一个民众平等、兼爱互助的社会。故墨子曰："故圣人作，诲男耕稼树艺，以为民食。"尤其倡导"凡天下群百工：轮、车、鞼、鲍、陶、冶、梓、匠，使各从事其所能"①。墨子之后，即"近"墨家著者，有宋代《营造法式》撰著者李诫等人。

"工者"之圣需首推鲁班。鲁班（约前507—前444年），民间著名匠人。出生于工匠世代，在机械、土木、手工工艺等方面皆有发明。据记载：公输子削竹木以为鹊，成而飞之，三日不下。② 另传其制成由木人驾驭而自动行走的机动木车马。这些带有神话色彩的传说，正是对鲁班高超技艺的夸张渲染。公输般（即鲁班）很注意对客观事物的观察、研究，他受自然现象的启发，致力于创造发明。一次攀山时，他的手指被一棵小草划破，于是就模仿草叶制成伐木的锯。鲁班能建造"宫室台榭"；制作出攻城用的"云梯"，舟战用的"勾强"；创制了"机关备制"的木马车；《事物绀珠》《物原》《古史考》等古籍记载，他发明了曲尺、墨斗、刨子、凿子等各种木作工具，这些木工工具的发明使当时工匠们从原始、繁重的劳动中解放出来，劳动效率成倍提高，土木工艺出现崭新的面貌。还发明了磨、碾、锁等。鲁班被视为技艺高超的工匠的化身，更被土木工匠尊为祖师。每年的6月13日是鲁班师傅诞，木艺工会最重视这个节日。木艺这一行可说是最古老的行业，木工在建筑业中一直占有很重要的地位。每年祝贺师傅诞，还有一项很特别的传统活动，就是派"师傅饭"。所谓"师傅饭"，其实是在师傅诞那天，用大铁锅煮的白饭，再加上一些粉丝、虾米、眉豆等。由于相传吃了师傅饭的小孩子，不仅能像鲁班那么聪明，而且很快长高长大，健康伶俐。反映出古代学徒制中师承文化的特点。鲁班之外，干将、莫邪、欧冶子等皆名闻天下。

"工者"之官需首推李冰父子，作品"都江堰"至今造福于世。之后诸代杰出工程专家灿若星河，如宋代喻浩、李诫、沈括，元代薛景石、沙克什等。"工者"之发明家在魏晋时期负有盛名。其中，马钧、杜预、耿询、祖冲之等堪称代表。马钧，据《马钧别传》记载，其"巧思绝世"，改革了织绫机，发明了龙骨水车；杜预发明了连机水碓，刘景发明

---

① 《墨子·节用中》。
② 《墨子·鲁问》。

了连转磨，祖冲之发明了千里船。不但涌现了诸如马钧、杜预、耿询、祖冲之等一批机械发明家，而且产生了诸如韩暨那样尊重技术的一些官吏。① 魏晋南北朝为隋唐盛世的到来孕育了基础，之后有李春赵州桥闻名于世。

"工者"之群杰在历史上有颇多记载。东汉崔寔做五原太守时，为了发展本地的民间手工业，"乃卖诸峙，得二十余万"，诣雁门、广武"迎织师，使巧工作机及纺以教民织"②，可见雁门、广武一带，早已有技术高超的民间"织师"，而且五原一带民户也普遍学会了纺织技术。再有，秦汉出现诸多手工业大户。蜀人卓氏、宛人孔氏等皆靠冶铁成为巨富。至隋，有黄亘、黄衮兄弟。③ 至唐，民间著名匠人逐步增多。譬如唐末，当地族人颜化彩（生于唐咸通五年，卒于五代后唐长兴四年）总结前人制造陶瓷的经验，著"陶业法"、绘"梅岭图"、传授陶瓷工艺，供后人学习。④ 著名画家建筑师阎立德父子兄弟三人皆以建筑闻名，即"（阎）毗初以工艺知名，立德与弟立本早传家业"⑤。其中阎立德曾参与建造昭陵、翠微宫、玉华宫等大型工程，官至工部尚书。唐时，已经出现了专门的手工业户。如江淮以南的不少地方，出现了一批制茶户。沿海、山西、四川等地出现了从事制盐的盐户、海户、井户。其中，唐代西蜀制琴雷氏，北海制染李氏负有盛名。宋、元、明、清伴随"匠籍"制度，"工者"中杰出者甚众。

二 工策

"工者"，尽管排在"四民"之第三位，但其地位具有特殊性。由于官府手工技艺之需，捎带提升其地位。历代统治者皆积极搜罗民间匠人，即便对于俘虏皆有"好"的待遇，以留其用。至隋唐，始有"匠籍"制度，遂使"工者"附加了匠奴之身份，但自西周"工商皂隶"至隋唐

---

① 王仲荦：《魏晋南北朝史》，上海人民出版社2003年版，第965页。
② 林剑鸣：《秦汉史》，上海人民出版社2003年版，第849页。
③ 《隋书·何稠列传》。
④ 《颜谱》。
⑤ 《旧唐书·阎立德传》。

"纳资代役"、宋时"差雇制",演绎出"工者"逐步解放与身份自由的历史命运,元代"系官匠户"制度使工者重置"匠籍"身份,至明逐步瓦解,至清则彻底消亡。

周灭商,不但缴获了青铜器及其他宝器,更重要的是周人不仅占有了商王朝手工业资源和设备,而且俘获了诸多有熟练技术的手工业工人。自古"有虞氏上陶,夏后氏上匠,殷人上梓,周人上舆"①。至此,《考工记》何以产生业已明了。同理,商族的手工业工人,因有世传的专门技艺,受到战胜者周人重视。诚如周公教康叔杀违禁饮酒者,独对违禁的商族手工业加以宽恕,即所谓"勿庸杀之,姑唯教之",使之能各展其长,终为周人服务。

与农人不同,"工者"一开始即限于"工商食官"制度之中,即所谓"公食贡,大夫食邑,士食田,庶人食力,工商食官,皂隶食职,官宰食加"②。阎步克指出:周代存在着一种"稍食",它按月发放或领取,并且在发放时要通过考功计劳来定其额度。领取稍食者主要是宫中的各种官府胥吏,直接为周王服役的士庶子及男工女仆之类。③ 工商属于领取"稍食者"。按三国时韦昭解释是:"工,百工;商,官贾也。《周礼》曰府藏皆有贾人,以知物价。食官,官禀之。"通俗之意"食"的意思是:拿东西给人吃。工商食官即百工和商贾靠官府所给的粮食而生活。

西周基本上承袭了商时尤其是晚商的"工商食官"制度。当时比较重要的手工业皆由王室和诸侯贵族所控制,而由百工直接掌管。百工即是"百官",他们统辖着各个行业的生产。当时的商人,不仅不能自主经营其业,那些手工业者所生产的产品也主要是为了奴隶主贵族的享用,而不是为交换而进行的商品生产。故以技术为奴隶主贵族服务者,既不可兼做他事,亦不能改变行业,即所谓"凡执技以事上者:祝、史、射、御、医、卜及百官。凡执技以上市者:不贰市,不移官"④。西周手工业,除官府手工业外,还有属于公社农民家庭副业的民间手工业,但皆为自

---

① 《考工记》。
② 《国语·晋语四》。
③ 阎步克:《从稍食到月俸——战国秦汉禄秩等级制新探》,《学术界》2000年第6期。
④ 《礼记·王制》。

给自足而生产，只有少数手工业品用于交换。"工商食官"背景之下，官府垄断了技术传播。以后诸代，"百工"成为手工业者的代称。

春秋战国时期，社会动荡经济下移，"工商食官"制度逐步被打破。至战国时代，手工业业已分化成四个明显层次：第一，家庭手工业。"男耕女织"已成为农村普遍现象。诸如养蚕、缫丝、治麻葛、纺织布帛等成为每家农妇的日常工作。① 当时布帛与其他织物已经要求一定标准与规格并部分带有商品性质，诚如在《韩非子·外储说右上》中，载有吴起因其妻织"组""幅狭于度"而被赶走。另《孟子·尽心下》记载各诸侯国向农民征收地租包括"粟米之征"与"布缕之征"。商鞅在秦则对于农民耕与织同样奖励。第二，个体手工业。据《墨子·节用中》记载，当时已有车工、皮革工、陶工、冶金工、木工等。《论语·子张》记载，将制成品放在"肆上"出卖即所谓"居肆"。这些个体手工业者成为"百工"或"工肆之人"，农民与手工业者交换以维持生活，即孟子所言"通功易事"。第三，官营手工业。战国时期各诸侯国在中央、郡县一级皆有官营手工业。在《礼记·曲礼下》中记载："天子之六工，曰土工、金工、石工、木工、兽工、草工，典制六材"并有一定的管理监造制度。诚如秦与三晋的官营手工业，一般分为造者、主造者、监造者三级。产品皆需"物勒工名"，为"以考其诚"。在秦都咸阳，制陶业经左司空、右司空等少府属官管辖，且有左胡、右齐之类的工师监造。且"如功有不当，必行其罪"②。第四，"豪民"大手工业。主要为冶铁业与煮盐业。在《管子·轻重乙》中记载，官营因强迫奴隶"逃亡而不守"等因素，只有抽十分之三税让"民"去经营。其非一般手工业者，所谓"非豪民不能通其利"③。战国时经营池盐的猗顿与冶铁的郭纵即属该性质。④

尽管"工商食官"制度被打破，但官府对工匠的束缚并未彻底解除。每年三月至八月，是工匠被征调在诸官府工业中服劳役时间。九月霜降之后，至第二年三月解冻之前，官作停止。工匠结束官府劳役之后，方

---

① 《墨子·非乐上》。
② 《礼记·月令》。
③ 《盐铁论·禁耕》。
④ 杨宽：《战国史》，上海人民出版社2003年版，第105页。

可为自己经营。如若官府有额外需求，则这点时间亦不能保证。可见，官府工业存有双重功能，即集中技术力量提升工艺水平与阻滞商品生产并存。

汉时，手工业门类齐全，产品种类繁盛，工艺技术达至较高水平。民间手工业延伸至采矿业、煮盐业、冶铸业、纺织业、造纸业及其他杂手工业等领域。区域特色初显端倪。番禺业已成为南海郡"手工业中心"，制陶业、铸铜业、造船已有一定规模。西汉时首次开辟"海上丝绸之路"，徐闻港即是重要的始发港和中转港之一。官府手工业系统庞大，即所谓"将作少府，秦官，掌治宫室，有两丞，左右中侯"①。郡国县等地方机构中，亦有工官把管。"工者"则有四种情况：其一，以官府奴婢身份从事劳役。其中，官府奴隶之"隶臣妾"，男性为"隶臣"，女性为"隶妾"，"隶臣妾"的服役具有终身性。②《仓律》对于"工隶臣"和有手工技艺的"隶妾"的赎免规定特别严格。缘于官府手工业仰赖于这些技术性奴隶，即所谓"大农置工巧奴与从事，为作田器"③。其二，以刑徒身份从事劳役。所谓"刑徒"，即须戴着刑具同奴隶一样参加劳役，《盐铁论·水旱》曾云："卒徒工匠以县官日作公事"，"今县官作铁器"，"卒徒烦而力作不尽"。其三，以征发来服更役的"更卒"身份劳役。其四，工匠及工师。其中，言"工"者即工匠，言"工师"者即教新工学手艺的技工教师。"工匠"及"工师"，其人身名义上是自由的，但实际上并不自由。特别是被征发来的工匠，长期被固定于某一官府作坊，虽饿死也不能离开。"一家聚众或至千余人"说明豪强大手工业工场规模浩大。王莽做九庙时，曾"博征天下工匠"，可见官府可以征用大批工匠。

魏晋南北朝时期，手工业多以官营为主。其中，炼钢、养蚕、丝织、制瓷、造纸等方面技术进步较快。由于兵器制作、农具生产等方面的需要，冶铁炼钢受到诸政权高度重视。石油、天然气开始使用，制瓷技术传至北方，北方除制作青瓷之外，白瓷也出现。由于文化发展之需，故东晋南朝造纸业发达。马钧对纺织机械的改进，促进了北方丝织业的发

---

① 《汉书·百官公卿表》。
② 《云梦秦简》。
③ 《汉书·食货志》。

展，以至成为曹魏政权的一项重要的赋税来源。但该期手工业者地位低下，与贱民相差无几，身份远比编户齐民要低。北魏时期，政府为独占工匠，不允许私家蓄养。政府对王公士庶和百工伎巧卑姓通婚限制极严，"犯者加罪"，即所谓"工商皂隶，各有厥分……"①由此可见，工商几乎与皂隶同等地位。魏孝文帝时期，工商地位提高，"工商杂伎，尽听赴农"。魏晋南北朝时期，产业分工越加精细。譬如，经营烧造的手工业主，其下设匠，这是掌握全面技术的工师，匠下依工种和工序之不同，又设有轮（或叫轮头）、削、昆人等。其中，轮头负责制作瓦坯，削人负责分割瓦坯、昆人负责打磨瓦面。在官营手工业中从事生产的工匠，为数最多的为"百工户"，即民间工匠注籍匠户，他们需世代服徭役。如孙吴时"科郡上手工千余人送建业"②。北魏天兴元年（398年），徙山东六州"百工伎巧十万余口，以充京师"；北魏太平真君七年（446年），"徙长安城工巧二千家于京师"③。北齐天保时，则"发丁匠三十余万营三台于邺下"。统治者为满足自身要求，大量征用工匠以备其用。

唐代手工业高度发达，产品门类、生产规模、工艺技术等国际影响均超过前代。其中，官营手工业法律规定多而严密，如唐律规定国家工程必须依照法律规定先行向国家申报，批准后方可实施，"诸有所兴造，应言上而不言上，应待报而不待报，各计庸，坐赃论减一等"。违者即为非法兴造，当论罪，即所谓"诸非法兴造及杂徭役，十庸以上，坐赃论"④。同时规定因管理出现浪费、工程质量及工作违反法律规定等问题的相应处罚。唐前期，官府手工业中的工匠主要是通过编制匠籍，从民间无偿征调。官作工匠可分为杂匠、短番匠、长上匠和明资匠四种。杂匠即民间各种工匠，每年须服役二十天，不役则收其庸；短番匠即由官府挑选杂匠中"材力强壮，技能工巧"者到官府作坊做工，免除课役和杂徭，但延长其番期为每年一月。长上匠即短番匠服役期满后继续从役者，他们是技术高超并经过专门训练的熟练工匠，服役期一般在数年之

---

① 《魏书·高祖纪》。
② 《三国志·吴书》。
③ 《魏书》。
④ 《唐律疏议》。

内。明资匠也是一种技术工匠，技术甚高。唐时官营工匠数量众多，武后垂拱元年（685年）年少府监中有"短蕃匠五千二十九人，绫锦坊巧儿三百六十五人，内作使绫匠八十三人，掖庭绫匠百五十人，内作巧儿四十二人，配京都诸司诸使杂匠百二十五人"①。中晚唐以后，官府出资雇用工匠，即"和雇"增多。在"和雇"比较普遍的唐中期，政府可由工匠上缴的代役钱来随时"和雇"工匠。"纳资代役"制度使民间工匠有了相对的人身自由，遂促进了民间手工业的发展。但出于确保官作坊技术骨干，同时规定"其巧手供内者不得纳资"，有缺"则先补工巧业作之子弟"②。故其自由具有一定的局限性。再有，神功元年（697年），有"比来诸色伎术，因荣得官"一说；元和年间，则有"少府监金忠义以机巧进"。阎立本即凭借祖传技艺跻身官场。③ "技而优则仕"说明手工业技术颇受重视。就传承而言，即"有缺则先补工巧业作之子弟。一入工匠后，不得别入诸色"④。匠籍制度使然。且"技艺之士资在于手"，手工业者以一技而守其家业、传其家业。

宋时手工业远超于唐。北宋官营手工业由中央少府监、将作监、军器监掌管。各监均下辖多个生产机构，包括院、司、务、所、场、坊等。如少府监设有文思院、绫锦院、内染院、裁造院和文绣院等。地方亦设许多官营手工业作坊，如造兵器的诸道都作院，产铜各郡的铸钱监，成都蜀锦院等。南宋时，少府监、将作监、军器监均归属工部。宋时，"机户出资，机工出力"生产关系出现。基于协调同行业内部各种关系，维护本行业利益，手工业团体组织增加。即所谓"市肆谓之行者，因官府索科而得此名，不以其物大小，但合充用者，皆置为行，虽医卜亦有职"⑤。由此可见，团行建立亦与官府科索和差役有关。宋初，政府对坑冶户强行征收课税。⑥ 在王安石变法之后，改行"二八抽分制"。宋时，

---

① 《新唐书·百官志》。
② 《唐六典》。
③ 《唐会要》。
④ 《唐六典》。
⑤ 《都城纪胜》。
⑥ 陈振：《宋史》，上海人民出版社2003年版，第284页。

官工主体是固定在编的队伍——厢军①，在兵匠不足之时，亦通过差雇、当行、配作等方式，雇请民间匠人。官营手工业一般不再无偿征调民间服役工匠，大都采用一种介于征调和雇募之间的"差雇"制。政府在平时将民匠登记于簿籍，每遇需要即按簿籍轮流"差雇"。所谓"差"即服役并非出自工匠的自愿，而是官府按籍征发；所谓"雇"，即官府对服役的工匠支付一定的雇值和食钱，并非无偿服役。②在"差雇"制下，工匠在服役期间的待遇要比唐代单纯的轮差制下的工匠要优厚一些。故宋时工匠地位有一定的提高。

元代官营手工业颇为发达。中央政府组织并控制数量庞大的官府手工业机构，囊括几乎所有重要的部门。在西征和南下攻略金朝及西夏之际，蒙古族掳掠数量可观的工匠，后迁徙安置，分局造作，使元代官营手工业得以形成。天下工匠皆由政府控制，即"国家初定中夏，制作有程，乃鸿天下之工，聚之京师。分类置局，以考其程度而给之食，复其户，使得以专于其艺，故我朝诸工制作精巧，咸胜往昔矣"③。此外，臣属国工匠亦是被拘括的对象，如安南自中统四年（1263年）为始，每年须向元廷上贡诸色人匠。再有，元廷不惜代价四处搜罗能工巧匠，并且，"每屠城，唯匠者免"④。吴德融在宪宗蒙哥时期，曾因"善锻、有巧思"，被任命为诸路银匠提举。同时，大批迁徙能工巧匠，如世祖中统二年（1261年）"徙和林白八里及诸路金玉玛瑙诸工三千余户于大都，立金玉局。至元十一年升诸路金玉人匠总管府，掌造玉册、玺章、御用金玉、珠宝、衣冠、束带、器用、几榻及后宫首饰"⑤。官府手工业者主要是"系官匠户"，或有少数罪犯、囚徒。所谓"系官匠户"，即由官府专设机构及常设官员进行管理的工匠户。需世袭充役，不得更变即"匠不离局"。概而言之，蒙古汗国初年工匠处于工奴地位，入元后，由于工匠家庭、财产等情况变化，大部分工匠身份地位有所改观。但匠人进入局院造作，遭到官府局院服役的劳役剥削性质并未改变。

---

① 陈振：《宋史》，上海人民出版社2003年版，第120页。
② 同上书，第280页。
③ 《国朝文类》卷四十二《杂著·经世大典·工典总叙》。
④ 顾菊英、周良霄：《元史》，上海人民出版社2003年版，第544页。
⑤ 《经世大典·工典·玉工》。

明代经济总体发展水平远超宋代。工业总量占世界的 2/3 强。明后期，除盐业等少数行业还实行以商人为主体的盐引制外，大多数手工业皆摆脱了官府的控制，成为民间手工业。晚明时中国民间私营经济力量远比同期西方强大，如郑芝龙海上贸易集团的经济实力达至每年收入数千万两白银，当时荷兰东印度公司根本无法与之相抗衡。随着民营手工业的崛起和商品经济的繁荣，出现了资本主义性质的经营方式。如万历二十九年（1601 年），苏州丝织业即"吴民生齿最繁，恒产绝少，家杼轴而户纂组，机户出资，机工出力，相依为命久矣。……浮食奇民，朝不谋夕，得业则生，失业则死。臣所睹记，染坊罢而染工散者数千人，机户罢而织工散者又数千人"[1]。劳资对立的两方业已出现，即出资的机户和出力的机工。万历时，景德镇民谚云："景德产佳瓷，产器不产手，工匠来八方，器成天下走。"[2] 诸"无籍游徒"受雇于镇上坯作、窑户，即身份较自由的雇佣工人。明前、中期，匠籍和匠户劳役制度极为严格。匠户身份世代承袭，不得更变，脱离原户籍需经皇帝特旨批准。匠户按其服役形式，可以分为轮班、住坐和存留三种。工匠社会地位很低，即使艺术天分极高且贡献卓越者亦如是。嘉靖时，胡世宁《乞停工匠等升赏疏》，以反对工匠赵奎等获批官位，得到嘉靖认同，于嘉靖九年下令"宣德年后……以技艺勤劳传乞升职世袭者俱查革"[3]。因强制劳动，工匠多身心遭到严重摧残，故以压低产品质量、逃亡、怠工、失班、隐冒等多种方式对抗。明中期后，伴随官营手工业衰落，匠籍制度瓦解。英宗正统初年始，令南方工匠出银代役，由官府雇觅在京工匠造作供应，"彼此两得其便"。成化二十一年（1485 年），工部允许浙江、江西等地的工匠以银代役，每人每月出银九钱。后范围逐步扩大，出银额也发生变化。嘉靖四十一年（1562 年），明令规定轮班工匠征银代役，每名每年征银四钱五分，称为"匠班银"，以及"自本年秋季为始，将改年班匠通行证价类解，不许私自赴部投当"等[4]，匠户劳役渐为征银代役取代。相沿 2000

---

[1] 《明神宗实录·卷三百六十一》。

[2] 《景德镇陶录·卷八》。

[3] 《明会典·卷一二零》。

[4] 汤纲、南炳文：《明史》（上），上海人民出版社 2003 年版，第 605 页。

余年的工匠徭役制度得以废除，工商业者人身依附大大减轻，最终导致官营手工业走向衰落。

清朝前期，由手工业者建立的行会出现。即行业会馆与工匠会馆。行业会馆多称公所，如创建于乾隆年间的帽行会馆，创建于嘉庆年间的靛行会馆等。据统计，清代这类会馆或公所，北京有7所，苏州有48所，重庆10所，佛山28所。会馆皆立有行规，旨在规避同行竞争。道光年间苏州小木公所条规规定："外行开张吾业，先交行规钱四两八钱等。"另外，对于新设店作地点和数量皆有严格限制。工匠会馆由同行业手工工匠组成。某些有专长的工匠，按行业又常与乡土相联系而形成帮，一般称为行帮。乾隆后期，景德镇砌窑、满窑、烧窑、把庄、菱草、看色等行业工匠都分别有自己的行帮。例如，"满窑一行，另有店居。凡窑户值满窑日，则召之至，满毕归店……今则镇分二邦，共计满窑店三十二间，各有首领，俗呼满窑头"①。该类组织，具有防止竞争、垄断技术的特点。广东称为"西家行"，与由作坊主组成的"东家行"相对立。"西家行"的出现，反映出清代前期手工业行业中的资本主义萌芽。清代工匠与作坊主的矛盾十分尖锐，业已达至不能共处的程度。故工匠挟众叫歇频频发生。以苏州为例，自康熙年间至鸦片战争前，只踹匠罢工即不下十余起；雍正年间又发生了机工倡组行帮，挟众叫歇，要求增加工价，使机户被迫停职；乾隆二十二年（1757年）纸匠张圣明等反对纸作坊主折扣平色，纠众停工；道光二年（1822年），机工王南观会聚工匠多人，要求增加工价，并倡众叫歇；苏州如此，其他工商重镇亦如是。

三 工典

中国封建社会运行的历史时期，没有跨越农业文明的范畴，又加之中国自古以农业立国，因此，工典远远少于农典。但值得注意的是，中国创制了传统社会闻名世界的"手工文明"，无论在工艺或技术理论层面皆颇有建树。第一部工典诞生于春秋战国时期，中经秦汉、魏晋积淀，唐宋起发展较快，至明清达至手工业著述的高峰。

---

① 《景德镇陶录·卷四》。

（一）东周《考工记》

第一部手工业专著《考工记》出自先秦，保存于《周礼》一书中，为记述官营手工业诸工种设计规范和制造工艺的文献。春秋战国时期，原有操作工艺更为纯熟，新工艺不断涌现并分工更为精细。"工商食官"格局业已被打破，出现许多私营手工业。为进一步组织和指导生产，需对已获得的生产经验和技术思想进行总结，《考工记》由此诞生。关于作者与年代归属多有争辩，但书为齐事，著者为稷下学宫之学者为主流观点。虽7000余字，但制车、兵器、礼器、钟磬、练染、建筑、水利等原理与工艺框架一应俱全。

正史向来以记述帝王将相为主，在《考工记》中，百工地位得以凸显，该著第一次将工、商、农夫、农妇和王公、士大夫并列为"国之六职"，即"国有六职，百工与居一焉……坐而论道，谓之王公；作而行之，谓之士大夫；审曲面埶，以饬五材，以辨民器，谓之百工；通四方之珍异以资之，谓之商旅；饬力以长地财，谓之农夫；治丝麻以成之，谓之妇功"。事实如此，"庶民"即推动人类文明的重要一级，只是传统"帝王史观"遮蔽了"民众"之光辉。

崇尚整体一直是中国文化的特质，在《考工记》中最早反映出系统工艺观。即"天有时，地有气，材有美，工有巧，合此四者，然后可以为良"一说[①]，意思是，顺应天时、适应地气、巧用材料、适宜工艺，四者有机的结合，可以产生好的设计物品。所谓"郑之刀，宋之斤，鲁之削，吴越之剑，迁乎其地而不能为良，地气然也"。凸显出地气之别，事实上，天时、地气、材美、工巧四因素个中利害皆有所能。

自然分工缘起于原始社会末期，分工理论则最早见于《管子》，但最系统、最专业的分工则在《考工记》中，即"凡攻木之工七，攻金之工六，攻皮之工五，设色之工五，刮摩之工五，搏埴之工二"。之下逐一细分，如攻木之工包括轮人、舆人、车人、弓人（做弓等）、庐人、匠人、梓人7个工种。攻金之工包括筑氏、冶氏、凫氏、㮚氏、桃氏、段氏6个工种，如此等等，共30种，为之后职业分工理论奠定了基石。

[①] 《周礼·考工记》。

在《考工记》中，表层实践的记述业已被超越，对每一工种均概括了形制、结构和工艺技术规范，涵括诸多物理、化学、天文、数学、生物等原理性知识。诸如在金属冶铸方面。譬如"攻金之工·六齐"条探究了合金原理，即"六分其金而锡居一，谓之钟鼎之齐；五分其金而锡居一，谓之斧斤之齐……"这是世界上最早的合金规律。在《轮人》《车人》诸篇中，对车轮的制作和检验，提出了一系列技术要求。譬如"斩三材，必以其时"等判断颇具道理。①

在工艺理论史上，直至宋代方出现系统"法式"，即李诫《营造法式》。事实上，《考工记》这部作品已有工艺标准的萌芽。看来，在华夏文明早期，圣人在生产实践中创制尤为重要，即所谓"智者创物，巧者述之，皆足以为利，而物无不备，用无不致，立成器以为天下利者，惟圣人为大。烁金以为刃，凝土以为器，作车以行陆，作舟以行水，此皆圣人之所作也……"② 由于其在中国科技史、工艺美术史和文化史的重要地位，史上著名学者对其多有研究，诚如清代学者戴震《考工记图》、程瑶田《考工创物小记》等研究颇具影响。

（二）秦汉《秦简条文》

秦汉时期，在官营手工业中，产品品种、规格、劳动力调配、劳动定额以及技术工人培训等皆有法律规定的标准或依据。诸规定散见于秦简之中。所谓秦简，即秦国及后来的秦朝遗留下来的简牍总称，因以竹木简书写，故得此名。1975年12月，湖北云梦睡虎地出土秦简（云梦秦简）共201枚、律文108条，包括均工3条。均工是秦代关于调度手工业劳动者的法律规定。均工律简文共3条，仅有两条有律文，另一条则只有标题而无内容。另有《工律》《工人程》《效律》等。其中，《工律》为公家手工业生产管理的法律；《效律》亦是关于手工业方面的法律；《工人程》为手工业生产定额的法律。人程，即员程。员，指数量；程，指定额。即所谓"责以员程不得取代，不中程辄笞督"之说。③

----

① 《周礼·考工记·轮人》。
② 《周礼·考工记·序》。
③ 《汉书·尹翁归传》。

考古发现，在乐浪出土漆器题名中，关于工匠，有"素工""上工""画工""清工"等之分，可见官府手工业中的工匠，不仅有按工龄划分的"故工"与"新工"的区别，而且还有按工秩命名的各种不同的工匠名称。秦汉时，官府对于工匠较为重视，规定技艺可做工匠者不应被要求担任赶车、做饭的工作，即如《均工》中记载"隶臣有巧以为工者，勿以为人仆养"。对已摆脱了徒刑身份的人，国家亦可要求其为工。此外，秦设置官啬夫、工师、工室丞、曹长等官职负责官府手工业作坊的管理事宜。①

秦时，工匠养成有严格规定。在云梦秦简中多次提到工匠与工师，如《秦律杂抄》有"工择干""工久干""赀工""工师及丞赀各二甲""县工新献""丞及曹长一盾"等记载。其中言"工"者即工匠，"曹"为工匠组长，"丞"是工师副手，而"工师"即教新工学手技艺的技工教师。故《均工律》有"工师善教工，故工一岁而成，新工二岁而成"的规定，即工师善于教授技术，对于有些基础的人一年可以出徒，对于毫无技术的新手则需两年时间。对于提前后延者皆有规定，如"能先期成业者谒上，上且有以赏之。盈期不成学者，籍而上内史"②，意思是，如能提前学成的有赏；到期没学成的，要上报主管官吏。

在培训中，有严格的生产标准与章程，即所谓"为器同物者，其大小、短长、广袤亦必等"一说，即同一规格的产品，其大小、长短、宽厚都必须完全相同，不得参差不齐。③《工律》同时还规定，县和工室（管理官营手工业的机构）校正衡器的权、斗桶和升，至少每年校正一次，旨在统一产品规格，使之标准化和统一化。

在秦简中，对于劳动定额与工作量核算有详细规制。从《工人程》和《工律》来看，相关制度有两个特点：一是根据季节、年龄、体力、性别的不同而分别作出不同的规定；二是重视技术因素，对简单劳动和复杂劳动区别对待。诚如"新工初工事，一岁半功，其后岁赋功与故等"

---

① 李琪：《秦汉时期手工业技术与管理档案》，《甘肃广播大学学报》2005年第2期。
② 《秦简·工律》。
③ 同上。

之规定，即新工的定额只有老工匠的一半，第二年需与"故工"相同。①再有，在一定期限内参加生产的更隶妾四人等于一名工匠；未成年、体力弱的小隶妾五人等于一名工匠，但女子中的刺绣能手一人便等于一名熟练的工匠等惯例。

在考核中，由于质量问题遭受惩罚甚为严格。《工律》规定：官府手工业生产出来的产品，须镌刻所属官府及生产者名称和名字，能刻者以漆书之。据《秦律十八种·效》载："公器不久刻者，官啬夫赀一盾"，汉代若干出土器物题名尤其证明这一点。这样的规定与做法，目的在于迫使监工者与生产者负责和便于追究，以防止监工及工匠的消极怠工。秦对官营手工业产品要进行年度评比考查，如果考查时被评为下等，罚工师一甲，罚丞、曹长各二甲；若连续三年被评为下等，则要加倍惩罚。各县工官新上交的产品被评为下等，罚改工官的啬夫一甲，县啬夫、丞、吏、曹长各一盾。城旦做工而被评为下等，每人笞一百。其余造车、漆园、采矿等皆有大致相同的规定。②

秦简之外，另有一些手工事宜记载于其他文献之中。例如，《西京杂记》记载："霍光妻遗淳于衍蒲桃锦二十四匹，散花绫二十五匹。绫出钜鹿陈宝光家，宝光妻传其法，霍显召入其第，使作之。机用一百二十镊，六十日成一匹，匹值万钱。"由此可见，"技艺家传"成为当时民间手工业技术传授的主要途径。再如《盐铁论·水旱》中说，有些生产铁农具的个体手工业者"家人相一，父子勠力，各务为善器，器不善者不集。农事急，挽运衍之阡陌之间。民相与市贾，得以财货五谷新币易货，或时贳民，不弃作业"。这种于田间以货易货的交换方式，显然带有自然经济的痕迹。

（三）魏晋《裴秀"制图六体"》

裴秀（224—271年），西晋学者，曾任光禄大夫、司空等职。作为魏晋时期杰出的地图学家，在系统总结前人绘图经验的基础上，创立了"制图六体"理论，著有《禹贡地域图》，另有文集三卷，被誉为"中国

---

① 《秦简·均工律》。

② 《秦简·秦律杂抄》。

科学制图学之父"。唐代贾耽与宋代沈括等皆称在制图实践时曾以此为本，至利玛窦将世界地图传入中国之前，地图学一直未超越裴秀"制图六体"理论。[①] 该理论为后世地图绘制工作提供了一套完整的规范，且为世界上最早的地图纲要，与欧洲古希腊著名地图学家托勒密（Ptolemaeus Claudius，约90—168年）齐名，所谓"制图六体"：

> 一曰分率，所以辨广轮之度也。二曰准望，所以正彼此之体也。三曰道里，所以定所由之数也。四曰高下，五曰方邪，六曰迂直，此三者各因地而制宜，所以校夷险之异也。有图象而无分率，则无以审远近之差；有分率而无准望，虽得之于一隅，必失之于他方；有准望而无道里，则施于山海绝隔之地，不能以相通；有道里而无高下、方邪、迂直之校，则径路之数必与远近之实相违，失准望之正矣，故以此六者参而考之。然远近之实定于分率，彼此之实定于道里，度数之实定于高下、方邪、迂直之算。故虽有峻山钜海之隔，绝域殊方之迥，登降诡曲之因，皆可得举而定者。准望之法既正，则曲直远近无所隐其形也。

当然，裴秀在测绘实践中，汲取了前人的营养。在裴秀之前，地图主要有两种类型，即原始地图与土地、军政地图。原始地图譬如禹铸九鼎，且在之上制"山海经图"流传800余年。此外，受其影响，晋时有《外国图》，清代还有《职贡图》等，只是勾画人物、礼俗而已。土地、军政地图如出土青铜器上《武王、成王伐商图》，战国时，荆轲刺秦王所带燕国《督亢地图》等。裴秀任司空期间，十分注重考察、保存和研究古代地图文献，即"上考禹贡山海川流，上考《禹贡》山海川流，原隰陂泽，古之九州，及今之十六州，郡国县邑，疆界乡陬，及古国盟会旧名，水陆径路，为地图十八篇"[②]。

"制图六体"具有很强的科学性，可以说，至今地图学上所应考虑的

[①] 杨宪光：《从裴秀的"制图六体"谈中国古代地图的源流》，《三晋测绘》1995年第1期。

[②] 《晋书·裴秀传》。

主要因素，除经纬线和地图投影外，裴秀几乎皆已提出。早在1700多年前，裴秀不仅已经认识到地图上表现实际地形的时候有哪些相互影响的因素，而且知道用比例尺和方位去加以校正的方法，这在地图发展史上具有划时代意义。基于自己的理论，裴秀还曾绘制一幅《地形方丈图》，流传数百年，对后世地图学的发展影响颇大。

（四）唐《唐典》《唐书》系列

唐时，大部头的手工业专著并不多见，但各种文章散见于诸文献之中。譬如，因文化发达，关于笔、墨、纸、砚制造工艺研究颇丰。就制墨而言，《云仙杂记》里引《成老伯墨经》曰："墨染纸三年，字不昏暗者为上。"① 制墨，和胶是一等事，遂在晁以道《墨经》中有"凡胶，鹿胶为上"一说。② 就笔而言，在沿袭王羲之《笔经》、卫夫人《笔阵图》基础上，白居易作诗《紫毫笔》："紫毫笔，尖如锥兮利如刀。江南石上有老兔，吃竹饮泉生紫毫……"刘恂《岭表录异》曰"番禺地无狐兔，用鹿毛、野狸毛为笔……其为用与兔毫不异"③。就砚而言，先后有李贺《杨生青花紫石砚歌》及僧齐己《谢人惠端溪砚》诗等。赵郡安济桥由隋初工匠李春所造，至今1400余年稳固如初。唐宰相张嘉贞曾作《石桥铭序》，如此等等。此外，唐手工业制造工艺多在《唐典》《唐书》等权威文献之中。

在《唐典》《唐书》等诸文献中，关于工艺及其传承皆有明确规制。诚如《新唐书·百官三》记载，少府监训练工徒，即"四季以令垂（丞）试之，岁终以监试之，皆物勒工名"。且刑律之鼎高悬，浪费和贪污者，要受到法律制裁。军事工业更是如此，"军器则勒岁月与工姓名"。据《洞天清录集》称，地方政府经营手工业也实行严格的责任制。考古发现，唐代作坊生产的工业品，不少书有工匠或监官的名字，正好印证这一史实。事实上，唐代专设少府监"掌百工技巧之政"，将作监"掌土木工匠之政"。即少府监负责天子和后妃的器物、服饰及祭祀用品、朝会

---

① 王仲荦：《隋唐五代史》（下），上海人民出版社2003年版，第1306页。
② 同上。
③ 同上书，第1309页。

仪仗等，将作监负责土木建筑工程等。二者均有训练艺徒的职责，如少府监培训制度，即一边生产，一边训练工人。在《唐六典·工部尚书》中，明确官府手工业实行"优巧"工匠征集制度。即地方州县的工匠以"团""伙"为单位，在官府服役时不许隐巧补拙，避重就轻。"凡计工程者，夏三月与秋七月为长功；冬三月与春正月为短功；秋之八月、九月为中功。其役则依户部式。"① 尤其是在"优巧"者中选择"精师"。如南海奇女卢眉娘"幼而惠悟，工巧无比"，唐顺宗嘉其工巧，谓之"神姑"，"因令止于宫中"。在《唐典》《唐书》诸文献中，或有专门工艺的记载，如《旧唐书·李皋传》中有"常运心巧思，为战舰，挟二轮蹈之，翔风鼓浪，疾若挂帆席，所造省易而旧固"，如此等等。

问题在于，唐代虽手工业繁盛，文化发达，尤其是诗歌达至顶峰，但除天文、历算等成就之外，在手工业研究领域，并未出现传世经典，看来，唐可谓政治大唐、经济大唐与文化大唐，但潜心科学研究之责似乎留给了宋代，当然，宋以唐为基石。

（五）宋"四书"

喻浩《木经》一书。北宋欧阳修曾记："开宝寺塔在京师诸塔中最高，而制度勘精，都料匠喻浩所造也。塔初成，望之不正而势倾西北。人怪而问之，浩曰：'京师地平无山，而多西北风，吹之不百年，当正也。'其用心之精盖如此。国朝以来木工，一人而已。至今木工皆以预都料为法。有《木经》三卷，今行於世者是也。"② 其中，欧阳修文中所提即喻浩。喻浩，北宋初年的建筑家，一位技术高明的建筑能手。喻浩出身卑微，曾在北宋初年担任都料将，掌管设计、施工，尤其在木结构建筑技术方面积累了丰富的经验，擅长造塔。开宝寺塔则是最杰出的代表。这座塔纯用木头构成，"在师诸塔中最高而制度甚精"，欧阳修因此称赞他"用心之精益如此，国朝以来一人而已"。在《梦溪笔谈》中，沈括记有"梵天寺建塔"一事，可见其在科技史上的地位。原文如下：

---

① 《唐六典·工部尚书》。
② 《归田录·卷一》。

钱氏据两浙时，于杭州梵天寺建一木塔，方两三级，钱帅登之，患其塔动。匠师云："未布瓦，上轻，故如此。"乃以瓦布之，而动如初。无可奈何，密使其妻见喻皓之妻，贻以金钗，问塔动之因。皓笑曰："此易耳，但逐层布板讫，便实钉之，则不动矣。"匠师如其言，塔遂定。盖钉板上下弥束，六幕相联如胠箧，人履其板，六幕相持，自不能动。人皆伏其精练。

可贵的是，喻皓不断总结积累建筑经验，在建筑理论方面作出了突出的贡献，著有《木经》三卷，该书是一部关于房屋建筑方法的著作，是我国历史上第一部木结构建筑手册。根据北宋沈括在《梦溪笔谈》中的简略记载，《木经》对建筑物各个部分的规格和各构件之间的比例作了详细具体的规定，一直为后人广泛应用。喻皓在著作时，努力找出各构件之间的相互比例关系，对于简化计算、指导设计、加快施工进度很有帮助，也是把实践经验上升为理论的有意义的尝试，如其把房屋建筑区分为三部分，"自梁以上为上分，地以上为中分，阶为下分。凡梁长几何，则配极几何，以为榱等。如梁长八尺，配极三尺五寸，则厅法堂也，此谓之上分……"①《木经》在很长时间内被所有的木工们奉为至法，其不仅促进了当时建筑技术的交流和提高，而且对后世建筑技术颇具影响。概约百余年后，由李诫编著的，被誉为"中国古代建筑宝典"的《营造法式》一书，在诸多部分皆以《木经》为参照。沈括《梦溪笔谈》引用了《木经》数据，明初陶宗仪在《说》中保存《木经》四篇。

李诫《营造法式》一书。李诫（？—1110年），字明仲，管城（今河南郑州）人，出身官吏世家。元祐七年（1092年）入将作监任职，直到去世前两年离职。该书编撰于熙宁年间（1068—1077年），成书于元符三年（1100年），刊行于宋崇宁二年（1103年），此书原只为官方所用，由于它"系营造制度、工限等，关防功料，最为要切，内外皆合通行"②。李诫特奏请允许民间印刷。《营造法式》主要分为5个部分，即释名、制度、功限、料例和图样共34卷，前面还有"看样"和目录各1卷，另有"劄割

---

① 《皇朝事实类苑·卷五十二·造舍之法》。
② 《营造法式·劄子》。

子"和"序"。制定和采用模数制是该著特点之一，如书中详细说明了"材份制"，"材"的高度分为15"分"，而以10"分"为其厚等。这是中国建筑历史上第一次明确模数制的文字记载。同时设计灵活。各种制度虽都有严格规定，但各种制度条文下亦往往附有"随宜加减"的小注，因此设计人可按具体条件，在总原则下发挥自己的创造性。书中总结了大量技术经验。如叙述了砖、瓦、琉璃的配料和烧制方法以及各种彩画颜料的配色方法等。作为北宋官方颁布的一部建筑设计、施工的规范书，中国古代最完整的建筑技术书籍，《营造法式》做到了装饰与结构的统一，科学与美学的统一。譬如，"天子诸侯台门，天子外阙两观，诸侯内阙一观"，在言说建筑之"礼"；"东海有鱼虬，尾似鸱，鼓浪即降雨，遂设象于屋脊"，在言说建筑之"神"[1]；"而斫轮之手，巧或失真；董役之官，才非兼技，不知以材而定分，乃或倍斗而取长"，在言说建筑之"法则"[2]；"阁道谓之飞陛，飞陛谓之墱"，在言说建筑之"体势"[3]，如此等等。清代中期，纪昀等奉乾隆皇帝命，编辑整理《四库全书》时，将此书收入，并作"提要"云："盖其书所言，虽止艺事，而能考证经传，参会众说，以合于古者，饬材庀事之义。"[4] 李诫《营造法式》虽是在喻浩《木经》基础上编撰而成，但纪昀等赞同陈振孙在《直斋书录解题》中所言，此书远出于喻浩的《木经》之上。在学者陈望衡看来，这种看法是公正的。再有，梁思成《营造法式注释》、陈明达《营造法式大木作研究》、何建中《营造法式材份制新架探》等颇具影响。

蒋祈《陶记》一书。即中国历史上第一篇谈论瓷器生产的专文，最早刊于康熙二十一年（1682年）的《浮梁县志》。[5] 之后历届《浮梁县志》《饶州府志》《江西通志》中皆相沿收录。现代学人中刘新园、熊廖等观点颇具影响。通过《陶记》推断，蒋祈可能为景德镇瓷器窑场的从业人员，否则不会了解得如此精细。蒋祈详述"窑之纲纪"，使用了"障

---

[1] 《营造法式·总释下》。
[2] 《营造法式·序·新进修》。
[3] 《营造法式·总释上》。
[4] 陈望衡：《〈营造法式〉中的建筑美学思想》，《社会科学战线》2007年第6期，第17页。
[5] 刘新园：《〈蒋祈陶记〉著作时代考辨》，《景德镇陶瓷》（陶记研究专刊）1981年。

眼""报火""栋窑""非子"等行话。又分别讲述了"器之品数""釉色偏好"等专项。在文中,论及装烧方法"或覆或仰焉",言及技术分工"陶工、匣工、土工之有其局;利坯、车坯、釉坯之有其法;印花、划花、雕花之有其技术,秩然规制,名不相紊"。由此,若非亲身窑业,则很难对窑场内部组织有如此清晰的了解。《陶记》中关于景德镇南宋瓷器生产的记载大都为考古发现所证实。如文中说:"江、湖、川、广器尚青白",这一地理范围正是陶瓷史家所说的"青白瓷窑系"所在的区域,该区域的南宋墓葬出土的大量青白瓷,证明了"器尚青白"的事实。再如《陶记》中列举多种形制的南宋瓷炉——"曰猊、曰鼎、曰彝、曰鬲、曰朝天、曰象腿、曰香奁、曰桶子",也有出土资料作为佐证。至于其中关于瓷土与釉料的采掘、窑场的内部分工,更是为景德镇历年的瓷业生产活动所证实。康熙年间,法国耶稣会来华传教的神甫殷宏绪(1662—1741年),在其著名的书简中首先引用了《陶记》所述史实,乾隆初唐英的《陶成示谕稿》和乾嘉年间蓝浦所著《景德镇陶录》也都大量征引《陶记》的内容。《陶记》以外,南宋时期其他陶瓷技术著作也为手工业教育作出了贡献。如叶寘的《坦斋笔衡》谈南宋官窑时说:"澄泥为范,极其精致。""澄泥为范"讲的就是瓷器的成型技术;庄绰《鸡肋编》讲到处州龙泉县的青瓷器时说:"宣和中,禁廷制样须索,益加工巧。"其中,"制样须索"讲的是瓷器的造型与装饰。

沈括《梦溪笔谈》一书。沈括,北宋科学家、改革家、卓越的工程师。其重要贡献即晚年于镇江梦溪园撰写了笔记体巨著《梦溪笔谈》。与喻浩、李诫、蒋祈匠人身份有别,史上称其"博学善文,于天文、方志、律历、音乐、医药、卜算无所不通,皆有所论著"[①]。事实的确如此。譬如,在天文学方面,沈括曾制造出中国古代观测天文的主要仪器——浑天仪;在数学方面,沈括发展了《九章算术》以来的等差级数,创造出新的高等级数求和法——隙积数;在几何学方面,沈括发明了会圆术,即从已知圆的直径和弓形高度来求弓形底和弓形弧的方法,为此,日本数学家三上义夫曾给予沈括极高的评价;在物理学方面,沈括记录了指南针原理及多种制作法,阐述凹面镜成像的原理,发现地磁偏角的存在,

---

[①] 《宋史·沈括传》。

早于欧洲400余年；在地质学方面，他对冲积平原形成、水的侵蚀作用等皆有研究。由此，沈括曾被英国科学家李约瑟称为中国科学史上最卓越的人物。沈括《梦溪笔谈》为百科全书式的著作。包括《笔谈》《补笔谈》《续笔谈》三部分。全书共609条，内容涉及天文、历法、气象、地质、地理、物理、化学、生物、农业、水利、建筑、医药、历史、文学、艺术、人事、军事、法律等诸多领域。可贵之处在于，虽在经学笼罩之下，该著成功记载了"布衣毕昇"发明的泥活字印刷术，记载喻浩《木经》及其建筑成就、水工高超的三节合龙巧封龙门的堵缺方法、淮南布衣卫朴的精通历法、登州人孙思恭释虹及陆龙卷、河北"团钢""灌钢"技术，羌人冷作冶炼中对"瘊子"的应用、"浸铜"的生产等[①]，均属科技史上珍贵史料。《梦溪笔谈》具有世界性影响。日本早在19世纪中期排印这部名著，20世纪，法、德、英、美、意等国家都有学者、汉学家对《梦溪笔谈》进行系统而又深入的研究，而在这之前，早有英语、法语、意大利语、德语等各种语言的翻译本。沈括时常浸濡于科技之中且感情甚笃，由此渐次远离政治，诚如作者自谓"圣谟国政，及事近宫省，皆不敢私纪。至于系当日士大夫毁誉者，虽善亦不欲书，非止不言人恶而已"。由此，除《梦溪笔谈》之外，沈括著有《圩田五说》《万春圩图记》《浑仪议》《浮漏议》等10余种科技作品，另有《乐论》《合门仪志》《修城法式条约》等20余种著作遗失。

（六）元"两书"

薛景石《梓人遗制》一书。薛景石，字叔矩，山西万泉人，一智巧好思的木工，平生勤勉，虽不如宋沈括、李诫等学识渊重，但却以"砻断余暇"，边作机器，边习文化，边计量尺寸，边绘图纸，终成《梓人遗制》。之所以如此命名，盖因唐之后多称木工为"梓人"。该书于元中统二年（1261年）刊印出版，但初刻本早已失传，明朝初年编修《永乐大典》时，将《梓人遗制》收入，现存即幸存《永乐大典》本。作为中国纺织机械史中一部不朽著作，元初文学家段成在书序中曰："有景石者，夙习是业，而有智思，其所制作不失古法而间出新意，砻断余暇，求器

[①] 《梦溪笔谈·卷十八·技艺》。

图之所自起,参以时制而为之图。"全书共约 6400 字,分为两个部分,即"序言"和"正文"。而正文又分为两个部分,第一部分讲"五明坐车子",约占 1/3 的篇幅;第二部分即本书的主体部分,用了近 3700 字,绘了 34 幅图,主要针对 4 种纺织机械的结构、尺寸、加工工艺加以记述。本来书中收有各种机械器具 110 种,现仅存《永乐大典》摘抄的"车制"和"织具"两部分,共有机具 14 种。《梓人遗制》开创了科技制图的新途径,完全超出了绘画笔法,甚至为近现代机械制图奠定了基础,正如"序言"中概括的那样:"每器必离析其体而缕数之,分则各有其名,合则共成一器,规矩尺度,各疏其下……"而车制部分,记述"圈辇""靠背辇""屏风辇""亭子车"四种,其名称与《金史·舆服志》颇为近似,对研究宋元纺织技术和制车技术具有重要的参考价值。书中有诸多技术革新,如书中记载梭子的尺寸比以往更加规范化:梭子长一尺三寸到四寸,中心宽一寸五分,厚一寸二分,中间开一梭眼,以引导纬纱;织布机上开口、投梭、打纬三个主要运作程序也进一步完善,因而可使织布的产量和质量都大为提高。元时,统治者对民间纺织业的榨取和逼索,比宋、金王朝更加厉害。但山西潞安州地区,由于薛景石织机的推广应用,纺织业与长江流域的江浙地区并驾齐驱,有"南松江,北潞安,衣天下"之说。

沙克什《河防通议》一书。沙克什,色目人,官至秘书少监。系出西域,但邃于经学,天文、地理、算数无不通晓。[①] 2 卷本《河防通议》非一人之功,即沙克什在沈立《河防通议》(汴本)、建炎二年(1128年)周俊《河事集》、金代都水监瞻思《河防通议》(监本)这三种著作的基础上整理改编而成,是宋、金、元三代治河经验的总结。元时,屡次黄河决口,令都水监部刊发《河防通议》,具有很高的实用价值。作为一部论黄河防治的工程类著作,全书围绕农业、防灾、航运和转漕等重点项目进行论述,包括造船的详细用料记载。主讲治河的六个问题:河议、制度、物料、工程、运输、算法。其中不乏运用先进的科技知识,如该书算法门把当时很多先进的数学方法用于工程计算,特别是使用了

---

① 《四库全书总目·卷六九史部·地理类二》。

天元术，这在技术著作中还是首次见到。① 除此之外，元代王喜编《治河图略》1 卷，也很有特色。该著以图为主，附有图说。叙述历代黄河河道的变迁及治理。其中，"治河方略""历代决河总论"两篇，陈述了编者的治河见解。

（七）明"五书"

明时，手工业范畴的著作远不止"五书"。之所以如此，一方面，官营作坊艺徒训练有所衰退，遂激发起民间师徒传艺，并继承宋代注重总结的优良传统，《镜史》《髹饰录》等纷纷问世；另一方面，明代中叶始，资本主义萌芽于江南各地，随着商品流通领域的扩大，迫切要求手工业者进行技艺交流，民间作坊亦开始注重技艺总结与反思，遂有《园冶》《盘珠算法》《算法统宗》《木棉图说》等著述刊印。

宋应星《天工开物》一书。宋应星（1587—约1666年），字长庚，奉新（今属江西）人，明末科学家。鄙视经、玄空疏，有感于"士子埋首四书五经，饱食终日却不知粮米如何而来；身着丝衣，却不解蚕丝如何饲育织造"，遂一生致力于实学。除在江西分宜教谕任内著成《天工开物》一书外，另有《野议》《论气》《谈天》《思怜诗》《画音归正》《卮言十种》等著，但已遗失。《天工开物》一书，书名取自《易·系辞》中"天工人其代之"及"开物成务"，诚如作者所释："盖人巧造成异物也。"该书于崇祯十年初版发行后，旋即引起学术界和刻书界的注意。作为世界上第一部关于农业和手工业生产的综合性著作，图文并茂，理实并重。该书在内容上，全书分上、中、下三部，共 18 卷。上部包括谷物豆麻的栽培和加工方法，蚕丝棉苎的纺织和染色技术，以及制盐、制糖工艺。中部包括砖瓦、陶瓷制作，车船建造，金属铸锻，煤炭、石灰、硫黄、白矾的开采和烧制，以及榨油、造纸方法等。下部包括金属矿物开采和冶炼，兵器制造，颜料、酒曲生产，以及珠玉采集加工等。在形式上，有叙事、阐释及大量确切的数据，又绘制有 123 幅插图。在原理上，蕴含诸多科学价值与技术价值。譬如，在物理学方面，在提水工具、船舵、灌钢、泥型铸釜、失蜡铸造、排除煤矿瓦斯方法、盐井中的吸卤

---

① 《河防通议·算法门》。

器、熔融、提取法等中涵括诸多力学、热学知识,在《论气》中,深刻阐述了发声原因及波的概念;在化学方面,在世界上第一个科学地论述锌和铜锌合金(黄铜),明确指出,锌是一种新金属,并首次记载它的冶炼方法。在记载冶炼生铁和熟铁(低碳钢)的连续生产工艺,退火、正火、淬火、化学热处理等钢铁热处理工艺和固体渗碳工艺时,视铅、铜、汞、硫等为基本物质,即化学元素概念的萌芽。在生态学方面,在记录培育水稻、大麦新品种事例中,得出"土脉历时代而异,种性随水土而分"的科学见解,推进了对于生态变异的认识。由于书中所记多为作者直接观察和研究所得,所以多沿用至近代。方以智《物理小识》较早地引用了《天工开物》的有关论述。先后被译成日、英、法、德等国文本。被欧洲学者称为"17世纪的工艺百科全书"。

孙云球《镜史》一书。孙云球(1662—1735年),明末光学仪器制造家,字文玉,江苏吴江县人。其父孙志儒,曾做过福州、漳州知府。其母董如兰,一知识女性,曾为《镜史》作序。自青年起钻研西学,探讨测量、算指、几何之法,且精于器械制造,可谓"精于测量,凡有所制造,时人服其奇巧"①。为校准自鸣钟,故制造出"自然晷",一种据日影以定时刻的仪器。实践证明,以之判定时刻,十分准确。孙云球撰著《镜史》全靠自身勤学以至技术之卓越。晚明,杭州为中国早期眼镜制作中心。孙云球曾先后赴杭州师从陈天衢、薄珏处,习得光学原理,且利用苏州琢玉工艺,掌握"磨片对光"技术,相继磨制出各种凹凸透镜,磨制出水晶镜片,创制磨制镜片的牵陀车。并且,根据眼疾患者年龄大小、疾症不同,而随目配镜。之后,以水晶成功磨制存目镜、万花镜、鸳鸯镜、放大镜、幻容镜、夜明镜、千里镜等70余种光学制品,将中国民间光学制造业推向了一个新的起点。其中,《镜史》贡献颇大。好友文康裔阅后赞誉:"其远镜尤为奇幻,偕登虎丘巅,远观城中楼台塔院,若招致几席,了然在目;睹彼天平、邓尉、穹隆诸峰,崚嶒苍翠,如列目前,体色毕现。神哉! 技至此乎! ……"由于《镜史》之技术传播,"令市坊依法制造,遂盛行于世。"② 另眼镜价格一路走低,终使底层

---

① 《吴县志》。

② 《虎阜志》。

民众可用，即"顺（1644—1661年）以后价渐贱，每副值银不过五六钱。近来苏杭人多制造之，遍地贩卖，人人可得，每副值银最贵者不过七八分，甚而四五分，直有二三分一副者，皆堪明目，一般用也。"①

计成《园冶》一书。计成（1582—?），字无否，号否道人，苏州吴江人，明末造园家。少时师法关仝和荆浩绘画艺术②，文学造诣颇深，以善画山水知名，中年定居镇江，转事造园。太常少卿阮大铖在《冶序》中称计成"人最质直，臆绝灵奇，依气客习，对之而尽。所为诗画，甚如其人"③。偶遇一次造园作业，首次提出"按真山形态堆垛假山"的主张，遂完成此假山石壁工程。在作品中，明天启三年至四年（1623—1624年）东第园，明崇祯五年（1632年）寤园及扬州影园等堪为经典。可贵的是，在整理修建吴氏园和汪氏园的部分图纸基础上，于崇祯七年（1634年）撰著《园冶》一书，又名《夺天工》，被誉为世界造园学最早的名著。作为中国古代留存下来的唯一一部园林著作，刊行于明崇祯七年（1634年）。全书共三卷，分为兴造论、园说、相地、立基、屋宇、装拆、门窗、墙垣、铺地、掇山、选石和借景十二个篇章。《园冶》一书的精髓，可归纳为"虽由人作，宛自天开"，"巧于因借，精在体宜"两句话。这两句话的精神贯穿全书，且集中体现了中国传统造园艺术的美学思想。江都进士郑元勋在《题词》中写道："予卜筑城南，芦汀柳岸之间，仅广十笏，经无否略为区画，别现灵幽。"④明清两代是中国园林建筑的全盛时期，《园冶》不但闻名中国，为后世园林建造提供了理论框架以及可供模仿的范本，而且，东渡传播至日本及现在的西欧，成为造园学的经典著作。《园冶》即"骈四俪六"的骈体文，诚如"构园无格，借景有因。……高原极望，远岫环屏，堂开淑气侵人，门引春流到泽……"等措辞优美，行文潇洒，时人评价其诗文如"秋兰吐芳，意莹调逸"。

匠师《鲁班经》一书。午荣编，成书于明代，是一民间匠师的业务用书。中国古代建筑技术，正史很少记载，多是历代匠师以口授和钞本

---

① （清）叶梦珠：《阅世编》。
② 《园冶·自序》。
③ 《园冶·序》。
④ 《园冶·题词》。

形式薪火相传。宋初木工喻浩曾作《木经》，但早已失传，只有少量片断保存在沈括的《梦溪笔谈》里。唯独明代《鲁班经》流传至今。该书前身，即宁波天一阁所藏的明中叶（约当成化、弘治间，1465—1505 年）的《鲁班营造法式》，现已残缺不全。内容上只限于建筑，如一般房舍、楼阁、钟楼、宝塔、畜厩等，不包括家具、农具等。插图较多，与文字部分互为补充，且存有许多宋元时期手法。天一阁本之后 100 多年的万历本，更名《鲁班经匠家镜》。内容和编排有较大的改动，但前面 21 页篇幅业已缺失。稍晚，据万历本翻刻的明末（崇祯）本，首尾完整，可阅本书全貌。之后的翻刻本，皆是从万历本或崇祯本衍出。全书有图一卷，文三卷。主要内容：介绍行帮的规矩、制度以至仪式，建造房舍的工序，选择吉日的方法；说明了鲁班真尺的运用；记录了常用家具、农具的基本尺度和式样；记录了常用建筑的构架形式、名称，一些建筑的成组布局形式和名称等。《鲁班经》对技术知识的介绍比较笼统，但从书中可知古代民间匠师的业务职责和范围，民间建筑的施工工序，一般建造时间、方位等。它所介绍的形式、做法，在东南沿海各省的民间建筑中，至今仍可看到某些痕迹；所介绍的家具，很多也可以在这些地方见到。如鲁班真尺的运用方法，民间工匠仍在遵循使用。该书主要流布范围，大致在安徽、江苏、浙江、福建、广东一带。现存《鲁班营造正式》和各种《鲁班经》的版本，多为这一地区刊印。

　　黄成《髹饰录》一书。黄成，号大成，安徽新安人，明隆庆（1567—1572 年）前后的名漆工。《髹饰录》为中国现存唯一一部古代漆工专著。全书分乾、坤两集，共 18 章 186 条。《乾集》讲制造方法、原料、工具及漆工的禁忌，列举出各种漆器可能产生的毛病和原因。《坤集》讲漆器分类及各个品种的形态和各种漆器的几十种装饰手法。《髹饰录》在天启五年（1625 年）又经嘉兴西塘漆工杨明（字清仲）逐条加注，并撰写了序言，内容更加翔实。1927 年经朱启钤根据流传在日本的抄本刊刻行世。三四百年来仅有手写孤本藏日本蒹葭堂，世称蒹葭本。1972 年台湾曾据原书复印本影印。民国初年，紫江朱桂辛先生致函日本大村西崖氏，请为抄一副本惠寄。校订后，于 1927 年丁卯刻版付印，世称丁卯本。1983 年文物出版社出版，王世襄所撰《髹饰录解说》，对该书作了注释和讲解，内容包括漆工工具、原料、品种、装饰方法及漆工禁忌、过失等方面，引用考古发现和传世漆器213件，插图30幅，书后附漆工术语索引和漆器门类表，颇便使用。《髹饰录》列举品种甚为繁多，所讲漆器不限于明代，往往上溯古法，描述唐宋或更早的制作，因而也是研究漆工史的重要文献。譬如，在《髹饰录》中记有"推光如玄玉，退光如乌木"等经典至今沿用。[1]《髹饰录》极为典型地反映了我国古代手工造物的独到思想：天人合一的哲学观，精致尚古的审美观和敬业、敏求的工匠精神。它是中晚明装饰风和复古风弥漫的产物，是中晚明理论研究注重实证的成果，其中有西方人文复兴、科技革命的反响。

（八）清"两书"

雷发达《工部工程做法则例》一书。雷发达（1619—1693年），字明所，永修（建昌）人，木匠出身。清代初年，雷发达与堂兄雷发宣，因以建筑工艺见长，应募赴北京修建皇室宫殿。雷发达年70解役，为修建皇室宫殿担任工部样式负责人，他虚心求教，融会贯通，技艺很高。著有《工部工程做法则例》《工程营造录》等著作。书中事例往往凸显出雷发达在设计上的突破。譬如，中国古代建筑群采用中线南北纵深发展，采取对称布置的方式等。在进行清宫设计时，雷发达不墨守成规，既在中线上的建筑物保持严格对称，又对主轴两侧轴线上的各建筑物采用大致对称，而显灵活变动的新格局。这样，不但体现了"居中为尊"的思想，而且形成了统一并有主次的整体，惯常被誉为"样式雷"。发达生三子，长子金玉，字良生，生于清顺治十六年（1659年），继承父业，到光绪末年，已传到六代孙雷建昌，掌管"存式"房长达200余年。他一家七代，一直根据这本书参与设计修造了皇宫以及四园：圆明园、颐和园、静宜园、静明园；三山、三海、二陵等工程。康熙因其功面授发达为工部营造所长班。"上有鲁班，下有长班，紫微照令，金殿封宫"的歌谣即说此事。雷氏家族攀上了清代建筑和园林艺术的高峰。《中国建筑史》《中国古代建筑史》等学术巨著，均高度评价了该家族在古代建筑方面的成就。《世界著名科学简介》一书也把雷发达的名字列入其中。

完颜麟庆《河工器具图说》一书。完颜麟庆（1791—1846年），字

---

[1] 邱杨、丘濂、艾江涛：《匠人匠心》，中信出版社2016年版，第97页。

伯余，别字振祥，号见亭，嘉庆十四年进士，清治水名臣。道光间官江南河道总督十年，蓄清刷黄，筑坝建闸，后以河决革职，旋再起，官四品京堂。《河工器具图说》对清代所沿用的河工器具作了全面的记录，代表传统治河技术的至高水平。全书共4卷以图为主、文为辅，对河工工地使用的器具逐一进行图解说明。书中绘有133帧图画，包括254种器物。清时不少河工器具得以发明改进，麟庆依据其通用性划分为三类，一是水工专业劳动工具，如水箱、木龙、铁篦子、戽斗、吸笆、混江龙等；二是建筑工具和运输工具，如土车、条船、云碱、抬土筐、钻等；三是一般农业劳动工具，如铡刀、畚、木犁、耙等。在疏浚技术上，靳辅发明了挖"川"字河的方法；筑堤技术上，推广并改进了潘季驯的技术；塌坝以及堵口、抢险技术得到提高。初罢官时，"以十余年两河劳瘁，一旦卸肩，反觉优游"，遂著书立说。除《河工器具图说》一书外，麟庆生平涉历之事，各为记，记必有图，称《鸿雪因缘记》，又有《黄运河口古今图说》《凝香室集》等撰著。

清时，"西学东渐"之际，实学盛行，虽近代科技诞生，但只在天文、历法、数算以及物理、化学等领域多有突破，工程理论尚少。事实上，现代中国工程技术研究虽有跨越，但并未超越手工时代"工典"的世界影响力。

四　工艺

原始社会晚期，华夏先民已有石器、骨器、木器等工具创制，在制陶、纺织、建筑、舟车等方面亦颇为先进。居住方面，原本"上古皆穴处，有圣人教之巢居，号大巢氏。今南方人巢居，北方人穴处，古人遗俗也"[1]。至氏族公社时，业已跃居至人工住所，在云南基诺族即可看到父系时的住宅结构。运输方面，穿井、作杵臼、作弓矢、服牛乘马、作驾、作舟等在黄帝时即使用。[2] 成为发明舟车最早的国家之一。服饰方

---

[1] 《太平御览》。

[2] 《易·系辞》。

面，于石器时代"未有麻丝，衣其羽皮"①，至氏族社会后，即有"嫘祖始教民育蚕，治丝茧以供衣服"②。在制陶方面，在仰韶文化遗址发现石、陶制纺轮，利用纺轮原理捻纱的技术已被知晓，掌握"彩陶"制作原理。③ 编织技术已至相当水平，有斜纹缠结、棋盘格、间格纹等多种编织方法。漆木器制作出现。木器行业已掌握开料解板、取齐刨平、榫卯接缝、刮削打磨等加工技术。在河姆渡遗址发现干栏式建筑，发明榫卯技术。公元前4700年前后，冶铜术在中原首先出现，可制原始合金。初步统计，中国早期铜器迄今为止已在50多个地点发现500多件。发现地域主要在黄河上游的甘青地区和黄河中下游的河南、河北、北京、天津、山西、内蒙古、山东等地。如仰韶文化铜制品：1956年在陕西西安半坡和1973年在陕西临潼姜寨仰韶文化遗址内，各发现一个铜薄片。半坡的为长条状，姜寨的为圆形。前者为含镍20%的白铜，后者为含锌25%的黄铜。龙山时代早期，中原地区已经可以制造铜容器，铜质主要是红铜和青铜。④ 至夏时期，以中原地区为代表进入青铜时代早期阶段。

商代以青铜器著称，其中，1938年安阳武官村出土的"后母戊大方鼎"堪称典范，通高133厘米，横长110厘米，宽78厘米，重达875公斤。商代青铜器种类繁多、大小式样各不相同，表面皆有富丽繁缛的纹饰，或铸有族徽、铭文。

1977年8月在北京平谷县刘家河一座商代墓葬中出土一件铁刃铜钺，系用陨铁锻制，把铁镍合金的陨铁锻造成2毫米左右薄刃，再将薄刃与青铜浇注成一体，说明当时工艺水平。商代陶器最高水平是釉陶和白陶。郑州出土的商前期原始瓷釉相当光亮，釉色以青绿为主，少量呈褐色或黄绿色，可谓"原始瓷器"。其中，以刻纹白陶代表陶器烧制的最高水平。商以后，刻纹白陶无人继做。西周制坯过程，在早期采用轮模合制，中期以后多采用快轮法，产品也趋于规格化。西周，最著名的"原始瓷器"出现。北方张家坡遗址发掘瓷豆、瓷罐与安徽屯溪两个西周墓出土

---

① 《礼记·礼运》。
② 《通鉴纲目外记》。
③ 王玉哲：《中华远古史》，上海人民出版社2003年版，第68页。
④ 同上书，第163页。

的釉陶碗、豆、尊等，经专家鉴定，其吸水性弱、硬度高已接近瓷器。①商代后期纺织手工业极富创造。中国为世界最早蚕桑丝织业国家，1953年安阳大司空村商墓，其随葬器物中有蚕形玉。1934年至1935年殷墟大墓中出土铜器上有席纹、麻纹，还有细布遗痕。西周时，百姓用麻，贵族用丝。在陕西泾阳高家堡西周早期墓葬中发现麻布，诗曰"无衣无褐，何以卒岁"②。在陕西宝鸡茹家庄西周中期墓中发现一批有关蚕、丝的实物与遗痕。"锦"是染丝而织成具有文彩的丝织品，诗曰"萋兮斐兮，成是贝锦"③。另《终南》有"锦衣"，《葛生》有"锦裘"、《丰》有"衣锦"等均见于《诗经》。就建筑而言，则有"殷人重屋，堂修七旬，堂崇三尺，四阿重屋"一说。④根据甲骨文"室、京、郭"等图形，反映了商代房屋样式丰富，屋顶为刀脊，便于雨水下流。从"四阿重屋"推测，当时已经有宫室崇楼。卜辞中"高、墉"等字，一般看来，在地面上筑台，台上再盖房。《史记·殷本纪》记载：商末有"鹿台"之建，后来他又"走入鹿台，衣宝玉衣，赴火而死"。集解引如淳曰，"新序曰：鹿台其大三里，高千尺"与考古发掘相符。《文选·京都赋》"殷纣作琼室，立玉门"，张守节《殷本纪正义》"纣时稍大其邑，南距朝歌，北据邯郸及沙丘，皆为离宫别馆"，由此可以判断商代宫室富丽豪华。郑州商城、湖北盘龙城为中国最早的城池，说明经济、政治、军事中心的城市开始建立。据商、周建筑遗址以及甲骨文推测，中国风格的建筑在这一时期已经开始形成。商、周时统治阶级对于玉器极为重视。《汲冢周书·世俘解》记载"商王纣取天智玉琰身厚以自焚—焚玉四千—几武王浮商旧玉亿有百万"，《诗经·郑风·女曰鸡鸣》曰"知子之来，杂佩以赠之"，《诗经·郑风·有女同车》有"将翱将翔，佩玉将将"。近年在田野考古发现了许多玉器作坊遗址。西周石业多重实用，朴实无华。陕西凤翔府发现西周末期"岐阳石鼓"十个，经唐诗人韦应物、韩愈等作《石鼓歌》表彰方显于世。骨器与角器为周人生活中重要器用，如当时人不论男女，

---

① 王玉哲：《中华远古史》，上海人民出版社2003年版，第317页。
② 《诗经·风·七月》。
③ 《诗经·小雅·巷伯》。
④ 《周礼·考工记·匠人》。

每人头上均佩戴簪发用骨笄（饥）一支到数支，其顶端雕刻花纹。其他如骨针、骨锥、骨铲、骨梳等在田野考古中均有发现。骨镞为箭等皆用量很大。角比骨硬度大，制造雕刻较难，往往做装饰品或良工。《诗经·小雅·角弓》即有"骍（赤色马或牛）骍角弓，翩其反矣"。张家坡西周早期骨器作坊，发现了大量骨、角镞半成品和鹿角、兽骨以及砺石等。另有"仪狄作酒""少康作酒"，商人"唯荒腆于酒……庶群自酒，腥闻在上，故天降丧于殷"[1]，说明商代酒业发达。"香酒""甘酒"品种多样，祭祀用酒以及饮用各有不同。殷墟出土铜器，十之七八是酒器。

春秋时期出现人工铁器，铁器时代已至。铸铁出现则依托于冶铁鼓风炉发明。由于炼铁炉增大，另提高了鼓风方法，提高了炼炉温度，冶炼铸铁技术诞生。到战国中晚期，冶铁和铸造开始分工，新郑郑韩古城的内仓、西平酒店村、登封告城镇均发现战国铸铁遗址。春秋出土的铁器，经专家用金相学鉴定，其结构可分为四大类：（1）三门峡上村岭铜柄铁剑为块炼铁；（2）长沙杨家山的钢剑为块炼铁渗碳钢；（3）江苏六合桥的铁丸与长沙窑岭的铁鼎为白口铸铁；（4）河南洛阳的铁铲、铁奔为韧性铸铁。[2] 冶铁技术三大突破：其一，生铁冶铸技术，公元前513年，晋国范宣子用生铁铸刑鼎。最迟到春秋末期，民间出现了炼铁作坊。欧洲直到14世纪才开始铸铁，中国比西方早1800年以上。其二，铸铁柔化技术。[3] 这时中国已经掌握白心韧性铸铁和黑心韧性铸铁两项技术。而欧洲到公元1722年才使用白心人性铸铁，黑心韧性铸铁直到近代19世纪美国才研制成功。这两项技术，中国比欧、美均早两千年以上。其三，炼钢、合金和锻打技术，世界最早。战国时，已经认识到铜、锡合金的原理，即"金柔锡柔，合两柔则为刚"一说[4]，在《吕氏春秋·另类》又说"白所以为坚也，黄所以为韧也，黄白杂则坚且韧，良剑也"。即认识到太硬的兵器容易折断，因此必须做到"坚且韧"。在长沙出土的一件楚国青铜剑，其脊部铜、锡比例是8∶1，而刃部为8∶2，分别符合脊、

---

[1] 《尚书·酒诰》。
[2] 朱顺龙、顾德融：《春秋史》，上海人民出版社2003年版，第171页。
[3] 同上。
[4] 《吕氏春秋·另类》。

刃的各自需求。另《考工记》对于冶铸掌握铜锡比例即所谓"执齐"已经有详细记载。1978年湖北随县擂鼓墩曾侯乙墓出土青铜器群，代表青铜铸造技术高峰。其主要表现为合范法（复合陶范合铸法）、铸接和焊接与"熔模铸造法"精巧使用。青铜工艺不断创造，如"金银错"与"刻镂画像"工艺技术达至极高的水平。在《荀子·王制》中记载，春秋战国时以司空管理运河开凿与兴修水利。① 黄河、济河等大河旁已筑有堤坝，如黄河旁边周地有名堤上的，济河旁边齐地有名防门的。且有"巨防容蝼，而漂邑杀人"②；另"千丈之堤，以蝼蚁之穴溃"③ 皆说明战国时代已积累重要经验。由于七国格局，因此造成"盖堤防之作，近起战国，雍防百川，各以自利"④。《管子·度地》记载筑堤方法"令甲士作堤大水之旁……岁埤增之，树以荆棘，以固其地，杂之以柏、杨，以备决水"。吴国邗沟、魏国西门豹"引漳水灌邺"、鸿沟等水利工程相继出现，尤其以蜀郡太守李冰父子都江堰最为著名，两千多年来一直有着巨大的灌溉效益。运河开凿技术除了依托铁制工具外，另总结出以天然湖泊作为水库，并设水门"安水藏，以时决塞"⑤，中流设"堰"。如《华阳国志》所谓"壅江作堋"以左右分水等主要工程技术。春秋战国时期，木工方面，除斧、凿、锥等铁制工具以外，矩（曲尺）、规（圆规）、弹直线用的绳、测量垂直线用的悬以及测量水平线用的水等均开始使用。另《荀子·性恶》等记载了发明"曲木压直"或"直木压曲"的工具"檃檗"。瓦顶开始出现，战国时已有两层楼房。春秋战国酿酒技术已有发展，《礼记·月令》记载"乃命大酋，稻必齐，曲蘖必时，湛炽必絜，水泉必香，陶器必良，火齐必得。兼用六物，大酋监之，毋有差贷"即对酿酒经验的总结。制陶业发展主要是瓦、陶水管、陶井圈等成为重要建筑材料。另皮革业有所发展亦在《考工记》中有所记载。

秦汉手工业重大发明有水排、"百炼钢"工艺技术、织物印花技术、瓷器以及玉雕工艺。尤其是四大发明之一"蔡伦纸"诞生于世。汉代冶

---

① 杨宽：《战国史》，上海人民出版社2003年版，第57页。
② 《吕氏春秋·慎小》。
③ 《韩非子·喻老》。
④ 《资治通鉴》。
⑤ 《荀子·王制》。

金铸造技术有了重大突破。东汉时期，冶铁手工业已经使用煤做燃料。开始出现"马排"即使用马匹的畜力鼓风。东汉初年，南阳太守杜诗又"造作水排，铸为农器，用力少，见功多，百姓便之"①。据研究，杜诗所作水排应用水力传动机械轮轴打动鼓风囊，使其不断伸缩，给冶铁高炉加氧，这是冶炼史上的重大进步，在欧洲直到公元12世纪才开始利用水力鼓风。汉代铁器铸造技术体现为"叠铸技术"，即把多层铸范叠起来，装配成套浇铸，它最适合小型同类铸件的批量生产。至晚到公元前1世纪的西汉后期，将生铁炒炼成熟铁或钢的技术出现。如河南南阳出土的一件铁刀，即由高质量的炒钢锻接而成。欧洲直到18世纪中叶才开始应用炒钢技术。铸铁脱碳制钢工艺也在西汉时期产生、推广。如北京大葆台西汉墓中出土的环首刀和簪等。由于炒钢技术的提高，东汉时期出现了"百炼钢"，代表了当时炼钢工艺的最高水平。1961年日本奈良古墓出土过一把东汉灵帝中平年间制造的"百炼钢刀"。汉代纺织水平达至新高。品种更见丰富如绢、罗纱、锦、绣、缔等，制作方法有织、绣、绘等；颜色和图形也多种多样。织造技术更加先进，丝、麻、毛的纺织技术都不断完善。丝绸上的织作需要经过缫、纺、织等多道生产工序，缫车、纺车、络纱、整经的设备以及脚踏斜织机等手工纺织机械已经广泛应用，多综多蹑织机和束综提花机都逐渐普及，能织出大型花纹。熟练地运用套染、媒染等方法。在织物上印花技术业已运用。出土的汉代印花丝织品，"线条细而均匀，极少有间断现象，用色厚而立体感强，没有渗化污渍之病，花地清晰，全幅印到，可见当时配料之精，印制技术之高，都达到了十分惊人的程度"②。由于汉代丝织品的精美，远销中亚、西亚以及欧洲罗马帝国。因此当时世界称中国为"丝国"，"丝绸之路"诞生。西汉中叶，工匠们发明了一种黄褐色的釉陶，后来又发明了一种绿色的釉陶。真正的瓷器产生在东汉。浙江上虞小仙坛窑址出土的东汉青釉料方格印纹鬓残片的分析结果表明，除了瓷胎略呈灰白色外，其余均符合近代瓷器的标准。类似的瓷器标本在河南信阳、江苏丹阳、安徽亳县、浙江奉化、河南洛阳的东汉墓葬里皆有发现，其器型有碗、盘、

---

① 《后汉书·杜诗传》。
② 《文物》编辑部：《座谈长沙马王堆一号汉墓帛书》，《文物》1972年第9期。

缶、壶、罍、瓿、耳杯、五联罐等。山东汉窑址中曾出土了陶车上用的相当精致的瓷质釉顶碗，用它可使装在轴承上的轮盘转动自如，反映当时的轮制技术已具有很高的水平。施釉方法在东汉中叶以前多为刷釉，东汉后期创造了浸釉法，使釉层加厚而且均匀。秦汉时期，玉器刻纹、浮雕、透雕、镶嵌等技法很高超。还出现了银缕玉衣、铜缕玉衣。汉代的玉雕工艺以粗犷简练为主。造纸术最早出现在西汉时期，以大麻、苎麻纤维为原料，纸质粗糙，不便书写，尚未普及，书写材料仍以竹、木简牍和缣帛为主。到汉和帝时，宦者令蔡伦总结前人的造纸经验，"用树肤、麻头及敝布、鱼网以为纸"[1]，创造了一整套基本工序，包括剪切原料、沤、煮和洗涤，经过舂捣成浆、漂絮，抄造成型，再加以定型干燥。由于改革了工艺，造出来的纸张平整光滑，便于书写。又由于造纸方法化旧利废，扩大了原料来源，因此"自是莫不用焉，故天下咸称蔡侯纸"。蔡伦发明造纸之后，东汉末年又出现了一种精工制作的"左伯纸"，见《后汉书补注》："汉人能为纸者，又有左伯。"造纸术首先传到朝鲜和越南，7世纪传入日本，8世纪传入阿拉伯，12世纪由阿拉伯人又传至欧洲。艺术品加工技术如铜器装饰工艺刻划、镶嵌、金银错、鎏金、镂空等十分精湛。汉代漆器，以蜀郡和广汉郡生产的漆器最多最精致。扬雄《蜀都赋》中即称："雕镂扣器，百伎千工。"新创工艺为镶嵌、堆漆工艺。制造漆器需要有精细的分工，据漆器铭文的记载，可知有素工、髹工、上工、铜耳黄涂工、画工、雕工、清工、造工八道工序。加上镂金错银，雕文彩绘，制作起来旷时费力，因此价比金玉。建筑技术主要成就是框架式结构和"斗拱"结构的高度发展以及"秦砖汉瓦"使用。修建了建筑技术上有着伟大成就的万里长城。著名的阿房宫，《史记》中称它"上可坐万人，下可建五丈旗"。造船业蓬勃发展。秦汉最大的船是楼船。汉武帝在昆明池训练水军时，"治楼船高十余丈，旌旗加其上，甚壮"[2]。广州西村增涉汉墓曾出土过明器木楼船，上下两层，10楫1舵。广州秦汉造船遗址中还发掘出一批造船工具，其中有铁锛平刃铁凿、凹字形铁铮凿、铁钉、木垂球、划线铅块等。遗址出土的木材加工件，表

---

[1] 《后汉书·宦者传》。

[2] 《汉书·食货志》。

面光滑，棱线分明，并有榫槽，反映了当时航船工艺技术已经达到了相当高的水准。

魏晋南北朝时期，在非金属矿尤其是三大燃料矿物煤炭、石油、天然气的认识、开采和利用上获得了长足的进步。煤炭开采发明了双眼井开采。曹操在邺都筑三台（铜雀台、金虎台、冰井台）时，贮藏了数十万斤煤炭。西晋文学家陆云《与兄平原君书》曰："一日上三台，曹公藏石墨数十万片……开始冰井台贮煤。"石油已被人们用作润滑剂和燃料，分别用到了生产和军事上。北周武帝宣政（578年）中，突厥围酒泉，取此脂燃火，焚其攻具，得水俞明。天然气已被应用于日常生活和煮盐手工业，使我国成为世界上最早开凿天然气井，并最早把它用到煮盐中的国家。"临邛有火井，深六十余丈。"① 即临邛火井的最早记载。灌钢技术已普遍推广，炒钢和百炼钢技术有了进一步提高，花纹钢技术发展到了较为繁盛的阶段，炼出了镍白铜和黄色的铜砷合金；生产了一定数量的黄铜；在热处理技术中开始注意到了不同的水对淬火质量的影响，发明了油淬；铸铁可锻化退火处理技术仍保持在较高水平上；在军事、农业、手工业中，锻件取代铸件的主导地位等。丝绸业在巴蜀和江南地区有了一定发展，棉纺技术已在新疆等地逐渐推广。马钧对多综多蹑花机进行改革，三锭式脚踏纺车出现，织造技术获得长足的进步。

红花已被广为使用，靛蓝提取和染色技术都有了进一步提高；夹缬、绞缬技术逐渐兴盛起来。家蚕饲养技术从选种、孵化到贮茧，皆有较大进展，低温催青法、盐腌杀蛹法以及炙箔法尤为突出。麻加工则主要表现于沤渍脱胶技术以及煮练脱胶法。魏晋南北朝是中国古代陶瓷技术发展的重要阶段，南方在胎料、釉料选择和配制，成形、施釉、筑窑和烧造技术上，皆有长足进步。北方则相继发明了青瓷、黑瓷和白瓷。龙窑技术无论是龙窑结构或是窑具皆有较大跨越。至六朝时期，烧成技术提高显著。郭演仪等分析上虞西晋洗口残片，显气孔率为1.06%，吸水率0.5%，烧成温度1220℃，皆在弱还原性气氛中烧成，烧结程度较好，薄片可微透光，基本达到现代瓷标准。造纸技术、原料和品种皆有扩展，在汉代造纸原料麻和树皮基础上，增加了桑皮，创造出藤皮纸和侧理纸。

---

① 《太平御览·卷八六九·蜀王本纪》。

发明活动式帘床抄纸器,并创造出"向纸施胶"技术。另有表面涂布粉料和染色的技术等。北魏贾思勰在其专著《齐民要术》一书中,记载包括酃酒、鹤觞酒在内的诸多酒的经典制作方法。另有《四时酒要方》《白酒方》《七日面酒法》《杂酒食要方》《酒并饮食方》等酒艺著作问世。船舶成就主要包括船帆技术、重板造船技术、"水车"船舶及轮桨发明。建筑材料技术表现于制砖、制瓦、琉璃以及防腐和取暖等诸方面。城市建筑,曹魏邺城、孙吴武昌、六朝建康、北魏洛阳、北魏平城及洛阳永宁寺、洛阳龙门石窟等皆闻名于世。建筑装潢颇显成就,诚如景兴尼寺"有金像辇,去地三丈,上施宝盖,四面垂金铃、七宝珠,飞天伎乐,望之云表,作工甚精,难可扬榷"①。尤其在和平二年(461年),拓跋命令中尚方铸造直径二尺二寸的黄金合盘十二具更是精美,"镂以白银,钿以玫瑰","纤文质丽,若化若神"。四川、甘肃、新疆等地,皆有煤雕品出土,其品种有猪、羊、狮子等饰件和印章。嘉峪关新城曾出土一件炭精羊饰,长、宽、高各1厘米,系由炭精石磨制而成,羊作卧状,四腿盘卧,极其精巧。机械发明有水磨和水碾、车帆、链式传动、绫机改革、连续发石机、木牛流马、磨车、水车、飞车、百戏图等。

  隋唐,合铸金银方面取得重大成果。泥范、铁范和熔模铸造三大铸造技术越加成熟。赵州桥石块之间即浇铸有生铁。河北沧州现存的五代后周时期的铁狮,重5万公斤,即采用泥范铸造工艺铸造的典范。金属制品的加工方法已相当精密,西安南郊何家村出土一批盛唐晚期金银器皿270余件,以錾金和浇铸为主,其焊接、切削、抛光、铆、镀、刻凿等工艺成熟。在盆、碗、盘等器物上,有明显切削螺纹痕迹。因其螺纹清晰、同心度较高,起刀、落刀点十分明显。表明当时已使用简单的切削车床。纺织印染业居世界领先地位。诚如少府监为唐中宗爱女安乐公主织成的毛裙,"料用百鸟毛,正看是一色,反看是一色,倒看又是一色;白昼是一色,灯影下看又是一色"。百鸟形状皆显现于裙上,乃举世罕见之工艺真品。② 纺织品按材料分毛纺、麻纺和丝纺。产品则有布、绢、丝、纱、绫、罗、锦、绮、绸、褐等。桂管布、西州毡、兰州绒皆为行

---

  ① 《洛阳伽蓝记·卷二》。

  ② 范文澜:《中国通史简编》(第三编),商务印书馆2010年版,第247页。

销全国品牌。丝绸则远销西亚和欧洲、非洲等地，极受欢迎。新疆阿斯塔那唐锦袜，在大红色袜底上织有各种禽鸟花朵和行云图案，图案采用纬锦法起花技术。官营印染业分工很细，共设有青、绛、黄、白、皂、紫六作，可以同时染出各种美丽的彩色布匹。新疆出土的刺绣品，底色就有大红、正黄、叶绿、翠蓝、宝蓝、绛紫、藕荷、古铜等。夹颉和臈缬两种染色法为重大发明，奠定了中国早期印染业的技术基础。隋代青瓷制造水平很高，唐代陶瓷技术主要体现于北方邢窑和南方越窑。陆羽在《茶经》上说：邢瓷类银、类雪，瓷色白而茶色丹；越瓷类玉、类冰，瓷色青而茶色绿。诚如"千峰翠色"瓷，即由于陶瓷工匠们将釉中的氧化亚铁控制在1%—3%这个恰当的比例而获得。白瓷已经发展成为青、白两大瓷系的主流之一。1958年，在景德镇出土一批唐代白碗，白瓷胎含氧化钙成分较多，烧成温度为1200摄氏度，瓷器白度达70%以上，与现代高级细瓷标准接近。唐三彩，虽具瓷器的流美色泽，实为唐代首创的一种低温铝釉的彩釉陶器，为陶瓷发展史上的一大创举。唐大中五年（851年），到中国经商的阿拉伯人苏列曼在游记中说：中国陶土制品，透如玻璃，里面加酒，由外可见。雕版印刷术是隋唐时期重要发明。世界各国的印刷术由此逐步发生、发展起来。造纸品种之多，数不胜数。据记载，当时益州有大小黄、白麻纸，均州有模纸，蒲州产细薄白纸，杭、婺、衢、越等州有上细黄、白纸。按产地划分则有蜀纸、峡纸、剡纸、宣纸、歙纸；按原料命名则有楮纸、藤纸、桑皮纸、海苔纸、草纸。按工艺划分则有金泥纸、松花纸、五云笺、金粉纸、冷金纸、流沙纸；按质地划分则有绫纸、薄纸、矾纸、玉版纸、锦囊纸、硬黄纸等。造纸法于公元900年传入埃及开罗。① 建筑方面，隋代采用坦弧石拱的建桥技术，如赵州桥即世界上现存最古老、跨径最大的敞肩坦弧石拱桥。其在桥梁形制、确定桥址、材料选择、力学性能等方面达到的高超水平，及其整体的设计能力，在桥梁建筑史上至今仍占有突出的地位。城市建筑的整体规划设计和木结构为主体的建筑体系，以及砖石结构等先进技术广泛应用，诞生世界上最繁华的大都城——隋大兴城——唐长安城。另有唐大明宫始建于公元634年，大明宫由30多座宫殿组成，在这些宫殿

---

① 《唐六典》。

中以麟德殿规模最为宏大。该殿南北长130多米，东西宽70多米，建筑面积达8000多平方米，这是已知中国古代最大的单栋建筑，即唐代宫殿建筑的优秀代表作。隋唐长安城的空间尺度和规模，堪称古代世界第一。如日本古都平城京、平安京的建设，就完全模仿唐长安的规划，甚至连朱雀大街和东、西市的名称皆一样。造船规模之大、技术之精湛、航驶性能之优异，均处于当时世界领先地位。据记载，杨素在永安督造的战舰，船身高17米以上，上层建有5层楼，高27米有余，可容纳800名战士。[①] 战舰、龙舟采用榫接技术与压载法。唐德宗时，工匠李皋制造成脚踏木轮推进船前进的车轮战船。钉接榫合法已普遍采用，当时欧洲船板连接办法还处在皮条绳索绑扎的阶段。1960年，江苏扬州施桥镇出土一唐代大型木船，采用平接工艺，一直沿用至今。民间品牌工艺精湛。例如北京故宫博物院现存唐代名琴绝品"九霄环佩""松雪""响泉""春雷""忘味""百纳"等，就是唐代西蜀成都雷威和雷氏一家所制作。《太平广记》记载北海人李清代传染业，"子孙及内外姻族，尽数百家，皆能游手射利於益都"。另湖州一染户"家有三世治靛瓮"等[②]，皆世代染家。

宋时，粮食水利加工技术发达，磨坊、碓坊分布全国。诚如开封府内许大郎，"世以鬻面为业，然仅能自给。至此志颇留意经营，增磨坊三处，买驴三四十头，市麦于外邑，贪多务得，无时少缓"[③]。制糖业中有糖霜、乳糖技术发明。设有东西窑务，"掌陶土为砖瓦器，给营缮之用"。窑务中有工匠1200人，这些工匠分工细密，有瓦匠，砖窑匠、合药症等，一岁可产砖瓦1000多万块。[④] 矿冶业、刻印书业、宋瓷等均列于世界先进水平，尤以毕昇活字印刷术闻名于世。最具代表性的是煤炭采掘业。河南鹤壁市一座北宋煤矿遗址：矿井直径2.5米，深达46米，井下巷道总长达500多米，整个煤矿约能容纳数百人同时作业，煤炭的采掘是采用"跳格式"的先内后外的方法，为当时世界之创举。冶铁业高度发展，以

---

① 《资治通鉴·卷一七六》。
② 《北梦琐言·卷十》。
③ 《夷坚支志·戊集卷八·许大郎》。
④ 《宋会要辑稿·食货》。

徐州利国监、兖州莱芜监等为中心，宋代铁课远较唐代为高，如唐宪宗时期铁课额为207万斤，宋代则是唐的三四倍。冶钢技术，宋代不仅将灌钢法、百炼钢法广泛加以推广，还创造出新的淋铜钢冶炼法。使钢铁具有极好的防锈性能，它是我国冶金史上的一大技术进步。钢刃农具开始得到广泛使用，军器也都改用钢作锋刃。宋代冶铜已普遍采用胆水浸铜法，大大降低冶铜成本，获得极好经济效益。火器制作如手炮、霹雳炮、铁火炮、突火枪等均成就很大。尤其值得一提的是刺绣和缂丝两种工艺。刺绣是传统的工艺，而缂丝则是宋代创造出来的新工艺。宋代继承唐代夹法即印花技术。花色品种众多，工序复杂，技术也极为精湛。宋瓷享誉古今，得益于它在烧造过程、制作工艺方面的突破。尤其是景德镇瓷器釉色介于青、白之间，釉质如玉，故有"假玉"之称。宋代制瓷业的高度发展还表现在瓷窑的规模上。如徐州萧县北白土镇的萧窑，即是一个包括"三十余窑，陶匠数百人"的大型瓷窑群。[①] 耀州瓷窑仅黄堡镇一地就有窑址12处、作坊4间，当时有"十里窑场"之称，足见其规模之大。宋纸可用作纸币以及制作纸衣、纸衾、纸帐、纸被等供人们日常生活、取暖御寒之用，甚至被用来制作战场上抵挡锋刃的铠甲等。著名品牌有歙州徽纸，既白且光，如"麦光、白滑、冰翼、凝霜之目"[②]；温州"蠲纸"亦"洁白坚滑"，为东南之冠；其他如鄂州蒲圻的纸质地匀称，另广南东路的梅州纸、两浙路的由拳纸等皆负盛名。驰名天下的薛涛笺，更是纸中珍品。这种纸是彩色的，纸上还有砑花，制作工序颇为繁杂。宋纸制造工序和技术除蜀笺制作技术外，始用熏笼烘焙方法代替把纸浆抄到墙壁上晾干的办法，遂使宋纸"自首至尾匀薄如一"。毕昇发明活字印刷术。宋代雕版印刷事业发展到全盛时期，但是也存在明显缺点。第一，刻版费时费工费料；第二，大批书版存放不便；第三，有错字不容易更正。北宋平民发明家毕昇在宋仁宗庆历年间（1041—1048年）制成了胶泥活字，实行排版印刷，完成了印刷史上一项重大的革命。方法如下：用胶泥做成一个个规格一致的毛坯，在一端刻上反体单字，字划凸起的高度像铜钱边缘的厚度一样，用火烧硬，成为单个的胶泥活字。毕

---

① 《夷坚·卷二十七》。
② 《新安志·卷二》。

昇创造活字印刷的事迹，比较完整地记录在沈括名著《梦溪笔谈》里。建筑物方面有诸多杰作，北宋初年工匠喻浩在开封所造的开宝寺塔则是最杰出的代表。宋代官府造船的规模较大，如温州造船场年造船额为340艘。① 北宋漕船不仅制造量多，而且载重量大，最大者甚至能载米1.2万石，500万吨以上。战船种类多种多样，其中车船的发明最可称道。在宋代造船业中，最值得重视的是航海大船建造技术的进步。据《梦粱录》记："海商之舰，大小不等，大者五千料，可载五六百人。"② 海船一般都呈V形尖底造型，并使用隔舱法以避漏水。

蒙古族在成吉思汗之前还不会炼铁，只能用外来铁器改造兵器。元朝立国后，设冶户、煽炼户、银户、淘金户按额纳课，因防止民众反抗，不准民间持有铁刃器，严重阻碍了金属手工业的发展。为增收入，后允民间经营。至治三年（1323年），"金银冶听民采炼，以十分之三输官"③，庐陵则"大冶煽，役者常千"④，说明民营矿冶仍有一定规模。冶铁技术水平从陈椿的《熬波图》可略知一斑：当时化铁炉用瓶砂（碎陶瓷末）、白墡（白色耐火土）、炭屑、小麦穗和泥修筑。这种混合料具有很强的耐高温和抗侵蚀的性能而且不易开裂，是很好的耐火材料。炼炉炉口小，能减少热量损失，上口小而下部炉膛大，能使炉料顺行，避免悬料事故；炉子下部收口，使热量集中有利于熔铁。书中说其每化1斤铁，只需用1斤炭，这在当时条件下很了不起。蚕桑业、丝织业与服饰业作坊遍布全国并集中于建康、平江、杭州、庆元、泉州、四川和中原等地。其中，集庆官纱、浙江湖州丝织品、蜀锦等皆为名品。引进著名品种纳失失（织金锦，来自波斯的一种织金锦缎）与撒答剌欺（来自中亚的一种丝织品）技术，织金锦技艺包括两类即片金法与圆金法。麻织业采用不同原料和方法如毛绁布法、铁勒布法、麻铁黎布法，其布"柔韧洁白，比之常布又价高一二倍"⑤。中原地区用水转大纺车，"昼夜纺绩

---

① 《宋会要辑稿·食货》。
② 漆侠：《宋代经济史》（下），中华书局2009年版，第677页。
③ 《续文献通考·征榷·坑冶》。
④ 《麟原文集·刘宗海行状》。
⑤ 《农桑辑要·卷二·苎麻》。

百斤"①。山西一带使用立机子、罗机子、小布卧机子，打苎丝线经上使用的有掉篗座等机具。毛织业为特色产业，其产品有剪绒花毯、脱罗毯毡、入药白毡、雀白毡、红毡、白袜毡、回回剪绒毡等，大同元墓出土的毡帽、毡靴等有着较高的工艺水平。棉织业取得显著成就。成宗元贞年间，黄道婆教松江人民制作捍、弹、纺、织的工具和错纱配色、综线挚花等技术。棉织业促进了印染业。孔齐《至正直记》说：松江能染一种青花布，染法是从日本学来。用木棉布染印，青文洗浣不脱，并说这种青花布，染印芦雁花草，宛如一幅苑画。王祯发明木活字印刷术。毕昇曾经试制过木活字、瓦活字和锡活字，但由于木料纹理有疏密，沾水后高低不平，并且易于与松脂蜡药相粘连，不便清理取用，而瓦字和锡字吸水性差，使用水墨效果不好，故未获成功。王祯选择硬质木板雕字，用小锯锯开制成活字，再用小刀四面修整，使之大小高低整齐划一；排版时不用黏合药料，而是排字作行，用竹片夹持，再用小木楔塞紧，使之坚牢不动，然后即可用墨刷印。为拣字方便，王祯还发明了转轮排字架，将木制单字按韵贮放在直径七尺的大轮盘上，排字时转动轮盘，以字就人，有效地提高了拣字效率。瓷器的重大发展，主要反映在青花瓷和釉里红瓷器的烧制成功，其与宋代青花釉色晦暗相比，色彩明快，釉质光润。河北保定出土的青花加紫镂空大盖罐、青花八棱执壶和北京出土的青花风头扁壶、青花托盏等都反映了当时烧造的水平。青花瓷是运用钴料进行绘画装饰的釉下彩瓷器。制作过程是用钴料在瓷胎上绘画，然后上透明釉，在1300℃左右的高温下一次烧成。元青花造型博大，画法娴熟，色彩鲜艳，是陶瓷技术史上最引人注目的品种之一。釉里红是一种釉下彩，在胎上以氧化铜为呈色剂作饰纹，罩以透明釉后经高温烧制而成，元代中期创烧于景德镇。釉里红烧成难度大，元代的传世品不多，釉色纯正者更是稀少。枢府器为元代景德镇的又一重要发明。这种白釉印花瓷器，胎体厚重，釉呈失透状，色白微青，似鹅蛋色泽，故称卵白。印有"枢府""太禧"字款的器物，一般多制作精细，釉色纯正，造型工整。制茶技术基本沿袭前代，江西等地区普遍采用的"水转连磨"。制盐技术显著进步。全国盐场有160余所，灶户、捞盐户等盐业劳

---

① 《王祯农书·卷二二·苎麻门》。

动者5万余户。盐有海盐、井盐、池盐、岩盐、土盐等，其中以海盐产量居最。海盐生产有煎、晒两法，元代以前一般采用煎盐法。《熬波图咏》载元代发明莲管试法。元时，福建海盐生产首先采用晒盐法，"全凭日色晒曝成盐"，这在中国制盐史上是一项具有重要意义的革新。大型海船载重已达1200吨。阿拉伯旅行家伊本·拔图塔在南洋见到的中国船，其大者有12帆，帆以竹片制成，形如织席，每艘船上有水手600人，兵士400人。"针经定位"技术出现，即"惟凭针位定向航船"[1]。遂导致更加简明和科学的航海图的出现。另一进步是通过观测恒星的高度来确定船舶在大海中的方位，即牵星术，所用工具是牵星板。

明初，采矿方面发明"烧爆法"，遂使铁冶颇具规模，譬如遵化铁炉，日产铁量千余斤，有生铁、熟铁和钢铁三个品类。冶炼技术改进亦多。其中，以萤石作熔剂为一大进步；将煤炼成焦炭并用于铁的冶炼，比欧洲要早200多年；鼓风装置由简单的木风扇改为活塞式木风箱，提高了风压和风量，类似技术在欧洲迟至18世纪才发明和使用。明时尤其发展了灌钢冶炼技术，即"以熟（铁）片夹生铁，用破草鞋盖之，泥涂其下，火力熔渗，取锻丙三"[2]。又唐顺之在《武备·前编》卷五中所说的一种炼钢法，"生铁淋口"法，即将生铁水淋到熟铁制成的坯件上，可增强工具锋刃的硬度。棉纺普及为农家副业，在南直隶苏、松等府形成全国最大的棉纺中心。轧棉剥子用的搅车碾轴改为铁制。弹弓，由手动拨弦改用弹椎，弓背易竹为木，弓弦则易麻为蜡丝。万历后，脚踏纺车出现，遂使"一手纺四根以至五根线"成为可能。[3] 民间丝织业以江南三吴之地最为发达。其中，苏、杭为丝织名城，湖州以优质生丝（湖丝）著称，发明足踏二人缫车，织机有腰机和花机两种。弘治时，福建机匠使用一称"改机"的新式织机，"改机绸"被明末学者茅元仪赞誉为"质细而滑，且柔韧耐久，擅绝海内外"[4]。花本制作称为"挑花结本"，即织匠织作各种花纹图案之"本"，难度极高。丝织产品有罗、纱、绸、

---

[1] 《元海运记》。
[2] 《物理小识·卷七》。
[3] 《农政全书·卷三十五》。
[4] 《武备志·卷一百零五》。

绢、帛、绫、缎、锦等诸多种类，每一类又有众多花色品种。譬如罗有刀罗、府罗、秋罗、绮罗、河西罗等。按织法又有花、素两类。杭州秋罗系用"两梭轻、一梭重"的手法织成，专供达官贵人暑服之用。纱，原有花纱、绢纱、四紧纱，明时增有银条纱、绉纱、包头纱等新品种。皓纱，系崇祯年间杭州人蒋昆五发明，"团花疏朵，轻薄如纸"。至嘉靖时期景德镇还有官窑58座，民窑仅20座。宣德时曾一次就烧制各种瓷器443500件。嘉靖以后，官窑则呈萎缩趋势。官窑集中了大批优秀工匠，故工艺水平很高。著名的如宣德年间烧制的"白地青花瓷器""祭红"等精品。工艺方面，瓷坯修整、作坯技巧及造型上玲珑镂空技术等皆有所发展。施釉方法，发明"过锈"法，创造"彩瓷"。彩瓷有"釉下彩"和"釉上彩"之分：在胎坯上先画花纹而后上釉入窑烧制的是"釉下彩"；先上釉烧制而后加画花纹，再经入窑烘烧的，叫"釉上彩"。以釉下彩为主，青花瓷即属此类。成化年间，又发明"斗彩"彩瓷，嘉靖、万历时，在斗彩的基础上又出现"五彩"。瓷器图案花样十分丰富，有龙、虎、象、麒麟、鹿、鹤等各种动物，有莲、桃、石榴、葡萄、西瓜等各种花果，有仕女、儿童、仙道等各种人物，以前无法烧制的大型瓷器如大鱼缸等，至万历时被成功地烧制。浙江、江西、福建等省皆有大量槽房，即造纸手工业作坊，其中，名品如江西铅山奏本纸、临川小笺纸、浙江常山榜纸等。福建、浙江、江西三省交界处山区的"竹纸"和产于安徽宣城、泾县和宁国一带的"宣纸"尤为著名。据宋应星记述，竹纸须取嫩竹，经过浸泡（需百余日）、捶洗等"杀青"过程，得到"形同麻样"的竹穰，再经过石灰蒸煮、清水漂洗、草木灰淋浆的化学处理过程，又经过舂细、入槽、抄出、压平、焙干等一系列工序，才最终制成。[①] 造纸舂捣纸浆时已多用水碓。开封、杭州等地出现许多民间书坊，南、北二京以及苏州、徽州等地兴起新的出版中心。明代印书仍以木刻雕版为主，但中后期活字印刷有所发展，木活字、铜活字、锡活字、铅活字皆曾加以应用。套印和饾版印刷，以及拱花技术的应用，是明时印刷术的重大进步。天启六年（1626年），吴发祥在金陵用木板水印印制的彩色《梦轩变古笺谱》是中国现存最早的一部用饾版拱花印刷的书籍，

---

① 《天工开物》。

刻印之精堪称稀世珍品。崇祯年间休宁人胡正言以饾版和拱花法印制的《十竹斋画谱》《十竹斋笺谱》，也是成就极高的饾版印刷的代表作。明初官营造船业十分发达，其中南直隶龙江、山东临清、辽东金州、广东广州、福建漳州、浙江明州等地，皆是著名的造船基地。当时造船规模很大。"太祖初，于新江口设船四百。永乐初，命福建都司造海船百三十七"①，规模可想而知。永乐年间郑和下西洋所乘坐的"西洋宝船"，"大者长四十四丈四尺，阔一十八丈，中者长三十七丈，阔一十五丈"②，巩珍在《西洋番国志》自序中赞誉其"体势巍然，巨无与敌，逢帆锚舵非二三百人莫能动"。民间造船业自明中期以后迅速勃兴，其中不少工匠是从官船厂中罗致而来。机械发明成就显著。如1372年造碗口铳、1377年造手铳、14世纪末发明"神火飞鸦"、1453年造铜火铳、1524年在北京铸造佛朗机炮、16世纪中叶发明"火龙出水"，箭头上龙头下圆柱，柱体分层装火箭，为当时世上最早的多级火箭。1558年造出中国第一批火绳枪1万支，称为"鸟嘴铳"，1580年戚继光发明"自犯钢轮火"。在《本草纲目》中，李时珍记载了276种无机药物的化学性质以及蒸馏、蒸发、升华、重结晶、沉淀、烧灼等技术。

　　清初，因长期战乱，手工业生产遭到严重破坏。康熙中期才逐步得以恢复和发展。云南铜矿发展颇为突出。乾隆三十一年（1766年）时，年产量已超1400万斤。熟练掌握"一火成铜"技术。其中，镍铜合金即白铜故乡在中国，云南是其唯一产地。虽仍用点化法，但规模更大，已有专厂生产白铜，如定远县有大茂岭白铜厂、妈泰白铜厂等。在18世纪与19世纪间，启发和促进过西方近代化学工艺的发展。清时是棉织工艺的繁荣期，棉纺工具有显著改进。如上海的纺纱脚车，可"一手三纱，以足运轮（名脚车），人劳而工敏"。织布机也有一些改进和革新，上海的"梭布，衣被天下，良贾多以此起家"。清初，苏州出现一种织花机，机顶装置花楼，多置缯面，特穿经线，织造花布时，需要二至三人同时工作，一人在花楼上提经，一人在下织纬，二人协调工作使经纬交织一致，织出的布匹"价格昂贵"。苏州的"益美字号"，因大家誉其"布

---

① 《明史·卷九十二·兵四》。

② 《瀛涯胜览·卷首》。

美，用者竞市"，"一年消布，约以百万匹"，"二百年间，滇南漠北，无地不以益美为美也"。苏布"名称四方"。无锡也盛产棉布，乾隆时，"坐贾收之，捆载而贸于淮、扬、高、宝等处，一岁所交易，不下数十百万"，有"布码头"之称。乾隆时已出现拥有织机千台、工人数千的大型工场，大量棉织品出口至欧洲、美洲、日本、东南亚等地区。制瓷工艺发展到清代达至历史最高水平。整个清代景德镇始终保持着在中国的瓷都地位，到乾、嘉时，"民窑二三百区，终岁烟火相望，工匠人夫不下数十余万"。青花瓷在清代仍是瓷器中的主要产品，斗彩、五彩、素三彩继续在更高水准上烧制。此外，康熙年间又创新了珐琅彩、粉彩和釉下三彩等新品种，康熙青花色调青翠艳丽，层次分明，那浓淡的笔韵能分五色，如水墨画一般，含蓄而生动。五彩瓷器也是康熙时最为精绝，其胎骨轻薄，釉色洁白莹亮，画工细腻，色彩柔和，线条流畅。雍乾年间粉彩的成就最为突出，其色调温润，鲜艳而不妖冶，立体感强烈，常常让人叹为观止。康、雍、乾三代的器型最为丰富，即有仿古又有创新，尤其是各式装饰性瓷器如瓶、尊之类较元、明代大为增加，如康熙年间独有的器型如观音瓶、棒槌瓶、金钟杯、凤尾尊、马蹄尊等。清代瓷器的装饰艺术纹饰、内容、手法最为多样，且因各朝背景、崇尚不同而各有特点。如雍正年间纹饰多偏重图案化，比较刻板，除仿明云龙、云凤、云鹤、缠枝花卉外，还盛行以过枝技法绘桃果、牡丹、玉兰、云龙等。另外，清时治河技术、酿酒技术、种茶技术、编织技术等皆有所发展。

本章小结

华夏先民的手工创制，为后世奠定了全面发展的基石。至夏商周，伴随"百工"出现，铜器、陶器、纺织等皆达至较高水平。"工商食官"背景下，"职业为氏，行业族居"传承方式出现。春秋战国时期，经济下移致使手工业快速发展。青铜、煮盐、酿酒、制陶、皮革等技术达至很高水平。冶铁鼓风炉及韧性铸铁冶炼技术较欧洲提早2000年。官营手工业"工师"授徒为技术传承主要方式，民间学徒制与技艺父子相传逐步兴起。《考工记》诞生，且档案成为春秋战国技术记载与传播的新载体。秦汉时期，官府与民间手工业皆发达。官府手工业中出现"艺徒"制萌芽。诸如《均工律》等法律性以及科技档案中均记载了手工业工艺技术。与此同时，民间手工业品牌以及技艺家传取得一定的进展。魏晋南北朝时期，变革与思想的活跃波及了手工业。伴随手工业者地位逐步提高，创造性亦逐步显露。除官营工业技术垄断与父子沿袭制，此时手工业者原创精神成为突出特点。但由于民间手工业衰落，成为民间职业教育重要损失。因政治稳定与政策开明，唐代手工业极为发达。官府手工业艺徒制已经非常规范与成熟。民间师徒授受与父子家传亦为有效途径。宋时，"工厂"建立。手工业"差雇"制度使手工业者有了较大的自由，官府手工业"法式"艺徒制趋向成熟。元时，尽管十分重视手工业生产，但严密的等级制度以及对于工匠自由的限制，艺徒制度出现衰落，民间手工业作坊出现著名品牌，技艺家传趋于保守。明时工匠地位很低，极受歧视。除非获得皇帝特许，否则不能脱籍，超登仕途。种种限制和压抑遏制了工匠的积极性与创造性，遂使官府手工业质量低下。明中期，匠户劳役逐渐为征银所代替。后期，官府手工业逐步让位于民营手工业。清代，学徒制度逐步衰落，伴随"西学东渐"以及大工业生产的到来，迫切需要一种新型的人才培养方式出现。

第四章

商　　贾

商业的出现是社会分工以及剩余产品增多的必然结果。诚如孟子所言："古之为市也，以其所有，易其所无者。"[①] 中国历代虽以农业立国，但只是间或采用"重农抑商"之策，并具有不彻底性。因为帝国盛世的发展，离不开商业的繁荣，故往往"抑商"是表面化的，事实上，商贾地位在更多时候高于农人、工者，甚至士官。

一　商贾

商贾萌芽于产品交换的发生。所谓"日中为市，致天下之民，聚天下之货，交易而退，各得其所"，即最早的商业活动。[②] 但只有在三次社会大分工之后，交换才得以长足地进展。交换与商品生产相互促进并彼此发展。伴随着交换规模的扩大，品种的增多，生产者与消费者之间直接的产品交换越来越不便利，于是专事交换的中间人，即商者应运而生。

事实上，作为中华民族共同尊崇的先祖，炎帝和黄帝同样是商者的奠基人，亦有学者认为，舜是第一商贾。但商业史上，殷人王亥从事商业贸易是最早的记载。商族祖先契，由于跟随大禹治水有功，被封至商地。契第六世后代王亥聪明多谋，便把牛训练得既能驮载货物亦能拉车，遂驾牛车沿黄河北岸至各诸侯国去做生意。但很不幸，据《竹书纪年》记载：夏帝泄"十二年，殷侯子亥宾于有易，有易杀而放"。由此看来，

[①] 《孟子·公孙丑下》。
[②] 《易经·帝系篇》。

经商是一项有风险的事情,为后世积累了商业经验。商汤时期,手工业尤其是纺织业已相当发达。商汤为了削弱夏的国力,组织妇女织布纺纱,换取夏的粮食,把贸易作为政治斗争的武器,最后灭夏桀,建立商朝。商朝建立后,商族人开始从事农业生产,其手工业也相当发达。史上姜太公曾被司马迁作以下描述,"太公望吕尚者,东海上人。其先祖尝为四岳,佐禹平水土甚有功……"① 吕尚曾穷困,"屠牛于朝歌,卖饭于孟津"。殷商纣王无道,隐居不仕。西周灭商,吕尚被封于齐。周朝建立后,商族人由统治者变成了周朝的奴隶,仍从操旧业——做生意,这即将生意人称作商人的由来。吕尚被封之处则开放工商之业,发展渔业和盐业优势。尤以齐国布帛和海盐与诸侯各国田土、车马和各种珠宝玉器交换;以商业立国,成为齐国商业思想与实践的滥觞。之后,商人超越"商族"之人,即成为生意人的泛称。

西周,商、贾分置。即郑玄所注"行曰商,处曰贾"②。《司市》则有:"通物曰商,居卖物曰贾。"二者区别主要在于活动方式不同。从事贩运贸易的商人称为"商",在当地活动、聚集商品、贱买贵卖的商人则为"贾"。

商官是商业活动的重要管理者。据文献记载,周代已有商官出现。其中,司市为市官之长,其职责为"治、教、政、刑、量度、禁令"③。通过此六种方式对市场与上市产品进行管理,附加教育之责。具体工作如"以政令禁物靡,以贾民禁伪而除诈"等以形成节俭、诚厚之风气。另外,西周低级无爵位的商业职官还有"贾师""贾正""肆长""廛人"等"贾民"设置。所谓"贾民",按钱玄的解释:"胥师至肆长诸史吏。以其在市之商人为之,别于官府之府吏,故称贾民。"这些人均属"庶人在官"。"禁伪而除诈"除政令与制度以外,主要靠发挥"贾民"的管理作用。这些"贾民",源于民间,长期工作在市场,他们熟知物品的真假伪劣,熟知从业商人的诚、诈、实、虚,孙诒让认为"非其人不能辨物,

---

① 《史记·齐太公世家》。
② 《周礼·天官·大宰》。
③ 《周礼·地官·司市》。

亦不能治市"①，故任用贾民来"禁伪而诈"，在一定程度上行之有效。按《周礼》所载，司市之下，有胥师（20 肆设 1 人）、贾师（20 肆设 1 人）、司（10 肆设 1 人）、司稽（5 肆设 1 人）、胥（2 肆设 1 人）、肆长（每肆设 1 人）。其中，每"二十肆"设一"贾师"，来管理市场物价。②《周礼·地官·肆长》："市廛货物所居亦为肆。""肆"本指市场上陈放货物的行列，可引申为商贾百工的居舍。一肆由若干家商户组成，设"肆长"来管理日常事物。另外，廛人，中国古代西周时期商税的征收机构，设于地官之下。周代商税比较复杂，对市廛坐商课税由廛人专管。廛人征收的商税分为"五布"即絘布、唛布、质布、罚布、廛布等。据记载，周时即专设会计官职，掌管赋税收入、钱银支出等财务工作，进行月计、岁会，亦即每月零星盘算为"计"，一年总盘算为"会"，两者合在一起即成"会计"。由于资料的局限，只能推测，商品质量与价格判断等商业基本能力在商业职官的实践工作中得以积累与传承。至于贾官，在《周礼》中明确记载：庖人下属贾八人，大府下属贾十六人，玉府下属贾八人，职币下属贾四人，典妇功下属贾四人，典丝下属贾四人，泉府下属贾八人，马质下属贾四人，羊人下属贾二人，巫马下属贾二人，犬人下属贾四人。其中，贾官职守是"主市买，知物贾"。也就是说"贾官"最重要的基本功为辨别商品优劣与判断商品价格。如"此特有贾人者，庖人牲当市之故也"一说③，意思是，庖人所需的牲畜，通常需要从市场上购买，因此，要有专职商贾来办理此事。关于"知物贾"者，《周礼·天官·典丝》曰："掌丝入而辨其物，以其贾楬之。掌其藏与其出，以待兴功之时。颁丝于外内工。皆以物授之。凡上之赐予，亦如之。及献功，受其良功而藏之，辨其物而书其数，以待有司之政令、上之赐予。……岁终，则各以其物会之。"典丝下设官贾二人，其职责是对本部门的原材料进行成本计价，同时，对手工业者的纺织品进行质量检查验收，然后，将品上交典妇功。此外，周时国家派出使者出使他国，如需携带礼品，使团中则有专职官商相从，主要负责礼品保管，即所谓

---

① 孙诒让：《周礼正义》，中华书局 1987 年版。
② 《周礼·地官·序官》。
③ 《天官·庖人》。

"君揖使者进之；上介立于其左，接闻命。贾人四面坐启椟，取圭垂缫，不起而授宰。宰执圭屈缫，自公左授使者"①。综上可知，"贾官"最重要的基本功如辨别商品优劣、判断商品价格、对本部门的原材料进行成本计价、对手工业者的纺织品进行质量检查验收等极为复杂的工作。技术依托于"宦学事师"或"世业家传"方式传承。由于主要功能非为盈利，主要为贵族把好质量关，其才能发挥及技术发展受到一定的拘囿。

春秋战国时期，虽以"官商"为主，但是由于生产力的发展，列国中出现了诸多有钱有势的"私商"。例如，《国语·晋语八》云："夫绛之富商，韦藩木楗，以过于朝，唯其功庸少也；而能金玉其车，文错其服，能行诸侯之贿，而无寻尺之禄"。这些富商大贾，显然已非"官商"，当是"无寻尺之禄"的"私商"。由于积累了大量财富，常经营高利贷，遂有栾桓子"假贷"的记录。② 自由商人始于西周。诚如周公对于商族遗民要求为"其艺黍稷，奔走事厥考厥长，肇牵车牛远服贾，用孝养厥父母"③。其中，"艺"是种植，"厥"相当于"其"字的含义。基本含义：劝进商族人勤勉耕稼，或者牵牛远商以孝养父母。以此可见，西周视商业为百姓谋生的一种职业。《诗》云："此此彼有屋，蔌蔌方有谷，民今之无禄，天夭是椓。奇矣富人，哀此惸独。"意思表明一定数量自由商人形成，越来越多的平民参与市场贸易。据《周礼·地官·司市》记载：大市日昃而市，百族为主；朝市朝时而市，商贾为主；夕市夕时而市，贩夫贩妇为主。这里出现了"商贾""贩夫贩妇"的称谓。郑司农注："百族，百姓也。"贾公彦疏："此据市人称百族，故以百姓为百族。"孙诒让曰："百姓谓平民自赍货物买卖于市者。"④《司市》曰："凡万民之期于市者，辟布者、量度者、刑戮者，各于其地之叙。"民间手工业一般亦工亦商，至少有一部分是为了交换，即作为商品在市场上出售。周宣王时"有夫妇"用山桑木做弓、用箕草做箭囊，而自"鬻是器"⑤。由于商

---

① 《仪礼·聘礼》。
② 《国语·晋语八》。
③ 《尚书·周书·酒诰》。
④ 孙诒让：《周礼正义》，中华书局1987年版。
⑤ 《国语·郑语》。

业成为百姓谋生的职业，则在"贩夫贩妇"长期影响下，其子孙必受到商业熏陶，经商本领逐步传承。另外，《诗经·小雅·小宛》说"握粟出卜"，《诗经·卫风·氓》说"氓之蚩蚩，抱布贸丝"，即用布、丝与粟等物互相交换。商业技巧无疑在家庭熏陶中传承。

　　随着商业的恢复与发展，至前秦业已出现不少家累千金的富商大贾。如赵掇、丁妃、邹瓮等，"皆商贩丑竖，市郭小人，来马衣服，僭同王者"，"车服之盛，拟则王侯"①，且商业教育皆为家传。《宋书·柳元景传》云其"有数十亩菜园，守园人卖得钱二万送还宅"。由于蔬菜成为商品是很普遍的现象，故有吕僧珍父兄那样的"以贩葱为业"的蔬菜贩运商和专门出卖蔬菜的市场。②拿瓜果来说，《晋书·王戎传》曰"家有好李，常出货之，恐人得种，恒钻其核"。《宋书·郭原平传》云其以"种瓜为业"，大明七年，因"瓜渎不复通船"，他"乃步从他道往钱塘货卖"。茶树的种植，从汉代逐渐普及饮茶之法后，至魏晋南北朝时期，迅速发展，随之而出现商品化现象。据《太平御览》载："晋元帝时，有老妪每旦擎一器茗，往市鬻之，市人竞买。"③西晋时蜀地一妇人，见当时北方尚无饮茶之俗，便变通茶之用法，卖茶粥于洛阳南市。④作为我国封建家庭经济重要组成部分的桑蚕业，在魏晋南北朝时期的发展尤为显著。丝织品的产量有了大幅度的提高。在此情况下，桑树种植不局限于自耕农个体的少量种植，而是出现了具有一定种植规模的种植业主，如曹魏齐王芳时，曹爽、何晏"分割洛阳野王典农部桑田数百顷"⑤，以及北朝大族所拥有的大片桑田，无疑具有商品化特色。这一时期与秦汉相比，与丝织品同为衣食之源的麻的种植，其商品成分更多。《齐民要术·种麻》"凡种麻用白麻子"下注云："市籴者，口含少时颜色如旧者佳。"由于麻的种植面积扩大、产量提高，从而出现了专门贩卖麻纤维——纻的商人，如刘宋时，戴硕子曾"贩纻为业"。

　　唐时，农业、手工业发展远远超出自给自足的水平，譬如，荆南江

---

① 《晋书·卷一百一十三·苻坚载记上》。
② 《晋书·卷十一·吕僧珍传》。
③ 《太平御览·卷八百六十七·广陵耆老传》。
④ 《太平御览·卷五十二·司隶校尉教》。
⑤ 《魏书·曹爽传》。

陵"广良田五千顷，亩收一钟"，润州丹阳湖田"亩收倍钟"①。其中，一钟十斛，一斛十斗，一钟即百斗，亩产相当高。农民兼营手工业多以纺织为主，亦有部分进入交换，成为商品。故兼具商人身份的农人、工者颇多。具有相当规模的手工业者渐次增多。如《朝野佥载》卷三所记："定州何明远大富……家有绫机五百张。"若以一张机雇工两人计，即千人作坊。其他如金银坊、糖坊、纸坊、糕坊、染坊等亦如此。

作坊主商人韵味渐浓。有些手工业者在经营中赚钱后干脆只做商业，成为商人；多数手工业者则兼营商业。据《太平广记》卷二百六十九卷记述：崖州琼山郡守韦公干私人作坊"有织花縑文纱者，有伸角为器者，有熔锻金银者，有攻珍木为什具者。其家如市"即是其生动写照。

典型官商当属元代。在政治上，以富商大贾担任要职是元时特有现象。如回纥富商镇海为蒙古四大名相之一，权力在耶律楚材之上。回纥人阿三、阿合马、桑哥以及汉族卢世荣均为商人，先后主政，掌管财政经济大权。另外，士阶层对商人的看法亦有明显的转变，甚至出现"士商亲融"现象，譬如，在元代文学中出现诸多正面商人形象。另外，商人通过多种途径提高自己的政治地位。如通过向政府进纳钱粟而跻入仕途等。多有商人富后游学交友，谋取功名或供养子嗣求学为官。如河南人姚仲实，经商十余年间，累资巨万，遂在村里构堂树亭，每日引朋吟咏啸歌，"其间聘名师课子孙"。吉水商人萧雷龙，幼嗜诗书，及元平江南，束书游燕都、关陕，一时间天下名士如赵孟頫等皆与之交，尝授秘书监著作郎，其子孙多习儒业。历代对商人种种苛刻的限制在元代均不存在。从商之人迅速增多。上至王公大臣，下至贫苦百姓，舍本农，趋商贾的风气很盛。马祖常云："近年工商淫侈，游手众多，驱垄亩之业，就市井之末。"②

儒商或言士商在中国是一特殊现象，史上子贡、范蠡、白圭、吕不韦皆为典范。端木子贡（前520—?）儒商鼻祖。子贡虽出儒门，却懂经商之术，因利口巧辞，善于雄辩，且有干济才，办事通达，尤善于经商之道，曾经商于曹、鲁两国之间，富至千金。故孔子曾称其为"瑚琏

---

① 王仲荦：《隋唐五代史》，上海人民出版社2003年版，第343页。
② 《建白十五事·卷七》。

之器"①。《论语·先进》载孔子之言曰:"回也其庶乎,屡空。赐不受命,而货殖焉,臆则屡中",意思表达颜回道德完善与子贡经商智慧。商人多重利轻义,但子贡非是。孔子与其门徒周游列国之资皆子贡经商所蓄,历史上"端木遗风"即源于此。范蠡(前536—前448年)富甲陶朱。字少伯,楚国宛人即今河南南阳人。春秋末著名的政治家、军事家和实业家,曾拜计然为师。② 计然是春秋时期著名的战略家、思想家和经济学家。据传为老子弟子,博学多才,尤长计算。计然并非其真名实姓,而是善于计算运筹之意。范蠡曾三次经商成巨富,三散家财,自号陶朱公,世人誉之"忠以为国;智以保身;商以致富,成名天下"。白圭(前463—前365年)智慧商祖,名丹,战国东周洛阳人,梁(魏)惠王时在魏国做官,后来到齐国、秦国,先秦时商业经营思想家、经济谋略家。《汉书》中称经营贸易发展生产的理论鼻祖,宋景德四年,真宗封其为"商圣"。吕不韦(约前292—约前235年)营国巨商,战国末年著名商人、政治家、思想家,卫国濮阳(今河南濮阳西南)人。史载"往来贩贱卖贵,家累千金"。吕不韦作为商人最成功的地方即把商业思想扩及政治领域,"贱进贵出"为商家基本理论,在吕不韦与其父亲的对话中显见:濮阳人吕不韦贾于邯郸,见秦质子异人,归而谓父曰:"耕田之利几倍?"曰:"十倍。""珠玉之赢几倍?"曰:"百倍。""立国家之主赢几倍?"曰:"无数。"曰:"今力田疾作不得暖衣余食,今建国立君,泽可以遗世。愿往事之。"③ 此即投资于政的"奇货可居"理论。由此,吕不韦将投资指向了当时"落难"的质子异人。因此,与一般商人相比,吕不韦成功地完成了一笔最大的"货物囤积"的买卖。另外,吕不韦开启了国与国之间贸易往来的先河。其作为战国末期的卫人,但因卫国是小国,经济不发达,于是他把商品贸易发展到赵国,也足以看出他独到的经济眼光。但吕不韦为了把自己的商业达到顶峰,与达官贵族联系密切,开创的商人与官场合作的经商之道,也导致了其辉煌人生与悲惨结局。

---

① 《论语·先进》。
② 《史记·货殖列传》。
③ 《战国策·濮阳人吕不韦贾于邯郸》。

二 商策

尽管中国素以农为本，但"抑商"并非从来就有。原始社会末期，货币的出现促进了人们对于商品交换功能的认识，且出现了商业思想的萌芽。诚如在治水过程中，大禹曾示意各部落成员"懋迁有无化居"①。意思是，各部落居民之间要互通有无，以各得其所。进入阶级社会之后，商业逐渐成为获利的重要手段。诚如《诗经》所描述的因"阜通货贿"，而"如贾三倍，君子是识"。商后期，经商成为商族的一个传统，外出做生意已成平常之事。

至周，"农本商末"之策出现萌芽。周人自远祖后稷始即重视农业，自古有"艺黍稷"方为务本之传统。② 伐商之后，周人鄙视商人但并非鄙视商业。在周人看来，商贾阜通货贿，三农生九谷，百工制八材，皆是国计民生所不可或缺，因此需以"九职任万民"③。西周时，官府曾对外地商人采取优惠政策，制定出外地货物出入关市的制度。譬如，周文王曾发布告四方游旅的文书："津济道宿，所至如归，币粗轻，乃作母以行其子，易资贵贱，以均游旅。无使滞，无粥熟，无室市，权内外以立均。"④ 意思是，保证交换正常进行，保护商贾的正当利益。并且，鼓励县鄙商旅迁来城邑"能来三室者，与之一室之禄"等。⑤ 周人设立市场管理机构和管理人员，为商者创造良好的社会环境。市场总管为司市，还有处理聚烦纠风、捕盗贼，往来巡查，列肆买卖，平抑物价的胥司、司武虎、司稽、肆长、贾师等。西周末年，商人逐步富裕，以至于贵族皆羡慕之。西周晚期，商人地位提高，周厉王因学专利而被逐，郑桓公东迁时，也不得不与商人相约"庸次比耦以艾杀此地……而共处之"，且与之订了"尔无我叛，我无强贾，毋或匄夺。尔有利市宝贿，我勿与知"

---

① 《尚书·虞书·益樱》。
② 《尚书·酒诰》。
③ 《周礼》。
④ 《全上古三代文·卷二》。
⑤ 《逸周书·大聚解》。

的盟誓。① 因此可推测，商人阶层尽管被鄙视，但其在国家运行中的"隐性"作用不能忽视。

史上"工商食官"制度首先在郑国被突破。据《左传》记载：公元前806年，周宣王封其弟友于宗周畿内即今陕西省凤翔县，是为郑桓公。周幽王时王室多故，郑桓公率众远迁"洛之东土，河济之南"以避祸，"商人从焉"。由于商人有功，郑桓公与商人订立了一个盟约，即只要商人不背叛国家，国家即不强买或夺取商人的货物，不干涉商人的经营。双方"恃此誓言，故能相保"。自由商人首先在郑国出现。郑国介于晋、楚、秦、齐之间，"国小而逼"，但位于济、洛、河、颍四水之间，为往来商贾必经之途。齐国鱼盐、文彩布帛，晋国矿产、畜产品，楚国杞、梓、皮革、鸟羽、象牙，皆需经过郑国的中转才能实现相互交换。郑国对商业特别重视，子产执政时，曾经采取一系列保护商人利益的措施，所以"子产没，商贾哭之市，哭子产者皆如丧父母"②。在《吕氏春秋》中记有一事：郑一富人溺水而死，尸体为一穷人所得，邓析对富人子和穷人分别所作的"必莫之卖矣"和"无所更买矣"的市场价格学的分析；《韩非子》中"郑人买履""买椟还珠"的著名故事，皆昭示郑国商业的繁荣发达。郑城中，市民约有6万人，有诸多大型贸易市场，设市官专门进行管理。郑国商人足迹遍布列国。

春秋时期，商人地位并未下降，被列为"四民之一"。在《左传》中有"士农工贾，不败其业"之说。齐鲁商贾、郑国商贾、吴越商贾皆很活跃。有《左传》记载郑国商人弦高矫命犒劳秦师救郑、郑贾人某拟救晋大将荀䓨两则故事皆说明郑国商人地位的空前提高，同时说明商人财力之巨大。社会"归商"风气由此渐成。战国时期，商人地位受到威胁，为禁止农民弃农经商，"重农抑商"成为诸侯国共同奉行的主张。甚至，秦时商贾为罪人，为俘虏，没有正常人的待遇。由于抑商政策逐步推行，"工商食官"制度仍处于主要地位。

秦汉时期，延续商鞅"农本"政策，对于商业及商人一直采取贬抑之法。尤其遭到政治上的压抑，不能进入仕途。据载，汉高祖甚至对商

---

① 《左传》。
② 同上。

人采取"重租税以困辱之"的政策。① 但压抑并没有影响商业与商人的活力。需求的力量是不能压抑的。政治家与思想家逐步认识到此规律。故司马迁有"富商大贾周流天下，交易之物莫不通，得其所欲"的论述②；王符在《潜夫论·浮侈》中曰"举俗舍本农，趋商贾，牛马车舆，填塞道路，游手为巧，充盈都邑"，即使平民百姓亦意识到此问题，故"趋商舍农"社会风气开始普遍流行。商人被挡在仕途之外，但却在流通领域获得了巨额财富。诚如《史记·货殖列传》所评价的"农不如工，工不如商，刺绣文不如倚市门"。结果是，"农本商末"之策反而导致"农贫商富"，即"今法律贱商人，商人已富贵矣；尊农夫，农夫已贫贱矣"③。在《史记·货殖列传》中，载有经营盐业的大商贾鲁人猗顿、逐渔盐商贾之利的齐人刁间、富至巨万，经营铁业，兼营贳贷业、贩运业的曹邴氏等。有些商人曾以经商致富，并参政为官。如汉武帝时期实行盐铁官营，便任命齐地大盐商东郭咸阳和南阳大铁商孔仅为大农丞，负责盐铁官营事务。问题是，卖官鬻爵，为商人跻身仕途开辟了道路，西汉、王莽新朝与东汉，卖官鬻爵现象屡见不鲜。再有，商人通过结交郡国守相、王公贵族以提高社会地位。诚如临邛最富有的两个大商人卓王孙和程郑相谓曰："令有贵客，为具召之。"④ 即为了攀附县令王吉而以宴请"贵客"司马相如为由。官商结合不免会造成一些较为严重的社会问题。在《史记·货殖列传》中，司马迁还记载了许多民间富商，如秦始皇时期有两个特殊人物，其一为乌氏县大畜牧家，名保，此人因畜牧致富，受到秦始皇的尊重。"秦始皇令保比封君"，让保享受每年例定的两次"朝觐"（皇帝会见）。另一个是巴蜀穷乡一位寡妇，名清，此女因开采丹矿冶炼致富，故"秦始皇以为贞妇而客之，为筑女怀清台"。如此，"农本商末"之效果可见一斑。

魏晋时，弃农经商与官僚经商之风日渐盛行。早在晋武帝平吴之前，西晋政府即屡有禁止游食商贩的诏令。如泰始二年（266 年）晋武帝下

---

① 《汉书·食货志》。
② 《史记·货殖列传》。
③ 《汉书·食货志》。
④ 《史记·司马相如列传》。

诏:"豪人富商,挟轻资,蕴重积,以营其利。故农夫苦其业,而末作不可禁也。"① 说明当时弃农经商的小商贩甚多。当然兼具农商者有之,譬如颜斐任京兆太守时,"令属县整阡陌,树桑果。是时民多无车牛。斐又课民以闲月取车材,使转相教匠作车。又课民无牛者,令畜猪狗,卖以买牛。始者民以为烦,一二年间,家家有丁车、大牛"②。伴随城市经济的发展,城市职业已经远远超出工、商等范畴,如专门艺术工作者、饮食服务业等逐渐拓展为新的行业。曹植诗中曾有"青楼临大道"的诗句。这种临道的青楼即为官府经营的市面酒楼。另北魏时的洛阳,酒类的生产与营销集中在大市西侧,市西有"退酤、治觞二里。里内之人,多酿酒为业"③。

唐时,官府鼓励外族至大唐经商,并给予种种优惠。长安城有东市和西市,均是商品贸易的重要集散地,西市主要为外国人交易的场所。外商运来香料、药材、珠宝交换中国的丝织品和瓷器,不少外商还在长安开店铺。商人阶层部分是地主兼营商业活动,亦有农民,诚如"江都俗好商贾,不事农桑。袭誉乃引雷陂水,又筑句城塘,溉田八百余顷,百姓获其利"一说。④ 另一部分则是经商的达官贵人、封疆大臣、卿士官吏等。在表面看来,唐时对本土商业发展却加以抑制,譬如,唐太宗曾明确宣称:"工商杂色之流,假令术侪类,止可厚给财物,必不可超授官秩,与朝贤君子比肩而立,同坐而食。"⑤ 但事实上商人在政治上亦有一定地位。譬如,张易之曾在内殿设宴,请蜀商宋霸子等数人入宫为博易的游戏。试想,在重农抑商传统思想支配下,富商堂而皇之进入皇宫,没有一定地位断然不可。⑥ 贞观年间,则有颜师古为秘书少监引富商大贾为校书郎一事。甚至可步入军界,如昭义节度使刘从谏把商人署为衙将。唐末,商人地位又有所提高。乾祐三年,五代汉郭威为邺都留守时,任用商人李彦。史书载有:"李彦……本以商贾为业,太祖镇邺,置之左

---

① 《晋书》。
② 《三国志·卷十六·魏志》。
③ 《洛阳伽蓝记》。
④ 《旧唐书·李袭志传》。
⑤ 《唐书》。
⑥ 《旧唐书·韦安石传》。

右,及即位,历绫锦副使、权易使。……改延州兵马留后。"① 后又为沧州兵马留后。李彦以一介商人可做至延州、沧州兵马留后,唐末商人地位可见一斑。

宋时,商人环境较为宽松。是中国古代唯一长期不实行"抑商"政策的王朝。立国之初,宋太祖赵匡胤即号召"多积金、市田宅以遗子孙,歌儿舞女以终天年",宋太宗也曾下诏"令两制议政丰之术以闻",令官员们研究理财求富之道。宋神宗则认为"尤先理财",并发"政事之先,理财为急"之诏令。② 诸政策皆使经济得以迅猛发展。全国各地出现了世界历史上最早的制造工厂。工商业极度繁荣,百姓生活水平空前提升。与汉唐相比,最大变化即允许商人参加科举并出任官职。宋初,法律上还沿袭唐代之制,禁止"工商杂类"参加科举考试和做官。但不久即放宽限制,"工商杂类人内,有奇才异行、卓然不群者,亦许解送"③。鄂州江夏人冯京,"其父商也",靠着勤奋刻苦,在科举考试中高中状元,且于宋神宗时登上参知政事的高位。商人或可通过向官府进纳钱粟,或结交贵族、官僚等谋取官位。宋时,出现地主、官僚、商人一体化征兆,甚至出现空前的全民经商大潮。商业被视为末业,这一判断至宋时有所改观,由于商业活动业已成为支撑城市生活的经济命脉,故商人已有相当的自信以自立,重商观念由此有所抬头,商人偶有成为世人羡慕的对象,甚至出现商人漠视公卿贵族所掌握权力的现象。

元时,则完全推行"不抑商"政策,商人已非以往"贱类"。上层统治者和士阶层对商态度转变,故实行开明的管理政策。譬如,元时商税本来就轻,规定"三十取一"④,在此基础上,为鼓励商人到边远地区从商,商税不断减低。诚如"至元二十年(1283年)七月,敕上都商税六十分取一,二十二年(1285年)五月,又减上都税课,于一百两中取七钱半"⑤。有时甚至对过往上都、和林等地商客,给予"置而不征"的免税政策。除此之外,政府对于商贾亦有特殊优待。据《元史·武宗纪一》

---

① 《旧五代史·李彦传》。
② 陈振:《宋史》,上海人民出版社2003年版,第311页。
③ 《宋会要辑稿·选举》。
④ 《食货·商税·卷九四》。
⑤ 《征榷考·卷十八》。

载："回回商人持玺书，佩虎符，乘驿马，名求珍异，既而以一豹上献，复邀回赐，似此甚众。"并且免除西域商贾杂泛差役。元时，为保护商贾安全和救济商贾困难，规定：商旅所至，"官给饮食，遣兵防卫"。"州郡失盗不获者，以官物偿之。"① 扶持小商贩扩大经营，增加渔利等措施。如在窝阔台合罕时期，曾动用国库来解决商贾资金不足问题，并给予政府贷款来鼓励经营斡脱买卖。宫廷买进则给予较高价格，以免其受损失。商业政策激发了繁荣风气。诚如元曲中多次提到各种"闲快活"的娱乐活动：围猎、打马球、捶丸（步行打球）、蹴鞠（足球）、射柳、射圃、角羝、双陆、象棋、围棋、撒兰、投壶、顶针、续麻、拆白、道字等。在《榕村语录》中，清朝人李光地所言最为到位："元时人多恒舞酣歌，不事生产。"

  明初，商人社会地位回落。譬如，政府规定：商人不准穿绸纱、禁止农户转向商户、严禁商人入仕等。但于另一方面，其政颇利商人。开市之征，规定"凡商税，三十而取一，过者以违令论"②，并扩大免税范围，即如"军民嫁娶丧祭之物、舟车丝布之类，皆勿税"③。明中后期，"富商大贾"大量涌现，财力雄厚。如徽商吴箕从事典当业，"家赀数百万，典铺数十处"；苏州织工泮壁成"大富至百万"；江淮盐商、闽粤舶主、山东绸商、山西缎商皆以积资巨万而闻名天下。商人经济上的富有，为其政治地位的提高奠定了基础。商人开始通过科举考试跻身仕途，利用经济手段谋取官位。如明休宁商人汪新，挟资游淮扬，应诏输粟，被授南昌卫指挥佥事。④ 官商融合，改变了千百年来的鄙商观念。理学巨子王阳明论道："古者四民异业而同道，其尽心焉，一也。"⑤ 不少土地主缙绅也逐步将资金投向工商业，"富者缩资而趋末"，以徽商、晋商、闽商、粤商等为名号的商帮亦逐渐形成。农业人口转为工商业者的数量剧增。明代戏曲理论家何良俊比较正德前后，曰："昔日逐末之人尚少，今去农

---

① 《元史·太宗纪》。
② 《明史·食货五》。
③ 《明太祖实录·卷一三二》。
④ 《五杂俎》。
⑤ 《王阳明全集·之三悟真录》。

而改业为工商者,三倍于前矣……"①

清时,有元之影响,商人更为活跃。清前期,商业贸易十分繁荣,各种商品行销海内外,四方流通联系更加密切。广东佛山镇的各种铁器,行销全国,当时有"佛山之冶遍天下"之说,其他如苏州丝、棉织品,南京绸缎,景德镇瓷器,广东、台湾蔗糖,安徽、福建、湖南的茶皆行销各地。江南丝织品,较之明时有了更为广阔的国内外市场。南京绸缎,则行销遍全国。晋商、浙商、徽商等皆引领经商之风。如山西人素来以善于经商著称。特别是祁县、太谷、平遥一带的晋中商人已经遍布全国各地,大凡商贸活动集中区域,皆有山西人的足迹,他们甚至将商贸生意做到了外蒙和俄国。晋中商业大贾有祁县的乔家、渠家,平遥的李家、毛家,介休的侯家、冀家,榆次的王家、常家等。商业开始令世人羡慕,民间一无名抄本记述学徒急切心情:"终日在家胡打算,一心只想入当典。央朋友,求举荐,书札来往六七遍。事未成,常想望,逐日常把音信盼。"亦说明从商之风。

三 商典

就商业而言,商典具有两层含义,其一,即商业思想;其二,即商业典籍。由于中国历史上多推行"抑商"之政策,因此,商业典籍出现较晚,但商业思想则自古有之。

(一) 商业思想

商业思想萌芽起于原始社会末期,如尧、舜时期货币的启用等,但真正称其为思想的恐怕始于东周,子贡、范蠡、白圭、吕不韦为代表人物;秦汉时期,司马迁《史记》中涵括着卓越的商业思想,另有桑弘羊、师史等,在《齐民要术》等文献中亦蕴涵商业思想的光辉。

在孔子弟子中,子贡颇有经商天赋,司马迁评曰"子贡好废举,与时转货资……家累千金"②。其中,"废举"即贱买贵卖。"转货"则指随

---

① 《四方斋丛说》。

② 《史记·仲尼弟子列传》。

时转货以殖其资,即子贡依据市场行情的变化,贱买贵卖从中获利,以成巨富。由于子贡在经商上尤获成功,司马迁在《史记·货殖列传》中予以相当的笔墨。

"商圣"范蠡,曾于计然处习得《贵流通》《尚平均》《戒滞停》等七策,或许其是中国古代最早的商业理论。其商业智慧有六点传世。第一,商业智慧与人生智慧统一。商人地位低下的春秋战国,范蠡弃官从商首先是一种政治保护。其后在齐国"居官致于卿相,治家能致千金恐怕为不祥征兆"[1]。于是仅三年,向齐王归还相印,散尽家财给知交和老乡。范蠡从越国上将军变为劳动者,潜心商业,在"官为本"古代社会实为可贵。其不仅说明其商业眼光,更凸显范蠡的人生智慧。第二,经商以求地利。环境对于经商影响甚大。范蠡从越国迁徙至陶即山东定陶西北,《史记》称"齐地带山海,膏壤千里,宜桑麻",并居于"天下之中"的最佳经商之地,其操计然之术即根据时节、气候、民情、风俗等,人弃我取、人取我与,顺其自然、待机而动等以治产,数年则积资巨富,当地民众皆尊陶朱公为财神。第三,"智者弃财"与"大商无算",《史记》中载"累十九年三致金,财聚巨万"。因仗义疏财,施善乡梓,范蠡再次于齐国拜为主持政务的相国。范蠡三次弃财而运气萦于身,亦符合"大商无算"与"大赢靠德"的智慧。第四,经济思想以治国。范蠡在越、齐两国提出许多至今仍有价值的经济思想。如"劝农桑,务积谷""农末兼营""务完物、无息币""平粜各物,关市不乏,治国之道也""夏则资皮、冬则资絺、旱则资舟、水则资车,以待乏也"等。[2] 这些思想对后来历代统治者与政治家影响至深。第五,艰辛创业与勤劳致富。范蠡从越国辗转来到齐国,变姓名为鸱夷子皮,其充分利用齐地的资源和环境,带领儿子和门徒在海边结庐而居,以多种经营,"耕于海畔,苦身戮力","父子治产,居无几何,治产数十万"[3]。艰辛创业与勤劳致富为商人成功职业基本素质。第六,商业经营思想。范蠡在实践中积累了丰富的经商理念,比如,范蠡主张把握商机,候时转物。他遵循经济丰

---

[1] 《史记·范蠡列传》。
[2] 同上。
[3] 同上。

歉循环论经商，提出"待乏论"；另范蠡主张"逐什一之利"等薄利多销，不求暴利思想恰恰是其赢得暴利的商业策略。

　　白圭，宋时亦称"商圣"。其商业思想如下：第一，"商业交易专业化"理念。白圭从商选择农产品、农村手工业原料和产品的大宗贸易为主要经营方向，其在农业社会展现了其高远的眼光和把握时机的能力。第二，"人弃我取，人取我与，知进知守"的商业理念。白圭通过观察市场行情和年成丰歉的变化，丰收年景时，买进粮食，出售丝、漆。蚕茧结成时，买进绢帛棉絮，出售粮食。用观察天象的经验预测下年的雨水多少及丰歉情况。若当年丰收，来年大旱，就大量收购粮食，囤积货物。想让粮价增长，就专买下等谷物等。第三，"市场调研"理念。为掌握市场的行情及变化规律，经常深入市场，了解情况，如白圭对城乡谷价了如指掌。第四，"商场如战场"经营理念。白圭经商速战速决，不误时机。他把经商的理论，概括为四个字：智、勇、仁、强。他说，经商发财致富，就要像伊尹、吕尚那样筹划谋略，像孙子、吴起那样用兵打仗，像商鞅推行法令那样果断。如果智不能权变，勇不足以决断，仁不善于取舍，强不会守业，无资格去谈论经商之术了。

　　桑弘羊，汉武帝时大臣。出身商人家庭，自幼有心算才能，以此13岁入侍宫中。自元狩三年（前120年）起，终武帝之世，历任大司农中丞、大司农、御史大夫等重要职务，为汉代重工商思想家代表。桑弘羊统管中央财政近40年之久，在其参与和主持下，先后实行了盐、铁、酒官营，均输、平准、算缗、告缗，统一铸币等经济政策。此外，还组织了60万人屯田戍边，防御匈奴。这些措施的成功，暂时缓解了经济危机，对于聚敛资财以增强国力、屡败匈奴、打通西域、开发西南等奠定了雄厚的物质基础。史称当时"民不益赋而天下用饶"[①]。桑弘羊为中国历史上第一个提出"非农本"的思想家。他指出："富国非一道"，"富国何必用本农"，"无末业则本业何出"。主张由政府经营工商业以增加经济性收入。昭帝始元六年（前81年），汉王朝召开了著名的盐铁会议。桑弘羊批驳了"贤良""文学"对政府财政政策的攻击，为盐铁官营和均输平准政策作了全面的辩解。他指出："盐铁之利，所以佐百姓之急，足

---

① 《史记·平准书》。

军旅之需，务蓄积以备乏绝，所给甚众，有益于国，无害于人"；桑弘羊主张抑制豪强兼并。强调"制其不足，调其不足"，"散聚均利"，"禁溢羡，厄利途"，防止"民有相妨之富"。他认为，实行盐铁专卖、平准均输正是为"绝并兼之路"，使"百姓可家给人足"，"山泽无征，则君臣同利；刀币无禁，则奸贞并行"，"臣富相侔，下专利则相倾"①。桑弘羊的理财思想和政策在当时抑制豪强、补民之不足具有进步意义。

师史，西汉大商人，起于运输业，从事大规模的商品贩运。师史从商历程为后人借鉴在于以下三点。第一，地利与产业选择。洛阳位居"天下之中"，西有大道直通长安，有"东方大道，东通于海"，"南方大道愈长江后，可通到永昌郡"②。师史利用洛阳交通便利的特点，从事长途贩运。拥车数百辆，以车载货，来往于各地，利用各地货物差价进行贩运贸易。成为拥有7000万钱资产的巨商。第二，与穷人传授生意学问。据载，在商业活动中，白圭"能薄饮食，忍嗜欲，节衣服，与用事僮仆同苦乐"③。师史继承了白圭的做法，他雇用的伙计不仅都是喜爱做生意的穷人，而且皆洛阳人。洛阳有个民俗，许多穷人均愿意到富家学做生意，而且以在外经商时间的长短来显示自己的能耐：在外经商时间越长，表示越有经商能力，就越受雇主的赏识。师史融合乡土文化，尽心传授经商技艺。第三，需受经商艰难之苦。在《史记·货殖列传》中，司马迁曾曰："夫用贫求富，农不如工，工不如商，刺绣文不如倚市门。"经商尽管易富，但从商活动常常充满艰辛。如汉代乐府诗《孤儿行》讲述了这样一个故事："孤儿生，孤子遇生，命独当苦！父母在时，乘坚车，驾驷马。父母已去，兄嫂令我行贾。南到九江，东到齐与鲁。腊月来归，不敢自言苦。头多虮虱，面目多尘……"这首诗以孤儿的口吻，描写了商人学商经商的艰辛。据载，师史"数过邑不入门"④。另外，洛阳人素以节俭著称，师史更是如此。他虽有万贯家财，却吃粗茶淡饭，穿普通衣服。勤俭节约的良好生活作风，是师史成为巨富的一个重要

---

① 《盐铁论·错币》。
② 《洛阳市交通志》。
③ 《史记·货殖列传》。
④ 同上。

因素。

司马迁，作为一名伟大历史学家，在《平准书》和《货殖列传》中除记述诸多著名商人外，亦阐发独特的经济思想。其主要思想要点有：第一，强调"四业并重"。如"待农而食之，虞而出之，工而成之，商而通之。"又曰："《周书》曰：'农不出则乏其食，工不出则乏其事，商不出则三宝绝，虞不出则财匮少。财匮少而山泽不辟矣，此四者，民所衣食之原也，原大则饶，原小则鲜，上则富国，下则富家。'"这里司马迁不仅突破了重农抑商的传统观念，而且强调了农工商虞四业并重。第二，强调"农末俱利"。司马迁顺应历史潮流，在前人"重农"的思想基础上，提出"农末俱利"思想。他认为，"末病则财不出，农病则草不辟矣"，应当"以末致财，用本守之"。其深刻指出："农末俱利，平果齐物，关市不乏，治国之道也。"这不仅肯定了"农末俱利"的积极作用，而且把它视为封建国家的大政方针。在《平准书》中，司马迁更加明确肯定："农工商交易之路通，而龟贝、金钱、刀布之币兴焉。"所谓"币兴"，即喻指国家财政经济兴盛发展。为发展工商经济争得了社会地位。第三，强调"物贱之征贵，贵之征贱"的"自然分工说"，即"此宁有政教发征期会哉？人各任其能，竭其力，以得所欲。故物贱之征贵，贵之征贱。各劝其业，乐其事，若水之趋下，日夜无休时，不召而自来，不求而民出之。岂非道之所符，而自然之验邪？"分工能够导致专业化，专业化则使人的能力和适应性得以发挥和发展，大大提高劳动效率，从而增加国民财富。第四，强调"道德经济决定论"。"'仓廪实而知礼节，衣食足而知荣辱。'礼生于有而废于无。故君子富，好行其德；小人富，以适其力。渊深而鱼生之，山深而兽往之，人富而仁义附焉。富者得势益彰……故曰：'天下攘攘，皆为利来；天下攘攘，皆为利往'。""求利""求富""趋利避害"等为人性本质，司马迁认为只有承认人的趋利求富本性，仁义才能产生，社会才能安定。第五，强调"善而因之"调控论。司马迁对于商业经营提出独到见解。例如在商品流通中要知时、知物、加速资金流传以及择地择人。与传统"抑商"政策比之，提出"善而因之"的积极调控思想。核心是以经济自由为主，辅以国家宏观干预。第六，强调"巧"者富，"拙"者贫。司马迁指出"富无经业，财货无常主"，即认为，获得财富业不局限于某一种经济行业，农工商虞各行各业都可以经营致富。但比较各行业,"用贫求富,农不如工,工不如商。刺绣文不如倚市门"。司马迁在《货殖列传》中着重指出"贫富之道,莫之夺予,而巧者有余,拙者不足"即是说贫穷和富厚非命运注定而全凭各人智慧和能力去争取。在《货殖列传》中为三十多位商人立传。赞美商人的聪明才智,总结他们的经营之道。如"蜀卓氏用铁冶富","田池射猎之乐,拟于人君",鲁国的曹邴氏,"以铁冶起,富至巨万","任氏折节为俭,力田畜","富者数世"等。另外,司马迁认为"诚一"钻研业务重要性,如"卖浆,小业也,而张氏千万。洒削(磨刀铿剪),薄技也,而郅氏鼎食。胃脯,简微耳,浊氏连骑。马医,浅方,张里击钟。此皆诚一之所致"。其中最典型的是洛阳商人,他们出门学做生意,"相矜以久贾",即相互之间以长时间在外学习经商为骄傲。甚至学习夏禹治水的精神,"数过邑门而不入",足见其一心一意的精神。

魏晋时,《齐民要术》一书,所述范围亦涉及农业经济领域。例如书中曾提到,《陶朱公养鱼经》曰:"公任足千万,家累亿金,何术乎?""朱公曰:夫治生之法有五,水畜第一。……至明年,得长一尺者十万枚,长二尺者五万枚,长三尺者五万枚,长四尺者四万枚。留长二尺者二千枚作种。所余皆货,得钱五百一十五万钱。候至明年,不可胜计也。"可见,贾思勰以养鱼为例说明经营致富的思想。贾思勰认为,商品预测需考究多种因素。《越绝书》曰:"越王问范子曰:'今寡人欲保谷,为之奈何?'范子曰:'欲保谷,必观于野,视诸侯所多少为备。'越王曰:'所少可得为困,其贵贱亦有应乎?'范子曰:'夫知谷贵贱之法,必察天之三表,即决矣。'越王曰:'请问三表。'范子曰:'水之势胜金,阴气蓄积大盛,水据金而死,故金中有水,如此者,岁大败,八谷皆贵。金之势胜木,阳气蓄积大盛,金据木而死,故木中有火。如此者,岁大美,八谷皆贱……'越王又问曰:'寡人已闻阴阳之事,谷之贵贱,可得闻乎?'答曰:'阳主贵,阴主贱。故当寒不寒,谷暴贵;当温不温,谷暴贱……'王曰:'善!'书帛致于枕中,以为国宝。"贾思勰记载这些预测谷物、牛、马等商品价格走势的方法,虽然有些非科学的成分,但也充分表明了其显明的商业意识。贾思勰同样怀有轻商的传统观念,诚如"舍本逐末,贤哲所非,日富岁贫,饥寒之渐。故商贾之事,阙而不录"

等阐释①，但其同样重视农产品商业经营，他摘引东汉崔寔的《四民月令》安排，二月卖出粟、黍、大小豆、麻、麦等，同时收购薪炭；三月可卖黍，买进布匹等。同时提出利用季节差价来经营农产品以获取利润，如"凡五谷菜子，皆须初熟日采，将种时集，收利必倍，凡冬来豆谷，至夏秋初雨潦之时果之，价亦倍之。盖自然之数"。而且效仿陶朱公、白圭利用岁星和位置预测粮食收成丰歉及粮食供求和价格变化，根据粟米最低价格出现的季节来判断价格贵贱，"粟米常在九月为本。若贵贱不时，以最贱所在之月为本。粟以秋得本，贵在来夏；以冬得本，贵在来秋。此收谷远近之期也。早晚以其时差之；粟米春夏贵去年秋冬什七，到夏贵秋冬什九者，是阴道之极也，急果之勿留；留则太贱也"。即强调如果米价在春夏之交比去年秋冬贵百分之七十，到了夏天又比秋冬贵百分之九十，就应把手里的粟米赶快脱手，否则价格就大跌，获利就减少。此与《计然之策》的"贵上极则反贱，贱下极则反贵"、司马迁的"贱之征贵，贵之征贱"原理相同。另外提出必须注意粮食的节约和积蓄，"且饥者有过甚之愿，渴者有兼量之情。既饱而后轻食，既暖后轻衣。或由年谷丰穰，而忽于蓄积；或由布帛优赡，而轻于施与，穷窘之来，所由有渐"。揭示了消费无度与物资短缺的原因关系。所谓"既饱而后轻食，既暖而轻衣"，提醒收成好之后需节制消费和储备，以避免灾荒之年的粮食和布帛的匮乏。贾思勰十分重视商品性农作物生产，多次提到城市附近地区适合种植的一些商品性农业作物：提出种葵"近州郡都邑有市之处"、种胡荽"近市负郭田"、种榆"地须近市。卖柴、荚、叶，省功也"，种红蓝花"负郭良田种一顷者，岁收绢三百匹"等。葵是蔬菜的主要品种，首先，蔬菜不容易长途运输，也不便于储存，这就要求这类商品的生产地区要与城市接近；对林木生产经营的安排，也主要是基于商品化生产的考虑。如榆树"能种一顷，岁收千匹"，柘树"条直异于常材，十年之后，无所不任"，如杨柳，"百树得柴一载，合柴六百四十八载，载直钱一百文，柴合收钱六万四千八百文"。

唐、宋、元诸代经济大发展，为后代中国小农经济达至顶峰奠定了基础。但涉及商业思想家不多，欧阳修为其中一典范。欧阳修突出之处

---

① 《齐民要术·序》。

就在于他公开反对抑末，主张封建国家应与商人共营共利。他认为"治国如治身，四民犹四体。奈何窒其一，无异钦厥趾。工作而商行，本末相表里"。他认为选拔官吏只需"取人以才，考行以实"，"何患工商杂以并进，士类混而无别乎"①。欧阳修主张与商共利。改变以往"夺商之利"而由国家"专之"的传统做法，以保证利源"通流而不滞"，在他看来，"夺商之谋益深，则为国之利益损"，本来想使"十分之利皆归于公"，但结果是"十不得三"，故"不若与商共之，常得其五"。在欧阳修与商共利的思想中，他提出的"诱商为上，制商为下"的方针也值得注意。认为"大国之善为术者，不惜其力而诱大商，此与商共利，取少而致多之术也"，并进一步强调商人"利厚则来，利薄则止，不可以号令召也"，认为"夫欲诱商而通货，莫若与共利，此术之上也。欲制商，使其不得不从，则莫若痛裁之，使无积货，此术之下也"。另外，欧阳修反对禁榷，主张工矿贸易自由。以榷茶为例，欧阳修反对宋政府屡变茶法以争毫末之利，主张废除禁榷制度，改为官收茶税，民自贩之的政策。对民间的各种小本买卖，欧阳修则主张完全由民间自由经营，反对与民争利。例如，麟州百姓"沽酒自经"，后来转运司禁民酿卖，由"官自开沽"，欧阳修经过调查后指出，官榷半年，费本钱三千五百贯，而"所收净利只及一千八百贯"，民间因之"市肆顿无营运，居者各欲逃移"，因此需要废罢官榷，"乞令百姓依旧开沽。所费存养一州人户，渐成生业"。当然，欧阳修并非完全排斥国家对商业的干预。他认为要解决大商人"积货多而不急"，不肯"勉趋薄利"以服从国家需要的问题，就必须"尽括其居积之物，官为卖而还之"，也即通过政府干预强制剪除积货，防止大商人以垄断的方式获取暴利，利用大商人以利为生的心态，迫使他们在薄利的条件下，服从国家的需要。②

明时，商业思想多出自帝王和政论家：其一，朱元璋开商学之端与商业科普教育。朱元璋认为，"商贾之士皆人民也"，不同意"工商技艺之子，不得仕伍"的主张，并鉴于商贾多不读书之弊，特命儒士编书教之，成为中国历史上商业教育的肇端。其二，思想家与商业理论传播。

---

① 《欧阳修文集》。
② 同上。

明代时，思想家商业理论具有划时代意义，推进了商业文化积淀与传承。典型论述有："民自为市"论，由明中叶丘浚提出。认为个人不可能完全拥有日常生活所需要的一切物品，因而必须"以其所有，易其所无"①。"资商利农"论，由改革家张居正提出。认为农业与商业相互依存即"……商通有无，农力本穑。商不得通有无以利农，则农病；农不得力本稽以资商，则商病"②。"农末适均"论，由张瀚提出。主张在农业与工商业之间建立均衡发展关系。张瀚认为："善为国者，令有无相济，农末适均，则百工之事，皆足为农资，而不为农病。"③ "商贾不鄙"论，由李贽提出。主张"财之与势，固英雄之所必资，而大圣人之所必用也，何可言无也？……则知势利之心，亦吾人秉赋之自然矣"④。"工商皆本"论，由黄宗羲提出。其认为"今夫通都之市肆，十室而九，有为佛货者，有为巫而货者，有为优倡而货者，有为奇技淫巧而货者，皆不切于民用，一概痛绝之，亦庶几乎救弊之一端也。此古圣王崇本抑末之道，世儒不察，以工商为末，妄议抑之。夫工固圣王之所欲求，商又其愿出于途者，盖皆本也"⑤。"废除榷制"论，即摒弃国家对商业的垄断经营。丘浚认为其"争商贾之利"，是"夺民之利"，"可丑之甚"，因而他主张废除"榷制"，听任"民自为市"。张居正反对"言榷利"，从国家稳定和长治久安出发，榷利也是理应废弃的。"摧抑浮淫"论，制止商人垄断。张居正主张国家应当"摧抑浮淫"，打击富商大贾的垄断行为，维护自由竞争的商业体制。"薄税敛"论，丘浚认为："财者，民之心，得其财则失其心。"⑥ 因此，他认为对民之财不可多取。张瀚进一步发展了这一思想，明确提出了"薄取商税"的主张。禁止重征商税，罢弃妨碍商业的税使等。"米价常平"论，丘浚认为，由于"谷于人为最急之物"，而且百物市价"恒以米谷为本"，因此，国家只要掌握了足够的谷物，控制了谷物价格，即能稳定市场、稳定物价。"务使钱常不至于多余，谷常不至于不

---

① 《大学衍义补》。
② 《张太岳集·卷八》。
③ 《松窗梦语》。
④ 《李氏（贽）文集·卷一》。
⑤ 《明夷待访录》。
⑥ 《大学衍义补》。

给,其价常平。"① "通贡互市"论,通贡互市是指内陆边境贸易,张居正执政时,根据当时边境的情况主张在政府控制下恢复"互市",但需控制如禁止买卖铁器、官定马价等。

(二) 商业典籍

明时,商业发达与商人觉醒意识相伴,重要标志即大量商书出现。有代表性的为四类。第一类即商算之书,如程大位《直指算法统宗》;第二类即商地之书,如隆庆年间黄汴《一统路程图记》、万历间壮游子《水陆路程》等;第三类即商规之书,如天启年间程春宇的《士商类要》等;第四类即商道之书,如崇祯年间李晋德《客商一览醒迷》等。大量商书的刊行,表明商者已不局限于传统经验行事,多有深度理性思考,遂而推进子弟、生徒等商贾职业教育水平的提升。

程大位《直指算法统宗》。程大位,明代数学家。二十岁后曾游历于长江中下游的商业区,遍访名师,广泛收集散存于民间的数学书籍,并结合自身经商进行计算的实践经验,坚持不懈地致力于应用数学的研究,终在花甲之年完成《直指算法统宗》一书。作为一部普及性的数学教科书,它不仅系统论证了各种数学问题,而且全面介绍了近古时代的珠算。用珠算代替筹算,是计算工具的一大进步,《直指算法统宗》的问世,大大推动了珠算的应用,促进了商业经济的发展。这部杰作与《算经十书》不同,书中涉及的计算问题大多与商业密切有关。另具有科普读物的特点。《直指算法统宗》问世之后,"风行宇内","海内握算持筹之士,莫不家藏一编",畅行达三百年之久,至今仍是会计行家的必读书籍。明时,除《直指算法统宗》外,吴敬《九章算法比类大全》一书收集诸多与商业资本有关的应用题;徐心鲁编撰《盘珠算法》即我国现存最早的一部珠算专著,且远传朝鲜、日本。

程春宇《士商类要》。此书六卷,天启年间刊印。此书明确提及经商者对自身职业的认可与重视,如"商贾士农咸乐业,恩波浩荡海天同"等。从《士商类要》书名称本身,即可反映将士商并列的观念变化。"立身持己""和睦宗族""孝顺父母""敬兄爱弟""君子知恩""勤劝读

---

① 《大学衍义补》。

书"等事理凸显商人基本道德修为。另外，此书倡导勤俭亦"为治家之本"之理念，"贸易之道，勤俭为先，谨言为本"，"为士者勤则事业成，为农者勤则衣食足，为工者勤则手艺精，为商者勤则财利富"等。该书直言商者需抵制诱惑，所谓"楚馆秦楼非乐地，陷井之渊薮矣乎；歌姬舞女非乐人，破家之鬼魅乎；颠鸾倒凤非乐事，妖媚之狐狸乎！"① 并特书《戒嫖西江月》以强调之。其中，"好歹莫瞒牙侩，交易要自酌量"，"货之精粗，实告经纪，使彼裁夺售卖，若昧而不言，希图侥幸，恐自误也"，而"买卖既已成交，又云价贱不卖，希望主家损用增补，此非公平正大人也"。告诫商贾"宁甘清淡，不以利禄关心，正大光明，惟求洁白"，"凡处财治事，须宽弘大度"，"怀人以德"，"恩德之债，尤当加倍奉偿"，诠释出诚恳经商的职业道德与境界。

李晋德《新刻客商一览醒迷》。李晋德，明时闽籍商人，其《新刻客商一览醒迷》为一部著名商业书。此书强调义字为先，生财有道，即"钱财物业，来之有道，义所当得者，必安享永远。若剥削贫穷，蒙昧良善，智术巧取，贪嗜非义，虽得之，亦守之不坚"。李晋德亦崇尚"富从勤得"，"不勤不得，不俭不丰"，"和能处世，俭能治家"。如果"为人丧却良心，生端倾陷害人，惟图己利，……用尽机关，策算无遗……似此之人，不殃其身，必及其裔也"。断然不会有好结局。书中提出商人都应该做"真男子"，即所谓心地光明，诚心不欺，宁甘清淡且不欺人骗人者，便是"真男子"。并再三强调"自古富从宽厚得"，认为"宽些利息让些贫"。面对诱惑，该书强调要"锐志坚持，必不堕于勾引"；应"宁甘清淡，不以利禄关心，正大光明，惟求洁白，虽大食峨冠置前，不能移其志也"②。该书《警世歌》部分有"慈能致福"之倡导。"盖慈善存心端正……是以多获平坦福也"；否则，必将"陷于不道"而遭报应，"处世为人做一场，要留名节与纲常；古来倾险奸臣辈，国未亡兮身已伤"。其中，"一逢牙侩诳财本，平地无坑陷杀人"则是针对商者面临凶险的提防与担忧。

儋漪子《士商要览》。记三卷，崇祯年间刊印。除其他商书所讲的修

---

① 《士商类要·醒迷论》。
② 《新刻客商一览醒迷·警世歌》。

养之外，针对商人与权贵之交往多有告诫。凸显出明时商人普遍敬官、畏官及至依赖于官的现象。譬如书中一重要训诫：是官当敬，凡长宜尊。其含义：官无大小，皆受朝廷一命，权可制人，不可因其秩卑，放肆慢侮，苟或触犯，虽不能荣人，亦足以辱人；倘受其叱挞，又将何以洗耻哉。凡见官长，须起立引避，盖尝为卑为降，实吾民之职分也。不论贫富，或属我尊长，或年纪老大，遇我于座于途，必须谦让恭敬，不可狂妄僭越。设若尔长于人，人不逊尔，尔心独无憾忿乎。[①] 敬官、畏官及至崇官即通过"官商融合"，以期获得经营的成功。明时商人意识形态，也只能局促于这一社会体制之下，难以超越社会制度的局限，问题是，商者对自己社会角色如此认知，便难有自己独立的人格，至今影响犹在。

鼎锓与《商贾指南》。明末刊，为抄本。此书特殊之处，在于商业伦理之中凸显商人的责任情怀，显然与商人的"唯利是图"截然相反。其表明明代"士商"增多，传统的伦理观念中匡扶正义、扶弱济贫的思想也深深影响着传统的中国商人，诚如"救困扶危存博济，莫因倾倒共推人""轻炎拒势，谓之正人；济弱扶倾，方为杰士""趋显者防败，附势者必危""倚官势，官解则倾"等训诫。告诫人们，"出外经商，或有亲友，显宦当道，依怙其势，矜肆横行，屏夺人财，劫为臧否，阴挟以属，当时虽拱手奉承，心中未必诚服。俟民解任，平昔有别故受谮者，蓦怀疑怨于我，必生成害，是谓务虚名而受实祸矣"；警示商者"权利之途，人争趋赴。彼轻躁不识保身家者，见人富贵势要，必求亲灸而依倚之，或假势以凌人，或梯头而进步，务为目前之计，不复将燃之虑。直权败势倾，祸害波及，身无所寄矣"。

《三台万用正宗·商旅门·客商规鉴论》是现存明代最早的一篇有关商业经营规范的篇章，其基本内容是关于客商应有的素养，概括地论述了经商的基本原则与要求，规范了经商的行为准则，后来几乎所有商书有关商业经营内容都由此而延伸、衍生、释绎出来。此书标志着中国商业在经过了数千年的发展之后，开始进入了一个自身要求必须规范化的新阶段，表明明代商人日趋成熟、自我意识开始觉醒以及追求境界。其原文如下：

---

① 《士商要览·买卖机关》。

夫人之于生意也，身携万金，必以安顿为主。资囊些少，当以疾进为先。但凡远出，告须告引。搭伴同行，必须合契。若还违拗，定有乖张。好胜争强，终须有损。重财之托，须要得人。欲放手时，先求收敛。

未出门户，须仆妾不可通言。既出家庭，奔程途，贵乎神速。若搭人载小船，不可出头露面。尤恐船夫相识，认是买货客人。陆路而行，切休奢侈。囊沉箧重，亦要留心。下跳上鞍，必须自挈，岂宜相托舟子车家。早歇迟行，逢市可住。车前桅下，最要关防。半路逢花，慎勿沾惹。中途搭伴，切记妨闲。小心为本，用度休狂。慎其寒暑，节其饮食。

到彼投主，须当审择。不可听邀接之言，须要察其貌言行动。好讼者，人虽硬而心必险，反面无情。嗜饮者，性虽和而事多疏，见人有义。好赌者，起倒不常终有失；喜嫖者，飘蓬不定或遭颠。已（以）上之人，恐难重寄。骄奢者性必懒，富盛者必托人。此二等非有弊，而多误营生。直实者言必忤，勤俭者必自行。此二般拟着实而多成买卖。语言便佞扑绰，必是诳徒；行动朴素安藏者，定然诚实。预先访问客中，还要临时通变。莫说戾家要寻行户，切休刻剥。公道随乡，义利之交，财命之托，非恒心者，不可实任。买卖虽与议论，主意实由自心。

如贩粮食，要察天时。既走江湖，须知丰欠。水田最怕秋千，旱地却嫌秋水。上江地方，春播种而夏收成。江北江南，夏播种而秋收割。若逢旱涝，荒歉之源。冬月凝寒，暮春风雨，菜子有伤。残夏春秋，狂风苦雨，花麻定损。小满前后风雨，白蜡不收。立夏之后雨多，蚕丝有损。北地麦收三月雨，南方麦收要天晴。水荒尤可，大旱难当。荒年艺物贱，丰岁米粮迟。黑稻种可备水荒，荞麦种可防夏旱。堆垛粮食，须在收割之时，换买布匹，莫向农忙之际，须识迟中有快。

当穷好处藏低，再看紧慢。决断不可狐疑。货贱极者，终虽转贵。快极者，决然有迟。迎头快者可买，迎头贱者可停。价高者只宜赶疾，不宜久守，虽有利而实不多，一跌便重。价轻者方可熬长，却宜本多。行一起而利不少，纵折却轻。堆货处，要利于水火。买卖处，要论之去头。买要随时，卖毋固执。如逢货贵，买处不可慌张。若遇行迟，脱处暂须宁耐。货有盛衰，价无常例。放账者纵有利而终久耽虚，无力量一发不可。现做者虽吃亏而许多把稳。有行市得便又行。得意者，志不可骄，骄则必然有失。遭跌者，气不可馁，馁则必无主张。买卖莫错时光，得利就当脱手。

此篇非常典型的商人入门的必读文，从出门开始所需注意之安全、结伴搭伙之事项，到经商途中的投宿问店，及至必备的经商专业知识，均有涉及。有些经验虽是经商的基本常识，但不少内容充满着经营哲理，反映出商人对于商情复杂变化的知识积累。

清时，著名商书有崔亭子《路程要览》二卷、赖盛远《示我周行》全三卷附续集、清乾隆年间吴中孚《商贾便览》八卷、清乾隆年间王秉元《生意世事初阶》、清末杨树棠抄本《杂货便览》等。

吴中孚《商贾便览》。清乾隆年间刊印，倡导儒家伦理商道。开篇即"习商贾者，其仁、义、礼、智、信，皆当教之焉，则及成自然生财有道矣。苟不教焉，而又纵之其性，必改其心，则不可问矣。虽能生财，断无从道而来，君子不足尚也"。尤其推崇勤俭致富："若谓贫富，各有天定，岂有坐可致富懒可保贫哉？""吾衣食丰足，未必不由勤俭而得。观彼懒惰之人，游手好闲，不务生理，即无天坠之食，又无他产之衣，若不饥寒，吾不信矣"。至于诱惑，本书直接揭示其害，"赌嫖二事，好者无不败家倾本，甚至丧命……二害非小，当自知之"。针对商人安全，吴中孚郑重告诫商者，"凡外出，先告路引为凭，关津不敢阻滞；投税不可隐瞒，诸人难以协制。此系守法，一也。凡行船，宜早湾泊口岸，切不可图快夜行；陆路宜早投宿，睡卧勿脱里衣。此为防避不测，二也。凡店房门窗，常要关锁，不得出入无忌；铺设不可华丽，诚恐动人眼目。此为谨慎小心，三也"[1]。阐释可谓细致之至。

王秉元《生意世事初阶》。乾隆年间刊印。作为培养"坐贾"的专业商书，强调经营者在道德人品、处事能力等基本修为。其中对小官（学

---

[1] 《商贾便览·江湖必读原书》。

徒）第一个要求即不贪小利，不觊觎不义之财，更不可轻薄嫖赌。设若"扫地倘遇失落银钱，须拾取放在账桌上，不可怀藏"；当"女子堂客来买东西，切勿笑言戏谑"，更不可"嫖赌废荡"；要"先学眼前一切杂事，谙练熟滑，伶俐精灵，更要目瞧耳听，手勤脚快"，"然后用心习学戥子、银水、算盘、笔头，次之听人言谈，学人礼貌，种种法门皆要学到"。两年学徒期满正式上柜后，在接待顾客、洽谈买卖之时，更需注意察言观色，随机应变。要"眼观上下，察人诚伪，辨其贤愚"，礼貌待客，这样进店"买物之人，自不轻视你了"；同时要"听他（顾客）出口，探其来意"，"度情察理，鉴貌辨色"，以度成交之机会。因"生意过滥，则伤本，太紧则无人投奔"，故"须要看人活变，如有所图者，作今日不成钱，还有下次扳本，不可不深察也"。总之，宁做一去百来之生意，不做一去不来之生意，最终达至吸引顾客，生意成交之目的。至于学徒亦有远离烟酒之训诫，所谓"烟酒最为误事，有损无益，切不可勉强，致坏身体"，并称"酒乃杀身酖毒，色为刮骨钢刀"，尤需"戒之慎之"，更要远离风流场所，"切不可嫖赌废荡"。王秉元另著《贸易须知》一书，主儒商之道，譬若"商亦有道，敦信义，重然诺，习勤劳，尚节俭。此四者，士农工皆然，而商则尤贵，守则勿失"等记述①

石成金《传家宝》。清文人石成金此著覆盖颇广，商业经营即其中一组成部分。除对经营诀窍博采兼收，多示尚德。诚如"不卖低假货物；不高抬市价；不用大戥小秤；不谋夺生理；不卖污秽肴馔；不欺童叟；人来买急需物货，不故意逼勒以图重财；不忌他人生意茂盛，彼此多方馋毁"② 一段堪为经典。用现代语言翻译，即不卖假冒伪劣商品；不乱涨价；不缺斤短两；不欺行霸市；不卖腐烂变质食品；不欺负儿童老人；不乘人之急牟取暴利；不搞不正当竞争。

再有，清末杨树棠手抄本《杂货便览》，特别告诫"取财以道，利己利人"③。综上，中国传统文化、人伦道德的规范作用，在明清商人的意识形态中刻下了深深的烙印。

---

① 《贸易须知·序》。
② 《传家宝·商贾不费钱功德》。
③ 《杂货便览·为商十要习》。

四　商艺

就商贾而言，货币发明恐怕是第一商艺。货币发明可谓意义巨大，说明商业运行中理性思维的提升。考古发现，在青海乐都柳湾齐家文化马厂类型墓葬中，四十五号墓出土三枚海贝，九十一号墓出土仿贝制成的石贝，三、四、五号墓出土了骨贝，五零三号墓出土了蚌贝。这些物品兼具装饰作用，还不能算作纯粹货币，但从其普遍性和以石骨仿制贝的出现来看，贝可视为原始货币。海贝非西北地区的产物，很可能由交换得来。[1] 1953年殷墟大司空村发掘，其中，蚌壳、贝、鲟鱼甲均海洋物产、冶铸青铜的锡产于华南，这些物品皆可能通过交易而来。有些贝或含在死者口中，或握在手中，或放在足旁或胸上，似乎表示财富。判断其当时可为稀有之物，是否可以推测，已有货币之用。在殷墟中还发现了铜贝，直到周初仍有铜贝在使用。譬如，西周金文有"锡贝""锡金"等记载[2]，推断贝与铜已是当时流行的货币。但多指贵族商业，民间仍处于"自给自足"或"以物易物"阶段。原始货币充当一般等价物后，围绕货币产生逐步衍生出商业技能传承，诚如认识货币、探究货币功能、兑换计算、收藏保存等。至此，商业教育出现。

西周，商、贾分化在商业史上具有重要意义，其奠定了后代商业运行的基本模式。行商与处贾皆为商业，故商业规范与价值原则尚同。但二者行业技能有异。如行商，面对相对变化的受众与身居途中，因此对于地理知识、风土人情、商业需求甚至身体素质、吃苦精神等皆有要求。处贾，固定一处进行商业活动，一般与手工业作坊相同，既为产品生产者，又是销售者，且面对相对固定的受众，故对于商品信誉与商业服务要求更高一些。

西周时期，市场特征与功能逐步被认识。如"凡治市之货贿，六畜珍异，亡者使有，利者使阜，害者使亡，靡者使微"。遂市场管理水平渐次提升。西周时，凡国野之道，"五十里有市，市有候馆，候馆有积"。

---

[1] 王玉哲：《中华远古史》，上海人民出版社2003年版，第117页。
[2] 同上书，第713页。

为了便于商业管理,要求交易活动必须在指定的"市"进行。宣王时期铭文记载:"王命甲政司成周四方积,至于南淮夷。淮夷旧我畮人,毋敢不出其帛、其积。其进人,其贾,毋敢不即次,即市。敢不用命,则即刑扑伐。其唯我诸侯百姓,厥贾毋不即市,毋敢或入蛮宄贾,则亦刑。"①在《周礼》中,严禁伪劣商品上市。商品价格需由市官确定,商人不能任意抬高物价。商人进入市场,路过关卡、城门,皆须纳税。对扰乱市场、出卖假冒商品、欺骗买者、逃避市税等行为,施行各种惩罚制度。国家还设立"泉府",其中,"泉"通"钱",即"泉府掌以市之征布、敛市之不售、货之滞於民用者"②。意思是,调节市场买卖活动。譬如以其所收各种市税为资本,收购市场上滞销的商品,当这种商品短缺时,再出卖给需要者。泉府还经营赊销和借贷业务,以方便消费者,资助商品生产者和经营者。

春秋战国时期,作为"四民"之一,商人标准逐渐清晰。譬如,商者须善于"观凶饥,审国变,察其四时而监其乡之货,以知其市之贾",并且还要能够"服牛辂马,以周四方,料多少,求贵贱"③。在《白虎通义·商贾篇》则有:"商之为言商也,商其远近,度其有亡,通四方之物,故谓之商也。贾之为言固也,固其有用之物,以待民来,以求其利者也。行曰商,止曰贾。"可见,春秋战国时商者职业技能越来越高。尤其是大宗商业贸易能力提升。诚如南方木材、矿产、海产和鸟兽;东方海产与织物;北方家畜与果树,西方矿产、鸟兽等,其与《禹贡》中各州贡品相符。并且,适度税收总体激发了商业市场的活跃度。即"周人之俗,治产业,力工商,逐什二以为务"④。孟子"以粟易器械"和"以械器易粟"⑤一说,亦是对诸侯国之间商业繁荣的描述。据《战国策·楚策一》等记载,战国中期航行于岷江、长江的舫船可以载运五十人和足够吃三个月的粮食,顺流而下"一日行三百余里"。商品经济推进了城市文明。以齐国国都临淄最为著名,临淄城有家七万户,其最热闹的街道

---

① 《兮甲盘》。
② 《周礼·地官·泉府》。
③ 《管子·小匡》。
④ 《史记·苏秦列传》。
⑤ 《孟子·滕文公上》。

为"庄",是一条直贯外城南北的"六轨之道"。此街道最热闹的市区叫"岳",在北门以内,是市肆和工商业聚集之所。所谓"庄岳之间"为战国时代齐国人口最密集、最繁华地方。另燕之涿,赵之邯郸,楚之宛、郑之阳翟等商业城市兴起,其中以宋之陶邑最为著名,其手工业与商业皆发达,以"诸侯四通"而成为"货物所交易"之"天下之中"。诸手工业者皆住在城市之中,即所谓"百工居肆"。另在《国语·周语上》中,有"周景王二十一年,将铸大钱"的记载。铜铸货币开始出现,黄金开始充当一般等价物。类似于合同的"券"普遍使用。城市商业管理水平得以积淀。

秦汉时,在长安、邯郸、临淄、成都、江陵、合肥、番禺等商业中心,对于外贸生意设有"关市",即边关交易场所。西汉时,对匈奴、南越皆设有关市,前者又称"胡市"。以内地缯絮、金、钱、米、蘖酒等交换匈奴的牛马、裘革。对南越,则以金银、田器、马牛羊等交换南方的土产和珍宝异物。关市由政府严格控制,定期定时开放,商人需持政府颁发的"符传"之类的许可证按规定品种数量进行交易。东汉政府还曾长期在上谷宁城开胡市与鲜卑、乌桓交易。西域方面,也出现"胡商贩客,日款于塞下"的盛况。西汉经过"文景之治",经济发展,府库充盈,民间较为富足,市场管理水平提升,以饮食业为例,形成了"熟食遍列,肴旅城市"的红火景象。有《汉古歌》曰:"上金殿,著金樽,延贵客,入金门。入金门,上金堂,东厨具肴馔,椎中烹猪羊。主人前进酒,歌舞为清商,投壶对弹琴,博弈并复行。"正如歌中所唱,无不表现饮食兴盛。网点设置有相对集中的趋势,如北魏的洛阳大市分为八里,东市的"通商""达货"二里,"里内之人,尽皆工巧,屠贩为生";西市的"延酤""治觞"二里,"里内之人,多酿酒为业"[1]。涉外商业管理专门化与规范化。如北魏都城洛阳永桥以南的"四夷(古代对外国人的泛称)区",专住"外宾"。汉代长安城外的"五陵区",专住王公大臣等。

魏晋时,商品经济和传统市场在北方历尽曲折,魏孝文帝改革后,出现了恢复的局面,南方则继承了两汉以来的趋势,从无到有并逐步走

---

[1]《洛阳伽蓝记·卷四·法云寺》。

向繁荣。推进城市商业管理水平提升。据《洛阳伽蓝记》记载，洛阳城西有周围八里的洛阳大市，按行业分类，有通商、达货、调音、乐律、退酤、治觞、慈孝、奉终、财、金肆十个大商业区。诸区皆"多诸工商货殖之民，千金比屋，层楼对出，重门启扇，阁道交通，迭相临望。金银锦绣，奴婢缇衣，五味八珍，仆隶毕口"。邺城则是汉魏之际兴起的重镇，其繁华不亚于洛阳，史称"邺、洛市廛，收擅其利"。左思《魏都赋》歌曰："廓三市而开廛，籍平逵而九达。班列肆以兼罗，设阛阓以襟带。……百隧毂击，连轸万贯，凭轼捶马，袖幕纷半。"① 可见，邺都市内列肆兼罗，货贿山积，摩肩接踵，熙熙攘攘。晋阳亦被称为"一都之会"，当时人们往往晋、邺并称。京师长安经重建后，逐渐恢复了往昔的繁荣。"百姓歌之曰：长安大街，夹树杨槐，下走朱轮，上有鸾栖，英彦云集，诲我萌黎。"② 当时西域与中亚各国的胡商，纷至长安。丝绸之路在此情况下进一步兴盛起来，"自葱岭以西，至于大秦，百国千城，莫不欢附，商胡贩客，日奔塞下，所谓尽天地之区已。乐中国土风，因而宅者，不可胜数"③。车频《秦书》则曰"四夷宾客，凑集关中，四方种人，皆奇貌异色"④，可谓贸易水平之高。

唐时，都市贸易繁荣之外，海上贸易管理水平也得以提升。其中，以广州港、潮州港和扬州港三大港口为最。譬如，与中国有贸易往来的二十余个南海国家皆在广州登陆。据载，大历五年（770年）时，每天有商船十艘之多。在都市，"行"是商业繁荣的标志，如长安市有二百二十行，洛阳丰都市有一百二十行，大同市有六十六行等。城市"百行"亦充分说明了手工业不断分化以及商业种类的不断拓展。长安、洛阳、扬州、杭州、益州、汴州等都是拥有数百万、数十万人口的大城市。星罗棋布的酒楼、餐馆、茶肆，乃至沿街叫卖的摊贩，凸显出都市的繁荣，尤其催生了具有储蓄和支付钱币功能的"柜坊"出现。这种柜坊，接受存钱，并凭一定的信物，助有钱者支流通付款项，而收一定的柜租。与

---

① 《文选·卷六》。
② 《晋书·卷一百一十三·苻坚载记上》。
③ 《洛阳伽蓝记》。
④ 《太平御览·卷三百六十三》。

柜坊同时出现的还有"飞钱",也称"便换",是我国最早出现的汇兑制度。币制改革方面,通用"通宝"既确立了以后历代货币的范式,也促进了商业经济的发展。在商业发展中,唐代有了经纪人即牙人、牙郎。在商业发展运行中,商品产销和流通的诸项管理制度也比较完善。如唐代主要生产商品规格和质量上的官为立样制,商品销售上的市交易制、度量衡管理制度、物价管理制度和行会操控制度等。在商品流通管理方面,主要是公验、过所制度等。唐代银行制度以及商品管理、流通中的规定等已经体系化,无论是政府商官或是民间商者必须谨从规范制度,虽未置商业学校,但商业教育在商业实践中一刻都未停止。

宋时,商业四京即东京开封府,西京洛阳府,北京大名府,南京应天府。官道星罗棋布、四通八达。唐时城市实行严格的坊市制度,将商业区和居住区分开,居住区内禁止经商。至宋则打破这一坊市格局,允许商人经商,街道上随处可以开置店铺。譬如东京,随处可见店铺、酒楼与民居、官署、寺宇相错,杂然见于街面,连宣德楼南面御街两侧的御廊也"许市人买卖于其间"。北宋都城开封和南宋都城临安,人口皆逾百万,是当时世界上最大、最繁华的都市。据统计,北宋开封已经有6400多家大中型工商业者,8000—9000家小商小贩。商业集市在岭南称为"墟市",北方称为"草市"。这些集市又被总称为坊场,遍布全国各地,形成星罗棋布的交换网络。唐代市制有"日中击钲二百下开市,日落前击钲三百下关市"的惯例,交易时间也受到了严格限制。宋时更变,诚如州桥夜市以各类小吃闻名;马行街夜市"比州桥又盛百倍,车马阗拥,不可驻足"……到宋神宗时,已是"二纪以来,不闻街鼓之声"。在"瓦子""勾栏"等固定娱乐场所百戏伎艺竞演,市民集中观看。夜间饮食店铺生意兴隆如昼,宋吴自牧记述有"其余桥道坊巷,亦有夜市扑卖果子糖等物,亦有卖卦人盘街叫卖,如顶盘担架卖市食,至三更不绝。冬月虽大雨雪,亦有夜市盘卖"[1]。在《灯市行》中,范成大亦有"酒垆博塞杂歌呼,夜夜长如正月半"印象。广州和泉州城内有诸多藩客墓,成为当时海外贸易繁荣的佐证。与中国通商的国家有:占城、真腊、兰无里、底切、三屿、大食、大秦、波斯等欧亚地区五十八个国家。出口

---

[1] 《梦粱录》。

包括丝绸、瓷器、糖、纺织品、茶叶、五金。进口包括象牙、珊瑚、玛瑙、珍珠、乳香、没药、安息香、胡椒、琉璃、玳瑁等几百种商品。宋时，商业组织逐步体系化，商业规范成为商业教育中核心内容。(1) 贸易规范与商业"牙人"。元丰三年，政府制定一部《广州市舶条法》，即中国历史上第一部贸易法。诸外贸港口还在城市设立"蕃市"，专卖外国商品；"蕃坊"供外商居住；"蕃学"供外商子女接受教育，政府还专门制定蕃商犯罪决罚条等。宋时，通行货币有铜钱、白银外，先后出现了世界上最早的纸币私办"交子"与官办"会子"。尽管出现过"会子"危机，亦能反映当时商业的繁荣。为撮合买卖成交，经纪人"牙人"出现。另有牙侩、牙郎、驵侩等，其机构组织称"牙行"。职责有说合贸易、拉拢买卖，有的还接受委托、代人经商，甚至揽纳商税等，政府则十分重视牙人在契约买卖和赊欠贸易中的担保作用，要求契约的拟定等必须有牙人担保，以便监督买卖双方履行合同，在处理经济纠纷时取得更多的人证物证。如茶盐贸易中赊买赊卖盛行，政府用法令规定由牙人监督签约和货款偿还，没有牙人参与签署的契约合同，在发生经济纠纷时官府不予受理。因多数牙人"乃世间狡猾人也"，存在侵渔百姓、欺行霸市、破坏正常市场交易等危害，政府遂针对牙人制定了一系列政策法规，试图将其纳入政府的控制之下。譬如，规定牙人"须召壮保三两名，及递相结保，籍定姓名，各给木牌子随身别之，年七十以上者不得充。仍出榜晓示客旅知委"。买卖时，"只可令系籍有牌子牙人交易"。在牙人随身佩戴的木牌上，写有姓名、籍贯、行业种类。另有牙人"约束"守则，主要内容：不得将未经印税物货交易；买卖主当面自成交易者，牙人不得阻碍；不得高抬价例、赊卖物货、拖延留滞客旅，如自来体例，赊作限钱者，须分明立约，多召壮保，不管引惹词讼；如遇有客旅欲作交易，先将此牌读示。(2) 行会组织与行籍管理。与城镇手工业者结成"作"等名目的同业组织一样，商业行铺则形成商业行会。每行皆有自己的特殊衣着标识，"其士农工商诸行百户衣装，各有本色，不敢越外"；如"香铺人顶帽披背子；质库掌事，裹巾著皂衫角带。街市买卖人各有服色、头巾，各可辨认是何名目人"①。行会设立需得到政府批准。市肆

---

① 《东京梦华录》。

谓之"团行"者，盖因官府回买而立此名，不以物之大小，皆置为团行，虽医卜工役，亦有差使，则与当行同也。为供应官府科配需要服务，是行会的一个重要职责。商人加入行会也要经官府批准，一旦加入行会，就名列"行籍"，不经官府同意不能随意退出。这主要是为了保证有足够的行户承担官府的科配差役，官府对于行户的人身控制是很严的。诚如手工业者"匠籍"一样，商人一旦被纳入"行籍"，不仅本人难以逃脱，还要累及子孙。正如真德秀所云："黄池一镇，商贾所聚，市井贸易，稍稍繁盛。州县官凡有需索，皆取办于一镇之内。诸般百物，皆有行名，人户之挂名籍，终其身以至子孙，无由得脱。"协助官府检查官物的质量是行会又一职责。即所谓"官物不限多少，并差行人看验"。(3) 茶商文化与职业操守。宋时，茶商文化与职业操守堪称典范。茶商伙计创造出经商的三字经"重信义、除虚伪、节情欲、敦品行、贵忠诚、鄙利己、奉博爱、戒奢华……"并且，茶商将经营活动、人事管理、资金运用委托经理、掌柜全权负责，东家概不干预。如遇亏损，只要不是卖茶代理人为的失职，东家并不会责怪，反而补充资金，期待来年有所转机。这种东家与卖茶代理人、掌柜之间的委托经营关系是建立在信赖与忠诚基础之上的。把儒家思想的诚信、仁义、忠恕精神引入商界，正是宋朝茶商经商取得成功的重要因素。宋时饮茶之风盛行，茶坊成为各阶层人群的集中地，以及商业信息传播的重要场所。在汴京和临安的大街小巷，茶坊林立。据记载：潘楼东去十字街，谓之土市子，又谓之竹竿市。又东十字大街，曰从行裹角，茶坊每五更点灯，博易买卖衣服图画花环领抹之类，至晓即散，谓之"鬼市子"。……又投东，则旧曹门街，北山子茶坊，内有仙洞、仙桥，仕女往往夜游，吃茶于彼。[①] 茶坊成为直接交易的场所。在稍微大一点的茶肆，直接进行商业洽谈更是常见。在《随隐漫录》中记载：有少年高价买老妪绢，引令坐茶肆内，曰"候吾母交易"。少焉，复高价买一妪绢，引坐茶肆外，指曰"内吾母也，钱在母处"，取其绢又入，附耳谓内妪曰："外吾母也，钱在母处。"又取其绢出门，莫知所之。杭州城内"人情茶肆"多是诸业"行老"会聚之所，而雇用人员皆要经过行头的引领：凡雇请人力及干当人，如解库掌事、贴

---

① 《东京梦华录》。

窗铺席，主管酒肆食店博士、铛头、行菜、过买、外出儿，酒家人师公、大伯等人。即在茶肆里一边喝茶一边聊天时，实现各行雇佣事宜与商业信息的汇聚和传播。

明时，商业越加蓬勃。譬如，江西赣州商品粮贸易"自豫章、吴会咸取给焉，两关转毂之舟，日络绎不绝"；江南出产的"绫、布而物衣被天下"，"凡福之绸丝，漳之纱绢，泉之蓝，福延之铁，福漳之橘，福兴之荔枝，泉漳之糖，顺昌之纸，无日不走分水岭及浦城小关，下吴越如流水。其航大海而去者，尤不可计。皆衣被天下"①。南北贸易如流，即所谓"燕、赵、秦、晋、齐、梁、江、淮之货，日夜商贩而南，蛮海、闽广、豫章、楚、瓯越、新安之货，日夜商贩而北"②。明时海禁大部分时候并未真正严格执行。1590年，中国来货包括天鹅绒、织锦缎、花绫、厚绸、棉布、夏布、面纱、窗帘、被单、铜铁器具、火药以及其他生活用品，应有尽有。而其中生丝、丝绸、瓷器等中国特产，遍销西班牙本土和其各殖民地；棉麻匹头为西属殖民地土著居民所普遍消费。明时商业繁荣除政策因素之外，与商家自觉意识和商德、商慧等也紧密相关。譬如徽商程致和，提倡"趋时观变如猛兽鸷鸟之发"；吴彦先，注重预测市场需求，观察时机消长，权衡货物价值大小，然后谨慎投资，数年间二人都"家业"大振；蒲州大贾王海峰，指导子弟经商要相地计宜、择人任时，能察人所不察、取人所未取；再如在王士棋《池北偶谈》中记有"陆子风之治玉，鲍王成之治犀，周柱之治嵌镶，赵良璧之治锡，朱碧山之治金银，玉小溪之治玛瑙，仲谦之雕竹，姜千里之螺甸，庄希叔之装潢书画，胡之明、张鸣岐之铜炉，彝鼎尊卤……"皆知名海内外。另外，从分家析产中可观家庭商业运行模式。明时，商家财产分割存有两种方式：一为分产分业，其具体表现为商业财产分归诸子所有，诸子分得财产后独立经营；二为分产不分业，其具体表现为商业财产分归诸子所有，诸子分得财产后仍共同经营，原有的家庭商业组织保持不变。于徽州，商人往往"以诗书训子弟"，故"子孙取高科登显仕者"代不乏人。在佛山，宗族内对获得科第者给予诸多奖励，商贾"供子弟读书"

---

① 《闽部疏》。

② 《李长卿集》。

被列为一善。诸多读书人加入商人行列，故而出现"其业则商贾也，其人则豪杰也"的现象。明时，商人投资教育为惯常之事。或投资于府州县学，或设置社学、义塾、书院。如晋江安海出现黄居中、黄虞稷父子的"千顷堂"，藏书最多时达八万余卷。再如，诗社、画社、学派、市民文学的发展皆不同程度得到商人资本的支持。明时，多有名士出于商家。诚如顾宪成之父为一商贾，缪昌奇之父为一牙人，庞尚鹏先人是一负贩，科举成名的茅鹿门家人以"贾商为业"，李贽、郑成功皆为海商之后，唐伯虎则"家起屠贾"，彰德太守亚芥舟"奋起于货殖之中而登科第，仕至两千石"，大商人李三才官至户部尚书。如此等等。再有，明时商业文化得以积淀传输。其一即商业品牌文化。诸如苏州名牌有：齐门的粗扇骨、虎丘的席、齐门外陆墓的麻手巾、半塘的斑竹器等。纺织品中，据万历《镇江府志》卷三十《物产志》载："今独葛布甲于天下。"天启年间则"苏布名称四方，习是业者，在阊门外上下塘，谓之字号，漂布、染布、看布、行布各有其人，一字号常数十家，赖以举火"[1]。在医药界，松江有林氏者，"以卖生药起家，至今人呼为林生药"。另有史大蒲鞋、苏酒等品牌。商业宣传，形式多种多样，最基本的即小贩的吆喝等。有小说曾描写苏州阊门外吊桥河下一个卖老鼠药者，地上摆着三四十个老鼠招头，口里唠唠叨叨高声大叫："赛狸猫，老鼠药。大的吃了跳三跳，小的闻闻儿就跌倒。"至于大的店铺开张时，礼仪尤为隆重、热闹，张鼓乐、结彩缯、横匾连楹。广告招牌则注重儒家以义取利的思想，如杭州塘栖镇上一家铁店门前即贴一张大字道："本店不打一概屠宰刀器。"广告开始出现名人现象，唐伯虎曾为一家新开张商店写下："生意如春草，财源似水泉。"行业用语，颇为丰富。田汝成谓道："乃今三百六十行，各有市语，不相通用，仓促聆之，竟不知为何等语也。如中药商人将中药的名字全改了，如称陈皮为恋绦袍，黄连为苦相思，大黄为洗肠居士，泽泻为川破腹，远志为觅封侯，牡丹皮为兵变黄袍，甘草为药百喈，甘菊为醉渊明，人参为草曾子。"[2] 地名则也被改变称呼：如陕西曰豹，河南曰驴，江南曰蟹，福建曰癞，四川曰鼠。商业用黑话也不少，如市人称

---

[1] 《平湖县志》。
[2] 《西湖游览志余》。

井通，贩子称不将人，典铺称兴朝阳，杂货店称推恳朝阳，茶称青老，白酒称水山，粥称稀汉，牛肉称春流，金称黄琴，银称硬底，买假货称跳符恳，真货称实赞，真钞称热子，假钞称将肯，没生意称念搿等。① 商业智慧与商德文化积累甚丰。儒商渐次出现。诚实不欺、公平守信成为其重要准则。诚如陕西商人樊现曾说：贸易之际，人以欺为计，予以不欺为计，故吾日益而彼日损。顾炎武曾道徽商马禄"尝客常州，受友人寄金百余，为同旅所盗，秘不言，罄己赀偿之"②。商者谨记"旱则资舟，水则资车"，"无敢居贵"，"择人而任时"等经营智慧，如张四教"所经济废居，咸出人意"以至资产累至数万；商人重义守信、遵守职业道德。商人张政，买卖童叟无欺，称"有所化居当惟张君，惟张君归可无看衡量"。晋商王谦光行贾，其周围诸商皆工于心计，崇尚诈伪之术，他始终独善其身，人们都视他为长者；商贾遵循"取精而舍恶"的理念，"希图侥幸出脱，恐自误也"。《蓬轩吴论》一书载，苏州陆某所制之鞋，价格较同类略贵，但因其制作精良而人人乐购；洞庭金汝鼎"独求其贵良者，人以是悉趋翁"等。龙游书商余氏印行的读本四书，校勘仔细，字画无误，引得远近购买；杭州张毅庵所织各色丝帛，手工极其精巧，每一下机，人争鬻之，求货者常常满于户外；徽墨，因治墨名家在质量上十分考究，督造以工良艺巧，以至购者"藏之为国宝家珍"等。商人深谙"厚利非我利，轻财是吾财"。徽州保和堂丸散，由其历代先人心血精心研制而成，制作相当严格且十分耗时，但"药有定价，宁薄息而售，世不二价以询人"。商人懂得"处财货之场而修高明之行"，"轻财将以守富"，"积恩则昌"，充分体现出谋求长期社会效益的战略眼光和经营理念。如徽商程汝彦"所至病者予药，饥者予粟，缓急者予金钱"③。某年粮食歉收，乘时囤积可获厚利，商人王平山却将其所储全数贷给穷人，且不收利息，为远近所称颂。

　　清时，商业会馆或公所出现。如北京城玉器商人建立的长春会馆，还有当业会馆、药行会馆等。其职能是面对共同市场的要求、统一价格、

---

① 《委巷丛谈·卷二十五》。
② 《肇域志》。
③ 《封文林郎兰溪知县公墓志铭》。

便于存货与寄居、共同对付行外牙商、祭祀神祇和协助各衙署办官款等。康熙年间,汉口镇与景德镇、佛山镇、朱仙镇齐名,被视为全国四大工商名镇之首。北京商业区内有不少著名店铺,如以经营高档文房四宝、彩色诗笺、文人字画的荣宝斋;以制造、销售墨汁、八宝印泥的一得阁等,至今久盛不衰。另茶馆、天桥、戏园子、琉璃厂等逐步驰名。清代商业经营方式较前代更为复杂多样化,文献中有独资、合伙、合资、连财合本、领本、托本、附本、贷本等说法。在近代外国公司进入中国之前,清代商人的资本组织主要是独资、合伙两种。据罗一星先生说,清代中叶后佛山商人资本产生集成资本形式,由某一巨商牵头,成立股份公司,发行股票,吸收社会游资等。清时商人有独立商人和受雇者。自元代起,商业规范、商业理论、商业文化的积累,终成百年字号。

本章小结

从历史发展来看,原始社会末期,开始以物易物的交换方式,延续至东周。春秋战国时期大变革,带动了商业以及商业思想的繁荣。先后出现了子贡、范蠡、白圭、吕不韦等著名商业大贾。秦汉时期,商人地位有所提高。但由于民间商业规模等限制,除师史等大商人或桑弘羊等政治思想家的商业理论以外,还没有出现商业教育的资料。尽管魏晋时社会动荡,但商业仍然在曲折中发展与繁荣。尤其出现了"洛阳十业"现象。唐时政治稳定,经济文化繁荣,交通便利,再加上友好的对外政策,中国成为世界各国经济文化交流的中心,也推动了当时商贸经济的发展。概从此时,唐朝成为中国的象征,各国人民开始把中国人称作唐人。宋时以商业立国,商人地位有显著提高。尤其是,宋代货币以及商业运行中的"牙人"出现,各种商业思想与商业规范逐步体系化。元代实行"不抑商"的商业政策,商业繁荣以及商人地位空前提高。明时在农业和私营工业都高度发展的基础之上,商业发展也达到前所未有的新水平。民间开始出现资本主义萌芽。商业思想、商业文化比以往更为丰富。清代,商业教育逐步突破了"父子相传"的家庭传承模式。伴随着商业规模与商业企业的扩展,商业学徒逐步成熟,其中晋商学徒制堪为典范。清代商书则更为著名。

第二部分

匠 制

第 五 章

治事之学

在教育史上,经学本与治事之学共同缔造出中国传统教育文明。但是,因本土"官仕文化"持存久远,故与农、工、商贾等直接相关的治事之学鲜有人关注。事实上,不消说经学主导之下,即便于经学本身,治事成分或言士子实学可谓源远流长。但长久以来,因经学偏好,治事之学从未系统地进入史家之视野,其间所蕴涵的教育范式自然挖掘不足。或许,治事之学的经学底色,二者混融合一,恰是职业教育"中国话语"的关键元素。

一　萌起

经学主导之下,治事之学虽为"隐学"但亦渐进发展。概而言之,古之"六艺"自来彰显"实用本位";先秦百家则为治事思想之滥觞。但溯其源头,则归于华夏农耕文明的内在气质。

农耕基石。治事之学存在的合理性在于与经世致用的文化属征相契合,而该文化即农耕文明的必然要求。中华农耕文明缘起于独特的地理环境。在中华文明源中,黄河、长江、珠江、辽河等处自古土壤肥沃,水草丰美,孕育了中华民族的早期先民,之后,聚族而居、精耕细作、自给自足的农耕生产方式和生活方式遂而形成。诚如先秦时期民间流传的《击壤歌》所云:"日出而作,日入而息,凿井而饮,耕田而食。"其间,经世致用的文化特质孕育于此。就农耕文明而言,温饱问题历来是生民之基础,虽显自在,但亦艰辛。即所谓"锄禾日当午,汗滴禾下土,谁知盘中餐,粒粒皆辛苦"。在批判封建土地制度时,黄宗羲揭示道:

"古者，井田养民，其田皆上田也。自秦而后，民所自有之田也。上既不能养民，使民自养也。"故自尧舜尤其是大禹治水起，古之圣贤均以国计民生为要。尤在自然灾害频繁之后更为凸显。譬如，贞观二年，唐太宗对侍臣说："凡事皆须务本。国以人为本，人以衣食为本。凡经营衣食，以不失农时为本。若想不失农时，君主务必抚民以静。"是年，关中旱情严重，农田中的庄稼几乎渴死，唐太宗亲自背上农具，与关中百姓一起参加引渭水灌溉农田的生产大劳动。同时，朝廷积极推行"轻徭薄赋"的农业生产政策。土地即生民之命，粮食即生民之本。历代皆如是。诚如朱元璋即从农本思想出发，"锄强扶弱"，"右贫抑富"，尤其"重农减征"的配套政策，使农民境况相对好转。另外，积极赈灾以减民苦。如"预备仓之外，又时时截起运，赐内帑。被灾处无储粟者，发旁县米振之。蝗蝻始生，必遣人捕瘗。鬻子女者，官为收赎。且令富人蠲佃户租……建官舍以处流民，给粮以收弃婴。养济院穷民各注籍，无籍者收养蜡烛、旛竿二寺"①。试想，设若没有基于民本、农本的经世致用思想，中国文明何以生生不息，不绝于世？但需注意，虽经世致用，但富于理性。譬如，农耕文明推崇自然和谐，懂得生命的价值和真谛。提倡合作包容，非掠夺式利用自然资源，首倡和谐发展理念；虽经世致用，但并非止于"操手"层面，礼仪、境界等孕育且杂合于经世致用之中，北周庾信亦有诗为证："兴文盛礼乐，偃武息民黎。"体现出文化在衣食温饱解决之后的重要意义。农耕生产方式对于和平、稳定提出强烈诉求。自上古时代，古之先贤为农耕文明奠定了"协和万邦"的治国理念。自此，"和平"的追求一直贯穿于中华民族的发展史。再如，中国传统文化中理想的家庭模式即"耕读传家"，既要有"耕"来维持家庭生活，又要有"读"来提升家庭品识。如此等等。在一定意义上，没有农耕文明，治事之学则会失去存在的根基。

六艺造士。西周以往，在教育层面，"六艺"造士奠基治事之学。在孔子之前，对于中华文明进程而言，周公可谓里程碑式人物。礼乐制度由其首倡，遂而推进了华夏先民从蒙昧至文明的进程，其间"六艺"亦有其贡献。所谓"六艺"，即《周礼》曰"养国子以道，乃教之六艺：

---

① 《明史·卷七十八·志第五十四》。

一曰五礼，二曰六乐，三曰五射，四曰五驭，五曰六书，六曰九数"①。事实上，"六艺"乃夏商周三代共施的教育，只因"夏代尚武、商代敬神、周代则文武兼备"，故而凸显诸代有别。"六艺"之艺，即"艺能"之意，知识技能并在。古之"六艺"素来以"职事官吏"为教育目的，即礼乐之教以培养职事官吏修养与规范，射御之教以培养职事官吏的军事技能，书数之教以培养职事官吏才智。在内容层面，"六艺"教育多为实用。诚如"九数"即方田、粟米、衰分、少广、商功、均输、盈不足、方程、勾股。从其涵括的内容来看，田地面积的划分、租税的合理摊派、土石方体积的计算、各种工程的求证，皆需用之。在施教层面，教有所别。惯常认为，礼、乐、射、御为"大艺"，即贵族从政必具之治术，乃大学阶段学习内容；书与数为"小艺"，即民生日用之所需，乃小学阶段必修之课。②尽管，"六艺"一直是传统社会"士"阶层之教育底色，但是，汉时"独尊儒术"，唐时"重振儒术"，故在汉唐两代，"六艺"曾一度遭到经学排挤。可贵之处在于，该源流并未全然中断，譬如在小学和私学中书、数、武艺传授一直绵延不绝。宋时，治事之学抬头，胡瑗"苏湖教法"重新形成以"六艺"为教育内容之盛况。朱熹虽着力提倡读经穷理，但亦主张小学教育需以"六艺"为本。在朱熹看来，"古之教育，有小子之学，有大人之学"③。但非以尊卑划分，而以年龄与思维发展为依据，即"人生八岁，则自王公以下，至于庶人之子弟，皆入小学，而教之以洒扫、应对、进退之节，礼、乐、射、御、书、数之文……"④明时，虽心学主导，但阳明"知行合一"一说事实上提升了实践的价值认可。并且，明时科举选任，则要求"生员专治一经，以礼、乐、射、御、书、数设科分教，务求实才，顽不率者黜之"⑤。在"西学东渐"背景之下，清代实学逐步崛起。譬如颜元，为补救教育空疏的时弊，大力提倡"六艺"教育，主张实学实教。在颜元眼中，"六艺"是涵养性情增进"身心道艺"之基石，即所谓"习行礼、乐、射、御之学，健人筋骨，和

---

① 《周礼·保氏》。
② 毛礼锐、沈灌群：《中国教育通史》（第一卷），山东教育出版社2005年版，第100页。
③ 《经筵讲义》。
④ 《大学章句序》。
⑤ 《明史·选举制》。

人血气，调人性情，长人仁义……"① 比较而言，在取向上，与西方"七艺"有别，虽皆为实用，但"七艺"导向"理性本位"，"六艺"则凸显"伦理本位"。

百家实学。春秋战国时期，诸子百家主张殊异，但皆涵括治事因子。儒学"经世致用"多指向"治国"之学，而以伦理、修身为本。孔子自不必说，孟子"有大人之事，有小人之事"与"劳心者治人，劳力者治于人"尤显儒家培养取向。但"治国"之学外，儒家尚有"治事"之学。譬如，在《尚书·尧典》记写"敬授民时"之说；《礼记·月令》开农家月令之先声；《周礼·地官·司徒》提出"土宜之法"等。即便孔子亦有对善商者子贡以"瑚琏之器"相称谓，在《论语》之中还包括"使民以时""多识鸟兽之名"等颇多与生产生活相关之记载。② 在孟子言述中，其"五亩之宅，树之以桑，五十者可以衣帛矣；鸡豚狗彘之畜，无失其时，七十者可以食肉也；百亩之田，勿夺其时，数口之家，可以无饥矣"等"劝课农桑"之理念；"通工易事"之商业思想；"不违农时，谷不可胜食也"之生态学说等皆含"治事"元素。与儒家比较，管子"治事"之学贯穿其思想始末。譬如，在《管子·轻重甲》中，管子曾曰"一农不耕，民或为之饥；一女不织，民或为之寒"凸显出其对于生产的基本态度。针对"四业"，管子曾有过深入的研判，即农人"审其四时……深耕、均种、疾耰。先雨芸耨，以待时雨"；工者"相良材……相语以事，相示以功，相陈以巧，相高以知事……"商贾"观凶饥，审国变，……料多少，计贵贱，以其所有，易其所无，买贱鬻贵……"③ 研究之深可见一斑。法家讲求"耕战"以至富国强兵。商鞅变法的第一道政令即《垦令》。据记载，在"焚书"事件中，商鞅把《诗》《书》《礼》《乐》一类著作，划为铲除之列。所不去者，医药、卜筮、种树之书。即所谓"臣请史官非秦记皆烧之。非博士官所职，天下敢有藏《诗》《书》、百家语者，悉诣守、尉杂等烧之。有敢偶语《诗》《书》者弃市。以古非今者族。吏见知不举者与其同罪。令下三十日不烧，黥为城旦。

---

① 《颜习斋先生年谱·卷下》。
② 《论语·学而》。
③ 《管子·小匡》。

所不去者，医药、卜筮、种树之书。若欲有学法令，以吏为师"。《吕氏春秋》中则有《上农》《任地》《辨土》《审时》四篇。百家之中，除术士之外，治事之学需首推墨家、农家。墨家讲求兼爱，"以除天下之害，兴天下之利"。墨家以"农与工肆之人"为教育对象，于农人，墨子曾曰："故圣人作，诲男耕稼树艺，以为民食。"① 于工者，墨子谓道"凡天下群百工：轮、车、鞼、匏、陶、冶、梓、匠，使各从事其所能"②。可见，天下百工技能皆是墨子的教育内容。独尊儒术之后，经学主导教育以培养治国之才，但墨子之学作为隐学与经学中"治事"元素相互伴随而发展，对于后世颇具影响。农家则教民农耕"播百谷，劝耕桑，以足衣食……"史上，农家许行，流散民间，设学收徒，著书立言。言及道家，对其空玄善辩多有误读。事实上，道家虽讲无为，却以"不争莫之能争""无为而无不为"而至"君子南面之术"；纵横家则以"合纵""连横"之策以求天下之治。如此等等。东周之后，百家实学未曾中断。作为华夏"经世致用"思想之滥觞，百家之言可居庙堂之高，亦处江湖之远。

当然，六艺造士、百家实学只是经世致用哲学的一种表达，该哲学背后则是农耕文明的深厚基础。尤其在"治水"的斗争中，积淀出"崇实尚用"的农耕文化，成为之后中华民族的共同心理。

二 脉络

东周之后，士子"经世致用"之学，沿着三条脉络演进，其一，即经学主导下的专科学馆；其二，即教育体系中"治事斋"的贯穿；其三，即经学中"通经致用"原则的实学衍生。

专科学馆。教育史上，从太学到书院等经学教育机构充斥其间，实学专科学校似乎默默无闻。事实上，在"官仕文化"与"实用理性"之张力中，实学专科学校虽显"隐性"，但却顽强挺进。追溯实学专科学校，在源头上需首推东周稷下学宫。对此，学界或有争论，但稷下学宫

---

① 《墨子·节用中》。
② 同上。

贯彻致用之道属实。诚如其不仅培养"治国、平天下"之士，还有部分为掌握一定技艺的基层执事官吏。齐宣王时，孟子等思想家数百人于学宫授徒讲学，学生达数千人。齐湣王时，求学者"多至数万人"，为齐国的存在与发展培养了大批人才。作为实用型综合性学府，教育内容广泛，涉及"诸如天人、性理、物道、名实、义利、动静、乾坤、心性、义理、情欲、良知、精气、阴阳、五行……言及政治学、社会学、伦理学、经济学、军事学以及哲学、自然观、认识论、历史、文化、教育、心理、语言、逻辑、工技术"诸方面。① 又稷下学宫的教学和学术活动诸家来去自由。儒家、道家、法家、名家、阴阳家、墨家、农家和博学而无所归属的学者都在稷下得到过比较充分的发展。诚如司马迁所言，各家"各著书言治、乱之事，以干世主"②。英国学者李约瑟在《中国科学技术史》中将之谓为"稷下书院"。设若视稷下学宫为实学专门学校存有争议，则汉代鸿都门学为第一所完全意义的专门学校已成共识。之后，魏晋时，基于民族融合推动形成的教育多元和科技文化的繁荣，书学、算学、律学等专科学校诞生；至隋唐，医学专科学校出现，京师药园和太仆寺医药弟子日盛，与太史监、司天台系统的历法学校一起构建出职官体系性质的专科学校；宋时，在国子监和职能局共同办学模式下保持了官学设科多样化，武学始现。元时，专科学校整体呈衰落之势力，但亦有其特点，譬如"医户"制度与专科学校关联，农业社学出现；至明，则萌生现代元素，四夷馆即外语专门学校出现；清时衰落，但整体上纳入"西学东渐"背景中，科举中出现"特科"以及"科技幕僚"现象。除专科学校之外，与经学教育并置的还有分斋治学，胡瑗与颜元堪为典范。

分斋治学。宋时开启分斋治学，至清已彻底变革。胡瑗为分斋治学的开创者，且与孙明复、石介并称"宋初三先生"③。作为宋学先驱，尤以"苏湖教法"著称于世。据《宋史·胡瑗传》称："礼部岁所得士，翼之弟子常居四五……"意思是，胡瑗在出任苏州郡学与湖州州学期间，

---

① 谭佛佑：《试论稷下学宫的教育管理制度》，《贵州教育学院学报》1993 年第 2 期。
② 《史记·孟子荀卿列传》。
③ 毛礼锐、沈灌群：《中国教育通史》（第三卷），山东教育出版社 2005 年版，第 82 页。

培养人才数量之巨与品性之高。所谓"苏湖教法"核心，即分斋治学。在其主管学校中，分"经义"与"治事"两斋。其中"经义"斋基本培养官员。但以"博通古今"与"明体达用"为基本原则。"治事"斋分治民、讲武、堰水、历算等科。要求"一人各治一事，又兼摄一事，如治民以安其生，讲武以御其寇，堰水以利田，算历以明数是也"①。胡瑗分斋治学与"治事"斋中主、副同修即教育制度重要创制，胡瑗始，民、兵、农、算等实用学科正式纳入正规学校之中，与"经义"斋地位等同。事实上，宋代三次兴学皆以胡瑗思想为理论基础。范仲淹"庆历兴学"创建太学，采用分斋教学的形式；王安石"熙宁兴学"创立"三舍法"，三舍法又较汉唐分经教学、分科教学推进一步；蔡京"崇宁兴学"则恢复医学，新设算学、书学、画学等专门学校。尤其是，胡瑗分斋治学一直延至明清，诚如黄宗羲所赞誉的："盖就先生之教法，穷经以博古，治事以通今，成就人材，最为得当。"② 由此，黄宗羲主张"学贵履践，经世致用"。在其设计的未来市民社会学校体系中，除经师开办经学外，还特别开设兵法、历算、医学、射术诸科，并各有学官教授。此外，黄宗羲还提倡所谓"绝学"，如测望、火器、水力等之类的自然科学。清时颜元为分斋治学集大成者。作为明末清初杰出思想家、教育家，其对于程朱理学批判最为深刻，对于实学倡导最为激进。因室名"习斋"，故学者多称其为习斋先生。幼时困顿，青年时曾"耕田灌园""学医治救"经历为其实学教育思想奠定了基础。从经世致用观点出发，以"实文、实行、实体、实用"为教育内容，在规划漳南书院时，颜元曾陈设六斋。即"文事""武备""艺能""经史""理学""帖括"六斋，分斋教习礼、乐、书、数、天文、地理、兵法、战术、历史、时务、诗文、水学、火学、工学、象数、程朱陆王之学及八股举业等知识技能。譬如，在三十五岁时，为教弟子王法乾农业知识，颜元撰著《农政要务》一书，对于耕耘、收获、辨土、酿粪、区田、水利等皆有论述。③ 后学戴震虽重实学，但多是经、实并置，未有分斋治学。颜元在漳南书院的办学计划与

---

① 《宋元学案·安定学案》。

② 同上。

③ 《颜习斋先生年谱·卷下》。

教学实践，开启了中国古代书院教育向近代实学教育转化的先河。除分斋治学之外，在更广泛的意义上，"通经致用"在士子身上、在经学体系中更为普遍，影响更为深远。

通经致用。先秦百家为后世尚实思想奠定了基础，汉时独尊儒术，之后虽中经玄学、佛学冲击，但通经致用原则未曾更变。儒学应当致用，这是汉时儒师的共同主张。清时学者皮锡瑞曾曰："武、宣之间，经学大昌，家数未分，纯正不杂，故其学极精而有用。以《禹贡》治河，以《洪范》察变，以《春秋》决狱，以三百五篇当谏书。"[①] 由于经学教育倡导通经致用原则，故经师着力吸收自然知识以充实儒学内容。遂使汉代经师多博通科技，在教育上，则一师兼教几科现象多见。譬如郑玄"师事京兆第五元先，始通《京氏易》《公羊春秋》《三统历》《九章算术》"[②]。东汉贾逵则为经学家与天文学家。西汉落下闳、东汉张衡天文学成就斐然，但非世传，皆以经学为基础，通过刻苦自修而成。魏晋时，博儒大师傅玄、颜之推在撰著中则提出劳动教育思想。唐时，科学技术教育颇受重视。著名诗人王勃曾曰"人子不可不知医"，并向长安曹元学习医术。在朝文武大臣多有从事过医药、化学、建筑、水利、农业、机械制造等经历。宋时胡瑗十三岁已读完"五经"，时人异其才智，誉其"此子乃伟器，非常儿也"[③]。本人亦立下"以圣贤自期许"之伟志。其博通百家，谙于音律，通晓古乐，曾与阮逸合作研究钟律，制成钟磬等古乐。[④] 张载素为鸿儒，除"气论"之外，在经济上亦提出"复井田"之策以解贫富不均问题。二程虽为理学奠基者，但一直秉持读书明理以致用，即所谓"百工治器，必贵于有用，器而不可用，工不为也。学而无所用，学将何为也"[⑤]，且二程"学者当务实"的主张为宋时教育界所津津乐道。与之相比，陈亮、叶适"事功"学派更具革命性。所谓"事功"学派，即叶适代表的永嘉学派和陈亮代表的永康学派。其与理学相抗衡，至乾道、淳熙间呈鼎盛之势。批评理学家空谈"性与天命"，对其

---

① 皮锡瑞：《经学历史》，中华书局1959年版，第90页。
② 《后汉书·郑玄传》。
③ 《宋元学案·安定学案》。
④ 毛礼锐、沈灌群：《中国教育通史》（第三卷），山东教育出版社2005年版，第83页。
⑤ 《二程集·粹言》。

"静坐""存养"功夫尤为不满。倡言功利,赞许"三舍法",主张习百家之学、考订历代典章名物,以培养对社会有实际作为之才。与职业教育有关思想如下:第一,实学思想。讲实用、务实学、求实才的经世致用思想。事功学派主张"因事作则",教育应该面向社会实际,讲功利、求实用。传统"经世致用"的因素被汲取。第二,"开物成务"的教育目的论。陈亮、叶适反对朱熹的"醇儒",认为教育的目的是陈亮所说的"成人",就是能以除天下之患、安天下之民为务的人才。"成人"必须集智、仁、勇三种素质于一身即德才兼备、文武兼资、博学多能的人。第三,"经世致用"的教育内容论。事功学派从其"开物成务"的教育目的出发,主张以实事实理的实学为教育内容,以培养事功人才、事功学派的实学既包括儒家经典、历史文献、诸子百家之学等方面的知识,又包括文章、政事等从政的艺能。在博通的基础上,他们也提倡学习兵法、度员等方面的知识。事实上,事功学派的大师们正是博学多能的典范。他们既长于经史,又熟悉兵法、财计、法度等,既能著书立说,又能率兵打仗。"一艺一能"之"事功"教育。重视艺能教育"古人未有不先知稼穑而能君其民以使协其居者"。叶适、陈傅良、吕祖谦、陈耆卿等人都曾从商人的地位、义利关系等各方面发表过意见,如陈耆卿云:古有四民,曰士、曰农、曰工、曰商。士勤于学业,则可以取爵禄;农勤于田亩,则可以聚稼穑;工勤于技艺,可以易衣食;商勤于贸易,则可以积财货。此四者,皆百姓之本业,自生民以来,未有能易之者。元时历山书院,起初以传授儒学知识为主,后因医人匮乏,遂兼学医学。宋时"事功"学派被明清实学所接续。明代实学是中期以后崛起的一个学术流派,至明末清初达到极盛,随后逐渐衰落。强调"体围合一""学仕合一"。其代表人物有丘濬、吕坤、谢肇淛、陆世仪、顾炎武、李颙,又称"义利双行"派。尤其吸收了管、商的"功利"学说,不讳言"富强",以"富国强兵"作为一生追求的终极目标。再有,张居正、海瑞、焦竑、徐光启等皆讲究"实用",提倡"实学""实行""实政",主张"实心"任事。他们抛弃道学家游谈无根的陋习,更多关注那些有关国计民生的事情,诸如农田、水利、河漕、盐法等皆涵括于内。其中,《子史经济言》《明经世文编》《古今治平略》等为明代实学代表性著作。清代实学产生于"天崩地解"的明清之交,核心之处在于弘扬"经世致用"思想。

颜李学派、乾嘉学派为其代表。譬如，黄宗羲兼具经学家、史学家、思想家、地理学家、天文历算学家、教育家于一身，且有"工商皆本"的不凡主张①；戴震则治学广博，音韵、文字、历算、地理无不精通，虽为经师，却撰著《筹算》《考工记图注》等实学。② 梁启超称其为"前清学者第一人"，梁启超、胡适称其为中国近代科学界的先驱者。其他乾嘉学派、颜李学派学子莫不如此。

三 合理性

虽未卑，但治事之学一直持存。设若"材各异"在人的层面凸显出个体之差异；农、工、商、虞各致其用盖源其保障社会层面之平衡；教育类型多元化则恰为经学"垄断"之下的传统教育埋下了"活力"之因子。三者为治事之学存在的合理性奠定了基石。

"材各异"说。治事之学存在合理性首先源于人之差异，或言治事之才的客观存在。事实上，非是所有人皆治国之才，多数人乃治事之才。孔子曾言人有生而知之、学而知之、学而不知三类，分别自在其中。儒家以君子治国。但孔子有教无类，弟子三千，贤人七十二。但贤人之外，恐怕成为"君子"者甚少而"器者"甚多。诚如樊迟曾因"请学稼"而被斥为"此小人也"。在儒墨对抗中，墨子对于人之差异更显见地。在《墨子·耕柱》中，墨子曰："譬若筑墙然，能筑者筑，能实壤者实壤，能欣者欣，然后墙成也。"并在木、铁自然属性比较中，阐述因材施教之理"夫物有以自然，而后人事有治也。故良匠不能金，巧冶不能铄木，金之势不能，而木之性不能铄也。以为器，木以为舟，铄铁而为刃，铸金而为钟，因其可也，驾马服牛，令鸡司夜，令狗守门因其然也"③。受孔子"唯上智与下愚不移"的先验论影响，汉时，董仲舒又有"性三品"之说，即将人性分为上、中、下三等。④ 魏晋时，傅玄对于人才差异的认

---

① 毛礼锐、沈灌群：《中国教育通史》（第三卷），山东教育出版社2005年版，第454页。
② 同上书，第527页。
③ 《淮南子》。
④ 《春秋繁露·深察名号》。

识更为深入。在《长短经·知人》中，提出人有"九流"之殊，"四德"之异，故需认真观察识别才使"执伪者无地而逃"。另以"土与铁"性能不同说明人尽其用之理，即"土不可以作铁，而可以作瓦"。因人各有其长，故需知人善任，如"龙舟整楫，王良不能执也；骥骤齐行，越人不敢御也，各有所能"。在傅玄看来，因全才罕见，故"教人者要因人而教，不可妄教；用人者也要因人而用，不可妄用"。针对教师，傅玄提出"为师者"需"大匠构屋，必大材为栋梁，小材为榱橼，苟有所中，尺寸之木无弃也"。即好的工匠在造屋子时，不浪费一寸的木头，使大小木材各尽其用。唐时，孔颖达则始从"礼"之视角提出"尊卑有常"一说，韩愈则根据人性的先天差别将人性分为三品。宋时，理学盛行，但基于"理一分殊"的思想，张载因秉承"天性"不同，人有愚、智、圣人之分，二程则因"气秉"差异，人有贤愚之别。显然，唐宋"材各异"之说具有等级性。明清时，实学盛行，从顾炎武、黄宗羲到颜元等理学批判者皆对人才多样化有所推进。

农、工、商、虞"各致其用"论。治事之学存在的合理性亦源于社会人才需求多样化。可以说，人类发展的历史也是社会分工不断深化的历史。社会分工基于效率原则。一个社会的良性运行，需要官吏、农夫、匠器、商旅等各式人才。《周书》曰："农不出则乏其食，工不出则乏其事，商不出则三宝绝，虞不出则财匮少。财匮少而山泽不辟矣，此四者，民所衣食之原也，原大则饶，原小则鲜，上则富国，下则富家。"司马迁主张农、工、商、虞并驾齐驱，各致其用。但并非每个人均可成为既能治国且能治事之才。由此，孟子提出劳心者与劳力者的阶层划分。孟子主要观点：有大人之事，有小人之事；大人劳心，小人劳力。且孟子举例以证"禹八年于外，三过其门而不入，虽欲耕，得乎？"尽管存在等级思想，但分工理念具有一定的合理性。春秋战国时期养士之风盛行。在"士"群体之中并非皆"治国平天下"之才。《吕氏春秋》作为集百家思想于一体的著作，其中涵盖着天文、农业、手工等诸多知识与技术等。"士与百工地位相分"不拘一格尊重人才，极大地激发了各种人才脱颖而出，诸如著名工匠鲁班、李冰等皆载入史册。各诸侯国吸纳了各种各样的人才，其中既有治国安邦之才亦有科技人才。以后诸代，傅玄、司马迁、颜元等思想家皆提出多样化人才观。

教育类型多样化与活力。治事之学存在合理性同时源于教育类型多样化需要。人类教育起源于原始社会,主要特征表现为教育寓于原始人群生产与生活母体之中。原始社会劳动教育是普通教育史与职业教育史的共同起点。原始社会末期,古代知识分子开始出现。诸如巫、卜、史、贞人等原始知识分子皆是体脑分工的标志。自此,教育开始分化为培养"劳心者"与"劳力者"两种类型。巫等作为最早脱离物质生产的知识分子,他们成为掌管宗教、巫术、医药、天文历法和文字记录的专业人才。夏、商、周时期,教育开始以独立的形式存在,但回顾历史,重新考究教育在此时代分离对于人类发展必要性的同时,也要考究其主要导致的结果有体力与脑力的分裂;教育与生产实践的分裂;普通教育与职业教育分裂。东周以降,三种分裂伴随时代而演化。学在官府被打破,私学逐步兴盛,至此,官学与私学,普通教育与职业教育,经学教育与治事之学并存。教育类型的多样化造就了中国古代教育的活力,由此引发了古代教育的丰富与发达。教育类型多样化并非杂乱无章,以经学主导,以培养治国之才为要。治事之学培养始终处于边缘化地位,尽管如此,治事之学始终以顽强的生命力伴随历史变迁,而且更多的时候扮演了革命性因素。教育史上治事之学一直以经学批判者身份出现。

四　范型

从教育学视角审视,治事之学即以"百职人才"为培养目标,以"实学艺能"为培养内容,在不同的层面,"明体达用""各专一事"与"习行教法"则构成其方法体系,与经学比较,显得尤为鲜明。

百职人才。在教育史,明确界定且弘倡治事之才的当属傅玄、颜之推和颜元。其中,傅玄首提"九品人才论",突破了传统儒学人才观之拘囿。在傅玄看来,"凡品才有九:一曰德行,以立道本;二曰理才,以研事机;三曰政才,以经治体;四曰学才,以综典文;五曰武才,以御军旅;六曰农才,以教耕稼;七曰工才,以作器用;八曰商才,以兴国利;九曰辨才,以长讽议。此量才者也"[①]。其中,傅玄置"德才"于首位,

---

① 《长短经·量才》。

即"品才以德为首,知人以德为重"。针对"用人不当其才,闻贤不诚以事"的社会制度提出批评。譬如,感慨马钧未用一事时曰,"马氏巧名已定,忽忽而不察,况幽深之才,无名之璞乎"。即主张"用人当其才",非"求全责备"。在《傅子·阙题》中,傅玄曾言:"圣人具体备物,……德行颜渊之伦是也;……言语宰我、子贡是也;……若政事冉有、季路,文学子游、子夏。"尽管九品人才多为选"仕"之用,但无疑丰富与发展了古代职官理论。傅玄之后,在批判魏晋南北朝时期士大夫教育基础上,扬弃了儒家"经世致用"思想,颜之推提出"六品实用人才观"。颜之推非常蔑视士族教育现状"多见士大夫耻涉农商,羞务工伎,射则不能穿札,笔则纔记姓名,饱食醉酒,忽忽无事,以此销日,以此终年"。基于此,颜之推提出教育既不是培养清谈家亦不能培养章句博士,而是要培养国家实际有用的人才。其包括六个方面。"一、朝廷之臣;二、文史之臣;三、军旅之臣;四、使命之臣;五、兴造之臣。"颜元堪称典范。作为清代实学代表人物,颜元提出"百职"专门人才观。颜元认为教育不是培养无益于国家的"庸碌"官吏,而是培养"经济臣"。人才需"以经世致用为宗"。颜元认为,要"经世"治国,仅有"君相"与"百官"不行,必须有"百职"专门人才。其举例"禹之治水,非禹一身尽治天下之水,必天下士长于水学者分治之,而禹总其成"[①]。颜元批判了把专门人才比作下等卑贱职业的思想,其提出"学须一件做成便有用,便是圣贤一流"[②]。"生存一日,当为生民办事一日"[③],颜元"经世致用"人才观与"百职"专门人才一方面源于其"经世致用"人才思想,另一方面有"业各殊"的社会分工理论与"材各异"的人才差异论断,尤其凸显了民本思想。围绕"百职"专门人才观,颜元在漳南书院教育改革中充分体现出实学教育精神,开启了中国古代书院教育向近代实学教育转化的先河,历史意义重大。

实学艺能。与经学崇道重礼比较,治事之学倡导实学。魏晋颜之推首倡劳动教育与艺能教育。《颜氏家训·勉学》:"谚曰:'积财千万,不

[①] 《习斋四存编》之《存学编》。

[②] 《颜习斋先生言行录》。

[③] 《习斋年谱》卷下。

如薄技'在身。技之易习而可贵者，无过读书也。"另外，颜之推强调士大夫子弟要"知稼穑之艰难"，学习一些农业生产知识。《颜氏家训·勉学》言"农工商贾，厮役奴隶，钓鱼屠肉，饭牛牧羊，皆有先达，可为师表，无不利于事也"。宋代，陈亮、叶适"事功"学派主张"因事作则"，教育应该面向社会实际，在博通的基础上，提倡学习兵法、度员等方面的知识。明代实学代表人物张居正、海瑞、焦竑、徐光启抛弃道学家游谈无根的陋习，更多地关注国计民生之事，诸如农田、水利、河漕、盐法等。王夫之提倡实学，要士子学习"天下治乱、礼乐、兵刑、农桑、学校、律历、吏治之理"，否则，国家不能有"可用之士"，其要求"登士于实学"。颜元主张"实文、实行、实体、实用"。以尧舜周孔所倡导的"三事、六府、三物、六德、六行、六艺"作为"实学"内容。颜元特别强调学习"六艺"以及"兵农钱谷，水火工虞"等生产、军事方面的知识和技能的重要性，以造就德才兼备、文武双全或有一技一艺的实用人才。

　　明体达用。治事之学初始仅是经学的一部分，后逐步成为经学中批判性与革新性因素。一言以蔽之，经学主导之下，治事之学仅是凸显经学明体达用的工具所在。即便如此，其对于改造经学或改造教育意义深远。宋代胡瑗首倡"明体达用"的教育目的即"学以致用"精神。其不仅为此开辟分斋治学，且对新儒学"穷理践行"思想转变起到推动作用。程朱理学"穷理以致其知，反躬以践其行"实质为胡瑗"明体达用"的思想变种。朱熹的学问体系不仅涵盖对传统儒学知识经学和史学的注解，而且包含作为"科学"的历法、音律、地理等知识元素。宋代陈亮、叶适"事功"学派批评理学家空谈"性与天命"，对其"静坐""存养"功夫尤为不满。主张习百家之学、考订历代典章名物，以培养对社会有实际作为的人才同样是对"明体达用"思想的继承。宋代"明体达用"之思想为明清两代实学奠定了坚实基础。明代实学学风由丘濬开创。其所著《大学衍义补》一书，可谓放眼"治平"之术，恢复儒学"有体有用"的真精神。该书被明末实学家陈仁锡所辑《经世八编类纂》列为八种"经世"书之首。明代实学强调"体围合一""学仕合一"的理念。其中，顾炎武、李颙等代表"义利双行"学派。至清，乾嘉考据学久负盛名的"皖派宗师"戴震视科技为实学加以提倡，皆是明体达用的体认。

各专一事。与经学鸿儒、通儒比较，治事之学倡导各专一事。傅玄在管子"四民分业"基础上提出"分业壹事"之思想。在《安民》篇曰：分其业而壹其事。业分则不相乱，事壹则各尽其力……傅玄认为"分业"为农、工、商三才发挥各自职能的前提。颜之推持类似观点，即有"人生在世，会当有业：农民则计量耕稼，商贾则讨论货贿，工巧则致精器用，伎艺则沈思法术，武夫则惯习弓马，文士则讲议经书"一说。① 宋代胡瑗"治事"斋中，强调"一人各治一事，又兼摄一事"，各因其所长而教之。如"治民宜安其生、讲武以御其寇、堰水以利田、历算以明数是也"。颜元主张各专其业，各得其用，他说"人之于六艺，但能究心一二端，深之以讨论，重之以体验，使可见之施行，则如禹终身司空，弃终身教稼，皋终身专教而已，皆成其圣矣"②。颜元在自己著作中，列举了许多古今中外豪杰皆"各专一事"。他常鼓励其弟子各专一艺，且善于因材施教，不拘一格培育人才。主张教育要结合学者的个性进行，注意发挥每个学生的特长。其弟子中，"有勇力者"则教之骑射技击诸艺；有志于抗清朝贵族统治的"抗节不仕者"，就教其学习兵法，而学礼、学书、学乐、学律、学数等。教学根据学者材质和兴趣制定："凡弟子从游者，则令某也学礼，某也学乐，某也学兵农，某也学水火，某也兼数艺，某也尤精几艺。"③ 故在颜元的生徒中，专才甚多：高足弟子李塨专于乐，李植秀专于礼，颜士俊专于骑射，颜而俨精于数学，颜修己专于律，宋希廉专于书，张鹏举长于兵法，朱敬专攻水、火诸学。另有"手制小仪器，业者自谓弗如"的巧匠冯雍，善于垦荒种田农技人才齐林玉等。

　　习行教法。与经学明理，玄学尚谈比较，治事之学倡导习行。傅玄认为，玄学家"才辩"是以"悬言""空言"而"利口覆邦国"之"败德"行为。颜之推继承了傅玄思想，以邺下俗谚讽刺"博士买驴，书卷三纸，未有驴字"的食古不化的迂阔之习，教育子孙后代通过读书学习来"志于行"。明代王廷相，提出掌握知识必须从"见闻之知"始，学生

---

① 《颜氏家训·勉学第八》。
② 《颜习斋先生言行录》。
③ 《颜氏学记》。

需接触事物、实地学习,才能认识事物,叫作"接习"。且以"闭户学操舟之术"比喻此理。另说:"讲得一事即行一事,行得一事即知一事,所谓真知矣。"黄宗羲提倡"学用一致"的教学方法,学历者能算气朔,观测天文气象。学医者,根据理论与实践考核,分三等处理,中等者才许继续"行术"。作为集大成者,根据"因行得知"和"学问以用而见其得失"的知识论,颜元提出以"习行"为中心的教学法理论。尤其以矫枉过正之方式提醒弟子:"人之岁月精神有限,诵说中度一日,便习行中错一日;纸墨上多一分,便身世上少一分。"[①] 在颜元看来,"读得书来,口会说,笔会做,都不济事,须是身上行出,才算学问"。即"练达世务"且为"生民办事"者方为"美才"。指出"习行之学"贵在"实行""实践"。主张学一艺必习一科、验一方,手脑并用,切忌纸上谈兵。"觉思不如学,而学必以习",并将家塾之名由"思古斋"改为"习斋"。颜元认为:"读书无他道,只须在行学上著力。"[②] 以习学琴为例,"今手不弹,心不会,但以讲读琴谱为学琴,是渡河而望江也,故曰千里也。今目不睹,耳不闻,但以谱为琴,是指蓟北而谈云南也,故曰万里也"[③]。

五 启鉴

在一定意义上,同为"士子",董仲舒、朱熹则以孔子为师,将"注六经"视为"士子"之本;胡瑗、颜元等则倡导治事之学遂成为经学中的革新因素。可以说,在波澜壮阔的中国教育史话之中,专才与通才、农圃与小人、崇道与尚艺、治事与文明等范畴之间思想冲突与融合此起彼伏、交互缠绕。

专才与通才。治事之学丰富了手工时代的人才文化,尤使专才与通才的思辨逐步明晰。传统儒家标榜"通儒与通才",以达君子之功。但从傅玄至颜元皆反对之。但中国人才观并非"非此即彼"之状,多是在二

---

① 《存学编·卷一》。
② 《存学编》。
③ 同上。

者张力中交互而行。只不过,"通儒与通才"一说为显学,"专才"一说为隐学而已。事实上,"通儒与通才",只有少数人可为,众人则多专门人才。故傅玄主张"用人当其才",反对求全责备。即"教人者要因人而教,不可妄教;用人者也要因人而用,不可妄用"。

之后颜之推提出人才需"博闻"与"执一"相结合。其敏锐地意识到个人精力与天才区域的局限性,要在"博"的基础上求"精",即"多为少善,不如执一"。陈亮、叶适尤其反对朱熹的"醇儒",提出"一艺一能"的"事功"教育。陈耆卿云:士勤于学业,则可以取爵禄;农勤于田亩,则可以聚稼穑;工勤于技艺,可以易衣食;商勤于贸易,则可以积财货。显然,就实学派而言,需固守"执一"。就二者关系,清时颜元则更显激进。当学生请教颜元欲想成为"无不知能"的人才时,颜元提醒道:"误矣!孔门诸贤,礼乐兵农各精其一;唐虞五臣,水火农教,各司其一。后世菲资,乃思兼长,如是必流于后儒思著之学矣。盖书本上见,心头上思,可无所不及,而最易自欺欺世也。究之,莫道无一不能,其实一无所知也。"① 遗憾的是,专才观于中国从未占据主流之位。

大人与小人。在《论语》中载有"樊迟请学稼"之事,孔子言"此小人也"。孔子旨在希望学生皆为治国、平天下之才。孟子从后提出"劳心者"治人,"劳力者"治于人的思想对后世影响颇深。管子畅行"四民分业"政策以后,农为庶民,但工商一般低于庶民之地位,故皆以"小人"相称谓。在另一维度,唐太宗评价书学亦有"书学小道,初非急务,时或留心,犹胜弃日。凡诸艺业,未有学而不得者也,病在心力懈怠,不能专精耳"一说,地位可见一斑。再有,传统社会有明确规定,工商不得为仕,遂有匠籍、医籍制度。以"小人"相称谓的另一重要原因即治事之才多被人役使。故颜之推一方面告诫子孙"薄技"重于"家财",另一方面,则提出技艺只可兼习,而不可专业,以求得"艺不役人"。但就"小人"问题,诸代皆有明识之士。诚如周灭商,周公教康叔杀违禁饮酒之人,独对商族手工业者加以宽恕,"勿庸杀之,姑唯教之"。傅玄曾为发明家马钧撰著《马钧传》,以"国之精器,军之要用"相称

---

① 《颜习斋先生言行录》。

誉，而其巧有益于世，绝不可"忽而不察"等语词凸显出对"匠人"之珍重。颜元则视其与圣人同，即所谓"学须一件做成便有用，便是圣贤一流"①。

崇道与尚艺。古代经学崇道，培养治国之才；古代治事之学尚艺，培养治事之才。儒家"明体达用"之改造，凸显出"道"中有"艺"方可经世致用。治事之学需"艺"中有"道"，方可自成境界。自原始社会末期学校萌芽以后，学校教育完全与劳动教育、技术教育相背离。传统儒家思想鄙视劳动教育；道家思想追求"君子南面之术"的政治哲学；佛家"性空"、玄学"空谈"皆未把技艺置于应有的高度。治事之学一直在批判儒学、玄学轻艺以激发经学改造，经学治国之学一直在批判技艺小道以激发治事之学不断升华。魏晋南北朝时期，颜之推提倡"生存求利"教育同时体现了"全人教育"理念。其中，"德艺周厚"即知识技能教育与道德教育相结合；"技艺兼习"即知识传授与培养技能相结合；"博闻执一"即在知识与能力结构体系中达至博闻与精深的统一。古代治事之学达至崇道与尚艺的统一是士子治学之追求。

治事与文明。手工时代因经学主导，因此治事之学对于文明的创造久被忽略。治事之学直接推动了物质文明进步，古代农才、工才为直接物质生产者，商才乃物质交换者，皆直接推动了人类物质文明进步。《周书》曰："农不出则乏其食，工不出则乏其事，商不出则三宝绝，虞不出则财匮少。财匮少而山泽不辟矣，此四者，民所衣食之原也，原大则饶，原小则鲜，上则富国，下则富家。"即是很好的诠释。可以设想，没有治事之学，人类就失去了生存的基础。尤其是，劳动教育对于精神文化意义深远。劳动的健康价值被颜元首肯。常劳动则"筋骨竦，气脉舒"，而久之则"魂魄强"。遂学习时"振飒精神，使心常灵活"。而劳动更显德育价值，诚如颜元所言："吾用力农事，不遑食寝，邪妄之念，亦自不起。"概而言之，治事之学可弥补经学、玄学之弊端，反倒使政治思想、社会风气得以纯化。

---

① 《颜习斋先生言行录》。

本章小结

事实上，在推动人类进步的力量中，的确有两个车轮即哲学与治事之学。从古至今如是。遗憾之处在于，二者一直以来不仅以"二元"对立之势并置，尤其是一"显"一"隐"等级分明。可取之处在于，经学之中有治事因子，治事之学中有经学取向，彼此关系直接为二者未来发展奠定了方向性基础，这即中国教育哲学生命力之所在。

第 六 章

职官制度

在中国古代职业教育发展史上，职官尤其是技术职官曾长期担任职业教育的重要"师资"。所谓技术职官，即古代官僚体系中掌握科学技术职责的官吏，此是古代社会"学术官守"标志之一。尽管伴随诸专科学校诞生及学徒制度成熟，职官职业教育有所削弱，但纵观手工时代，技术职官可谓推动传统中国职业教育辉煌的基础性因素。遗憾的是，伴随社会更迭，其间的合理内核亦一并被舍弃，当下，探究与重估其现代化问题颇具裨益。

一　演进

职官制度可追溯至氏族部落首领"设官以教民"。诚如《左传》所载："昔者黄帝氏以云纪，故以云师而云名；炎帝氏以火纪，故以火师而火名……"尧设"四岳"为部落酋长，议事会成员则有皋陶、后稷、彭祖等。舜时，则设"八元"以管教化，"八恺"以管工地。并且，据人所长，委以不同职务。譬如，禹担任司空，主平水土；后稷"善稼穑"，主持农业，播种百谷；倕为共工，主管手工业……[①]其他如是。夏时奴隶制度建立，需设职官以推行国策，管理万民，遂跨越了原始氏族以图腾命官，形成了一整套职官体系，各司其职。商时，在行政、军事、宗教等诸领域建立完备的职官系统，在中央即"殷正百群"，在地方则"殷边侯甸"。西周职官制度越加成熟。据《周礼》记载，西周职官分为天官冢

[①] 《尚书·舜典》。

宰、地官司徒、春官宗伯、夏官司马、秋官司寇、冬官司空六类。其中，大、小司徒之职责即掌管文教"以教稼穑树艺"和统率军队，所谓"以起军旅，以作田役"，属于兵农合一。① 荀子曾曰："农精于田而不可以为田师，贾精于市而不可以为贾师，工精于器而不可以为器师。有人也，不能此三技而可使治三官，曰：精于道者也，非精于物者也。"② 此言皆属于低级职官。周朝还有司会治下的财会人员教育，乐师治下的音律知识传授活动，百工各业官吏治下的制造技术传授活动等。概而言之，周代职官制度为后世奠定了基础。

在天文官方面，起始最早。氏族部落时期，诸如巫、卜、史、贞人等原始知识分子出现，多是掌管宗教、巫术、医药、天文历法和文字记录的专业人才，即所谓畴官。据载，尧帝曾"乃命羲和，钦若昊天，历象日月星辰，敬授人时"。故顾炎武曾判定"三代以上，人人皆知天文"。西周时，周室衰微，畴官子弟散。据《史记》载："于宋，子伟；在齐，甘公；楚，唐昧；赵，尹皋；魏，石申。"③ 汉时，畴官制度被暂时打破，"通经致用"原则之下，儒师中生发出西汉落下闳和东汉张衡等著名天文史官。魏晋之后，算学、天文学等专门学校诞生，遂畴官制度与专门学校渐次结合。

在农官方面，后稷之后，至商，已有籍臣、农正、司民、田畯等出现。周时已有大司徒一职，其有"教稼穑树艺"于民的职责。其中包括十二项内容。一曰稼穑，二曰树艺，三曰作材，四曰阜蕃，五曰饬材，六曰通财，七曰化材，八曰敛材，九曰生材，十曰学艺，十有一曰世事，十有二曰服事。④ 基层农官则有草人、稻人、司稼等。⑤ 吕思勉认为，《周礼》中出现的兽人、鳖人、牧人、牛人、充人、迹人、角人、羽人、掌蜃、囿人、鸡人、羊人等皆官员之名，职业概与农业和畜牧业有关。基于"农本"思想，以后诸代皆重农官设置。

在工官方面，始于商代中期。彼时，手工业已从农业中进一步分

---

① 《周礼·地官》。
② 《荀子·解蔽》。
③ 《史记·天官》。
④ 《周礼·地官·司徒》。
⑤ 《周礼·地官·遂人》。

化出来，且内部已有固定分工。即《尚书》中商有"百工"一说。据专家考证，直接负责管理手工业的管理者即叫"百工"。在金文《令彝》中载有："明公朝至于成周，出令，舍三事令，及卿事寮，及诸尹，及里君，及百工，及诸侯……"公臣簋铭文亦曰："虢仲令公臣：司朕百工。"① 由诸铭文可以判断，手工业作坊由国君派遣官员管理，百工负责组织生产。伴随时代变迁，自中央起管理手工业已经形成一套严密组织，"百工"演变为普通手工业者的统称。秦汉官营工业，中央一级归大司农及少府管理，地方工业也设工官管理。汉时，中央一级的大司农与少府员吏中各设有学事75名和13名。大司农的官员对所在学事，负有教导之责，在汉代这类官员中有这方面的名师，如桑弘羊等。唐代专设少府监"掌百工技巧之政"，即负责管理百工技巧和将作监以"掌土木工匠之政"。手工作坊中，从商代始至于秦汉等均有低级"工师"负责技术培训工作。奴隶主将能工巧匠聚集为"在官之工"，身怀绝技者还被擢升为"工师"。《礼记》中即有"命工师令百工"一说。② 又《孟冬》曰：命工师效功。注云：工师，工官之长也。"工师"即教新工学手技艺的技工教师。由此可知，高级工官为低级工官之师，工师则为百工之师。

在商贾官方面，始于西周。譬如，在《周礼》中明确记载"贾官"，其包括：庖人下属贾八人，大府下属贾十六人，玉府下属贾八人，职币下属贾四人，典妇功下属贾四人，典丝下属贾四人，泉府下属贾八人，马质下属贾四人，羊人下属贾二人，巫马下属贾二人，犬人下属贾四人。③ 其中，贾官职守"主市买，知物贾"。意思是，"贾官"最重要的基本功为辨别商品优劣与判断商品价格。在《周礼》中亦载"此特有贾人者，庖人牲当市之故也"④。意思是，庖人所需的牲畜，通常需要从市场上购买，故需有专职商贾来办理此事。另外，西周，低级无爵位的商业职官还有"贾师""贾正""肆长""廛人"等。其中，"贾师"为管理物价之人；"肆长"以管理日常事物；"廛人"，以征收商税。再有，西

---

① 《尚书·酒诰》。
② 《礼记·月令》。
③ 《天官·庖人》。
④ 同上。

周时，出现商业"会计"教育的萌芽。秦之后，"重农抑商"政策日甚，商官变革鲜有人关注。

二 畴学

职官体系当中，畴人为重要组成部分，尤其指父子相传的太史官。夏商周出现畴官制度。其中，家业世世相传为畴，父子世代相传为业的世袭职官，称为"畴人"，继承事业的子弟被称为畴人弟子，所传皆为畴人之学。畴人世学，即在"学术官守"背景之下，技术在职官间代际传承，形成"传之畴官，各从其父学"的独特文化现象。

畴。古代"畴"字有本义与引申义多种释义。"畴"本义指"已经耕作的田地"，如《荀子·富国》中有："其田畴秽。"即已经耕种过的田地又被荒芜。后来引申为"农作物种植的分区"，如左思所说的"瓜畴、芋区"[1]。后又引申为"种类"，如《荀子·劝学》中："草木畴生，禽兽群焉，物各从其类也。"此处"畴生"即同类在一起生活。再有，在《尚书·洪范》中："我闻在昔，鲧陻洪水，汩陈其五行，帝乃震怒，不畀洪范九畴。"其中之"畴"皆作"类"解。在《集传》中，宋代学者蔡沈将其阐释为："畴，类……洪范九畴，治天下之大法，其类有九。"意思已经极为明晰。在《后汉书·祭遵传》中有"死则畴其爵嗣"记述，对此，李贤注解道："畴，等也，言功臣死后子孙袭封，世世与先人等。"在《集解》中，裴骃引如淳曰"家业世世相传为畴"。至此，"畴"成为中国古代一种独特的技术传承文化。

畴人。家业世传为"畴"，承传世业之人应作"畴人"。"畴人"一词出自《史记·历书》"畴人子弟分散"。又有"父子畴官，世世相传"一说。[2] 因上古掌管天文历算的官员多为世袭，故"畴人"即此方面人才的特称。清代阮元所著《畴人传》为中国最早的科学史著作，该书共收录历算学家243人，上起黄帝，下迄清代，其中以清代的历算学家人数最多。如王锡阐、梅文鼎、陈厚耀、戴震等皆为著名人物。英国著名科技

---

[1] 《蜀都赋》。
[2] 《史记·龟策列传》。

史家李约瑟博士在其名著《中国科学技术史》一书中称《畴人传》是"中国前所未有的科学史研究"与"是一本很好的书"。《畴人传》前冠有清代算学名家谭态所撰《畴人解》一篇对于"畴人"有详细阐释：父子世代相传为业的世袭职官，称为"畴人"。"畴人""畴官"等皆属同义。

畴人弟子。最初记载于《史记·天官书》："幽、厉之后，周室微，陪臣执政，史不记时，君不告朔，故畴人子弟散，或在诸夏，或在夷狄。"继承畴人事业的子弟被称为畴人弟子。东周时期，社会剧烈变革，"学术官守"制度被打破。在畴官领域，部分散落在各诸侯国，"诸侯畴官"取代"天子畴官"。

另一部分周室畴官设私学收徒，如巫咸，商代天文官，创立巫咸学派。入周以后，巫咸学派的天文学说即由殷之遗民所建的宋国的司星所继承和发展。子韦是巫咸学派的代表。因此，畴人弟子应该包括两个部分：其一，畴人血亲后人，亦是古代天文历算传承之主体；其二，与畴人师徒相称的学生，此在古代社会占有较小的比例。在《畴人传》中，自西汉至明中叶约一百五十人，出身官学的"司徒学生"和"星历生"仅有两人；出身"司天官属"和"司天役人"的亦只有两人（唐，郭献之；宋，张奎）。故多为畴人弟子。

畴人之学。畴人所传天文历算之学皆为畴人之学或畴官之学。事实上，农业与畜牧业生产之需推进了天文学诞生。恩格斯在《自然辩证法》一书中写道："天文学——游牧民族和农业民族为了定季节，就已经绝对需要它。"否则播种不知季节，狩猎不知方向。天文学是合理安排农作和储藏过冬食物的必然需求。在《中国天文学史》中记载，"约在公元前2400年，中国已经利用观测大火昏见来确定春季之始"；五帝时，"观象授时"以定农时；《史记·历书》"黄帝考定星历，建立五行，起消息，正闰余"；唐司马贞为《史记·历书》所作索引载："羲和占日，常仪占月，臾区占星气，伶伦造律吕，大桡做甲子，隶首作算术。"夏代设立"告朔之政"，由天子向各诸侯以及天下臣民颁布历法，规定各月所做大事，以专官研究天文、历法、物候，这些专官被称为天官或史官，位居六卿，成为世袭家传畴人之学的主体。商代巫咸作《咸乂》。据《周礼》记载，太史下设职官冯相氏和保障氏即是分别负责纪年、纪月、纪日及辨四时和占天星、占星土、占十二岁星、占五种云气、占十二种风的著名职官。不仅王朝中央设官传习天文历法知识，地方官员如土圭官亦要根据天文历算之法，传习测量土地、测定方位、建造国城等技术知识。战国则诞生《甘石星经》。魏晋始设置算学专科学校，《九章算术》《周髀算经》《七曜》等天算著作皆为教材。历经隋、唐、宋三代高度发展，元代天文学开始分科设学：天文、算历、三式、测验、漏刻、阴阳等科。又加之自明代开始的"西学东渐"，古代畴人之学已成为丰富的科技体系。

畴人迁变。起初，畴人即精通天文历法之人，这在《史记·历书》和《汉书·律历志》中皆有记述。唐张曾言："彼日而蚀，诗人所丑，应亏不变，转异为臧，未知天意降休，将或畴人未洽？"[①] 意思是，畴人首先指精通天文历算的学者。此外，《史记·龟策列传》将擅长巫卜术数的周官也称作畴人，由于他们所传授的是尚未与自然宗教迷信分离的科技知识，故畴人之学在古代逐渐演变成科技教育的代称。清代学者阮元在《畴人传》中还将古代名医、地理学家等古代科学家列入其中。自周代，就有独立的医学职业与医事制度。据载，医师，上士二人，下士四人，府二人，史二人，徒二十人。医师，众医之长。其职责为"掌医之政令，聚毒药以供医事"[②]。另外，已有食医、疾医、疡医、兽医之分。当然，天文历法禁止民间私学，而医学民间传播打破了医学畴官制度的限制。畴人业已成为一种技术符号，如卫氏为官医，则称卫畴人。

三 范式

宦学事师。古代技术职官首先以"宦学事师"方式接受技术教育。"宦学事师"见于《礼记·曲礼上》"宦学事师，非礼不亲"。孔颖达疏引熊安生曰："官（宦），谓学仕官之事；学，谓习学六艺。"基本含义，即已仕者拜师以学仕官之职事。西周，由于"居官学治民之事"，凡为官从政皆须学习掌握岗位专有知识技能即"大官"教授"小官"。因此，

[①] 《集贤院贺太阳不亏表并答制》。
[②] 《周礼·天官冢宰》。

"宦学事师"成为技术传播的一条途径。技术职官其岗位含有关乎民生日用的科学技术，诸如史官负"传天数"之责，精通历史、天文、物候、历法等知识。自夏代就立有执掌天、地、人之政的"三政"，有关"地"的知识是畴人之学必不可少的内容。据《周礼·地官》所载，传授疆域地理学知识、自然地理学知识、地形测量知识和地图知识，是地官治下的主要教育内容。每一类型的知识皆十分丰富，如疆域地理知识就分"土"和"壤"的知识，"土"专指土地区域和区域中的名物名号，而"壤"则专指土质，要有辨别"十有二壤之物而知其种"的技术。又如地图知识，包括地事图知识及其矿产地图知识，负责矿产的职官，既负责勘测金玉锡石、绘制地图，还要将其传授给开采的人，"则物其地图而授之"。

子就父学。古代畴官，在"宦学事师"制度背景之下，主要以"子就父学"方式传承技术。畴官在指导下级的同时，更多的是将技术传给自己的儿子即"传之畴官，各从其父学"。巫咸，商代太戊帝之国师，筮占卜创始者，著名占星家，作《咸乂》。《海外西经》和《淮南子》有"巫咸掔……"等内容，据《书·君奭》云："在祖乙时，则有若巫贤。"巫贤，乃巫咸之子，在商王祖乙时期担任大巫。巫咸、巫贤父子说明了畴官制度特征。畴官掌管天子王宫中的天文、历法、水利、建筑、制造等技术，通过仕宦之途将有关职事的技术代代相传，从而形成畴官之学。畴人世官反映了血缘关系掩盖下的阶级不平等。"为官者世世为官，为民者世世为民"，由于官守学业，为官之父兼而为师，传其所学；为官之子，则就其父学，习其业，谓畴人子弟。此章学诚、章炳麟所谓"畴人世官"说。

专科学校。古代专科学校成为职官制度重要补充。约至魏晋，医学专科学校产生，《唐六典》卷十四注记载："晋代以上，习医子弟代习者，令助教部教之。宋元嘉二十年，太医令秦承祖奏置医学，以广教授。至三十年省。"说明早在晋代已有医官教习之设。魏晋始设算学以培养天文历法之官，元代据《元史·百官志六》卷九十记载：国家天文机构太史院与司天台的分工是"颁历之政归院。学校之设隶台"，即二者都承担国家天文教育工作，但以司天台为主。至元十五年（1278年）设置与司天监并立的太史院，招收星历生，名额44人。地方阴阳学在各路、府、州均有设置。专科学校与畴官制度并非毫不相干，一般专科学校招生主要从贵族子弟或畴人子弟中选择。如元代"医学提举司"和"官医提举司"成立以后，元廷正式下诏，规定由官医提举司委派提调官一名，"同医学教授将附医籍户并应有开张药铺，行医货药之家子孙、弟侄，选拣堪中一名赴学。若有良家子弟，才性可以教诲，愿就学者听，据医学生员"。古代专科学校成为畴人子弟学习的新系统。

四　属征

"官师一体"。"官师一体"即等级社会"学术官守"的重要体现，夏代以降，奴隶社会制度逐步建立，核心特征表现为奴隶主不仅占有物质生产资料，而且占有精神生产资料。诚如韩非所言"明主之国，无书简之文，以法为教；无先王之语，以吏为师"。"吏外无师"与"法外无学"的状态基本形成。至此，教育性质完全变化，教育目的成为"知法守法、服从统治"的顺民。"以吏为师"不仅在秦汉时期被强化，而且成为以至于清代的重要制度底色。另外，由于生产力水平的局限，民间教育文献、技术设施极为匮乏，亦成为官府垄断教育的客观局限。由于影响"官师一体"社会因素的变化，"学术官守"的局面逐步被打破，如春秋战国时期墨家与农家以及后期官府手工业艺徒制度的出现。但"官师一体"方式一直成为中国传统社会教育的重要组成部分。

就职官而言，在"官师一体"背景之下，主要定位于"三重角色"。第一，技术职官首先是官，且由于作为社会事务的管理者而成为统治阶级的一部分，"官"的属性为本质属性，"师"的属性为第二属性；第二，低级技术职官与高级技术职官为师生关系，并且"学官"之过程也是掌握岗位知识技能的过程，"上下级"与"师生"关系融于一体；第三，技术职官是所在领域百姓之师，即农官为农民之师，工官为百工之师，商官为商业管理之师。古代职官制度传承技术的方式即是通过"大官—小官""官—民"两种路径完成的。此"三重角色"伴随时代更替，不断分化、转移，但"三位一体"的角色定位始终未变。即使是算学、书学、医学、天文学等职业专门学校诞生，其中职业教育师资仍首先为"官"，低级技术职官则称高级技术职官为"师"。

作为古代技术职官,"官师一体"的职能定位不是一成不变的,其中"为官者"的管理职能与"为师者"的育人职能伴随朝代更迭而变化。约略分为四个阶段。第一阶段,先秦技术职官"教育职能"主导阶段。由于崇官文化尚未形成,又加之自三皇五帝时期形成的"民惟邦本,本固邦宁"的民本思想,因此先秦技术职官主要凸显教育职能。第二阶段,秦汉技术职官"教育与管理职能"并重阶段。秦朝实行"以吏为师,以法为教"的政策,法家影响延至汉代,技术职官管理职能凸显且与教育职能并重。第三阶段,魏晋南北朝时期技术职官"管理职能"主导阶段。算学、律学等职业专门学校诞生,导致技术从职官形式一元化演变为多元化传播,古代职官变为技术人员的管理者即农师、工师的管理者。第四阶段,即明清时期,技术职官进入"衰落与官僚化"阶段。

在"官师一体"基础之上又加之宗法血亲关系,至此,古代畴官"为官、为师、为父"三位一体模式形成。以社会学视角,畴官在岗位之内即限于"角色丛"中,为官、为师、为父三者规则与文化不甚相同,畴官制度之所以成为一种独特的文化现象亦与此有关,其内在冲突亦不可避免。

"官私并守"。自西周始,职官教育凸显"官私并守"二重性,并主要分化为"宦学事师"与"畴人世官"两种形式。"宦学事师"即已仕者拜师以学仕官之职事,其特点"仕而优则学"而非世卿世禄。另外,氏族宗法制度形成的家有世业传统,也是学在官府的重要组成部分。至此,"畴人世官"制度出现。"畴人世官"制度与"宦学事师"的区别在于其世卿世禄特征。主要特征表现为"传之畴官,各从其父学"。由于官守学业,为官之父兼而为师,传其所学;为官之子,则就其父学,习其业,谓畴人子弟。尤其凸显了古代社会"为官者世世为官,为民者世世为民"的等级特征。

畴官作为一种职官类型,以"宦学事师"与"世业相继"两种形式传承技术。"宦学事师"传承形式主要体现于大官与小官之间,"世业相继"则表现在血亲父子之间。因此,畴官制度凸显出"官私并守"的双重属性。夏代以后,奴隶社会制度逐步建立,其重要特征即奴隶主不仅占有物质生产资料,而且占有精神生产资料。另外,由于生产力水平的局限,民间教育文献、技术设施极为匮乏,亦成为官府垄断教育的客观局限。"宦学事师"为畴官子弟"世业相继"的辅助形式与制度背景,此是古代社会"学在官府"与"技术官守"的本质体现。先秦"宦学事师"与汉代"宦学"制度一脉相承。尽管东周以远,"学在四夷"现象出现,但"技术官守"成为整个手工业时代的底色。依托"宦学事师"的背景,畴官主要以"世业相继"的形式传承。古代氏族宗法制度形成家有世业传统,贵族以"世业相继"的形式确保技术居家永占,亦是学在官府的重要组成部分。"官私并守"在畴人世学中达至统一。

"仕艺双学"。主旨"学仕学艺"双重内容。秦汉"宦学"即典型教育模式。秦汉"宦学"是先秦"宦学事师"制度的延续与发展。"宦学事师"反映出教学内容以学"仕官之事"为要,基本含义是求学要入仕途,边仕边学,尤需学习为官之术。秦朝还设立了专门训练吏员的机构——"学室"。汉代继承了秦代宦学制度,官学创办之后仍未废止。"官学"与"宦学"相互补充。汉代"学童""学事""私从"等皆宦学学徒之名。作为职官教育的"宦学"除了要掌握普通文化知识,还需掌握与岗位有关的天文历法、农业技术、工业生产等诸多方面。据1977年8月在玉门花海汉代烽燧遗址出土的竹简《仓颉篇》《甲子表》考释,汉代"宦学"所习,不以律令、书记为限,还有农田水利、算学、天文、地理水利等知识。汉代以降,尽管"宦学"没落,但渗透于官学或官僚体系中的"学仕学艺"特征始终留存。

五 张力

优势与压抑。古代技术职官之所以起到重要作用,主要归因于占有与垄断学术资源。清代以往,尽管平民亦有许多重大技术发明与贡献,但绝大多数技术科学家均为职官。技术职官由于占有国家所属的技术资源并得以将其整合优化,在资源相对贫乏的古代社会,资源集中对于科学研究与技术发明尤为重要。这即是古代技术职官在诸多领域贡献斐然之故,如西汉著名农学家赵过、氾胜之等均如此。畴官如是。官方属性亦使中国古代天文事业的发展在人才、经费、设备和工作条件等方面,皆得到扶持和保证。这是古代天文观测研究工作始终未曾中断并成就显著的根本原因。如清代钦天监历二百余年,编著两部优秀历书,制造十架精密天文仪器,编撰三部全天星表专著等,尤其钦天监在培养天文学人才中作出突出贡献。另畴官由于家业世传,世代专攻一技,确保了中国古代天文、历法等技术逐步积累以至发展到很高的水平。家业世传的畴官教育利弊并存。周朝衰落以后,"畴人"子弟分散至各诸侯国,对各地区的数学与天文学普及和发展,起到了一定的推动作用。但周天子处畴官治学出现断裂。另春秋战国时期,记录科学技术的载体竹简笨重、布帛贵重,故"人脑"仍为许多技术与工艺存留之所。为此,许多技术因此而失传。如汉人褚少孙就明确指出:"虽父子畴官,世世相传,其精微深妙,多所遗失。"古代视天文之事为国之秘密,与国运兴衰、朝代更迭息息相关。重视普及"制历定朔、敬授民时"之学同时又曾禁止民间私学天文,制约了民间创造力。但由于古代农、工、商技术领域的发展非源于人内在创造性与制度活力,而更多来源于统治阶级的奢侈需求,因此导致诸多领域生产与技术发展的"效率压抑"。如明代,即使工匠艺术天才极高且贡献卓越,但因出身工匠亦受到官僚们的歧视和攻击。

崇技与异化。纵观古代技术职官,其身所蕴含的技术精神尤为可贵。中国古代技术成就一直处于世界领先水平。夏商周时期即创造出有"原始瓷器"之称的"原始瓷釉"以及后母戊大方鼎,春秋战国时期韧性铸铁技术发明,汉代"百炼钢"工艺技术,尤其是古代"四大发明",皆显示出古代技术工作者的技术精神,并逐渐内化成为技术职官的一种内在精神。畴官本身亦承载着"技术精神",中国古代独特的天文历法与医学贡献多与畴官相关。春秋之时,已有"观乎天文以察时变"和"观象会通""观象制器"的经验。战国时期,楚人甘德著《天文星占》八卷,魏人石申著《天文》八卷,后人合称为《甘石星经》,两书中星表比欧洲第一个古希腊伊巴谷星表约早二百年。后诸代畴官出现许多如郭守敬式著名科学巨匠。畴官在实践当中,对于天文生实施科学有效的"观象"训练。《明史·职官志》记载:"灵台郎辩日月星辰之躔次、分野,以占候天文之变。观象台四面,面四天文生,轮司测候。"为防止工作疏误,明朝除设观象台观测外,还内设灵台,以察异同勤惰。美国天文学家海尔曾赞叹道:"中国古人测天的精勤,十分惊人。黑子的观测,远在西人之前大约二千年。历史记载不绝,而且相传颇确实,自然是可以征信的。"但由于官府手工业"工商食官"等制度,致使"技术精神"未能与"行业精神"对接。解读"工商食官"内涵，主要是国家控制工商业发展，手工业者和商贾皆是官府的奴仆，他们皆须按照官府规定和要求从事生产和贸易。"工商食官"制度使工商业成了行政权力的工具与附庸。此种体制在农耕文明时代持存数千年，如此长久的存在，证明了它的"合理性"，也隐藏着致命的弊端即压制人的"原创精神"。故当西方文明出现以后，"工商食官"的负面影响开始显露并逐步退出历史舞台。与此同时，"官师一体"导致教育性质完全变化，先秦"法教吏师"成为培养"知法守法、服从统治"的顺民工具。又"宦学事师"以"学习做官"为基础，此教学方式"学生"不是"敬师"而是"敬官"，其科技精神异化在所难免。可想而知，"官师亲"一体的技术传承模式在古代中国"官本位"与"父权"思想挤压之下，对于畴官子弟的培养以及技术发展存在着巨大的负面影响。又如明代钦天监奉行"祖制不可变"思想，致使监内官员大多不学无术，墨守成规，不思进取，教学则敷衍塞责。

六 启鉴

技术职官发源于原始社会末期"设官教民"，且在中国古代技术发展史上一直以不同的形式与地位发挥作用。明清时期的官僚化趋向，一方面源于封建制度"官本位"文化影响；另一方面也标志着手工业时代与大工业时代转换。在生产力水平较低的古代社会，"官师一体"的技术职官体系对于中国古代技术教育贡献颇多。但"学术官守"的封建等级制度以及"官文化"等均为糟粕。同时，古代技术职官制度又存在诸多可以挖掘的有益内核，如对于社会技术教育资源的整合优势，古代技术职官的技术精神、技术水平以及考评政策具有的许多合理性等均可借鉴。

从学科角度来讲，职业教育诞生于近代，但职业教育实践自古有之。古代职业教育体系从技术传承的形式划分主要包括技术职官、专科学校、学徒制以及家业父子相传。可以看出，古代已经凸显职业教育方式多样化特征，并因此导致古代职业技术教育的活力。其中，因为资源优势，技术职官在整个古代职业教育体系中作用十分显著。许多重大发明尤其是天文、历法和农业技术等领域贡献颇多。时代变迁，技术职官已经成为历史，但构建现代职业教育体系，政府与技术公务人员职能定位都值得思考。与学术教育不同，职业教育需依托于政府指导并整合多种因素方可完成。职业教育直接关乎企业生命与社会稳定，政府需参与并主导职业教育多样化模式的建构。

　　作为古代职业教育重要师资，技术职官成为古代技术传承的主体力量。技术职官非"专职"教师，其之所以胜任职业教师的角色，不仅在于等级制度使然，主要因为技术职官生产经验与技术水平所致。古代社会，由于"学术官守"制度以及技术资源有限性，因科学与生产实践积累使得技术职官成为所处时代掌握科学技术的卓越群体。且由于自身技术传承之师的地位使古代职业教育师资来源呈现多样化特点。该理念至今并不过时，从"学校至学校"的师资培养路径必然存在技术与生产训练的缺失。因此，与行业企业共建职业教育师资团队，应成为中国当前职教师资队伍建设的重要内容。

　　原始社会以降，伴随学校诞生，教育开始脱离生产生活的母体，等级属性凸显且使技术教育被排除在外。农、工、商等与生产直接相关并直接推动生产力的教育只能以"非学校""隐性"的状态存留与发展。技术职官亦为其中一种形式。直至近代产业革命后技术学校诞生，学校形式职业教育逐步盛行。但其具有天然的局限，故仅靠学校无法满足生产实践教育问题。技术传承经历了"非学校形式"与"唯学校形式"两种典型历史阶段，从其分别的局限性可以推断，现代职业教育体系应依托某种主体模式，并朝着多样化方向发展，方能更好地培养出优异的职业人才。

本章小结

　　现代职业教育须臾不能脱离职业教育文化土壤。尽管技术职官已经成为历史，但现代社会或许可以找到类似的设置以及相似职能的设置。构建现代职业教育体系，需要借鉴外国的经验与理论，但不能脱离国情与文化土壤。清朝末年实业教育，洋务运动工业学堂建立，其经历了"师夷长技以制夷"的器物层面以及推行职业教育的制度层面。以此为开端，尤其在改革开放以后，大量西方发达国家的职业教育思想、制度、教学论等纷纷被引入中国。但例如对于德国"双元制"等引入，均遇到诸如制度、文化等层面的冲突、拮抗问题。因此，注重西方技术教育经验的同时，需深刻挖掘中国古代职业教育的精华，即中国现代职业教育制度最终必须依托于中国的土壤，包括古代技术职官在内的许多制度其存留精神仍可借鉴。

第七章

修业学馆

近代以往，中国教育始终由经学一统天下。又加之"君子不器"与"学而优则仕"的价值取向，传统视域一直忽略对于古代实才教育实践的研究与挖掘，而将目光更多地投向西方，导致技术教育横向借鉴多于纵向传承。事实上，即便在学校范畴，自汉代"鸿都门学"至明代"四夷馆"的发展变迁中，传统社会之专门学校积累颇多经验并产生国际性影响。以"修业学馆"相称谓旨在与"经学教育"机构相区隔。关键在于，这不能仅作为一笔历史遗产藏于古籍之中，现代职业教育办学应在其间汲取营养。

一 演进

在起源上，"修业学馆"可追溯至秦汉时期。彼时，以"吏"治天下替代了春秋战国时期以"士"争天下。"吏"阶层开始成为中国封建社会特殊与重要的职业群体。尽管"吏"有逐步官僚化的趋向，但是汉代"宦学"之中仍然存有职业教育因素。另外，秦汉天文、历法尤其是医学职官教育出现了历史跨越。更为可贵的是，中国第一所专门学校——鸿都门学诞生。魏晋时，职官制度基本继承秦汉体制，但朝代更迭造成名称各异。宦学在职业教育中作用开始衰落，其作用逐步被后代专科学校所取代。这一时期，培养"实才"的专门学校是职业教育史上的重要突破。至隋唐，实科学校主要有两种类型。一是属于国家教育体系的正规学校：医学和算学，医学又有中央医学和地方医学。二是属于职官体系性质的学校，主要有京师药园和太仆寺的医药弟子，以及太史监、司天台系统的天文历法生培养。可以说，隋唐专科学校处于中国封建社会的顶峰位置。与之比较，宋代专科学校在国子监与职能局共同办学模式下保持了官学设科多样化。另外，国子监办学又增加了武学。与唐宋相较，元代培养技术职官的专科学校从总体上处于不发达甚至呈现衰落之状态。但是在医学以及天文学职业教育方面出现新的特点并有所进步。至明代，专科学校与唐宋相比有所衰退，一直不景气，直到万历末年，才逐渐复苏、回升。据考释，国子算学在明代未曾设立。洪武二十五年虽命国学生员兼习射、舆、书、数之法，但只是"兼习"，故要求很低，只需掌握《九章》之法。但明代萌生了现代因素，如四夷馆外语专科学校出现。从整体而言，清代专科学校发展比较缓慢，基本处于衰落状态，主要有算学、天文历法以及医学。但是，由于西方传教士影响，该领域出现了现代科技因素以至于影响了当时的科举选人，"特科"以及"科技幕僚"现象即是如此。

二 品类

艺术——书画乐舞。中国古代艺术专门学校最为悠久。其中，汉代鸿都门学、魏晋麟趾学、隋唐掖庭局、习艺馆及宋代书画学等颇为著名。鸿都门学为中国第一所艺术专门学校，因置于洛阳"鸿都门"而得名。据载，东汉灵帝光和二年二月于洛阳"始置鸿都门学，时其中诸生，皆州、郡、三公举召，能为尺牍、小说、辞赋及工书鸟篆者。相课试至千人焉"①。如果其创设因汉灵帝个人偏好而具有历史的偶然性，则魏晋时期书学和麟趾学的创设则与社会文化息息相关。此期，书法名家辈出，张芝、钟繇、王羲之、崔瑗、杜度、师宜官、张昶等，尤以书圣王羲之为代表。书学创立于西晋初年，"又立书博士，置弟子教习"②。麟趾学，北周美术教育专门学校。《周书·于翼传》："世宗雅爱文史，立麟趾学，在朝在艺业者，不限贵贱，皆预听焉。"麟趾学为继鸿都门学之后又一专业艺术教育机构，且迎来中国美术理论发展史上的第一个高潮。隋唐书学

---

① 《后汉书·灵帝纪》。

② 《书断》。

有所发展,《旧唐书》记载"书学博士二人,从九品下。学生三十人",又唐代弘文馆成为专门学习书法艺术学校。隋唐设立掖庭局,置博士以教习书、算、众艺,女工杂役等需学习桑蚕织绣等技。武则天时期皇宫内设"习艺馆",旨在教授宫女诗文,后逐步演变为专门训练歌舞人才的"教坊"。与唐代书学立足于实用比较,宋代书学增加了艺术教育功能,故而达至鼎盛。宋代画学创建于徽宗崇宁三年(1104年),隶翰林图画局,其直接促进了宋朝绘画艺术的繁荣。明至清数百年,艺术学校一直废置。

科技——天文历算。作为独具中国特色的科技体系,中国古代天文历算彰显出农耕文明的独特思维与文化内涵。算学作为一门课程自先秦有之,商周时期"六艺"之"九数"则为最早记载。但北魏以前,算学非为官学,仅为私学或家学。算学专门学校创立于北魏太武帝拓跋焘时,"殷绍,长乐人也。少聪敏,好阴阳术数,游学诸方,达七章、七暇,世祖时为算生博士。给事东宫西曹……其《四序堪舆》遂大行于世"①。隋唐算学制度体系已十分完备,课程设置、教育年限、考核评定、教材选择均十分明晰。宋代算学进一步发展,在大观年间已分四科:天文、历算、三式与算法,比隋唐两科要深广得多。算学学校在元明两朝一度消失,但至清代又重新勃兴。天文历法专门学校可以追溯到北魏太史博士的设立。② 隋朝天文历法专门学校隶属于太史监。至唐代,太史监屡改名称建制,前后曾命名为秘阁局、深仪监、太史监、太史局、司天台等。名称虽异,建制不一,但皆为集行政、教育、研究三位于一体的政府职能部门,既有日常事务性工作,又培养学生。宋代天文学于算学之中。元代,中国天文学教育达至新的高峰。国家天文机构有太史院、司天台和回回司天台等,地方则遍设"阴阳学"。明初沿置司天监、回回司天监,旋改称钦天监,末年有西洋传教士参加工作。清代钦天监200多年发展历史成就显著:编著两部优秀历书、制造10架精密天文仪器、编撰3部全天星表专著等。钦天监对于培养天文学人才贡献颇大。

政治——律学夷语。与政治直接相关者为律学与夷语。律学自曹魏初年创立,直至宋末,其间虽几经兴废,仍延续700年,在中国历史上存

---

① 《魏书》。
② 《历代职官表·卷三》。

留最久。《宋书》记载："律博士，一人，魏武初建魏国置。"又公元227年，魏明帝采纳卫觊谏言，于太和元年（229年）颁布《新律》同时，在廷尉之下，置律博士一人。此后，魏晋南北朝诸代都设有律学。《晋书》卷一五〇载："西晋，并有律博士员。"后赵主石勒任命"参军续咸、庾景为律学祭酒"。后秦姚兴时期，于长安设立律学，"召郡县散吏以授之。其通明者还之郡县，论决刑狱"[①]。北魏律博士与四门小学博士品位相当，都是九品上阶，南朝宋、齐、梁、陈皆设律学。隋初沿袭南北朝旧制。同时，地方设有律学，学生被称为律生。但至隋文帝开皇五年（585年），大理律博士和州县律生均被停废。唐代律学时设时废，主要培训法律专门人才与普通文官。宋代依唐制置律学博士，掌授法律。元代以后律学衰落。古代语言专门学校仅限于明代四夷馆设立。永乐五年（1407年）专设四夷馆，负责翻译事务和翻译人才的培养。其以国名、地名分类，分为鞑靼、女真、西番、西天、回回、百夷、高昌、缅甸八馆。弘治十年（1497年），增设罗馆，传习罗语。正德年间，又增加八百馆，传习八百国语。因外交需要且四夷馆生晋升较快，夷语私学出现。成化二年（1466年），教师马铭私招126名弟子，仅比四夷馆译字官生少28人。后朝廷担心私习会导致泄露夷情，严禁私收私习夷语。如朝廷急需，又世业子弟乏人，需从民间招考生员，导致私习之风与禁私之策冲突。

实术——中医武学。中医专门学校自魏晋以来相传不辍。刘宋元嘉二十年（443年）太医秦承祖奏置医学教育一事，为政府创办医学教育最早的明确记载。北魏宣武帝于元嘉二十八年（451年）设置别房和医馆是中国医院制度肇始。据《隋书·百官志》记载：太医署有专门从事医学教育的学官"即博士二人，职教二人，按摩博士（二人），祝（咒）禁博士（二人）等员"。隋代已建立起明确的医学教育制度。唐代医学校，分中央与地方两级。中央医学校继承隋制，仍然设在太医署，这即世界上最早且规模最大的医学院。宋代医学在办学规模和课程设置等方面均超过前代。元代不设中央医学，医学成为地方学校。元廷先后建立"医学提举司"和"官医提举司"两个机构负责管理医学事务。明清两代，

---

① 《晋书》。

官办医学逐步衰落，医学人才主要靠民间私学和家传培养，太医院不以医学为主，倾全力为王公大臣治病。古代中国，仅宋、明两代设置武学。武学，最早创置于北宋仁宗庆历三年（1043年），不久即废。熙宁五年（1072年），枢密院上言请复武学。神宗同意王安石的主张，下诏建武学于武成王庙，由兵部尚书韩缜掌管学务。南宋时期，武学为历代皇帝所重视，高宗赵构还提出"习兵马稍知书则不负教养"的主张。丁度《武经总要》为北宋官修的一部军事著作。明代实行军户制度，武人世职，规定武官子弟必须通过严格的文化知识和军事才能考试方可袭替父职，后又规定应袭子弟皆要入武学读书。明代天津还有专门培养武生的"武学"。"武学初设西南城角楼上，万历四十年（1612年）天津道高邦佐移建城内西北隅"①，即移到"武庙"内，与卫学设在"文庙"内，寓意相同。

医德教育为中国历代医家重视，至清尤然。清代地方虽设医学、规定考试制度但规模小。府设正科，州设典科，县设训科，名额各为一人，俱未入流。雍正元年（1723年）题准，命各省巡抚，详加考试所属医生，对精通《内经注释》《本草纲目》《伤寒论》者，题请作为医学官教习，每省一人，准其食俸三年，此间，如工作勤奋慎重，品德正派，即上调太医院，授为御医，其遗缺，由本省习医人内拣送补授。

三　范型

生源——官宦世业。古代专门学校依循"学术官守"的制度底色。庶人地位偏低，行束脩之礼或天资聪慧者亦有少量求学。以算学为例，自北魏"殷绍为师，太子为生"至清代皆凸显其贵族属性且波及庶人。盛唐算生，限"文武官八品以下，及庶人之子"②。宋代崇宁三年（1104年），设置算学，入学分命官、庶人两种。算学以外，武学、医学、画学等皆有此特点。唐代医学生源首选世袭职务药师称号诸氏、三代以上世习之家，采录庶人须十三岁至十六岁中的聪慧者。此非普通庶人，一般

---

① 《天津府志·卷三十五·学校》。
② 《唐六典·卷二十一》。

以五品以上的子孙为原则。又《新唐书·百官志三》记载：律学"掌教八品以下及庶人子为生者"，宋代武学入学资格有小臣、门荫子弟及庶民。鸿都门学例外，其生源皆是出身平常被士族鄙视的"斗宵之人"。以至于"士君子皆耻与为列焉"①。因天文历法与政权关系密切，因此诸代严守天文生子孙世袭制度。明代尤为典型，《明会典》卷一百七十六"钦天监"说："凡本监人员，洪武六年令永远不许迁动，子孙只习学天文历算，不许习他业。其不习学者，发海南充军。"明朝禁止民间私习天文历法。所谓"国初学天文有厉禁；习历者遣戍，造历者殊（诛）死"②，直接导致生源的低劣。隋唐以降，天文、历法学校向社会公开招生，保证了生源的入学质量，这是教育的进步。四夷馆生员最初是从国子监的举人和监生中选拔，《太宗实录》卷四十八记载，开馆之初"命礼部选国子监生蒋礼等三十八人，隶翰林院，习译书"。后来从世业子弟中选考，宣德年间开始招收官民子弟。

　　课程——分科置课。古代专门学校自汉代鸿都门学创设即有课程萌芽。至唐宋，算学、医学、画学等均有规范的课程设置。天文、医学课程体系于元明清时期进一步发展，分科置课是课程发展与成熟的标志。以唐代算学为例，《唐六典·国子监》云："二分其经，以为之业。习《九章》《海岛》《孙子》《五曹》《张丘建》《夏侯阳》《周髀》，十有五人。习《缀术》《缉古》，十有五人。其《记遗》《三等数》亦兼习之。"儒学主导同样凸显在专门学校课程之中，如元代医学在宋代9科基础之上发展为十三科，其除学习《素问》《难经》《脉诀》等外，还需通读"四书"，似乎接近现代综合职业教育理念。另宋代书学，《宋史》载："书学生习篆、隶、草三体，明《说文》《字说》《尔雅》《博雅》《方言》，兼《论语》《孟子》义，愿占大经者听。篆以古文、大小二篆为法，隶以二王、欧、虞、颜、柳真行为法，草以章草、张芝九体为法。"律学、画学、武学课程设置各具特点。唐代律生"以《律》《令》为专业，《格》《式》《法例》亦兼习之"③。宋代画学，课程分六目：佛道、

---

① 《后汉书》。
② 《万历野获编·卷二十》。
③ 《唐六典》。

人物、山水、鸟兽、花竹、屋木。并学《说文》《尔雅》《方言》《释名》。武学以兵书学习为主。宋代武学，学习诸家兵法、弓矢骑射等术，历代用兵成败的经验教训，前世忠义之节足以为训者等。丁度《武经总要》为北宋官修的一部军事著作，与《孙子》等七部兵书汇编为《武经七书》，作为武学的必修课程。明代武学内除了明伦堂，还有储英、毓秀、进德、修业四斋。

学制——初显端倪。古代专门学校学制不如经学教育规范，除算学、医学、武学有些记载，其他领域与学制相关的文献甚少，可以推测古代社会专门学校还未有统一的学制。唐代算学学制七年，其中，《孙子》和《五曹》共一年，《九章》和《海岛》共三年，《张丘建》和《夏侯阳》各一年，《周髀》和《五经算》共一年。《唐六典·国子监》云："《孙子》《五曹》共限一年业成，《九章》《海岛》共三年，《张丘建》《夏侯阳》各一年，《周髀》《五经算》共一年。"至清代，算学馆学习期限为五年。其中，《数理精蕴》之线、面、体三部，每部各限一年；通晓七政，共限两年。唐代医学分医、针、按摩、咒禁四科。其中，医科又分为：体疗科学习七年；疮肿科学习五年；少小科学习五年；耳目口齿科学习二年；角法科学习二年。唐代书学，《新唐书·选举志》则说："石经三体限三岁，《说文》二岁，《字林》一岁。"共记六年。宋代武学，学习期限三年，期满考试及格者授与官职，不及格者留学一年再试。明代武学，每三年考试骑射、策论，选拔数十人入学，教员称"科正"，一般由武举来担任。影响学制因素甚多，除科学成熟的学制理念以外，学习内容多寡为首要因素。古代学习内容与学业标准尚属模糊状态，因此与现代学制体系相去甚远。

教法——实训占验。古代专门学校在办学实践中积累了丰富的教法。至唐宋，已经形成极富特色的实才教法体系。其一，理论与实践教学相结合，突出实践实训且学习程序明晰。唐代医学针科，除《黄帝内经》中的《灵枢经》，晋朝的《针灸甲乙经》等理论学习外，并识记穴位（"孔穴"）和背诵脉诀，然后再学习各种用针的技法如《旧唐书·职官志》记载"又以九针为补泻之法"。还要在针师和针工的带领下进行临床实习，掌握和熟悉针灸的穴位和手法。宋代医学为了进行直观教学，采用图解、教具，如《仲景三十六种脉法图》、"针灸铜人"等。其二，实践学习延至生产与生活一线。宋代医学,据《宋史·职官四》记载:"太学、律学、武学生、诸营将士疾病,轮往治之。"医学生在学期间必须承担太学、律学、武学生、诸营将士疾病的诊断与治疗,并且由专人记录医学生诊疗的结果,年终划分成绩和等第。另,清初编撰科学巨著时,钦天监师生承担繁重的天文观测、数学计算和星图绘制等科研任务,为天文生、算学生创造了学习锻炼的机会。其三,课堂教学探索出有效授课方法。清代算学教师创造出一些简便的易学易记的教学方法。如记口诀、背韵语。如乘法口诀,即从"一一得一"至"九九八十一"等在明清时期的珠算教学中被广泛采用。其四,"天文观象"为中国天官创立的古代实科教育重要的教学方法。《明史·职官志》记载:"灵台郎辩日月星辰之躔次、分野,以占候天文之变。观象台四面,面四天文生,轮司测候。"

考核——规范严谨。古代算学、医学、天文历法等科技专门学校考核严谨规范,书学等艺术类逐步形成了自身判断标准。各科考核至唐宋趋于成熟并各具特色。首先,考试时间已经有了明确规定。唐代算学有旬试、月试、季试、岁试和毕业考。明代医学生每年分四季考试,三年大考一次。其次,考试方法因学科不同各异。唐代算学考试主要采用"帖读"和"问义"两种。所谓"帖读"指按教材原文填空。所谓"问义",指对教材问题问答、笔答。要求是"明数造术,详明数理"。唐代书学,《唐六典·尚书吏部》记载:"诸试书学生,帖经通讫,先口试,然后试策。"宋代律学,"入学考试分断案、律令两类"。宋代医学考试方法全面,包括六个方面,一是墨义,即试验纪问;二是脉义,即试验察脉;三是大义,即试验天地之奥及脏腑之源;四是论方,即试验制方佐使之法;五是假令,即试验证候之治;六是运气,即试验一岁之阴阳及人身感应之理。再有,考试评分标准逐步科学清晰。宋代书学考试标准为"篆以古文、大小二篆为法;隶以二王、欧、虞、颜、柳真行为法;草以章草、张芝九体为法"[①]。考试分三等,《宋史》曰:字体方圆肥瘦适中,藏锋尽劲,气清韵古,老而不俗为上。方而有圆笔,圆而有方意,瘦而不枯,肥而不浊,各得一体者为中。方而不能圆,肥而不能瘦,模

---

① 《日知录》。

仿古人笔划不得其意，而均其可观为下。元代地方医学创造了汇报与理论考核相结合的方式与标准。元代天文学逐级考选制度十分明晰。司天台天文师生共有五个级别，从低至高依次为草泽人、司天生、长行人、管勾、教授。自草泽人至教授需逐级学习与考试。

任用——技术职官。古代专门学校旨在培养技术人才，但由于技术官守的基本制度，考试合格者均以授官。有的需参加科举考试后为官。唐代明算科举及第即取得做官资格，再经吏部考核合格则可授"从九品下"官职。唐代书学生参加国子监考试称为"明书科"，合格者再经祭酒审定，而后参加省试。省试及第，经吏部铨选才可授官。宋代律学，学生毕业后，经过新科明法的科举考试，进入仕途。元丰六年（1083年），国子司业朱服建议："命官在学，如公试律义、断案俱优，准吏部试法授官。"[①] 宋代武学学习期限三年，期满考试及格者授与官职，不及格者留学一年再试。宋代医学，学生毕业后，或参加科举，或直接授职，成绩最佳者，成为高尚医药师，其余或任本学博士正录，或委为外府、州医学教授。另外，学满做官还有其他优待。明代钦天监生诸如"有父母丧，例免丁忧"，"天文生除本身外，再免一丁充当民差；阴阳人止免本身"。"应役应发充军者，奏请处治。"此规定保证了钦天监队伍稳定。如考核未通过也有相应惩处。明代太医院医学教育体系概括为三个方面："教之、试之、黜陟之。"[②] 明代医士、医生须继续学习并参加考试。嘉靖二十八年（1549年）规定：考试成绩四等，原有冠带者，去其冠带。原支品级俸者，降俸一年，支杂职俸者，降充冠带医生。食粮七年者，降充医生，只支日粮。唐代律生每年须参加考试，若三次考试不合格或"六岁不堪贡者"，罢归。

四 属征

技术官守。古代专门学校凸显技术官守。其在办学主体、生源特点、培养目标等诸多环节皆以说明。自东周始，"学在官府"的教育制度被突

---

① 《宋史》。
② 《明会典·卷二百二十四》。

破，但古代天文历算、律学、夷语等皆禁私学，以免触动封建政权。明代，钦天监生员完全实行世袭制，造成教育僵化与质量下降，使中国天文历法研究和教育均受到严重摧残。据称弘治十一年（1498年），朝廷为此采取补救措施，曾诏令："访取世业原籍子孙，并山林隐逸之士，及致仕退闲等项官吏、生儒、军民人等。有能精通天文、历数、阴阳、地理及五星子平、遁甲大定、六壬、龟卜等术者。每府不过一二人。"可见当时天文、历法人才奇缺。专门学校生源尽管有庶人之后，但多官宦之子，如天文史官除参加专门学校学习以外，主要以"畴官世传"模式技术传承，此为"学在官守"中的"贵族私守"。即使在专门学校中有少许庶民之子，但要求为俊秀之士，而贵族之后未作此项要求。古代专门学校培养目标为技术职官，其成为封建官科技的重要代表，此种体制使核心技术资源紧紧把握在统治者手中。与经学相比，古代专门学校"技术官守"甚为严重。

精才英华。以现代意义解释，精英教育仅与适龄人口的入学比例相关。如美国教育家特罗所言，15%以内属于精英教育。但此论精英教育有三层含义。其一，就普及程度而言不及经学。古代经学教育自原始社会末期出现诸如"成均""明堂"等学校萌芽，以至于汉代始以"太学"为标志的封建官学体系持续了近两千年。其间，无论贫寒富有皆可尝试，如孔子弟子颜回等为贫寒之子。但古代专门学校一般有生源出身规定。其二，就学习层次而言，经学属于基础教育，专门学校为专业教育，专门学校规模较小，小班培养，作为封建教育体系中一个新的事物与萌芽，尽管其地位低于经学，但明显具有精英教育属性。其三，教师与学生名家辈出，曹魏时期律学名家刘劭、卫觊，西晋时期的杜预、刘颂、张斐，南北朝时期的封氏家族等。魏晋南北朝时期书学更是名家辈出。尽管经学教育大师林立，但因普及程度不同，专门学校成为科技人才的摇篮。

技能本位。古代专门学校彰显技能本位，具体有三层内涵：第一，与经学凸显道德修为相比，其直接提升人的书、算、法、武等实际技能。古代经学一直鄙视"奇技淫巧"。诸如鸿都门学在面对经学的"伦理本位"与"仕途"追求，其能够以尺牍等实用文体技艺为教育内容办学，无论对于学科分化或是职业拓展皆有重要意义。第二，教学方式与目的凸显技能培养。唐代京师药园，据《新唐书》载："京师以良田为园，庶人十六以上为药园生，业成者为师。凡药，辨其所出，择其良者进焉。"从文中可知，药学与药园设在一处，学各种药物、药材的种植和收采贮存制造等项技术，教学和生产劳动结合在一起。第三，与穷究万物之理的学术研究比较，其强调技术的训练与发展。唐代专科学校，比欧洲创建于17—18世纪类似的实科学校早一千年。其对于朝鲜、日本两国科技专科学校建立有直接影响。可惜，其一直注重实用性，而学术性有所偏废。清代，由钦天监兼管算学。这种体制有助于数学为天文、历法服务，但却阻碍了理论数学的发展。注重实用和对学生技能的培养，这是我国传统科技教育的明显长处。但是，对科学原理缺乏严密的逻辑论证，对学生形式逻辑思维能力的培养注意不够，则是其短处。

远离生产。中国古代专门学校自汉代鸿都门学至明代四夷馆，其人才培养定位具有少生产性特点。鸿都门学、麟趾学、书学、画学培养文艺人才，算学、天文立法培养自然科学人才，律学培养政治人才，武学培养军事人才，四夷馆培养语言外交人才。其人才特点均是为统治阶级政权服务，古代文艺为政治之附庸，天文历法多因"天人感应"论，律学、武学直接确保政权，天文与夷语严禁私学即已说明。明代天津的武学教育，同样纳入封建社会的教育和考试体系，为封建国家培养专门人才，应该属于国学的一部分，当然它侧重于国术方面。与生产直接相联系的农、工、商等无一学校，古代艺徒制度有称"工艺学校"，但实质为官业培训并未满足学校教育的要素条件。此现象当然与生产力发展以及社会进步息息相关，但以此看出专门学校诞生并非生产的需要，而是政权的需要。古代专门学校尽管悠久并发达，但存在发展不平衡现象，远离生产一线，也并未靠近学术研究。农、工、商等直接生产与交换领域的技术传承依托于父子相继、师徒相承与民间世代相传。

五 启鉴

办学主体多元。古代专门学校凸显多元办学模式。其主要分为两类，国子监办学与职能机构办学。唐代律学时设时废，并且在隶属于大理寺还是国子监之间徘徊。唐高祖武德（618—626年）初年，律学隶属于国子监，不久被废。太宗贞观六年（632年）复置律学，高宗显庆三年（658年）又废，同时将律学博士以下都转隶大理寺。到了高宗龙朔二年（662年），又在国子监置律学，第二年，律学再次从国子监转隶详刑寺（大理寺）。从编纂于唐玄宗时期的《唐六典》看，当时的律学又隶属于国子监。宋代书学初设时隶属于国子监，大观四年（1110年），朝廷对教育体制进行了改革："医学生并入太医局，算入太史局，书入翰林书艺局，画入翰林画图局，其学官等并罢。"到了宣和六年（1124年）八月，书学停办，特置"书艺所"。徽宗崇宁三年（1104年），重建书学，隶翰林院书艺局。宋末，社会大乱，书学亦废。学生资格及名额无明文规定，书学生的定额，崇宁三年初设时为30人，"书艺所"时则为500人。唐代弘文馆、掖庭局、习艺馆、教坊等均办学主体各异。近代以后，学校办学成为垄断模式，产业办学逐步萎缩，职业教育二者不可偏废。

学理探究缺失。明代以往，古代书学、算学、天文学、武学、医学等诸多领域创造出中国古代发达的技术文明。古代技术专门学校在凸显技术本位与实践能力的同时，追求技术境界成为人才培养的重要特征与精神。宋代画学在培养目标上，既要求学生掌握绘画技巧，还要培养学生在绘画意境和表现力方面的修养。考试重不模仿前人，所画之物，不论情态、形色皆自然贴切，笔韵高简为最佳。此特点在民间匠器、庖者之中尤为明显，庄子在《养生主》中"庖丁解牛"的寓言，其依据自然之道，以"游刃有余"之功实现了具体技巧的超越，其成为"美妙的音乐与桑林舞曲"的自由俨然成为一种境界。中国实用技术境界与艺术的路径走向与西方技术科学走向截然不同。但古代专门学校作为科技的发源，在注重学生技能以及技能艺术性与境界之时，疏于对科学本体的研究以及学生逻辑思维的培养。与西方科学本位比较，中国古代实用、艺术、境界追求需与科学相互融合，方对实用专门人才多有裨益。

边缘化现象。古代专科学校尽管以"学术官守"为制度底色，但其地位与经学教育相比处于被边缘化。唐代书学生数量在"六学"中为最少，而且家庭出身品阶最低。与此相应，书学博士的品阶是"从九品下"，在学官中也是最低的。显庆三年（658年），高宗废除了书学、算学、律学，撤销的理由即《废书算律学诏》："书算学业明经，事唯小道，各擅专门，有乖故实，并令省废。""事唯小道"是对包括书学在内的

"三学"的定位,即使是酷嗜书法如唐太宗者,在《笔法记》中,唐太宗亦有"书学小道,初非急务,时或留心,犹胜弃日。凡诸艺业,未有学而不得者也,病在心力懈怠,不能专精耳"一说。[①] 在唐代等级制的教育体系中,无论是博士品级还是招收学生的条件甚至束脩之数,律学都与书学、算学大体相当,而处于国子、太学、四门三学之下。与古代相比,现代专门学校规模最大,学生数量最多,占高等教育主体部分。但其地位依然低于普通高校,其从政府财政拨款与高考生源选择可明显看出。因人先天素质与特长各异以及社会对于人才不同需求,现代专门学校成为教育民主诉求以及因材施教的重要反映。

本章小结

古代专门学校作为手工时代产物与现代专门学校已相去甚远。与古代专门学校不同,现代专门学校具有学在大众、普及教育、综合素养、生产一线等特点。传统与现代之间学科门类、课程设置等诸多区别背后为两种学校截然不同的制度背景与生产力水平。现代专门学校以大工业为背景,许多近现代发明均是在对自然规律认识基础之上,在通晓科学原理基础上诞生的,其凸显的是科学研究。由此,近代中国专门学校尽管曾有过"中体西用"的办学模式,但很快全盘效仿西方并直至现在。就如历史不可割断一样,古代专门学校亦应有所传承与发展。两千年办学实践所积淀出的规律性认识以及其他有生命的内核需合理吸收。其中办学主体多样化、注重职业道德教育、强化实践教学等尤其值得借鉴。美国天文学家海尔曾赞叹道:"中国古人测天的精勤,十分惊人。黑子的观测,远在西人之前大约二千年。历史记载不绝,而且相传颇确实,自然是可以征信的。"中国天文记录,大部为历代天文生所为,反映了我国古代天文专科教育注重观测训练的特点。古代专门学校所承载的中国传统文化同时也是现代学校重要背景。因此,回归与传承应成为现代专门学校制度设计的重要视角。

---

① 《笔法记》。

第八章

劝课农桑

中国自古以农业立国,农本思想几乎与整个民族文明进程相伴随。在创造与推进中国精耕细作的农业生产模式历程中,"劝农"成为古代农业教育的核心制度。自帝王至农官,以耕籍之礼、劝农公文、劝农碑刻、劝农策、劝农节等诸多形式,浓化农本意识,推广农业技术,督促农业生产及确保民生温饱皆卓有成效。考量古代中国劝农,无论对于农业教育制度理解抑或对于现代社会均有恒久的裨益。农业为人类永恒的本业,故农业教育诸代不可慢待。

一 缘起

农本思想。西周以往,中国实施"农商俱利"之国策。春秋战国时期,小农经济活跃的生命力使其很快成为各诸侯国政权立国的基础。政治家、思想家遂纷纷提出"农本思想"。其中,墨子提出"以时生财,固本而用财,则财足"[①];李悝在魏国变法时期提出"农事害则饥之本""农伤则国贫"的著名论断。并且认识到如果农业生产停滞不前,即会"饥寒并至"因而导致"奸邪萌生"的危险局面。商鞅则在秦国变法时明确提出"耕织"本业,工、商"末利"的农本理论。再有,农家提出"民舍本而事末"的警告。战国时代开创了中国农业精耕细作的优良传统,农家之学亦逐步兴起。自此"农本思想"一直贯穿于传统社会并影响至今。其间,汉武帝推广赵过代田法、曹操许都屯田、唐太宗治理蝗

---

① 《墨子·七患》。

虫、宋太祖推广作物栽培技术及明清帝王与地方官员劝农皆是农本思想的表达。

民本思想。民本思想始自西周，经历夏商两代的败亡，尤其是"小邦周"灭"大邑商"的历史巨变，使周代统治者感到民情不可蔑视。遂有《尚书》记载"民为邦本，本固邦宁"的宝贵思想。至东周，诸家学说皆凸显重民思想。但史上明确提出者，当属齐国政治家管仲。在《管子·霸言》中，管子曾曰："夫霸王之所始也，以人为本，本治则国固，本乱则国危。"另农家倡导"贤者与民并耕"；墨子培养"农与工肆之人"；儒家则直接发展了西周"敬德保民"的思想，如孔子所曰"所重者民、食、丧、祭"[①] 之后，儒家亚圣孟子"民为贵，社稷次之，君为轻"著名思想成为古代中国"民本"精神之典范。自此，历代帝王与政治家、思想家均以此为重。魏晋时期教育思想家傅玄提出"国以民为本，民富而安，贫则危"诠释出农本与民本之间的辩证关系。

教化思想。无论是耕籍之礼，抑或古代社学等模式均体现耕作与教化双重功能。教化职能包含三层思想，其一，对于农业常识与生产技术的教化。诚如西周农官有乡师一职，掌劝农，其"行乡里，视宫室，观树艺，简六畜，以时钧修焉。劝勉百姓，使力作毋偷，怀乐家室，重专乡里，乡师之事也"[②]，清代以远，古代主要农业技术几乎均由农官等劝农而传承。其二，思想教化，化民成俗。正如周公为教育成王，曰："呜呼！君子所其无逸。先知稼穑之艰难乃逸，则知小人之依（隐痛）。"[③] 这是从正面以稼穑的艰难比喻周先祖创业不易，尤要成王懂得下民生活之疾苦和劳作之艰辛，要善于关心民瘼。其三，以劳动教育，淳化社会勤劳节俭之风，譬如，颜之推批判士大夫"耕一株苗；不知几月当下，几月当收"[④] 遂而提出"劳动教育思想"如是。其四，农业本身承载勤俭、辛劳、敦厚等诸多优良品质。诚如商鞅所揭示的"使民归心于农，归心于农，则民朴而可正也"[⑤] 及"仓廪实而知礼节"皆凸显其教化功能。

---

① 《论语·尧门》。
② 《管子·立政》。
③ 《尚书·无逸》。
④ 《颜氏家训·涉务》。
⑤ 《商君书·农战》。

农耕文明。农耕文明则构成古代劝农的基础背景。考古发掘,黄河中下游是中国古代先民华夏族主要生息之地,并辐射四方与长江、珠江、辽河等,早期先民共同创造出伟大的大河文明。以黄河文明为代表的大河文明决定了中国先民农业生产方式。在《白虎通义》卷一中载有:"古之人民皆食兽禽肉。至于神农,人民众多,禽兽不足,于是神农因天之时,分地之利,制耒耜、教民以耕……"《易经·系辞》则记述"包羲氏没,神农氏作。斫木为耜,揉木为耒,耒之利,以教天下"。原始社会末期,设官农师,教民农作,"尧聘弃……拜弃为农师,封之台,号为后稷",之后"后稷教民稼穑,树艺五谷,五谷熟而人民育"。古代中国以农业立国,农业为百姓生存之本,以农业生产方式为基础,中国古代政治、哲学、风俗习惯等皆凸显出农耕文明特征。"男耕女织"自给自足的生产构架以及"民以食为天"朴素理念均凸显出农耕文明背景之下对于农业与粮食的依托。故历代中国土地制度与民生温饱皆为政策之重心。

二　方法

耕籍礼。籍田和耕籍礼为重要的农业礼仪,即古代帝王专辟一块田地,所产主要用于祭祀。"籍田"又称"眂田""籍""千亩""王籍"等,耕籍之礼肇始于周代,即"乃择元辰,天子亲载耒耜,措之于参保介之御间,率三公九卿诸侯大夫躬耕帝籍,天子三推三公五推,卿诸侯九推"[①]。潘岳的《籍田赋》记载籍田礼的仪式步骤,与上述记载基本一致。中国历代皇帝均重视农业,每到春季,颁布劝农诏书,亲自下田耕作。汉代至文帝始行耕籍礼,魏晋南北朝耕籍之礼继西汉文帝后,又有几次大的调整。后世唐宋至明清,耕籍之礼基本未间断。宋朝皇帝尤其重视劝农,杭州西湖景区内至今还保存有"八卦田"即宋高宗赵构"躬耕"以示"劝农"的籍田。通过耕籍劝农授教是其重要目的,如宋文帝在实行耕籍前下诏说:"今修千亩之制,当与群公卿士,躬稼穑之艰难,以帅先天下。"另耕籍仪式复杂,持续时间长,农官准备田地、耕牛、种子等各种农用物资以及选择播种耕作实践的过程,即是农业文化传播与

---

① 《礼记·月令》。

技术教育的过程。

劝农节。古代以劝农节彰显备耕民俗，其中著名者如"班春劝农"。"班春"指古代地方官颁布的督导农耕之政令，即古代官员率衙役带着插花、赏酒和春鞭举行仪式，奖励农桑，劝农勤作农事。中国古代"班春"习俗，最早记载见于汉代。诚如《后汉书·崔篆传》曰："篆为新建大尹……称疾不视事，三年不行县。门下掾倪敞谏，篆乃强起班春。"唐代李贤注曰："班春，班布春令。"宋代何耕《录二叟语》对"班春"有着详尽具体的记载："立春日，通天下郡邑设土牛而磔之，谓之'班春'。……黎明，尹率掾属，相与祠句芒，环牛而鞭之三匝，退而纵民磔牛。民欢哗攫攘，尽土乃已。俗谓其土归置之耕、蚕之器上，则茧孽而稼美，故争得之，虽一丸不忍弃。"汤显祖在任浙江遂昌知县时每年以"班春"劝农，后将此写入戏剧《牡丹亭》。另迎春民俗最初见于《礼记·月令》记载："（孟春之月）立春之日，天子亲帅三公、九卿、诸侯、大夫以迎春于东郊。"迎春"鞭牛"即等待立春时辰到来，即由首席长官举鞭打春牛，连打三鞭以后，再由其他官吏按身份高低依次鞭打，及至土牛被打碎。以此来看，"班春"与"迎春"尽管年代不同，但最后逐步统一为劝农节。

劝农官。设置劝农官是古代农业教育重要形式。最早记载于秦汉，即所谓"汉承秦置大农丞十三人，人部一州，以劝农桑力田者，此劝农官之始也"。晋代，"郡国及县，农月皆随所领户多少为差，散吏为劝农"。至此，地方官员始有"劝农"之责但仅限农忙，而非官员主要职责。唐代，经宇文融建议，设立十道劝农判官，亦称十道劝农使，"劝农判官十人，并摄御史"，其职责是"检括田畴，招携户口"。至宋，劝农成为正式职务且为地方官员的重要职责。元朝各路成立劝农司，明代各地设置劝农主簿、劝农参政等职务外，在乡间成立农业生产劝督组织，如"九月辛亥，命户部令天下人民，每乡里各置木铎，选年老者，每月六次，持铎徇于道路。又令民每时置一鼓，凡遇农桑时月，晨起击鼓会田所。怠惰者，里老督责之。里老不劝者罚"[①]。其意是乡里选择年老者，在农桑关键时节持铎敲鼓督促百姓按农时耕种。诸代皆把官吏劝农作为

---

① 《明太祖实录》。

官员考核的重要依据，朱元璋就敕令中书省"有司今后考课，必书农桑学校之绩"。诸代相比，清代劝农官在农业教育方面成绩突出，其主要表现在亲身推广作物品种、推广耕作技术、种植技术以及编著农书。如潘曾沂于道光八年（1898年）亲自在潘姓义庄田里试行水稻区种法两年，用白话写成《潘丰豫庄本书》详列区种法32条。当然，农官劝农亦有迫害黎民与虚报农绩情况出现。

劝农文。古代中国，政府司农机构、劝农使或地方官员将"劝农文"作为"劝课农桑"重要形式。劝农诗于宋代以前有之，劝农文则兴盛于北宋。如真德秀谆谆告诫泉州百姓："时不可常，天不可恃，必殚人为，以迓厥施。"劝农文在文体上为公文形式，一般文字简练，篇幅短小，便于到处张贴宣传推广。一般针对本地区农业生产情况和特点，具有较强适应性。在内容上，则主要宣传农本思想、推广农业技术、督促农业生产等。如朱熹《劝农文》曰："今来春季已中，土膏脉起，正是农耕季节，不可迟缓，仰请父老浸种下秧，深耕浅种……秧苗既长，秆草亦生，须是放干田水，仔细辨认，逐一拔出，踏在泥里，以培禾根；其塍畔斜生茅草之属，亦须节次荃削，取令净尽，免得分耗土力，侵害田苗，将来谷买必须繁盛坚好。"劝农文对于浸种、播种、育秧、耙草、下肥、田间管理的各个环节介绍颇为详细，使之成为农业生产指导书。与劝农文类似的还有劳农文、劝种麦文等。明代皇帝自朱元璋始皆重视农业生产。其认识到"足衣食者，在于劝农桑"，为此，朱元璋亲自撰写劝农文，要求"里老尝督，违者治罪"。

劝农策。古代劝农还表现在对农业生产的政策激励上。如秦国商鞅提出"奖励耕织"促使社会生产迅速发展，奠定了秦统一中国的物质基础。汉时，吸取秦代赋敛过重的历史教训，薄税劝农，与民休息，遂有"文景之治"。魏晋时期，由于战争连年不断，社会生产力遭到极大破坏，土地荒芜，人口锐减，粮食短缺，形成了严重的社会问题。对此，傅玄提出"四民分业定数"的思想，主要在于"劝民归农"与"劝吏归农"，以至"四海之内，弃末反本，竞务农功"目的。再有，曹魏许都等地屯田对安置流民、开垦荒地、恢复农业生产发挥了重要的作用。西晋政府颁布占田、课田令规定：男子一人占田七十亩，女子三十亩……此制颁布后，出现了太康年间社会经济繁荣的局面。北魏孝文帝太和九年（485

年），采纳李安世的均田建议，颁布均田令。主要内容：15岁以上男夫受露田40亩、桑田20亩，妇人受露田20亩……均田制的实施，对农业生产的恢复和发展起了积极作用。以后诸代皆有激励农策，如朱元璋"令户部移文天下课百姓植桑枣，里百户种秧二亩。……"由此，天下卫所州县军、民皆事屯垦。永乐元年军屯业绩更是惊人。

劝农社。元代的农业技术教育典型方式为社学，它是农桑与教化的统一体，其开创了农业科学技术教育的先例。元代社学从元世祖忽必烈至元二十三年（1286年）开始设置：诸县所属乡村每五十家立为一社，不论何色人等并行入社，推选年长富有生产经验的人为社长，凡超过五十家，而在一百家之内，就增设社长一人；不满五十家的村可以与邻村合为一社，也可以自立为社，并选出一名社长。规定每一个村社设立一所学校，选择通晓经书者为学师，于农隙时月令子弟入学。元朝政府在广大农村设置的村社组织，组织农民劝课农桑，兴修水利，并结合生产实践向农民传播农业技术。社长免去苛捐杂税，以保证他们集中精力劝课农桑，向农民传播农业生产技艺。另外，司农司按一定的条文对社长的工作进行全面考核，实行奖优制，以调动其积极性。元朝末期，社学师资发生一些变化，出现专门推广农业生产技术的农师。农师皆是通晓农业生产技术的种田能手，他们来自于农民，服务于农民。社学对元朝农业技术教育影响重大，而且延至明清两朝。但明清两朝社学已经失去农业教育职能而成为单纯社会教化机构。

劝农亭刻。劝农文刻于石刻之上或建立劝农亭等，以使当地百姓永久学习。在秦琅琊石刻中，以"上农除末，黔首是富"歌颂秦始皇之功德。据考，除郴州万华岩的劝农碑，目前国内还有四处劝农碑的记载：四川广元的劝农碑、吉林长春康熙劝农碑、广西融水县宋代劝农碑以及陕西洋县南宋1149年立的《劝农文》碑。郴州万华岩洞口，立于南宋1148年的《坦山岩劝农记》为中国农耕史上第一块"劝农碑"。在万华岩溶洞口有一高2.5米、宽1.73米、厚0.54米的大石碑，碑身为一天然巨石，碑额以铁线篆题写"坦山岩劝农记"六个大字，字高近20厘米。时任郴州知军赵不退经万华岩坦山时，刻碑以记载自己在郴州进行劝农的活动。另外，清乾隆五十二年修《遂宁县志》记载一篇杂记《劝农亭记》，作者杨名，文中所说劝农亭，位于现四川省遂宁市安居区。《劝农亭记》开篇即讲"农之国之根本，而勤为农之第一义""良农虽苦，可冀有秋；惰农虽逸，荒于田畴"。宋朝巴东山民"依山为田，刀耕火种"，寇准在巴东任县令六年，其大力推行平原地区先进农耕技术，改进生产工具，加强田间管理，并设立"劝农亭"，由专职人员不厌其烦地向每个前来求教的人员传授经验。

劝农书。由于长期"重农"政策的贯彻推行，中国农书居于科技书籍首位。编制农书自东周有之。《汉书·艺文志》记载，当时已有专门农家著作《神农》20篇，《野老》10篇。《吕氏春秋》中有《上农》《任地》《辨土》《审时》4篇。据《中国农学书录》记载，中国古代农书共有500多种，流传至今的有300多种。尤其是明清两代，明代通俗类农书十分发达，邝璠的《便民图纂》便是其中的一种。明人欧阳铎为其所作序中说："今民间传农、圃、卜书，未有若《便民图纂》，识本末轻重，言备而指要也。家务、女红，有图、有词，以形其具，以作其气。"清代农书最多，共有200种，占全数的36.9%。清代专业性农书大量涌现。其范围除农作物外，涉及花卉、蚕桑、果蔬、牧医、虫害、气象、水产等，而以蚕桑及花卉的专书占最多数。再有，清代出现许多地方性农书、如阚昌言的《农事说》、李拔的《蚕桑说》、孙宅揆的《区田说》等。在这500多种农书中，《齐民要术》《氾胜之书》《王祯农书》《农政全书》和《授时通考》内容最丰，影响最大，称为"五大农书"。中国古代农书经典是农业科学发达的重要标志，其不仅记述了农业生产经验，其中涵盖着许多重要理论突破与学术思想。如在家畜饲养方面，《齐民要术》提出了"服牛乘马，量其能力；寒温饮饲，适其天性"的役养原则。第一次记述了马驴杂交培育骡的方法和有关技术原则。初步提示了生物和环境的相互联系，描述了生物遗传和变异的关系问题。19世纪英国伟大的生物学家达尔文说，他的人工选择思想缘于"一部中国古代的百科全书"，即《齐民要术》。

除此之外，农家更是劝农之主流。作为其中代表，许行，即依托远古神农氏"教民农耕"之言，并于滕文公元年（前332年），率门徒自楚抵滕国，在滕文公支持下，耕种试验效果甚好，遂多有门徒加入。

三 社学

与诸劝农方式比较，元代社学因体系完备，可谓独树一帜。作为劝课农桑与教化的统一体，其开创了农业科学技术教育的先例，为中国教育史乃至中国科学技术史写下了光辉的一页。故作为一范例详加论述。

元代统治阶级认识到"兴教化"重要作用，又世祖时期儒臣许衡认为，"国家徒知敛财之巧，而不知生财之由"不行，而生财之道的关键就在于"殴游惰之人而归之南亩，课之种艺，恳喻而督行之"。故有农民与教育的集合体"社学"孕育而生。中统元年，怀庆路总管谭澄，"令民凿唐温渠，引沁水以溉田，民用不饥。教之种植，地无遗利"，这便是元代农业技术教育的最早记载。社学从元世祖（忽必烈）至元二十三年（1286年）开始设置。据记载，此年，大司农卿张文谦上奏建议把全国各地农民普遍组织起来，建立村社，并在其上奏中拟定出"劝农立社"条规十五款。[①]

元代"劝农立社"条规曰：诸县所属乡村每五十家立为一社，不论何色人等并行入社，推选年长富有生产经验的人为社长，凡超过五十家，而在一百家之内，就增设社长一人；不满五十家的村可以与邻村合为一社，也可以自立为社，并选出一名社长。另"每社立学校一，择通晓经书者为师，农隙使子弟入学"。社学教师就是村社组织的社长，社长由广大农民选举产生，其要求享有声望且通晓农业生产技术。社长的职责主要是对村民"教劝农桑""奖勤罚惰"，督促他们"趁时耕作"农田，并按计划种植桑枣柳榆等树木，随时检查，还要组织互助，储粮备荒除病抗灾等。元代社学为中国历史上第一个具有组织形式的农民教育模式。

中国长期奉行"农本"政策，自天子、百官尤其低级技术职官等直接与万民共同劳动，历代帝王"耕籍礼"是帝王劝农的典型标志。但无论帝王劝农或是农官劝农，皆因缺乏组织形式与教学内容而导致表面化。元代社学为全国各地农村普遍建立的教学组织形式，社与学合一；社学

---

① 《新元史·食货志》。

学生是普通农家子弟，社学教师不是由国家派遣委任，而是由民间推荐遴选。社学不同于正规学校，它是利用农闲时节举办。尽管与现代农业职业学校相差甚远，但学校组织形式、师资、学生、教育目的、教育内容等教育的诸多要素均具备。元代社学开创了农民教育的组织模式，超越了古代"农官劝农"与农业技术"父子家传"的传统方式，凸显出其教育属性。

元代社学对元朝农业技术教育影响重大，而且延至明清两朝。且技术传承与道德"化民成俗"融为一体，社会教化功能尤为显著。元代以前，农民有组织的教育形式一直没有出现。宋代，农师劝农亦缺乏组织保障。明清两朝的社学基本上沿袭元代社学体制建立，其学制、教学形式、教学对象、师儒的延聘等方面皆留下了元代社学的痕迹。明代统治者对社学控制更为严格，要求除阅读"四书五经"之外，还要"兼读《御制大诰》及本朝律令"等。遗憾的是，元代社学沿至明清发生了本质异化。尽管元代社学直接影响了明清两代，但其技术教育的闪光内核已经丧失。至明清，社学业已失去农业教育职能而成为单纯的社会教化机构。

元代社学，社长兼具管理者与教师双重角色。社长既是本村农业生产技术的传播者，也是整个村社组织的管理者。元朝政府农业政策，一般皆是通过社长落至实处。元朝末期，社学师资发生一些变化，出现专门推广农业生产技术的农师。至正十三年正月，中书省臣言："近立分司农司，宜于江浙淮东等处招募能种水田修筑围堰之人各一千名为农师，教民播种。宜降空名添设职事敕牒一十二道，遗使赍住其地，有能募农民一百名者授正九品，二百名者正八品，三百名者从七品，即书填流官职名给之，就令管领所募农夫，不出四月十五日，俱至田所，期年为满，即放还家。其所募农夫，每名给钞十锭。"农师皆是通晓农业生产技术的种田能手，他们来自于农民，服务于农民。农师也有个别由地方官吏来承担。如至元二十四年，畅师文迁陕西汉中道劝农副使，置义仓，教民种艺法。因此，社长与农师具有双重任务即传授农业技术与监督农业生产。

元代社学一般有两名教师。一名是农业技术教师，由社长、劝农官或农师担任，教育对象是广大农村的青壮劳力，教育目的为传授农业技术；另一名即文化课教师，由经师担任，教育对象则是农民子弟，旨在对农民子弟实施启蒙教育，诚如"明父子君臣之大伦"等。农师与经师均由大家来选聘，村民出钱出粟缴纳一定数额的束脩以解决教师的生计问题。元代社学不仅首次开启了农民有组织的教育，而且在师资的配备上做到"农师与经师"结合的"双师"制度，尽管与现代职业学校"双师"内涵不同，但其师资建设所凸显的理念极为深刻。尽管非自觉意识所致，但其背后凸显出农民教育师资多样性趋向。

元代社学实施两种教育，其针对不同的对象采用"分类置学"。社学首要任务为农业技术教育，其内容包括：耕垦技术、播种技术、栽桑、养蚕、瓜菜、果实、竹木、植树、药草、孳畜、岁用杂事（农家家庭长生月计划）、粪肥、农田水利灌溉、农业机械、灾荒和病虫害的防治等内容。其教材首先是《农桑辑要》。除此之外，还有《农书》《农桑衣食撮要》《栽桑图说》《救荒活民书》等。另外，在搞好农业生产的前提下，利用农闲时间让农民子弟入学接受教育，主要解决农民子弟的读、写、算的问题。元代社学普通教育与职业教育融合形式是教育史上的创举，其"分类置学"凸显出教育的进步性。西方产业革命以后才有类似的综合中学。

元代社学采用理论联系实际的教学方式。社学教育与农业生产实践密切结合，以非正规的形式，结合农业生产实践向农民传授生产技艺。其教育场所也是不固定的，主要是在田间地头进行。劝农官、社长以及农师向广大农民传授农业生产技术时，都十分重视理论联系实际，用原始的耕作方法进行实验、示范，让农民进行仔细观察，最终使他们领会其中的奥秘，掌握技术要领，农闲时节再配之以农书。农民教育实践居多，理论较少，十分符合农民的具体情况。理论与实践教育相结合正是现代职业教育的主要教学方式。

元代，处于中国封建社会开始走向衰落的历史阶段。但小农经济模式的生命力尚未全面发掘。基于此，元代社学势必存有历史的局限性。由于社会生产力发展水平的限制，元代社学中农民教育极不完善，这种教育与农业生产实践密切结合在一起，生产劳动便是教育活动，教育活动便是生产劳动和生活实践。其教育场所也是不固定的，主要是在田间地头进行。即"男耕女织"家庭生产模式，具有自给自足的特征。尽管部分农产品用于交换,但商品交换的活力在中国农村作用衰微。由此,可以推测,小农经济模式背景的农民家庭其对于农业技术的需求非源自"农产品之利",而只是源于"农业赋税"强迫。显然,此制度对于农民具有天然的压抑。农民非自觉的教育需求制约了元代社学的持续发展。

中国以农立国,故农业赋税占有极大的比重。元代社学建立与此息息相关。由于连年战争,导致北方许多农田变为牧场又流民不居。元代士大夫敏锐地意识到农业衰退的严重后果,元世祖时期儒臣许衡认为:"国家徒知敛财之巧,而不知生财之由。"此话深刻地揭示了封建帝王重视劝课农桑的本质需求。以此可知,由此建立的元代社学成为政府未来"敛财"的主要途径。因此,元代社学创办根源"非为民"而"为赋"。由此,不难理解何以"无论社长抑或农师、经师皆由民自身以村民出钱出粟缴纳一定数额的束脩以解决教师的生计问题"。元代政府除免去社长赋税以外,对于社学几乎没有投入。处于赤贫处境的农业生产者如何能持久地维持社长等师资的待遇,教育资源难以为继必然影响社学的生存与发展。

作为中国教育史尤其是职业教育史上的创举,元代社学其教育水平与效果可想而知。教育是一项系统工程,除需具备基础资源保障以外,教学安排、教育艺术、教育管理等诸多问题均为必备因素。元代社学实施自治模式,社长、经师、农师皆由群众在群体之中选举出,或者没有受到过教育,或者仅仅在乡村私塾稍受文化熏陶。其文化素质尤其是教学素质十分浅陋。元代社学如果作为政府农村正规教育补充尚可,但作为全部教育却凸显出元代教育的等级性与较低的生产力水平。另外,一切安排皆由选举出的社长、经师、农师来组织文化学习与技术推广,教育技术存在天然的匮乏,教学组织与安排具有相当的随意性。"农忙实践,农闲授课",似乎安排合理,但由于社长、农师、经师等非为职业性教师,因此,元代社学在运行中极容易流于形式。

元代社学建立尽管成为农业技术推广的重要载体,但其政教合一的办学属性决定了技术教育的衰落趋向。以游牧生产方式为主的蒙古统治者考虑到百姓教化极为重要。又加之连年战争致使北方劳动人民大量地死亡和逃散,以至于出现"十年兵火万民愁,千万中无一二留"土地荒芜等严重现象。元朝政府抓住了"兴教化"以作为汉化的重要举措,社学恰恰成为劝课农桑与社会教化的统一体。以此可以看出,元代社学并非纯粹的"技术教育"机构。其更主要的任务还是进行伦理道德的教化和配合政策法令的宣传,实际上是基层政教合一的一种组织形式。从社学发展的脉络亦可看出,师资由掌握农业技术的社长发展至农师与经师的结合,从单一技术推广到农闲子弟"明人伦"。社学蜕变成伦理教化机构应该缘起于元代末期。至明清,社学业已成为政府实施封建教化的工具。

四 启鉴

现代"重农"文化的重构。农业资源潜在危机与可持续发展需重构现代"重农"文化。粮食安全无论是过去抑或未来均是影响国家安全与人民生活的核心保障。尽管农业在整个社会财富之中所占比例趋于下降,但其"温饱、基础"作用不可替代,农业是人类永恒本业。现代社会与传统社会相比已相去甚远,伴随着世界工业化和城市化浪潮,大量的耕地被工厂、社区所代替,农业资源枯萎成为威胁人类生命健康和社会动荡的重要隐患。同时,与农耕文明的敦厚与朴实相比,市场经济的个人主义、拜金主义盛行于世。古代劝农以至"使民归心于农,归心于农,则民朴而可正也",告诫人类在现代文明世界中,劝农对于人类回归淳朴意义深远。社会巨变,"重农"文化的重构尤为必要。政治家、思想家、科学家应成为现代"重农"重构与劝农的承担者。

现代劝农主体的多元格局。古代劝农以政府为主。上至帝王,下至基层官吏,均以此为要务。在中国历史上汉武帝、武则天、唐太宗、宋太祖、清圣祖等皆为著名重农帝王。另商鞅、李悝等政治家推行变法,奠定了农为本业的社会经济模式。许行、孟子等思想家言论以及贾思勰、氾胜之、徐光启等科学家著述均为劝农典范。与政治家、思想家、科学家等多元主体参与的古代劝农比较,现代劝农的主体构成出现严重弱化现象。重农的政治家、思想家、科学家及其思想与其他领域主体力量相比明显处于劣势。现代社会以市场进行配置资源,农业作为低利润领域有逐步被"边缘化"之危险。中国诸多农村地区城镇化、工业化格局致使农业衰落。农业作为战略基础事业,应建立以政府为主导,以多种平台构建思想家、科学家、民间社团组织共同参与的劝农体系。

现代劝农形式的多样化。古代社会,从帝王耕籍之礼、政府劝农文告、劝农社团、劝农碑刻等诸多形式以彰显农业地位,传递农业技术,督促农业生产。其形式的丰富性凸显出农业的重要地位以及古代人民的伟大创造。对于古代劝农形式全盘照抄已不再有现实意义,但扬弃传统应为基本所为。与古代劝农形式相比较,现代劝农的途径和形式极其丰富。分析古代传统劝农形式,吸取"传播重农文化、推广农业科技、督促不误农时"的合理内核,根据现代社会特征广泛利用各种大众传媒如报纸、杂志、广播、电视、网络等载体进行劝农宣传,甚至对传统农节举行典型仪式,利用农节进行劝农系列活动也是很好的形式。2010年3月25日,浙江遂昌"汤显祖文化·劝农节"在当地举行。四百年前汤显祖在此"奖励农桑,劝农勤作农事"的"班春劝农"犹在耳边。现代社会需要劝农形式的革新推进。

现代劝农机制的综合实施。现代劝农文化构建、劝农主体的参与及劝农形式的多元化均需劝农机制作为动力与保障。现代社会,由于市场机制,人力资源、物力资源、技术资源等诸多市场要素均导向非农领域,尤其是大量青壮年进城务工,农村出现了"妇女村""留守儿童""空巢村"等诸多问题。新农村建设关乎国家稳定与发展的战略问题,其仅仅依靠妇女、儿童、老人来支撑显然不行。对此,构建现代劝农多元机制显然是及时、必要的。政府作为劝农主体,应继续把所在地农业发展实际状况作为官员考绩的重要指标;不断完善"大学生村官计划"等举措向农村输送高级管理与技术人才;以"职业农民"培训提升现有农民整体素质;以各种惠农政策吸引"流动农民"返乡务农;以"三农"问题研究与争鸣增强国民农业危机意识。另外,现代劝农应与农业、农民现代化进程相伴随。

本章小结

伴随城镇化的脚步,尤其是都市化的汹涌而来,农业、农村、农民或许在未来中国将成为"遥远的绝响"。当后辈只可在史书中理解这业已消逝的悠久灿烂的农耕文明时，生存的危机势必已为时不远。20世纪90年代因粮食危机刮起"布朗旋风"旋即被扑灭，设若劝农传统"中断"尤其是劝农文化被"消解"，待重刮"布朗旋风"之时，没有一个族群可以救中国。

第九章

学徒制度

与艺徒制度比较，学徒制度主要在民间。明代以远，中国创造出世界技术史上无与伦比的辉煌。作为手工业时代技术传承的核心模式，学徒制度功不可没。其中蕴含的本土技术传承范式尤其是"师承"文化精神甚为宝贵。在建立现代职业教育体系过程中，尤其在实施"现代学徒制"过程中，需从一味沿袭西方轨道转向回归本土之路。

一　师门

中国传统学徒制度历史久远，并盛行于诸多领域。诚如医学，先秦长桑君教授弟子扁鹊，汉时淳于意师从师阳庆，尤以华佗与其弟子樊阿、吴普、李当之师徒传承最为著名，至今华佗收徒馆遗址仍可再现其当时授徒之景。其他如手工业、武术、曲艺、厨艺等诸业学徒制皆持存至今。明清时，学徒制在商业领域勃兴。如晋商学徒制以严格著称于世。传统学徒制度是一完整体系。即便如师承文化，亦包括师徒互选、拜师仪式、师徒情义等诸多事宜。

不耻相师与唯长是师。不耻相师出自唐韩愈的名篇《师说》，意思是，不以互相学习为耻。韩愈批评时之文人"今之众人，其下圣人也亦远矣，而耻学于师"。同时，推崇"器者"求学之精神即"巫医乐师百工之人，不耻相师"。以至于"巫医乐师百工之人，君子不齿，今其智乃反不能及"[①]。中国传统学徒制发端于先秦，活跃于整个手工时代，以至于

---

① 《师说》。

现代社会仍为培养技术人才不可或缺的形式。现木工、瓦工、厨师及各种民间工艺皆以学徒制传承。不耻相师之精神又表现为"带艺投师"与"唯长是师"。所谓"带艺投师"即在拜师以前业已身存技艺,此技艺或出自修或出自师门,以出自师门居多。拜师并非限于名师。凡有一技之长于己者,均可登门请教。古时身怀精艺之人一般如此即"师无常师,唯长是师"。华佗、张仲景皆拜多师,清代温病学宗师叶天士曾先后拜师十七人,叶氏拜师之多,可谓典范。

　　投师名门与谨严择徒。投师即徒弟寻找师傅的历程。投师的历程一般涵盖三种现象:投师无门、投师有门、投师名门。古时投师无门原因大致有三:其一,弟子天分甚高,无人应教;其二,师徒信息壁垒,彼此不相知;其三,觅师领域门户未立,不知求教何人。与投师无门相比,投师有门则指弟子依恃自身的天分与师门接纳性而达至理想之所。自古名师出高徒,因此寻找名师名门为头等大事,古时投师名门之旅一般均很艰难。跪请名师的历程也是师傅考验徒弟决心与意志的过程,因此诸如"程门立雪"之例甚多。师傅与徒弟存在相互寻找的过程,弟子投师名门,师傅谨严择徒,其间缘分亦很重要。长桑君教授扁鹊即为典型一例。据《史记》记载,扁鹊少时为客店小老板,长桑君常就店下榻,因扁鹊对长桑君"常谨遇之",观察十余年后,遂收为徒并在传授"禁方"以前,还以"勿泄"为条件。①

　　拜师敬祖与终身为父。师徒关系确立为师门之大事,需以本门仪式确认与保护。一般拜师礼仪有以下程序:第一,拜祖师、拜行业之神。如医士需拜扁鹊,厨师需拜彭祖,木工需拜鲁班,以示对本行业敬重及从业之虔诚,同时祈求"保佑"。第二,行拜师礼。一般是师傅、师母上座,学徒行三叩首之礼,后跪献红包和投师帖。中国传统文化中仅跪天、地、双亲,由此看出师傅地位之高。第三,师傅训话,宣布门规及赐名等。训话一般是教育徒弟尊祖守规,勉励徒弟做人要清白,学艺需刻苦等。古时拜师礼为三、六数,意为"三十六行,行行出状元"。另有手工业作坊在拜师前需写"投师纸",以明确规定投师年限、徒弟义务等,如无"投师纸"师徒关系一般不予承认。拜师有"投师如投胎"一说,古

---

① 《史记·扁鹊仓公列传》。

谚所谓"生我者父母，教我者师傅"，传统师徒关系即没有血缘的"父子关系"。有些行业，一入师门，全由师傅管教，父母无权干预，甚至不能见面。晋商学徒，有的甚至十年方可探家，学徒期间不付工资并无偿帮师傅做家务，师傅管吃住及冬夏衣各一套。一年打杂，二年学艺，三年满师，四年帮工方可出徒。一年三节需"哨师傅"即送礼物。出师酒时，徒弟孝敬师傅钱，师傅回赠徒弟一套工具，并分自己碗中一半饭与徒弟，象征徒弟出师，又表示师傅将一路关照，同时示意自食其力是从师傅处分得。又需送红包与师傅一脉相承的同行，称"坐凳礼"。中国古代技艺传承得意于此"师徒父子"亲密关系。

谨守门派与不辱师门。宗派门户是师门文化中的重要现象。如元代传统医学，出现金元四大家，即以刘完素为代表的"寒凉派"；以张从正为代表的"攻下派"；以李杲为代表的"温补派"；以朱震亨为代表的"养阴派"。即所谓"儒之门户分于宋，医之门户分于金元"[①]，医学门户、流派的出现，极大地丰富了传统医学的发展。投师拜祖之后要严格遵守师门规矩，传统社会门户之见极为严重，其源于不同门户对于事理的不同理解，但多因派别偏见所致，并常存巨大的冲突。因门户之见而导致发展局限甚至门户之争皆很普遍，破除门户之见则极为艰难。另徒弟需谨记不辱师门，从品德、技艺、禁忌等诸多方面需尊师嘱，否则"逐出师门"，对于技艺之人后果极为严重。譬如朱震亨，他传医有术，其弟子戴思恭著有《推求师意》及《证治要诀》，皆发扬朱氏学说，做到"无愧师门"。

叶天士十二岁时随父亲学医，父亲去世后，家贫难为生计，便开始行医应诊，同时拜父亲门人朱某为师，继续学习。他聪颖过人，"闻言即解"、一点就通，加上勤奋好学、虚心求教，见解往往超过朱先生。叶天士从小熟读《内经》《难经》等古籍，对历代名家之书也旁搜博采。不仅孜孜不倦，而且谦逊向贤；不仅博览群书，而且虚怀若谷、善学他人长处。只要比自己高明的医生，皆愿意行弟子礼拜之为师；一听到某位医生有专长，就欣然而往，必待学成后始归。从十二岁到十八岁，他先后拜过师的名医即有十七人，其中包括周扬俊、王子接等著名医家，无怪

[①] 《四库全书总目·子部·医家类·前言》。

后人称其"师门深广"。清代乾隆后期，研究温病的著名江南医家吴鞠通、章虚谷、王孟英等皆为叶天士的私淑弟子。他的儿子叶奕章、叶龙章亦是著名医家。叶天士在世八十年，临终前警戒儿子："医可为而不可为，必天资敏悟，读万卷书，而后可借术济世。不然，鲜有不杀人者，是以药饵为刀刃也。吾死，子孙慎勿轻言医。"凸显出医者敬畏之心。

二 传道

诚如韩愈在《师说》中所言："古之师者，传道授业解惑也。"其中，所谓"道"即真理的本原。事实上，作为一位儒师，韩愈汲取了道家之"道"，为之后宋明理学之"理"开启了先河。"道"在学徒制领域，即行业之道、授艺之道与师范之道。"德"自在其中。

教授之道——非其人勿教，非其真勿授。教授之道首要内容体现于"真人"与"真学"。诚如《黄帝内经·素问经》中："非其人勿教，非其真勿授，是谓得道。"其含义为师傅选择徒弟要严肃认真符合标准，在教学中还必须以徒弟所能，授以真本领，这才是师傅的教授之道。古时，名师选徒甚为严格，越是有绝巧者越是如此。譬如，汉代华佗曾拜师蔡氏，蔡氏以劝开斗架公羊"试其智"，华佗以青草分放诱之，遂收为徒。智慧与悟性是华佗终成名医的重要原因。授徒以"真学"乃师德之要，汉代淳于意悉心授徒，据《仓公列传》载，淳于意成名弟子中史存者共有七人：齐宦者平，临淄人唐安、宋邑、济北王侍医高期、王禹、淄川太仓长冯信、高永侯家丞杜信。淳于意授徒传技的过程亦是治病救人与研究中医的过程。其将典型病例进行整理，《史记》记载了他的二十五例医案，是中国现存最早的病史记录，成为中国医学史上第一部医案——《诊籍》。创立与发展医学诊籍，对于技术传承科学性与开辟案例教学极为必要。

杏林春暖——技巧所以利器用，济艰难者也。职业操守为师徒授受的首要方面，在医业传承中甚是显著。《隋书·艺术列传序》曰："救恤灾患，禁止淫邪"，"技巧所以利器用，济艰难者也"；《新唐书·方技列传序》言"恃己所长，专心经略财物"，或"矜以夸众，神以巫人"被指斥为"技之下者"为人所不齿。唐代孙思邈视医学为决人生死的"仁术",并告诫后学"人命至重,有贵千金。一方济之,德逾于此"。其在传授技艺时,制定了一系列有关专业品德的戒律。如传授医学的咒禁学,就规定"凡欲学禁,先持五戒、十善、八忌、四归",要求后学"济扶苦难""不淫声色""调和心性不乍嗔乍喜"。在《素问》中还对针灸医师提出五项要求:"一曰治神;二曰知养生;三曰知毒药为真;四曰制砭石大小;五曰知腑脏血气之诊。"①《黄帝内经》还专门撰写"疏五过""征四失",这些医生行为规范皆需徒弟谨记于心。淳于意"上疗君亲之疾,下救贫贱之厄";华佗因品性被誉称"民间医生";汉代董奉治病不收费用,植杏树以代之,并以杏换粮救济灾民,后以"杏林春暖"赞誉医德高尚之人,对后学影响颇深。

持恒以专——相矜以久贾,数过邑不入门。历练意志品质以适应未来职业情境是弟子必修之课。古代巫医乐师百工商旅学徒过程均异常艰辛,弟子除需天分之外,还需要卓越的意志品质传承技艺。汉代乐府诗《孤儿行》:"孤儿生,孤子遇生,命独当苦!父母在时,乘坚车,驾驷马。父母已去,兄嫂令我行贾。南到九江,东到齐与鲁。腊月来归,不敢自言苦。头多虮虱,面目多尘……"此诗借孤儿口吻,描写了商人学商经商的艰辛。古代洛阳商人尤为典型,他们出门学做生意"相矜以久贾",即相互之间以长时间在外学习经商为骄傲自豪。甚至如夏禹治水,据《史记》记载,师史"数过邑不入门",足见其一心一意之精神。② 另洛阳人素以节俭著称,师史更是如此。其虽家财万贯,却粗茶淡饭,普通服饰。专注品质亦非常重要,孟子《学弈》曰:"不专心致志,则不得也。弈秋,通国之善弈者也……"此说明,弟子在技术传承中,需专心练习、体味方得真传。如不专心即使弈秋这样的善射者也不能教会。再有,古代师傅对待徒弟要求极为苛刻。"十年寒窗考状元,十年学商倍加难"为晋商学徒之生活写照。如无执着之志实难坚持。意志坚定、专注一事与执着之志成为师徒传承文化中的突出因子。

境界之美——庖丁解牛,匠石相树。艺术与境界是超越技能层次的更高追求。庄子寓言之"匠石相树"与"庖丁解牛"皆凸显出此中国式

---

① 《素问·卷二十五》。
② 《史记·货殖列传》。

独特技术文化。道家代表人物庄子在《养生主》曰:"庖丁为文惠君解牛,手之所触,肩之所倚,足之所履,膝之所踦,砉然向然,奏刀騞然,莫不中音。合于《桑林》之舞,乃中《经首》之会。文惠君曰:'嘻!善哉!技盖至此乎?'庖丁释刀对曰:'臣之所好者道也,进乎技矣。'"此即著名"庖丁解牛"的寓言。这段话明晰了道家技巧的层次递进,其依据自然之道,以"游刃有余"之功实现了具体技巧的超越,成为"美妙的音乐与桑林舞曲"的自由俨然成为一种境界。《庄子·人间世》中记载师徒授课的案例:"自吾执斧斤以随夫子,未尝见材如此其美也。先生不肯视,行不辍,何邪?"曰:"已矣,勿言之矣!散木也……"这则寓言讲述师傅教授徒弟如何判断一棵树应为"何材",徒弟从师傅的判断中学到外表之壮美未必有内材的道理。当然,"无用方为大用"是庄子欲说明的深刻道理。但亦能反映出中国古代手工业技艺的过程,也是求道的过程,也由此出现了"匠人"境界的区别。中国技术之艺术与境界走向与西方技术科学走向相异,并在师徒技艺传授过程中多有体现。

三 授艺

授徒范式各具特色,但学徒过程,复杂、严谨与艰辛并在。尤需注意,中国传统学徒制中,因材施教原则、规矩与巧的"辩证法"、导引与具身的"张力"及技艺传承的"默会性"皆有所凸显。

因材施教——土不可作铁,而可作瓦。弟子天分修为各有差异,故需因材施教。魏晋傅玄对此有精辟的论述,傅玄以"土与铁"性能不同,说明要物尽其用——"土不可以作铁,而可以作瓦"。其认为人各有其长,"龙舟整楫,王良不能执也;骥骤齐行,越人不敢御也,各有所能"。由此,傅玄对于"为师者"提出因材施教的期望:"大匠构屋,必大材为栋梁,小材为榱橑,苟有所中,尺寸之木无弃也。"即好的工匠在造屋子时,不浪费一寸的木头,使大小木材各尽其用。淳于意是因材施教的典范:宦官者平"好脉",就授他脉法,教以脉理;对宋邑则教以五诊术,对高期、王禹教之"经脉及奇络结,当论腧穴所居及气当上下出入邪正逆顺以宜镵石,宜砭灸处";冯信性好医方,精于脉诊,遂授以"案法逆顺,论药法,定五味及和汤法";杜信好脉法,就教以"上下经脉五诊";

对唐安"教以五诊上下经脉,奇咳术、四时应阴阳重"。《灵枢经》记载:"明目者,可使视色;耳聪者,可使听音;捷疾辞语者,可使论语;徐而安静,手巧而心审谛者,可使行针艾、理血气而调诸逆顺,察阴阳而兼诸方论;缓节柔筋而心和调者,可使导引行气痛毒;言语轻人者,可使唾痈咒病;爪苦手毒,为事善伤者,可使按积抑痹。由是则各得其能,方乃可行,其名乃彰。"扬长避短,使受教育者各得其能。

法式授受——教人以规矩,不能教人以巧。古谚"大匠教人以规矩,不能教人以巧"意蕴颇深。规矩与巧为技术训练的两个层次,其中规矩为基础。隋朝工师授徒已有"立样"与"程准"。"立样"即做好模板,然后学徒加以模仿,学习制作。掌握"程准"即等于学会了技术。① 宋代,以李诫《营造法式》为标志,"法式"艺徒培训法趋于成熟。"巧"是超越规矩的更高层次,已是技术的内化。孟子亦曰:"梓匠轮舆,能与人规矩,不能与人巧。""由射于百步之外也,甚至,尔力也。"② 孟子认为:巧与力不同,譬如射箭,学生有力气即能射于百步之外,而射中或矢无虚发方为技巧,技巧并非师傅可以包办代替。清代美食家袁枚《王小鱼传》生动地描写了家厨王小鱼技术之精湛,但请教其高超技艺如何达至即"或请授教",曰:"难言也。"此道出"巧"之微妙及师之无奈。"巧"依托于徒弟的天分与悟性,更多地依赖于后天反复训练之体味。诠释出"师傅领进门,修行靠个人"的朴素道理。欧阳修《卖油翁》文:"我亦无他,惟手熟尔。"华佗学艺期间,手抓草药竟与秤称分毫不差。"熟能生巧"应为技术训练的核心规则。

贵于导引——君子引而不发……中道而立,能者从之。《孟子·尽心上》记载孟子与公孙丑之对话,体现出师傅授"艺"贵在启发诱导。公孙丑曰:"道则高矣,美矣,宜若登天然,似不可及也;何不使彼为可几及而日孳孳也?"孟子曰:"大匠不为拙工改废绳墨,羿不为拙射变其彀率。君子引而不发,跃如也。中道而立,能者从之。"孟子针对公孙丑将"道"之标准降低以适应拙者提出批评:工匠师傅不因徒弟笨即改变或废弃用来画线的绳墨;后羿也不能因学箭者拙而改变其张弓的限度,而不

---

① 《大唐六典·卷二三》。
② 《孟子·尽心上》。

张满弓。如果弃其绳墨，舍其规矩，不坚持标准，定然没有良好的教授效果。孟子在坚持"道"之标准同时，提出师傅授徒传"道"重于授"艺"即"君子引而不发，跃如也。中道而立，能者从之"。其意是师傅只把弓张满，摆出跃跃欲试的架势，并非一定要把箭射出去。旨在说明师傅教会弟子如何射即可，不能代之去射。卓越的技艺需徒弟自觉主动地反复练习，以达到熟能生巧。师傅贵在引导，以激发徒弟能动性即所谓"中道而立，能者从之"。

循序渐进——言传身教，心传神授，自悟自解。师徒授受一般分三个层次：言传身教，心传神授，自悟自解。第一个层次是言传身教，为基础，如元代厨师授徒，徒弟跟随师傅从选料、加工、烹饪、调料等诸多环节中逐步学习与模仿。原料初加工讲究规矩，否则会破坏营养或品味，学徒需记在心中。练习刀工技艺也是逐步摸索、辨析、熟练的过程。另外，配菜工序、调味等也是学徒必须熟练掌握的内容。徒弟尤其需认真体味师傅对于不同菜肴关于火候的掌握，反复实践方可总结出"烧猪肉不可用桑柴火"等诸多诀窍。名医授徒更能体现言传身教，据《史记》记载，扁鹊及其弟子行医到周都洛阳，知周人尊老，即以"耳目痹医"名于时。另和弟子子阳、子豹一起"厉针砥石，以取外三阳五会"[1]，治疗虢太子的"尸厥"，获得成功。第二个层次是心传神授。心传神授即"以心传心"，师徒长时间练习、揣摩、沉思、切磋，彼此"相示以巧"与"相陈以巧"方可逐步达至心灵融合与意会之境界。第三个层次是自悟自解。公孙大娘是开元盛世时的唐宫第一舞人，善舞剑器，她在民间献艺，观者如山。草圣张旭，因观看公孙大娘剑器之舞，茅塞顿开而成就绝世书法。自悟自解在心理学上属于一种"统觉"智慧，非为神秘，其依赖于自身在"动手"过程中持续不断的体验积累与自身建构、默会所致，自悟自解凸显出技术传承的"内源性"学习特征。

独门范式——尔先学不瞬，而后可言射矣。师徒授受具有一般"范式"，如古代医师授徒要求徒弟熟背药方等。但行业不同，师傅秉性资质各异，大凡名师除自身身怀绝技以外，其教授艺术亦与众不同即"独门范式"。此在《列子·汤问》之《纪昌学射》篇极为鲜明：古之飞卫巧

---

[1] 《史记·扁鹊仓公列传》。

过其师，纪昌与之学射。飞卫没有直接传授射箭，而是依据"尔先学不瞬，而后可言射矣"的特殊程序，从"以目承牵挺到视小如大，视微如著"基本眼力练起终掌握射箭之诀窍。《史记·仓公列传》这样记载，"庆年七十馀，无子，使意尽去其故方，更悉以禁方予之，传黄帝、扁鹊之脉书，五色诊病，知人死生，决嫌疑，定可治，及药论，甚精。受之三年，为人治病，决死生多验"。言汉代名医淳于意拜孙阳庆为师，其让淳于意把过去所学的医方均丢弃，将自己珍藏的黄帝、扁鹊脉书、根据五色诊断疾病、判断病人预后的方法以及药物方剂等书传给他，终使淳于意成为"诊病决死生"的汉代名医。"独门范式"涵盖着师傅的心得与绝妙之处，成为师承文化的重要组成部分。

四　学商——学徒制范例

明清时，徽商、浙商、晋商等纷纷出现。晋商可谓典范，尤其祁县、太谷、平遥一带晋中商人遍布全国各地。商业大贾有祁县乔家、渠家，平遥李家、毛家，介休侯家、冀家，榆次王家、常家等。清代，商业开始令世人羡慕，民间一无名抄本记述了学徒的急切心情："终日在家胡打算，一心只想入当典。央朋友，求举荐，书札来往六七遍。事未成，常想望，逐日常把音信盼。"学徒商号成为商业传承的核心模式，中国从商文化精神由此得以积淀。

（一）课业

与惯常的认识有所不同，中国传统社会学商不是一种随机的、偶然的、没有结构的粗糙行为，以学徒商号为例，设若以教育学视角剖析，商业学徒制有明确的"课业"，即学商操守、学商规范、学商技能、学商智慧、学商耐力。其间业已超越单纯的知识与技能。

其一，学商操守。德性操守教育旨在培养学徒诚信、谦和、正直、忍让、勤俭、吃苦的优良品质。诚如晋商商业书《生意论》中对此有种种教导：纹银不使假色，给戥头不少分离（厘），交来往有近有远。……席前勿论老幼，必以礼貌相待。讲生理观其动静，可买可卖，凭行市不戏己亦不戏人。观人物看其来脉，可刚可柔。虽年青（轻）不行婴儿之态,不叫他人之轻慢……"以人为本"与"和气生财"等学商文化由此可见。再有,学商务以重义守信为本。诚如明代商人张政,买卖童叟无欺,称"有所化居当惟张君,惟张君归可无看衡量",类似例证甚多。清代吴中孚在商书《商贾便览》中,开篇即有"习商贾者,其仁、义、礼、智、信,皆当教之焉",至于推崇勤俭致富,则有"若谓贫富,各有天定,岂有坐可致富懒可保贫哉?"对于诱惑,本书直接指出,"赌嫖二事,好者无不败家倾本,甚至丧命……二害非小,当自知之"。

其二,学商规范。学商规范主要包括礼仪规范、技术规范、制度规范三种。行商,面对相对变化的受众与身居途中,对于地理知识、风土人情、商业需求等皆有要求。处贾,固定一处进行商业活动,对于商品信誉与商业服务要求更高。礼仪规范包括服侍、起居、站坐、待客等项。如晋商要求学徒稳重处事且八面玲珑:学小官,要站在柜后,照看柜里柜外,看人做生意,听人说甚话的买卖,彼此交谈问答,对答贯串,必须听而记之。学小官,不可嘴快插言多嘴,如众人在一处议话,你可耳听,勿使眼望。又道:紧眼睛,慢开口。至于技术规范,包括商业运行之中的语言、标志、文化等。诚如明代商业用语,田汝成谓之曰:"乃今三百六十行,各有市语,不相通用,仓促聆之,竟不知为何等语也。"如中药"黄连为苦相思,大黄为洗肠居士",如不懂则不能做药材生意。制度规范,即商业运行所遵从的基本制度。如清代商业有独资、合伙、合资、连财合本、领本、托本、附本、贷本等形式。设若伙计不懂此道则势必难成一个好掌柜。

其三,学商技能。学商技能主要包括礼仪技能、基本技能、岗位技能三种,并且,学商时三者依次递进。其中,礼仪技能颇多,且为学商第一步。凡打水、烧水、扫地、铺床叠被、侍候掌柜等事务,皆学徒来做,一般至少一年。晋商商业书《生意论》记载:凡学生意之人,清晨早起在诸人以前,夜晚睡觉在诸人以后。临事不用人唤,食在人后,做在人先。洒扫必须洁净,勿惜翎毛以避灰尘。基本技能主要有写字、珠算、写信。写字,一般学写小楷即"买卖人字"。珠算,背口诀,记位数,要求既快又准。写信,有专门的商业及交际尺牍活套,供学徒模仿学习。另要求"在蒙古者通蒙语,在满洲者通满语,在俄边者通俄语。每日昏暮,伙友皆手一编,习语言文字,村塾生徒无其勤也。"另需了解地方风俗习惯。岗位技能依行业而不同，入票号、钱庄，主要学习辨别银钱成色，银色歌与平码歌须背熟记牢。在当铺，则需学习各种珠宝、首饰、皮毛、绸缎、铜、锡、瓷、木等货物的识别及价格，练习当票的写法，熟记当票的暗记符号，并学习当行的银钱计算等。

其四，学商智慧。学商仅具技能远远不够，学商智慧决定行商之远。古代学商者一般以子贡、范蠡、白圭、吕不韦、师史等大商为楷模予以承传。端木子贡，儒商鼻祖。其具有"废举"与"时转货资"经商天赋。但其最重要的贡献是开启了儒商好德之风。历史上多以"端木遗风"来表儒商致富之人，如范蠡，富甲陶朱。《史记·货殖列传》说范蠡曾拜计然为师。其教给范蠡《贵流通》《尚平均》《戒滞停》等七策，后人尊称"商圣"。范蠡曾三次经商成巨富，三散家财，自号陶朱公，世人誉之"忠以为国；智以保身；商以致富，成名天下"。其做到商业智慧与人生智慧统一，成为"智者弃财"与"大商无算"的典范。白圭，智慧商祖。宋景德四年，真宗封其为"商圣"。其奠定了"人弃我取，人取我与，知进知守"的商业理念。吕不韦，营国巨商。其最为著名的投资于政的"奇货可居"理论凸显出大商的高远目光。以后诸代如师史、桑弘羊等杰出商财均以巨大成功诠释了商业智慧存于商业之外的道理。

其五，学商耐力。古代商为末业，学商之难尤甚。学商需忍受漂泊饥寒、孤单困苦、单调苦累。据《史记》记载，白圭在商业活动中，"能薄饮食，忍嗜欲，节衣服，与用事僮仆同苦乐"[①]。经商易富，但常充满艰辛。晋商中流传一首铺诀表达出晋商学徒生活的酸甜苦辣：黎明即起，侍奉掌柜。五壶四把，终日伴随。一丝不苟，谨小慎微。顾客上门，礼貌相待。不分童叟，不看衣服。察言观色，惟恐得罪。精于业务，体会精髓。算盘口诀，出手相联（连）。斤称流发，必须熟练。有客实践，无客默诵。学以致用，口无危言。每岁终了，经得考验。最所担心，铺盖立卷。一旦学成，身股入柜。已有奔头，双亲得慰。这首铺诀饱含学商者的劳苦艰辛与无限期盼。

进程包括：严格收徒、苛刻传艺、综合考核、出徒为师。

第一，严格收徒。商号学徒具有严格的选拔制度。以晋商为例，学

[①] 《史记·货殖列传》。

徒推行保举制度。保举人名曰"铺保",需具备三个条件:其一,本人需有名望、有信誉;其二,保举人须与商号掌柜熟识并被商号信任;第三,有些商号规定保举人须与商号有利害关系。一旦学徒被除号,由保举人把学徒领走,必要时保举人负连带责任。学徒与保举人立有保证字据。晋商注重亲缘关系与地缘关系,因此,学徒一般要求为当地人且家世清白。学徒年龄一般在15岁至20岁,品貌端正外还需"测其智力,试其文字"。有些商号"更须仪态大方,习于礼貌"且"不惮远行者"。此外,商号另有特别规矩。如祁县大德通票号做有一双铁鞋,面试时让学徒试穿,穿上了才有资格进号当学徒,穿不上则不会被录用。另有商号以一顶帽子、一件衣服来决定是否录用学徒。究其实,这种录徒礼仪是晋商票号业发达的反映。鉴于许多人争相托人求荐入号,为免于人情束缚,无奈之中采取此法。此为晋商变通智慧的绝妙表现。

第二,苛刻传艺。学徒考察基本满意后,挑选一个好日子让其入号,名曰"请进"。此后便是严格苛刻的考察与历练。学习侍奉为第一步。为达至东家、掌柜、伙计、顾客均满意,站、立、坐、卧与起、居、洒、扫规矩颇多。师傅为传其技,对学徒打、骂、损、毁乃平常之事。学习写字、珠算、信函之事若发生错误,轻者赶出以训诫,重者开除商号。对于开除出号之事,当地俗语称之曰"倒口袋",即让学徒白吃了几袋面粉。因此学徒练习算账,常在掌柜等人睡觉以后用功。正如晋商商业书《生意论》中对学徒的劝诫:"遇闲暇时勤学算法,逢忙碌日事要经心,眼观六路,耳听八方,不图自在,不旷功夫,尽心竭力,不懒惰,不好间(闲)。"可见晋商学徒要求之严、学之不易。

第三,综合考核。以晋商为例,学徒出班全面考核主要包括岗位锻炼以看能力,设计考试情境以观其操守。票号学徒在学习基本技能后,经高级人员推荐,可以取得练习跑街资格,上街市打听行情等事。经过年载光景,被认为可以造就者,就派充录信员,先誊各埠来函一年。文牍先生赏识之,即让其缮写外发信件,同时由文牍先生教以文字学。再经年余时间,才有升充帮账之可能。帮账半年后,遇各分庄有人员调换时,经高级人员推荐提拔,就有机会被派往各埠分庄服务。此阶段等于学习之后的岗位技能考核。另商号一般设计考试情境以观其操守。如通常许多商号掌柜故意把钱丢在某个地方,看学徒是否会悄悄拿起私藏,以此观其品质好坏。在考察学徒能否担当大任时，还有更具体详细的方法和谋略。晋商乔家高掌柜晚年回忆伙计生涯如此评价：练习成熟，再测验其做事能力与道德，如远则易欺，远使以观其志；近则易狎，近使以观其敬；烦则难理，烦使以观其能；卒则难办，卒间以观其智；急则易爽，急期以观其信；财则易贪，委财以观其仁；危则易变，告危以观其节；久则易情，班期二年以观其则；杂处易淫，派往繁华以观其色。

第四，出徒为师。经过岗位能力与道德考验之后，才能最终确认学徒者是否过关，从而真正结束学徒生涯。否则，学徒就永远是个小伙计角色，甚至被辞退出号。晋商学徒学成可谓心力俱劳。商号以外，行业会馆对于学成出徒另有严格规定。如未满期限的学徒，同行各店作不得雇请，学徒期满要交较高额的入帮费或上行银，还要帮师一年，道光十二年长沙角盒花簪业条规规定：徒弟三年出师，帮师一年，入帮钱一千二百文，三个月交清，如违师傅代出。乾隆五十二年长沙衬铺业条规规定：店家带徒弟，三年为满，设席出师，倘年限未满，同行不得顾（雇）请，如有请者罚戏一台。又道光十一年（1831年），长沙明瓦店业规定：外行入帮，均要学习三载，香钱酒章均照旧章，如未学习手艺者，均不许入帮。对学徒名额、期限和其他种种限制，实际上是对各店作帮工数量的限制，也是对店作规模的限制。道光二十八年（1848年），北京糖饼行业行规规定，"暂行停止（收）徒弟五年"。另不同地域行会特色各异，如湖南，则两年半带一个，不得多带。每带一名徒弟，师傅须出一定的银钱入会。学徒期未满，不得受雇于他行；期满后，还得为师傅帮工一年，这种学徒制度，在于保持本行在本地的优势，限制同行的大量出现。晋商录用与培养程序与严格造就了优秀的晋商。尽管非完善全美，但反思今日职业教育，书斋之中何以成才？

（二）属征

商业虽具风险，但诸代并未停止学商之路。与其他领域相比，学商的传统"元素"更具生命力，更能凸显"强勉拙诚"之工匠逻辑、"仁厚规矩"之行业品性、"士商崇官"之文化底色。

"强勉拙诚"之工匠逻辑。学商非一蹴而就，需要较为漫长的历程，即"强勉拙诚"之结果。时间一般三到十年。勿言学习其他技能，即便是最基本的学徒"站柜台"至少三到五年，有顺口溜曰：当铺饭，真难吃。站柜台，下地狱。没有金鸡独立功，莫来这里当长工！学徒入门后，要整天站着，俗称"站柜台"。有的十年。如晋商复恒当规定，学徒进号十年内不设座位。学徒每天从早上六点开门，到晚上十点左右关门，要站十四五个钟头，而且必须是立正姿势。除非接待顾客，手绝不能放在柜台上。许多学徒伙计因此腿脚浮肿，甚至会晕倒在地。漫长实训是学徒成功之本。打水、烧水、扫地、铺床叠被、侍候掌柜等事务，都是学徒来做，一年之工凡坐杂事，日日如此……再有，票号之中学习辨别银钱成色仅靠背诵银色歌与平码歌绝对不行，当铺之中亦为如此。至于更有难度的技艺更需漫长时间的浸泡和砥砺才行。事实上，中西方一样，诚如欧洲传统社会，一学徒需跟随其师八年，之后离开师傅游历欧洲继续学习，等何时拿出一件令自己得意且令师傅满意之作，整个学徒历程方算结束。由此看来，没有"强勉拙诚"之功，势必不会有卓越的匠器产生，这即是职业教育本质属性之"工匠逻辑"，这亦是因何学校制职业教育遭到诟病之核心原因。

"仁厚守规"之行业品性。就行业品性而言，"精明"绝不是学商者之典型特征，至于逐利，"小商靠智""大商靠德"，即所谓"大商无算"。换言之，"仁厚"与"守规"是学商者核心品性。早在宋代，茶商即已创造出经商的三字经，"重信义、除虚伪、节情欲、敦品行、贵忠诚、鄙利己、奉博爱、戒奢华……"至元代，商业弘扬"义"德。诚如泉州孙天富、陈宝生、朱道山等皆为典范。明代则出现"其业则商贾也，其人则豪杰也"现象。在《士商类要》一书中，程春宇告诫商贾需"宁甘清淡，不以利禄关心，正大光明，惟求洁白"。另有李晋德《新刻客商一览醒迷》、石成金《传家宝》等商典皆在诠释"取财以道，利己利人"之道。再有，守规持矩是学商又一品格。以晋商为例，学徒禁忌习俗可概括为：严格探亲制度，谨记学徒习俗，杜绝跳槽行为。尤其是，晋商决不录用跳槽者和被其他商号开除的人。其保证了从业者在思想上对商号的一心一意，从一而终。铺诀中"最所担心，铺盖立卷"之语，正是在这种禁忌下学徒内心感受的真实表达。规矩是一种文化，需学商者遵守。其是明晰自身职业身份的标志。职业规矩具有两面性，压抑人性与造就人性共在。

"士商崇官"之文化底色。任何一种职业皆具有民族性。就中国商业文化而言，"士商精神"与"崇官文化"俱在，二者似"剑之双刃"成为商业文化之底色。就演进历程来看，"抑商"政策导致士、商分离，至元代，中国商者逐步凸显出"士商精神"，似有"端木遗风"重现，如吉水商人萧雷龙，幼嗜诗书，及元平江南，束书游燕都、关陕，一时间天下名士如赵孟頫等都与之交，尝授秘书监著作郎，其子孙多习儒业。而程春宇《士商类要》书名本身，即反映出士商并列的观念变化。"士商精神"灵魂是商人的使命意识。鼎锓《商贾指南》之中凸显商人的责任情怀：匡扶正义、扶弱济贫是其鲜明写照。与"士商精神"相反，商人另有崇官文化积淀。崇官文化即官贵商贱的政策文化，以及攀贵以达富、依富以达贵的投机心理所致。吕不韦开创商人与官场合作的经商之道，导致了其辉煌人生与悲惨结局。在《士商要览》一书中，儋漪子阐述了明代商人普遍敬官、畏官及至依赖于官的现象。如此，商人在对自己社会角色的认知上，难有自己独立的人格。

当然，中国传统商业学徒制并非皆是精华，其间有糟粕同在。其中，最需注意之处有两点：其一，由"重利"导致的"轻义"；其二，商业领域的"崇官文化"。前者有悖于中国传统文化中崇尚的仁义、信义、道义等德性；后者势必导致一种不成熟的商业制度与文化。近代以降，西方市场经济接轨以后，中国商人与商业精神缺失开始彰显。由此，作为一种宝贵财富，"士商精神"现代化问题迫在眉睫。尤其在构建现代商业学徒制中对于二者务须有自觉意识。

五　自觉

继承师徒传承文化合理性。师徒制度作为手工业时代的产物，其顽强的生命力源于本身存在的合理性。主要涵盖以下四点：其一，师徒传承适应"个性化"教学。近代以降，师徒制逐步被职业学校所取代。职业教育需"手把手"因材传授才可得其要领，但班级授课制因教师受众太多导致贯彻"个性化"教学难度极大。其二，师徒传承适应"终身性"教学。师傅一生当中因严格选徒等诸多因素影响而仅有少量的徒弟。师徒之间传道、授业、解惑的关照持续"终身"。徒弟长年累月跟随师傅，师傅的品格、绝活、行动做派等耳濡目染，师徒传承得以完成。其三，师徒传承适应"精艺性"教学。传统学徒制度，师傅之所以成为师傅，其源于自身具备行业"精艺"，其蕴含诸多体会与诀窍。师徒形影相随，方可捕捉到师傅的"精艺"。其四，师徒传承适应"实践性"教学。书斋之中是无法培养实践能力的。学徒制度技术传承主要依托于生产实践的载体。师傅从事具有复杂劳动性质的主导工作并兼传技艺；徒弟做辅助工作以帮衬，属于简单劳动兼学习训练。手工业时代师徒制从实践开始，以实践结束。

汲取师徒传承文化精髓。师徒传承文化精髓是代际相传的要旨。传统学徒制度，师承文化表现为"严格性"与"亲密性"统一，"严格性"贯穿于选徒与授徒的整个过程，"亲密性"表现为"师徒如父子"类血亲关系，"严格性"与"亲密性"统一是学校模式职业教育无法比拟的；师承文化表现为"实践性"与"生产性"统一，其是学徒制度依然具有生命力的重要原因，同时凸显出职业技术教育的本质属性；师承文化表现为"示范性"与"内源性"的统一，以生产实践为载体，师徒技术传承得以完成；师承文化表现为"技术性"与"境界性"统一，"境界"是对于"精艺"的超越而为最高的追求，业已成为中国实用技术的文化特征；师承文化表现为"精艺性"与"道德性"统一，"德艺周厚"成为古代优秀技术人才的标准，同时凸显了中国"尚德"文化；另外，传承范式"一般"与"独特性"统一等皆为在新时期技术人才培养过程中需继承与发展的合理内核。

规避技术承递保守与垄断。保守性表现在对于同行技术的排他性。譬如医学金元四派，尽管四派丰富了元代医学理论，但门户之见影响了相互之间的交流。除医学其他领域亦为如此，能够打破门户之见的则因活力而发展，相反则逐步泯灭。垄断性则表现在师徒之间。师傅依托于行业"精艺"而成为师傅，在未明徒弟本性之前或担心"教了徒弟，饿死师傅"的结局以及确保其权威性。一般师傅对于徒弟并非"尽心传授"，需留部分"绝活"以待其变。有些待充分信任徒弟以后再逐一传授，但许多"绝技"终藏于师傅腹中。另有些师傅技术诀窍保密，只授给自家或家族的人。其结果是常常造成某些技艺的失传。

规避手艺与匠才培养局限。中国传统社会称其为"匠人"或"手艺人"。从其称谓可以看出此群体当中绝大比例为具有一定技能的劳动者，中国传统文化"君子不器"尽管具有片面性，但同时批判了人才局限性。朱子："器者，各适其用而不能相通。成德之士，体无不具，故用无不周，非特为一才一艺而已。"即凸显了"器人"的局限性。无论从人发展性或是其创造性等角度均受到极大的局限。古代手艺人或匠人，其技能走向艺术化，但"庖丁解牛"式的卓越技艺，很难达至。多数仅为一般的手艺人，技能与境界或是德艺兼求终归少数。另外，非以西方现代科学为基础的中国手工业技艺亦往往使其发展的张力受到局限。但挖掘"庖丁、鲁班"式人才成长内在规律以及个性特征对于突破手艺与匠才培养局限是必要的。

规避生存所求与功利性局限。中国古代学徒制度，学徒在选择各自领域之时，一般源于生存需要而非兴趣与特长所致。以教育的视角审视，教育需从学生的兴趣出发方有效率，卢梭、裴斯泰洛齐、福禄贝尔等西方教育家皆对此有所论述。传统学徒一般为贫民子弟，其为就业生存求"一技之长"或被生活所迫、家长所逼。尽管由此亦有许多人成才立业，但其与人的成长有背离之处。另外，传统学徒制度，具有极强的功利性，对于行业选择往往着眼于行业利益与前途。从技术的层面来讲，其本身的有用性伴随着不可忽视的局限。乾隆五十二年长沙衬铺业条规规定："店家带徒弟，三年为满，设席出师，倘年限未满，同行不得顾（雇）请。"在此，师徒制度成为商业利益的工具。学徒自我发展素养是突破生存所求与功利性的重要标志，行业信仰教育需贯穿学徒制度始终。

规避低效受众与直接经验局限。传统学徒制度存在直接经验与低效受众的局限。学徒制度以"一对一"或"一对少"的模式传承，故培养大量技术人才难以完成，否则将以牺牲徒弟培养质量为代价，此与学校模式"班级授课制"无法比拟。当然，此项制度具有两面性，解决低效受众问题往往与弟子质量下降相伴随。另外，师徒技术相传，师傅基本依托经验传授。手工业时代，经验积累对于生产极为重要，但其保守有余，创新不足。另外，师傅授徒之经验为直接经验。直接经验对于职业教育教授方式极为重要，但其弊端亦十分明显。其一，直接经验仅源于师傅个体，因此师傅天分基础、接受能力、经历领域等诸多因素均制约直接经验的层次，直接经验的个体性局限了职业体验的样本数量，因此，个体直接经验的归纳具有天然的缺陷；其二，直接经验为低级层次的认识。尽管师傅对于直接经验有所领悟，但终因缺乏系统理论支撑，制约了直接经验朝向间接经验即理论的升华，而只是停留于一般的总结性认识层面。

六　启鉴

　　传统学徒制与现代职业教育体系构建。传统学徒制如何参与现代职业教育体系构建，即职业教育制度层面的课题。考究中西现代职业教育运行方式，中国以学校为主，附加之工厂实习；西方以工厂为主，加之以学校学习。如德国著名的"双元制"。其中，三分之二在车间学徒，其学徒时间多于理论学习时间。从制度运行特征来看，即便是倡导校企合作，但中国职业教育运行模式并未跨越普通教育的底色，其无论在理念、制度、形式、课程、教法等诸多方面均是普通教育的简单改造。当前，仅靠学校形式无法完成职业教育的全部过程。但学徒制在现代职业教育体系中定位还缺乏深入研究，学校制与学徒制二者内在关系尤其需要重估。

　　传统学徒制与自身现代化特征分析。任何事物皆是历史的产物并伴随时代而变迁，诞生于手工业时代的学徒制亦为如此。考究目前存留于世的木工、瓦工、厨师等众多依然盛行学徒制的领域，其之所以存留可能存在两个因素。其一，学徒制依托于手工业，只要手工业存在，学徒制度就存在；其二，学徒制亦在逐步伴随社会进步而逐步发展，如师承文化、教学方式、传承内容等皆在变革。学徒制现代化过程，不能牺牲其实践属性、精艺传承等合理内核，否则必将失去其现代化意义。

　　传统学徒制与高级职业人才培养。毋庸讳言，目前学徒制还存留极强的活力。学徒制技术传承的过程即为生产实践的过程，同时亦为徒弟技能积累与训练的过程。可以说，没有实践即没有学徒制，实践与学徒制伴随生长，彼此相依。学校教育一般采用班级授课制，由于受众数量影响了教学质量。学徒制尽管学徒数量有限，但学徒培养质量得以保证。但有一个问题需引起重视，伴随产业革命与机器化大生产的现代职业人才素质需求，学徒制如何破解系统理论教育问题需要探索。以培养普通人才的职业学校为基础，学徒制承接高级职业人才的培养应成为一条值得重视的探索路径。

传统学徒制与职业教育多样化。近代以降，产业革命对于技术人才的大量需求，农业、工业、商业等专门学校应运而生。中国手工业时代非学校化"隐性"职业教育逐步被学校形式所取代。同时，与传统学徒制并行的技术职官制度、父子家传制度、官府手工业艺徒制度皆开始衰落。诚如普通教育存在全日制学校、自学考试、电视大学等诸多形式一样，职业教育亦需要多种形式以满足不同领域的需求。多样化不仅以诸多视角凸显职业教育本质属性，尤其将给职业教育带来活力。譬如，美国综合中学、社区学院等不同层次的职业技术教育资源极为丰富，尽管弗莱克斯纳与维布伦等教育家对此给予激烈的批判，但职业教育形式多样化给美国高等教育带来的活力、影响力以及对于高等教育民主化促进作用不可替代。学徒制亦应成为现代职业教育体系中不可或缺的形式。

本章小结

学校形式很难独立完成职业教育的全部过程，毋庸讳言，目前师徒传承文化还存留着极强的活力。任何事物皆是历史的产物并伴随时代而变迁，诞生于手工业时代的学徒制亦如此。因此，推进学徒制现代化，以参与现代职业体系建构并培养高级职业人才，值得进一步探究。理想状态是，传统学徒制与真正意义上的现代学徒制并置其中。

第十章

艺徒制度

明代以远，中国创造了世界技术史的辉煌。商期"后母戊大方鼎"，东周"韧性铸铁"，汉代"百炼钢"工艺技术等皆依托于艺徒制度以传承。古代艺徒制度作为"学徒制"与"学校制"的融合形式，其间制度精神与历史积淀对于构建中国特色现代职教模式颇具启鉴。

一 背景

工商食官。工商食官为古代艺徒制度的主要制度前提，因此需首先予以解读。"工商食官"语出《国语·晋语四》："公食贡，大夫食邑，士食田，庶人食力，工商食官，皂隶食职，官宰食加。"在《从稍食到月俸——战国秦汉禄秩等级制新探》一文中，阎步克指出：周代存在着一种"稍食"，即按月发放或领取，并于发放时需通过考功计劳来定其额度。领取稍食者主要是宫中的各种官府胥吏，直接为周王服役的士庶子及男工女仆之类。工商属于领取"稍食者"。按三国时韦昭解释，即"工，百工；商，官贾也。《周礼》曰府藏皆有贾人，以知物价。食官，官禀之"。通俗之意即食的意思是：拿东西给人吃。工商食官即百工和商贾靠官府所给的粮食而生活即"处工就官府"，官府垄断工业，官府垄断工者。工商食官原为西周官营手工业制度。东周以降，工商食官制度被打破，但其作为一种制度底色延续数千年之久。

劳役工徒。艺徒官属的实际境遇成为其技术学习的基础背景。秦汉官府"工匠"及"工师"，长期被固定于某一官府作坊，虽饿死也不能离开。魏晋南北朝时期，工匠身份远比编户齐民要低。政府对王公士庶之家和百工伎巧卑姓通婚限制极严，"犯者加罪"。据载，"工商皂隶，各有厥分……"① 可见，工商几乎与皂隶同等地位。唐代前期，官府工匠主要是通过编制匠籍，从民间无偿征调。中晚唐以后，"纳资代役"制度使民间工匠有了相对的人身自由。宋代官营手工业一般不再无偿征调民间服役工匠，大都采用一种介于征调和雇募之间的"差雇"制。元代政府控制天下几乎所有工匠，官府手工业者主要是"系官匠户"，需世袭充役，不得变更即"匠不离局"。明代前、中期，实行严格的匠籍和匠户劳役制度。中期以后，官营手工业衰落，匠籍制度瓦解。匠户劳役渐为征银代役取代。相沿两千多年的工匠徭役制度得以废除。工商业者人身依附大大减轻。尽管伴随历史变迁，其地位在逐步解放，但古代制度与文化使工匠一直局限于"系官匠户"的劳役状态而迫于政府高压之下。

官业办学。艺徒制度是工商食官背景下的"官工业学校"。其中技术传承模式与民间学徒制、家传制、专门学校皆不相同。比较而言，民间学徒制，其师承文化严格且受众有限。如汉末名医华佗有高徒樊阿、吴普、李当之。但艺徒制度工师技术传授对象很多，有时需大批量培训。家传制，则依托血缘纽带而百代专攻一技。如唐代雷氏家族以制琴为世业，北宋诸葛高以制笔闻于世。再有，畴人世业为家传制之特例，凸显出"技术官守"之特点。艺徒之中亦可能有血缘相连，但工匠多征于天下，主要运用制度控制，但的确有艺徒返乡后开始居家传业。专门学校，诚如汉代鸿都门学、魏晋麟趾学、隋唐掖庭局、习艺馆等颇负盛名。与之相比，艺徒制则不具备课程、教材、教法等学校教育的诸多要素。与近现代企业培训相类似，属于官办产业技术培训模式。

盛衰变迁。艺徒制度作为官府手工业的产物，变迁盛衰与官府手工业强弱相伴。一般认为，艺徒制度萌芽于商周，发展于秦汉，成熟于唐宋，衰落于明清。西周，重要手工业皆由王室和诸侯贵族所控制。《礼记·月令》中说："命工师令百工。"能工巧匠聚集于官工业中，身怀绝技者还被擢升为"工师"，官工作坊成为"艺徒"培训学校。春秋战国时期，官府手工业不断发展与规范，由《考工记》可推知官营手工业艺徒制开始成为技术传播的主要方式。秦汉时期官府手工业空前强大，大批

---

① 《魏书·高祖纪》。

技术工匠需求致使艺徒学习奖惩机制形成。如"能先期成业者谒上，上且有以赏之。盈期不成学者，籍而上内史"①。魏晋南北朝时期尤其北朝诸政权不仅有庞大的官营手工业作坊，并规定"百工伎巧驺卒子息，当习其父兄所业，不听私立学校。违者师身死，主人门诛"②。国家禁止公开传授工业技术，尤其是民间手工业的衰败，遂使手工业教育与传承失去活力。唐朝官营手工业与"艺徒"教育制度同样具有很高的水平。专设少府监"掌百工技巧之政"，少府监与将作监均有训练艺徒的职责。训练"艺徒"时，学制安排与"立样"与"程准"模式出现。唐朝官营作坊，以权威征用全国各地工艺名师来训练艺徒，民间技术也不能对官府保密，并指令其拿出家传绝技教授，即所谓"教作者传家技"。该传习方式，有助于突破家传技艺的封闭性和保守性，在当时为一种比较先进的艺徒培训形式。由于少府监、将作监所属的三万余工匠以及地方官府所控制的工匠，均是"材力强壮、技能工巧"者，故唐代官府手工业往往集当时手工业之大成，且使艺徒制度成为运行之典范。宋代，全国业已形成庞大的官营手工业系统，为高效训练艺徒，推行"法式"艺徒培训法，使艺徒制度达至最高峰。元代政府非常重视对在籍工匠的培训，由专门机构与专人"教习"负责。明代官府手工业衰退以至于停滞，势必导致其艺徒制度的同步衰退，遂渐次被民间学徒制所替代。

二 范式

工师选择。选择卓越工师是确保精艺传承的前提。历代官府手工业皆重视网罗天下匠器英才。诚如《孟冬》曰：命工师效功。注云：工师，工官之长也。《秦律杂抄》有"工师及丞赀各二甲"，其中言"工"者即工匠，"丞"是工师副手，而"工师"即教新工学手技艺的技工教师。王莽做九庙时，曾"博征天下工匠"。魏晋南北朝时期，据记载：北魏天兴元年（398年），徙山东六州"百工伎巧十万余口，以充京师"；北魏太平真君七年（446年），"徙长安城工巧二千家于京师"。北齐天保时，

---

① 《均工律》。

② 《北史》。

"发丁匠三十余万营三台于邺下"①。唐代中期"和雇"制度普遍推行的同时规定"其巧手供内者不得纳资",有缺"则先补工巧业作之子弟"。南海奇女卢眉娘"幼而惠悟,工巧无比",唐顺宗嘉其工巧,谓之"神姑","因令止于宫中"。元代政府不惜代价四处搜罗能工巧匠,吴德融在宪宗蒙哥时期,曾因"善锻、有巧思",被任命为诸路银匠提举。同时,大批迁徙能工巧匠,如世祖中统二年(1261年)"徙和林白八里及诸路金玉玛瑙诸工三千余户于大都,立金玉局。至元十一年升诸路金玉人匠总管府,掌造玉册、玺章、御用金玉、珠宝、衣冠、束带、器用、几榻及后宫首饰"②。

立样程准。古代工师任务颇多,据《吕氏春秋·季春纪》载:"是月也,命工师令百工,审五库之量,金铁、皮革、筋角、齿羽、箭幹、脂胶、丹漆,无或不良,百工咸理,监工日号,无悖于时,无或作为淫巧以荡上心"。但"立样"与"程准"是工师进行艺徒技术培训的重要环节。工师授徒首先"立样"即做好模板,然后学徒加以模仿,学习制作。工师"立样"初载于隋朝。即所谓黄亘、黄衮兄弟"大业时,有黄亘者,不知何许人也,及其弟衮,俱巧思绝人。炀帝每令其兄弟直少府将作。于时改创多务,亘、衮每参典其事。凡有所为,何稠先令亘、衮立样,当时工人皆称其善,莫能有所损益。亘官至朝散大夫,衮官至散骑侍郎"③。至唐,将作监下设甄官,职责在于使"砖瓦之作,瓶缶之器,大小高下,各有程准"。这即为艺徒学习和制作提供了标准和典范,掌握"程准",即等于学会了技术。④ 至宋代,工师"立样"与"程准"均依据工程法式。一般而言,工匠培训时,皆由技艺高超的工匠担任师傅一职,专门负责官府手工技术的传授。该种教与学的方式,伴随一系列规章制度、程序步骤,故较为系统。价值之处在于,手工业者在官府接受比较系统的培训后,待服役期满返家继续从事手工生产时,其在官府中所学手艺自然就会在民间传授,至此,官府手工业艺徒制度促进了民间

---

① 《魏书》。
② 《经世大典·工典·玉工》。
③ 《隋书·何稠列传》。
④ 《大唐六典·卷二三》。

学徒制进一步成熟。

　　严格学程。艺徒培训学程自秦汉始即有记载，譬如，《均工律》有"工师善教工，故工一岁而成，新工二岁而成""新工初工事，一岁半功，其后岁赋功与故等"一说。意思是，秦时对技术工人的培训一般要求两年学成。至唐，不同工种艺徒训练已经有明确规范的期限。在唐官府手工业场，集中学徒工，让知名匠师传授技术。视工种不同，培训时间不等，每季由官府考试一次，年终大考一次。学习期限根据工种长短不等，长约4年，短限40天。据《新唐书·百官志》记载："细镂之工，教以四年；车路乐器之工，三年；平漫刀矟之工，二年，矢镞竹漆屈柳之工，半焉；冠冕弁帻之工，九月。教作者传家技，四委以令丞试工，岁终以监试之，皆物勒工名。"其中，"细镂之工"即用金翠珠宝等制成各式花朵的首饰工；"车路乐器之工"即制作车辆、乐器的工程；"平漫刀矟之工"与"矢镞竹漆屈柳之工"即制造大刀、长矛、弓箭的兵器工；"冠冕弁帻之工"即制作衣冠的工种。少府丞根据不同工种所传授技术的难易，确定出徒时间，例如首饰工，需要掌握难度较大的刻镂、雕花等工艺技术，学徒时间最长，为四年；"冠冕弁帻"工，其技艺容易学会，规定只用九月时间即可出徒。另有激励机制出现，即"能先期成业者谒上，上且有以赏之。盈期不成学者，籍而上内史"[①]。

　　令丞试工。官营作坊训练工徒，十分重视考核并极为严格，一般以艺徒所制产品而评定优劣。西周时期，官府手工业即开启了"物勒工名"的检验制度。《礼记·月令》有载，其云："物勒工名，以考其诚，功有不当，必究其情。"秦简《工律》规定：官府手工业生产出来产品，必须刻上所属官府及生产者名称和名字，能刻者以漆书之。《秦律十八种·效》载："公器不久刻者，官啬夫赀一盾"，唐代官营作坊训练工徒，十分重视考核，季试由令丞负责，年终岁试则由少府监亲自主持。为考核艺徒所制产品的优劣，同样规定在制品上标明制作者姓名即"物勒工名"。甚至要处分不真正履行义务者。宋对官营手工业工匠有一套详细的考功制度。功，指劳动量而言。考功即计算工匠的劳动量。宋对各种行业的劳动量计算，基本上以时间为准。事实上，各手工业部门的计算方

---

① 《均工律》。

法有所差异。诸业工匠还必须按照自己的操作规范、工序进行生产，符合规定的时间或质量标准，才能算功。官府据此进行评判，施行奖惩。与考功制度相关的还有升降制度。官营手工业中的工匠有等级区别，漆侠先生综合《宋会要辑稿》职官一六的记载，认为宋代官府作坊内的军匠和工匠大致有以下的等级区分：都作家—作家—作头——等工匠—二等二匠—三等工匠—杂役。依照其功，逐级升降。严格的考核定级制度促进了官作手工业技术的提高。据载："元丰官制行，始置监、少监、丞、主簿各一人。监掌百工伎巧之政令，少监为之贰，丞参领之。"[①] 他们负责"庀其工徒，察其程课，作止劳逸及寒暑早晚之节，视将作匠法，物勒工名，以法式察其良窳"。即对工徒的日程、课业、休息等进行安排，根据工匠之法，尤其要用"法式"来考察其是否符合要求。

三　属征

技术官守。技术官守作为古代阶级社会制度其在艺徒培训中凸显。官府在占有手工业同时亦占有手工业技术。西周以远，"工商食官"为手工业管理制度，夏商周室与贵族奢侈的生活皆需要诸多匠人们的精绝手艺来维持。尽管"百工之人"地位不高，但其技艺皆由官府垄断。越是高深的技艺，越是要秘密传授。尤其是官府、皇家需要的技艺，不仅匠人本身要保住诀窍，统治者也会要求他们保守秘密。北魏时期，政府为独占工匠，不允许私家蓄养工匠。北朝诸政权不仅有庞大的官营手工业作坊，而且北魏从立国时起，即搜括大量工匠归政府管辖。拓跋攻占中山后，将"百工伎巧十余万口"徙至京师，拓跋焘更是严令"自王公以下，至于庶人，有私养沙门师巫及金银工巧之人在其家者，皆遣诣官曹，不得容纳"[②]。并规定"百工伎巧驺卒子息，当习其父兄所业，不听私立学校。违者师身死，主人门诛"[③]。唐代，为保证官府工匠均是材力强壮、技能工巧者，规定地方州县的工匠以"团""火"为单位，在官府服役时

---

① 《宋史·职官志》。
② 《日知录之馀》。
③ 《北史》。

不许隐巧补拙，避重就轻。唐朝官营作坊，以权威征用全国的工艺名师来训练艺徒，民间技术也不能对官府保密，并指令他们拿出家传绝技教授，即所谓"教作者传家技"。当然，由于工师在官府手工业交流，解除劳役后激发了技艺的民间私传。

法式授艺。据《吕氏春秋·三月纪》载："命工师令百工，审五库之墨……百工咸理。"说明先秦时期开始有标准化萌芽。秦汉时期，《工律》载："为器物同者，其大小、短长、广亦必等"。可见，产品生产标准开始执行。隋唐时期，艺徒培训过程开始出现工师"立样"与"程准"。宋代，以"法式"授徒成为古代艺徒制度成熟规范的重要标志。据《宋史·职官志》记载，它对艺徒培训的要求则是"庀其工徒，而授以法式；寒暑早暮，均其劳逸作止之节"。《宋史·职官五》曰："凡利器以法式授工徒。"所谓"利器"即兵器，属于军器监。所谓"法式"就是在总结生产经验基础上编制的制作技术规范。宋代很重视生产的标准化和定型化，宋代统治者曾多次诏令编撰各种"法式"。其中比较著名的有北宋末期杰出建筑师李诚编撰的《营造法式》。另军器监奉旨编订的《熙宁法式》，在熙宁六年交付使用。熙宁七年又就弓的制作编撰了《弓式》和朱琰所撰的《陶说》等。"法式"不仅是教授工徒的指南，也是考核他们技艺的依据。据记载："庀其工徒而授以法式"，少府监随之"视将作匠法"，也"庀其工徒，察其程课、作止劳逸及寒暑早晚之节，视将作匠法，物勒工名，以法式察其良窳。凡金玉、犀象、羽毛、齿革、胶漆、材竹，辨其名物而考其制度……"[①] 以"法式"授工徒，这是艺徒制的一大进步。这些"法式"是对中国古代科学技术的系统总结和发展，是生产发展到一定水平的产物，推动了艺徒训练的规范化。

因能分任。因能分任源于手工业分工深化与个人资质相异的双重因素。人类自原始社会自然分工到社会分工深化发展从来都没有中断过，商代中期，重要手工业内部也有了固定的分工。如郑州紫金山北，出土陶范主要为镞范和刀范，表明是以铸镞和刀为主的作坊。由于每种工序都比较复杂，酒器、铜器、玉器、缝纫、漆木业等没有细致的分工不可

---

① 《宋史·职官五》。

能有如此高的水平。①《考工记》对于诸多工种有了最早的划分。"凡攻木之工七，攻金之工六，攻皮之工五，设色之工五，刮摩之工五，搏埴之工二。"总计30个工种。在分工基础之上，依托于个体差异选择不同的工种。据《宋史·职官志》记载："凡利器，以法式授工徒，其弓矢、干戈、甲胄、剑戟战守之具，因其能而分任之。量用给材，旬会其数，以考程课，而输于武库，委遣官诣所隶检察，凡用胶漆、筋革、材物必以时。课百工造作，劳逸必均，岁终阅其良否多寡之数，以诏赏罚。"军器监的艺徒制规定更为详细，要求用"法式"教授工徒，根据学徒的才能，令其分别学习不同的兵器制造。因能分任使社会分工与个体差异达至融合。

  技艺压抑。中国封建社会相对漫长，科技长期遭到统治阶级的限制与否定，艺徒制度下工匠技艺在压抑的状态下传承与发展。技艺压抑源于以下因素：其一，政治因素。技术官守背景之下，天下工匠以劳役服务于官僚阶级，实行严格的匠籍和匠户劳役制度。匠籍人户的身份世代承袭，不得更改，脱离原户籍需经皇帝特旨批准。处于"工奴"地位的手工业者，在独立人格缺失情况下不会出现太多技术的自由创造。另官营工业技术垄断，国家禁止公开传授工业技术，尤其魏晋南北朝时期民间手工业的衰败，使手工业教育与传承失去了活力。其二，经济因素。《礼记·王制》说："凡执技以事上者：祝、史、射、御、医、卜及百官。凡执技以上市者：不贰市，不移官。"以技术为奴隶主贵族服务的，既不可兼做他事，也不能改变行业。官府手工业者所生产之物主要为奴隶主贵族的享用，非为交换而进行的商品生产。非是市场交换需求激发手工业技术创造与革新，而是统治阶级奢侈的生活需要为关键驱使力量。官府手工业工匠不是按照产品市场竞争规律而更新换代，统治阶级好恶扭曲技术精神。其三，文化因素。古代社会"农为本业，工商为末"，诸代工匠社会地位低下，即使工匠艺术天才极高且贡献卓越，但因出身工匠亦受到官僚们的歧视和攻击。嘉靖时，胡世宁《乞停工匠等升赏疏》，反对工匠赵奎等升官，得到嘉靖的认同，于嘉靖九年下令"宣德年后……

---

① 北京大学历史系考古专业72级工农兵学员：《商周考古试用讲义》，第710页。

以技艺勤劳传乞升职世袭者俱查革"①。工匠在封建统治者压迫下进行强制劳动，身心遭受严重摧残，以故意压低产品质量、逃亡、怠工、失班、隐冒等多种方式对抗，技艺压抑最终导致官营手工业走向衰落。

四 启鉴

技术合力与名师匠杰。古代工商食官制度，百工之人处于官府严格控制之下，尽管其原创力备受压抑，但以政府因需而聚天下名师匠杰的技术合力成为推动技术发展的重要因素。唐代少府、将作监所属的三万余工匠以及地方官府所控制的工匠，均是"材力强壮、技能工巧"者。据《新唐书·百官志》记载：唐代官营手工业工匠数量众多，武后垂拱元年（685年）年少府监中有"短蕃匠五千二十九人，绫锦坊巧儿三百六十五人，内作使绫匠八十三人，掖庭绫匠百五十人，内作巧儿四十二人，配京都诸司诸使杂匠百二十五人"。元时，《国朝文类》卷四十二《杂著·经世大典·工典总叙》记载："国家初定中夏，制作有程，乃鸿天下之工，聚之京师。分类置局，以考其程度而给之食，复其户，使得以专于其艺，故我朝诸工制作精巧，咸胜往昔矣。"另臣属国的工匠亦是被拘括的对象，如安南自中统四年（1263年）为始，每年须向元廷上贡诸色人匠。殷墟重达875公斤青铜器"后母戊大方鼎"，由铜、锡、铅按一定的配方浇铸而成的，其工艺相当复杂。铸造如此大鼎决非易事。需一二百人合理组织、密切合作方可完成。其他诸如秦代长城、景德镇官窑、历代宫殿等许多大型手工业项目均调集天下工匠以完成。抛开阶级压迫因素，汇天下技术合力而成千古经典作品值得思索。

匠籍世业与劳役交流。古代手工业者因匠籍制度而世代劳役，且劳役种类诸代各异。如唐代前期，官作工匠可分为杂匠、短番匠、长上匠和明资匠四种。杂匠是民间的各种工匠，他们每年须服役二十天，不役则收其庸；短番匠是由官府挑选杂匠中的"材力强壮，技能工巧"的人到官府作坊做工，免除课役和杂徭，但延长其番期为每年一月。长上匠是短番匠服役期满以后继续从役者，他们也是技术高超并经过专门训练

---

① 《明会典·卷一二零》。

的熟练工匠，服役期一般在数年之内。明资匠也是一种技术工匠，他们的技术可能更高。天下工匠因劳役聚集于官府手工业之中，其本身即为极好的技艺交流与传承机会。劳役结束归乡之后激发了民间手工业技术的交流与创新。宋代，官府作坊集中了全国最优秀的工匠，资金雄厚，不计工本，为生产某一种产品可以反复进行技术试验，并通过强制性的技术培训手段和对工匠社会地位的认定，鼓励工匠不断提高技术。来自民间的工匠们有机会在一起切磋技艺，并在雇期结束后，将学到的新技术传播到当地。以南宋官窑为例，南宋初年建成的杭州老虎洞官窑，就可能汇集了来自北方窑场和南方越窑的工匠。配方、装烧与窑炉建造技术体现了南北技术系统的融合。南宋早期以后，即12世纪中期到13世纪，越窑的艺匠们对青釉做了较大的改造，开始生产所谓的"官窑型器"或"官窑型产品"，很可能是通过直接参与修内司官窑烧造活动的窑工的传授而来。

系官匠户与技术精神。古代四民分业，历代手工业者因系官匠户而服劳役的制度。但无论赵州桥、沧州狮、江西陶瓷、唐大明宫或是诸代布、绢、丝、纱、绫、罗、锦、绮、绸、褐等皆负盛名。艺徒制度技术传承之中彰显独特的技术精神。其一，规范。先秦手工业经典著作《考工记》对每一工种均简要地介绍了有关产品的形制、结构和工艺技术规范，其中还涉及大量的物理、化学、天文、数学、生物等问题。诚如"楬氏为量"条说金属熔炼时，需"不耗然后权之，权之然后准之，准之然后量之"。这是对熔炼工艺的一种规范。又如"车有六等之数"条说："兵车之轮六尺有六寸，田车之轮六尺有三寸，乘车之轮六尺有六寸"等。其二，精艺。宋代亳纱和扬縠因轻而薄驰名，北宋张咏在一首诗中描述道："维扬软縠如轻云，亳郡轻纱若蝉翼。"[①] 南宋大诗人陆游亦有亳州轻纱"举之若无，裁以为衣，真若烟雾"之赞誉。宋瓷，由于烧造过程、制作工艺方面的突破，其产品胎薄且轻、胎白如粉、釉彩纯正，白瓷白如雪，青瓷有"色近雨过天晴"之称。其瓷器釉色介于青、白之间，釉质如玉，故有"假玉"之称。其三，艺术。譬如，唐朝少府监为唐中宗爱女安乐公主织成的毛裙，料用白鸟毛，正看是一色，反看是一色，

---

① 《乖崖集存·卷一·筵上赠小英》。

倒看又是一色；白昼是一色，灯影下看又是一色。百鸟形状都显现在裙子上，是举世罕见的工艺珍品。①

官属产业与工艺学校。古代艺徒制度相当于官属产业所办"工艺学校"。剖析其师、生、课程、教学、考核、奖惩等内在元素，其中，工师均为天下匠器之杰，百工均为天下之巧，教育者与被教育者皆精挑细选所致。学程根据工种难易不等，长的4年，短的才40天。金翠珠宝需4年，车辆鼓乐需3年，大刀长矛半年即可。教授技法与生产实践融合，立样、程准、模仿、指导等"以法式授工徒"过程规范严谨。考核季试、岁试因重要程度不同主考级别各异，制品之"物勒工名"成为永恒的分数。另严格考功和相应级别升降奖惩与之构成了凸显技能本位的工艺学校。为确保名工巧匠认真传授家技，有关部门对此严格考核与监督，甚至要处分不真正履行义务者。另外，"不耻相师"是古代工匠的一个传统。近代以降，学校办学模式几乎完全取代产业办学模式。职业教育与普通教育有别，忽略产业因素，单纯学校难以独立完成教育任务。脱离生产与社会的职业教育将背离职业教育本质属性。现代艺徒制度值得探究。

本章小结

在一定意义上，古代艺徒制度与现代企业培训制度类似，除政治、经济与社会发展水平不同之外，差异之处关键在于古今组织程度有别。艺徒制组织严密，且以"立样"与"程准"为核心的"法式授受"业已程式化。但现代企业培训诸业不一、诸企不一。作为职业教育重要组成部分，企业培训除进一步完善之外，对于学校制职业教育提出关照，且有对未来职业教育变革的诉求。

---

① 范文澜：《中国通史简编》（第三编），华东师范大学出版社2014年版，第247页。

第十一章

箕裘相继

箕裘相继，语出《礼记·学记》："良冶之子，必学为裘，良弓之子，必学为箕；始驾马者反之，车在马前。君子察于此三者，可以志于学矣。""箕裘相继"，主旨手工业技术以父子相传，至今依然在民间诸多技术领域盛行。民间传统技艺家传制度研究对于解析技术传承属性或是家传制度现代化皆有意义。

一　渊源

氏族血亲基础。技术家传，源于原始氏族公社时期，经济时代主要表现为自然分工。男子渔猎，妇女采集并主持原始农业，老人指导，儿童辅助。至母系氏族社会，生产技术一般是母传女，舅传甥。父权制确立后，生产技术传授则是父传子，子传孙。据毛礼锐、沈灌群主编的《中国教育通史》记载：活跃于额尔古纳原始森林中的鄂温克族，20世纪前期尚处于原始社会末期父系氏族公社阶段。以游猎为主，儿童七八岁开始接受老猎人教育，培养狩猎兴趣，学习有关经验技能，经过训练皆熟悉野兽习性及其活动规律，如从野兽足印即可判断其行踪的早晚，是惊跑还是自由走过，甚至还能辨其雌雄。他们还掌握风向知识，并利用风作掩护逼近野兽等。古代赫哲族家庭教育亦是如此，赫哲妇女手把手地教女孩子使用木槌、木铡刀和木床等熟制鱼皮新技术。当赫哲女孩掌握熟皮技术后，便把学习重点转到服饰制作技术上来。为使赫哲人服饰颜色多彩，母亲便教女孩学习掌握原料采集和染色加工知识等。注重血亲宗族乃中国传统文化特质，此于民间技艺家传中凸显清晰。

四民分业政策。西周，伴随生产的不断发展与专业分工不断深化，"四民分业"出现于文献之中。据春秋鲁国记事载："上古者有四民，有士民，有商民，有农民，有工民。"① 其中上古时代所指定在春秋战国之前。《诗经·七月》里"同我妇子，馌彼南亩"与"嗟我妇子"等皆推测全家人均在田地，其中，男人劳动，妇女孩子送饭的场景，使得"田畯至喜"等。由此看出，父子夫妇相伴，日出而作、日落而息，农业技术得以代际传承并成为中国几千年农业生产技术的主要传承方式。《周礼·考工记》有："巧者述之，守之世，谓之工（父子世以相教）。"而《逸周书·程典》乃文王所作以告三臣者，其中有曰："士大夫不杂于工商，商不厚，工不巧，农不力，不可成治……"又"工攻其材，商通其财"，"业而分专，然后可以成治"。春秋战国时期管仲在形式上借鉴了周室四民制度，然后推行于齐。《国语·齐语》："桓公曰：处士农工商若何？管子对曰：昔圣王之处士也，使就闲燕；处工，就官府；处商，就市井；处农；就田野。"此对话凸显出管仲四民分业的理论萌芽。《管子》一书中把西周以来出现的四民分工提升为"四民分业定居"理论并政策佐之。管子以外，荀况与吕不韦丰富了"四民分业"的理论。"四民分业定居"思想作为先秦时期社会分工理论核心，对后世影响巨大。

职业户计底色。商周时期，伴随分工的发展，使各种行业的人往往聚族而居。于是，这种基于行业的族居渐渐多于纯血缘关系的族居。同业关系比血缘关系渐渐重要起来。出现了"职业为氏"且"行业族居"现象。据《左传》定公四年记载，周武王克商时，晚商遗民清楚地以职业不同分成各种家族，如将条氏、徐氏、萧氏、索氏、长勺氏、尾氏六族分给鲁公；将陶氏、施氏、繁氏、锜氏、樊氏、饥氏、终葵氏七族分给康叔。在十三族中至少有九族是手工业家族，如索氏即绳工家族，长勺氏、尾勺氏即酒器工家族等。《考工记》郑玄注中说，古时有"以其事名官"和"以氏名官"。春秋时期，齐国相管仲"四民分业定居"理论与政策，开启了"士、农、工、商"四业分工并限制了相互流动。商周"工商食官"制度，重要手工业皆由王室和诸侯贵族所控制，《礼

---

① 《穀梁传·成公元年》。

记·王制》说:"凡执技以事上者:祝、史、射、御、医、卜及百官。凡执技以上市者:不贰市,不移官。"也就是说,以技术为奴隶主贵族服务的,既不可兼做他事,也不能改变行业。春秋时期,"工商食官"制度被打破,大批身怀绝技的百工逐步以世业传承。以后诸代皆恪守匠籍、医籍政策。诚如《唐六典》规定,唐代手工业者"有缺则先补工巧业作之子弟。一入工匠后,不得别入诸色"。身份的世袭导致手工业者家传是其技艺传承的主要方式。"技艺之士资在于手",手工业者以一技而守其家业、传其家业。

元代则行职业户计制度,百姓按照职业被分为各种不同户计,如种田的称为民户,充军役的称为军户,充站役的称为站户,煮盐的称为盐户或灶户,充工匠的称为匠户。经过几百年发展,致使明清两代,民间家传出现著名品牌,许多沿至现今。

畴人世业坐标。古代畴官,主要以"子就父学"方式传承技术。畴官制度伴随历史变迁多有变化,但世袭制度一直延续至清代,强化了手工业时代技术家传模式。譬如,唐时著名画家建筑师阎立德父子兄弟三人都以建筑闻名,即所谓"(阎)毗初以工艺知名,立德与弟立本早传家业"[①]。阎立德是唐代杰出的建筑工程师,曾参加建造昭陵、翠微宫、玉华宫等大型工程,官至工部尚书。其父擅长工艺,家传得法。之后,诸代诸业如是。

二 学理

相语以事。相语以事即互相谈论工事。春秋战国时期技术传授和训练方式,在先秦古籍《管子》中有明确记述。《管子·小匡》说:"令夫工群萃而州处,相良材,审其四时,辨其功苦,权节其用,论比、计制、断器,尚完利。相语以事,相示以功,相陈以巧,相高以智……"引文大意是:工匠居处相聚而集中,察看好的材料,考虑四季节令,区别质量优劣,安排各季所用。在评定等级、审核规格、鉴定器物质量的时候,要考虑周全,力求完备。其中"相语以事"表明古代家族手工业,无论

---

① 《旧唐书·阎立德传》。

四季春秋或风霜雨雪父子兄弟之间言必谈"工事",譬如,建安初,遭"遣归家"的曹操丁夫人,"距机"纺织。太和中,濮阳王曹衮教敕妃妾纺绩织纴,习以为家人之事。左思《魏都赋》,列举中原地区丝织名产时"锦绣襄邑,罗绮朝歌,锦纩房子,总清河"。曹操《军策令》言"孤先在襄邑,有起兵之意,与工师共作卑手刀","工师"即被招致军中民间工匠。竹林七贤嵇康"性绝巧而好锻,宅中有一柳树甚茂,乃激水环之,每夏月,居其下以锻"。皆可看出古代技术家族传习"相语以事"之情境。

相示以功。相示以功即相互展示成品。《诗经》中已有不少记载,如《周南·葛覃》记载:"葛之覃兮,施于中谷,维叶莫莫。是刈是濩,为絺为绤,服之无斁。"描写女子"刈"藤的情景,转眼间又见她在家中"濩"葛、织作了,萋萋满谷的葛藤幻化成一匹匹飘拂的葛布;女子在铜镜前披着这"絺绤"试身,"服之无斁";《陈风·东门之枌》:"不绩其麻,市也婆娑。"即描写女子搁下手中纺的麻,姑娘热情婆娑之舞。均透露着辛勤劳作后无限的快慰和自豪。隋唐官府手工业出现工师"立样"与"程准"制度。工师授徒首先"立样"即做好模板,然后学徒加以模仿,学习制作。并且考核定级制度均以"立样"为准。官府工师与学徒"立样"反映在家庭之中即"父子兄弟"相互展示成品,取长补短。

相陈以巧。相陈以巧即相互比赛技巧。古代中国先民双手以"巧夺天工"著称,先秦时期地方名品即已出现。《尚书·禹贡》所记,兖州"厥贡漆丝,厥篚织文";青州"厥篚檿丝"。贡品都是各地方的特殊物产或著名物产,以丝织品上贡,标志着丝织品的产量之大或织作之精。齐是周代丝织业最为发达的地区,史称"齐带山海,膏壤千里,宜桑麻,人民多文彩布帛鱼盐"。齐国丝织业在西周初年已开始发展起来,当太公初封营丘时,由于"地潟卤,人民寡,于是太公劝其女功,极技巧",故齐能"冠带衣履天下"。古代家庭手工业者主要通过言传身教、心传神授等方式传授技艺。在传授时,简单技术运用模仿可至。但高难度动作需长者反复示范,"相示以巧,相陈以巧"。诸子之间相互激发,彼此吸收又各领其道。家庭技艺在传承中拓展与分化。

相高以智。相高以智即彼此提高技能。专业技艺经过家庭数百年传承发展依托于诸代传人之间对于技艺的钻研与突破。北京故宫博物院现存唐代名琴绝品"九霄环佩""松雪""响泉""春雷""忘味""百纳"等，皆为唐代西蜀成都雷威和雷氏一家所制作。雷氏家族以制琴为世业，所制古琴被人们赞誉为"雷公琴"，数百年间一直颇享盛名。雷氏之卓越成就，除付出艰辛劳作之外，在世代制琴实践中，成功总结出一套选材、制作、审验的独特经验与技术。为使技艺常新不衰，他们广泛吸取各家之长。据《贾氏说林》记载，雷威在斫琴的过程中得到谙熟音律的老人指点。《太平广记》记载："李清，北海人也，代传染业。……子孙及内外姻族近百数家，皆能游手射利于益都。"对于受教者而言，熟练的技艺是要靠真正动手实践后才能掌握。学习者从识别材料、打磨修理工具这些基本工作开始做起，到能够完全独立地完成一件产品，这是一个不断实践、不断探讨、不断摸索的过程，是一个需要用眼用手用心去记忆的过程。父子之间"以心传心，自悟自解"，依靠两者之间心理的传授与领悟。在"耳濡目染"的基础上，在生产制作过程中细心体察、勤修苦学，使得技艺在传承过程中不断得到创造。

三　精髓

传承模式——诚一，世业专攻一技。技术家传，因世业专攻一技故多精艺。技术教育贵在实践积累，司马迁于《史记》之中记载手工业者"诚一"的重要性："卖浆，小业也，而张氏千万。洒削（磨刀铿剪），薄技也，而郅氏鼎食。胃脯，简微耳，浊氏连骑。马医，浅方，张里击钟。此皆诚一之所致。"世业专攻一技则更可凸显"诚一"之理，整个家族甚至数百年用心守护、钻研独门技术，故古代名牌产品几乎皆是依靠家传继承发展。北宋诸葛高以制笔闻于世，诸葛家世代制笔，自唐初创业即负盛名，"力守家法"直到宋末，将近七百年盛名不衰。《清异录》卷下记南唐元宗第九子宜春王李从谦，喜爱书札，"学晋二王楷法，用宣城诸葛笔一枝，酬以十金，劲妙甲当时"。《太平广记》记载北海人李清代传染业，"子孙及内外姻族，尽数百家，皆能游手射利於益都"。又《北梦琐言》卷十记湖州一染户"家有三世治靛瓮"。以上两例皆是世代染家。另有一些著名的能工巧匠，也都是世家出身。另江西浮梁县景德镇有名的"瓷户"有两家，其中一户为霍仲初，他曾应诏制瓷进御。《唐六典》卷三《户部郎中员外郎》中指出，"工商皆为家专其业以求利者"，"家专其业"是隋唐时期家庭手工业技术传授的基本原则。诚一，世业专攻一技，技术教法原在其中。

传承方法——不肃而成，不劳而能。技术家传，其传承方式与家庭环境熏陶息息相关。代与代之间口耳相传往往自儿童时期始。《礼记·学记》："良冶之子，必学为裘，良弓之子，必学为箕；始驾马者反之，车在马前。君子察于此三者，可以志于学矣。"箕裘即簸箕和皮袍。"箕裘相继"，也作"箕裘不坠"。本义指冶炼世家的子弟，见父兄冶铁使之柔和成器，便学着能将兽皮片片相合而成袍裘。制弓世家的子弟，见父兄弯角成弓，便能学着编柳而成簸箕。《国语·齐语》管仲"旦昔从事于此，以教其子弟。少而习焉、其心安焉，不见异物而迁焉。是故其父兄之教不肃而成，其子弟之学不劳而能，夫是故工之子常为工"。从引文可以看出，手工业的技术传授和训练的主要途径，就是家庭式的"父兄之教"和"子弟之学"，四民固守其业，其子自幼就耳濡目染，手提面命，收到"不肃而成""不劳而能"的效果。再有，家庭环境是一个相对稳定的环境，在这样的环境中，受教者往往能够专心致志地学习钻研技艺。手工业者自专其业，并调动世代相传的力量，来提高自己家传的技艺，这在一定程度上推动了技术的进步。在唐朝文献中，时常会发现家传秘方与绝技。家庭手工业者主要通过言传身教、心传神授等方式传授技艺。通过口授和模仿，把技术一代一代地传下去。以此可以看出，技术知识属于默会知识领域，环境氛围与自身体会建构尤为重要。

传承文化——家人相一，父子勠力。与学徒制比较，技术家传具有不同的文化特质。师承文化尽管有"师徒如父子"之说，但因师傅需确保其绝对的权威性，在未完全了解弟子品性之前，一般行业精艺得以保留，避免"教会徒弟，饿死师傅"，也往往因此使绝艺失传。技术家传，由于血亲纽带，往往尽心传授。《考工记》说："巧者，述之，守之世，谓之工（父子世以相教）。"《荀子·儒效》言"人积耕而为农夫，积斫削而为工匠，积反（贩）货而为商贾，积礼仪而为君子。工匠之子莫不继事，而都国之民习其服（职业）"。皆阐明了工匠技术以家庭父子相传、子继父业。战国时期齐都城临淄的陶文记载，从名姓俱全的资料考察，发现同一姓的陶工多居于同一里或同一乡内。由此可知，临淄制陶业组织形式是多以家庭成员为主要生产者的民间制陶作坊。汉代《盐铁论·水旱》记载生产铁农具的个体手工业者"家人相一，父子勠力，各务为善器，器不善者不集。农事急，挽运衍之阡陌之间。民相与市贾，得以财货五谷新币易货，或时贳民，不弃作业"。其中，"家人相一，父子勠力"凸显出技术家传因血亲纽带的彻底性。再有，对于受教者而言，熟练的技艺是要靠真正动手实践后才能掌握。学习者从识别材料、打磨修理工具这些基本工作开始做起，到能够完全独立地完成一件产品，这是一个不断实践、不断探讨、不断摸索的过程，是一个需要用眼用手用心去记忆的过程。父子之间"以心传心，自悟自解"，依靠两者之间心理的传授与领悟。在"耳濡目染"的基础上，在生产制作过程中细心体察、勤修苦学，使得技艺在传承过程中不断得到创造。

传承价值——贵在精艺，资在于手。技术家传由于世业专攻一技，因而享有"祖传秘方"等其他传承模式所不及的特殊资源，其成为家传模式依然盛行于世的核心价值所在。即所谓"技艺之士资在于手"的道理。武陵人严子英以制笔为生，本着"传家贵在一艺精"思想，令子孙甚守其业以治生。制墨专家胡氏"子孙绳其祖武，他工竟莫窥其藩篱，故艺独精而名誉彰"。宋代文化产业兴盛，以宣城诸葛氏最为有名，"宣州诸葛氏，素工管城子，自右军以来世其业，其笔制散卓也……是诸葛氏非但艺之工，其鉴识固不弱，所以流传将七百年"。其次则有南方的常州许氏、安陆成安道、弋阳李展，皆"世其家"，"驰名于时"；北方京东路也有不少制笔名家。另《庄子·逍遥游》记载："宋人有善为不龟手之药者，世世以洴澼为事。客闻之，请买其方百金。聚族而谋曰：'我世世为洴澼，不过数金；今一朝而鬻技百金，请与之。'客得之，以说吴王。越有难，吴王使之将，冬与越人水战，大败越人，裂地而封之。能不龟手一也，或以封，或不免于洴澼，则所用之异也。"此段文字，说明古代社会家庭手工业技术传承，另凸显出对于秘方的"知识产权"意识。家传精艺的逐步积累又推动了理论的产生。南北朝时期东海徐氏。徐氏世守医业，代代有名。徐之才曾总结家传效方，撰为《徐王八世家传效方》10卷。

传承效应——他人百计效之，终不可及。家族传承，父子勠力，百代专攻一技，致使手工时代伴随分工细化知名品牌辈出。宋时，墨的生产以歙州李氏所造最为珍品。另据宋人笔记所载，北宋元祐以前的著名墨工有陈瞻、董仲渊、张顺、潘谷、沈桂等，崇宁、大观以后有张孜、陈昱、关硅、梅鼎、张滋、田守元、郭遇明、张浩等。因著名品牌独占市场，因此赝品出现。陆游《老学庵笔记》卷五曾记录宋代泥孩儿名家田玘的事："承平时，鄜州田氏作泥孩儿名天下，态度无穷，虽京师工效之莫能及。一对至直十缣，一床直十千。一床者或五或七也。小者二三寸，大者尺余，无绝大者。予家旧藏一对卧者，有小字云：'鄜州田玘制'。"宋代民窑瓷器上也常见类似的商家品牌标记，如磁州窑枕上所刻"张家造""王家造"等。再如，"故都李和炒栗，名闻四方，他人百计效之，终不可及"。推测这些品牌的瓷枕在当时颇受欢迎，它们也难免像田玘泥孩儿一样，被人"效之"。

传承规矩——传内不传外，传子不传女。古代世袭技艺作为谋生资本，甚于金钱与土地。颜之推在其家训之中倡导"家财万贯，不如薄技在身"。尤其独门技艺作为一种无限的财源，家族本身往往不惜各种代价以确保技艺私密性。在手工业者家庭里，家长有着技艺的传授权和决定子继父业的权力。在严格的家长制度下，高超的技艺大多世袭。核心精艺子继父业，绝不向外人传授。家庭成员"传男不传女"，甚至"传媳不传女"。《酉阳杂俎》卷六记载，开元中有一位名叫铁头的笔匠，能莹管如玉，而无人传其法。唐代诗人元稹《织妇词》："缫丝织帛犹努力，变缉撩机苦难织。东家头白双女儿，为解挑纹嫁不得"，其意是为保持"挑纹"绝活家族独占，竟使两个女儿终老于家不得嫁人。元代，杭州姜娘子、平江王吉铸铜器皆得名，皆非常注重对技艺的保密，绝少向外展示技艺，亦是传男不传女，以守其业。但由于家庭成员局限性，此规矩亦时时突破，而以学徒、招赘、近亲等方式补偿。元代制墨专家于仲，所造荆溪墨位列当时三大名品之首，因为于仲无后，不得不将艺传于外甥李文远，但"不若老于亲造之为佳"。宋陆游《老学庵笔记》卷六"亳州出轻纱，举之若无，裁以为衣，真若烟雾。一州惟两家能织，相与世世为婚姻，惧他人家得其法也。云自唐以来名家，今三百余年矣"，为保持技术垄断，两家世代联姻，保证了技艺独占。另外，朱彧《萍洲可谈》

卷二说抚州莲花寺织造莲花纱云："抚州莲花纱，都人以为暑衣，甚珍重。莲花寺尼，凡四院造此纱。捻织之妙，外人不可传。"南宋都城临安徐官人幞头铺、李家丝鞋铺、彭家油靴等皆凸显家传字号。

当然，有时不尽然。诚如民国己巳年（1929年）梅月第八次编修的《龙浔泗滨颜氏族谱》，记载了德化制瓷工人外出传艺和从事陶瓷贸易的资料。泗滨位于德化县境南部，与著名瓷土矿区白泥岐毗邻，今属德化县三班乡。根据《颜谱》记载，唐末，当地族人颜化彩（生于唐咸通五年，卒于五代后唐长兴四年）总结前人制造陶瓷的经验，"著陶业法"、"绘梅岭图"、传授陶瓷工艺，供后人学习。历代此地制瓷延续不断。这显然是"箕裘相继"之延展。

四 启鉴

民间技艺家传与境界特征。技艺家传跨越了手工时代并与现代社会相融合，其存在的合理性更多依托于人的技艺价值，主要包括两个方面。其一，实用价值，诸如民间保存的独特配方与工艺等；其二，艺术境界追求。庄子在《养生主》庖丁解牛之寓言，虽"屠牛"小技，但其依据自然之道，以"游刃有余"之功实现了具体技巧的超越，其成为"美妙的音乐与桑林舞曲"的自由俨然成为一种境界。中国实用技术境界与艺术的路径走向与西方技术科学走向截然不同。梵正，五代时期著名女厨师，以创制"辋川小样"风景拼盘而驰名天下，将菜肴与造型艺术融为一体，使菜上有山水，盘中溢诗歌，凸显出中国饮食文化以及技术境界。民间技艺家传模式发展需确保艺术境界的内核。

民间技艺家传与民族品牌。民间技艺家传自古有之，至今在木工、瓦工、厨师、曲艺、武术、中医等依然盛行。由于世业专攻一技，因此如上文所述唐代西蜀成都雷威和雷氏制琴，宋代诸葛氏制笔等绝技多在民间流传，作为中华民族艺术重要组成部分，需提升民间艺术与文化保护意识。诸如河北，古时燕赵之地。流传至今诸多著名民间工艺如蔚县剪纸、武强年画、藁城宫灯、辛集皮贴画、安新苇编、衡水内画、辛集农民画、白沟泥塑、石家庄面塑、大名草编、永清秸秆扎刻、深泽面塑等。面对民间著名品牌失传危险，其从认知理念、自身革新、承传模式等诸多视角予以研究。

民间技艺家传与模式革新。古代民间技术家传存有诸多规矩以确保技不外传,其主要原因是"独门秘术"是家族安身立命之所在。伴随着现代社会到来,尤其是高等教育大众化使适龄青年接受学校教育的程度空前提高,大城市、大企业、科技含量高的职业备受青睐。但中国著名民间工艺几乎均面临一个潜在的问题即"技术后继无人"。考究民间技艺的价值,应使技艺家传逐步拓展至多元模式传承。其一,普通教育设置民间工艺课程,可自幼儿园至中学;其二,建立民间工艺学校,其招生规模与培养体系由工艺学校规格而定,应凸显地域属性;其三,民间工艺社团,侧重研讨、交流、顾问等职能。民间技艺家传拓展,靠外力强求不可,勿违背其自身发展的内在逻辑尤其是拓展之目的为保存家传之技艺财富。如泯灭家传优势则失去了革新价值。

民间技艺家传与血亲纽带。民间技术家传积累了许多优秀的文化,如上文所述艺术与境界特征等。另外,有两点值得思考:其一,家族血亲传承。中国自古尤重亲情即所谓"血浓于水",亲情与技艺相连,此模式仍应延续。其二,勤俭文化。司马迁早在汉代即强调"巧"者富,"拙"者贫。司马迁在《货殖列传》中着重指出:"贫富之道,莫之夺予,而巧者有余,拙者不足。"即是说贫穷和富厚非命运注定而全凭各人智慧和能力去争取。在《货殖列传》中为三十多位商人立传,赞美商人的聪明才智,总结他们的经营之道。如"蜀卓氏用铁冶富","田池射猎之乐,拟于人君",鲁国的曹邴氏,"以铁冶起,富至巨万","任氏折节为俭,力田畜","富者数世"等。其中最典型的是洛阳商人,他们出门学做生意,"相矜以久贾",即相互之间以长时间在外学习经商而骄傲自豪。甚至学习夏禹治水的精神,"数过邑门而不入",足见其一心一意的精神。当今社会,独生子女居多,对以血亲纽带传承家庭技艺提出了挑战,值得深思。

本章小结

事实上,无论对于传统工艺的保护价值抑或技术传承范式的有效性而言,"箕裘相继"即便在现代社会亦尤其重要。只是在现代化进程中，其并没有很好地完成现代化而已，这是之后需要认真探究的。或许，没有完成现代化是因为其间的本土元素，抑或是完成现代化之后本土性即会失去，故需平衡好二者之张力。这或许即"箕裘相继"的出路之一。

第三部分

匠 道

第十二章

通艺通道

中国农耕文明所孕育的文化特质即经世致用。汉代以后,儒家成为世之显学。与宗教哲学不同,其对于彼岸世界提及甚少,孔子"未知生,焉知死"一说,凸显出中国哲学专注于世俗人伦。在现实世界,自大禹治水起,古之圣贤均以国计民生为要,经世致用文化尽管疏于穷究科学之理,但也由此衍生出民本与农本思想的治国方略。同样,古时往往以"学而优则仕"为人生追求,故无论政治、经济、教育皆凸显经世致用之取向。但是,中国文化并未让经世致用走向狭隘与偏颇,而是在"致用"与"非器"之张力中,使君子达至"非拘于一才一艺,而是通于艺、游于艺"之境界,遂而影响了士、农、工、商"四民"之杰出者对于"通艺通道"境界之追求。

一 致用

经世致用体现于先秦百家思想之中。在1949年出版的《历史的起源与目标》一书中,德国哲学家卡尔·西奥多·雅思贝尔斯提出一核心概念,即"轴心时代",时间跨度于公元前600年至前200年,空间在北纬25度至35度区间。在"轴心时代"诞生出具有人类文明起源意义的古文明。中国即其中之一。百家争鸣则是轴心时代中华民族思想的一次大繁荣。在一定意义上,尽管百家主张各异,但均以经世致用为底色。故即便于经学主导之下,士、农、工、商学皆有所成,诸领域皆有所创,且诸创皆成绩斐然。

先秦诸子,儒家"复礼兴乐""仁政民本",墨家"兼爱""非攻",法家"耕战"等或民、或君皆为天下之事;道家尚"无"贵"道","抱朴守一",但旨在"无为而治";名辩家尚谈"白马非马""离坚白"故终为"隐学"。汉时,董仲舒"天人三策"之后,遂独尊儒术,看来礼乐等级制度利于统治者,但经世致用为其间恒常之因素。且汉时即兴"通经致用"之原则。唐时,由陶弘景等发起,儒、释、道"三教合流",且一直以来,释、道从未占据主导地位,即便宋明理学、心学亦是基于儒学主体而"采撷"道家之"道",与佛家之"禅",儒学地位则未曾动摇,只是从传统儒学转向"新"儒学。清时,之所以宋明理学、心学招致批判,盖因其愈加空玄、清议、虚妄,渐离致用之原则。遂乾嘉学派或考据学派等实学兴起,经世致用原则复贯穿其中。

哲学层面如此,整个思想界亦如是。事实上,实学一直贯穿传统社会始终,即便在被"压抑"之下,但生命力并未衰减。不消说三皇五帝躬耕陇亩,商祖先"契"重商,周祖先"后稷"重农,又诸国变法如晋国"做爰田",鲁国"初税亩"等皆重实务。事实上,墨子、管子以至于司马迁等大政弘师皆重农、工、商。之后,魏晋至清致用思想与儒学、理学、心学等交互相应,从未消匿,且时起波澜。其中,作为传统社会转折中的历史人物,魏晋傅玄、颜之推业已超越儒学"通经致用"之原则,径直触碰甚至弘扬民间"四业"。

自东周起,以法家为代表的"农本工商末"思想一直盛行于世。至两汉,出现如贾谊、司马迁、桑弘羊,以及汉末王符等人,则认为重农的同时,还要兼顾手工业。傅玄继承并发展了前代思想并将手工业放置于与农业同等地位,如《晋书·傅玄传》记载:"农工之业多废……"将"农工之业"并称在思想家论述中尚属首例。因此,傅玄"劝民归农"与"劝吏归农"的同时,又高度赞扬手工业者"巧益于世"的显著作用。傅玄超越了封建士大夫对于"匠器"之才的鄙视,为发明家马钧著《马钧传》,其文高度称赞马钧制作的指南车、翻车灌水、水转百戏这三项发明的工巧之异,并以"国之精器,军之要用",其巧有益于世,绝不可"忽而不察"等语词凸显出对于科技发明与手工艺人才之重视。傅玄"贵农而重工"思想对于视手工业为"奇技淫巧"传统思想是一次极为有价值的突破。《傅子》存文中,有关乐器、车舆、服制等工艺技术记载亦凸显出傅玄本人的偏好。傅玄反对"逐淫利"而"农工之业多废",但其置"农工于上"的同时,创造性扬弃了传统"贱商"思想。将商业与商人分而处之,提出商贾者"其人可甚贱而其业不可废"的著名论断。傅玄认为,商业"不可废",只是要限制"积伪"之"利"的竞逐,防止"商贾专利"造成"民财暴贱"的后果,从而侵蚀、危害到农本之业。傅玄认为"分业定数"为民安的基础,其《安民》篇曰:分其业而壹其事。业分则不相乱,事壹则各尽其力,而不相乱,则民必安矣。据记载:泰始二年(266年),傅玄向晋武帝所上第二疏里,对分民定业之议又作了进一步的说明。其文曰:臣闻先王分士、农、工、商,以经国制事,各一其业而殊其务:农以丰其食,工以足其器,商贾以通其货……分数之法,周备如此。……若干人为农,三年足有一年之储;若干人为工,足其器用;若干人为商贾,足以通货而已。[①] 傅玄提出国家应根据政治、经济需要,拟订全国士、农、工、商就业计划,规定每一行业从业人数。主要为了确保"为农"人数而"劝民归农"。尤为宝贵之处,作为封建官吏在曹魏省吏实践之上提出"劝官归农"。如《安民》篇曰:量时而置官,则吏省而民供。吏省则精,精则当才而不遗力;民则供顺,供顺则思义而不背上。上爱其民,下乐其上,则民必安矣。吏多而民不能供,上下不相乐,若是者民危。傅玄主张"分流冗官"以"亲耕""务农",尽管具有理想色彩,但针对魏晋时期官吏队伍急剧膨胀痹症,对于"省吏以安民"具有深远影响。傅玄"分业定数"的思想确定了人群不同社会身份与归属。以此为基础,傅玄进而提出四民各守其职的职业规范。即"古者言非典义,学士不以乐心;事非田桑,农夫不以乱业;器非时用,工人不以措手;物非世资,商贾不以过市,士思其训,农思其务,工思其用,贾思其常,是以上用足而下不匮"[②]。其意为读书人考虑圣贤的教诲,农夫考虑耕作的事情,百工考虑产品的功用,商人考虑生财之道,各安其职,各乐其业,则国库充盈。

颜之推提出要重视农业生产知识,作为士大夫阶级亦难能可贵。颜之推没有如其他士大夫那样,轻视农业劳动,认为此乃小人之事,用不

[①] 《晋书·傅玄传》。
[②] 同上。

着学习农业知识，而是从艰难的社会经历中，体会到农业生产的重要，认为农业是人民的生活根本。颜之推批评当时士大夫，只知饭来张口，衣来伸手，不知有稼穑之苦，劳役之勤，既不管好家务，也不管好政务，重要原因是他们脱离农业劳动，脱离社会实际事务。于当时见解独到，很有积极意义。但他毕竟受士族偏见的局限，颜之推所要求的，实际只限于"知稼穑之艰难"，对农事活动有些常识，以便于治家治民，并非坚决要求士大夫皆需亲身参加农业生产劳动。当他儿子因顾及家庭经济困难，想要转事农业，颜之推加以阻止，要儿子继续"家世之业"，可见其士大夫意识很深。颜之推非常重视农业生产。即所谓"生民之本，要当稼穑而食，桑麻以衣。蔬果之畜，园场之所产；鸡豚之善，埘圈之所生。爰及栋宇器械，樵苏脂烛，莫非种殖之物也。至能守其业者，闭门而为生之具以足，但家无盐井耳"。不仅如此，士大夫教育不仅要学习古代贤达，而且提出向下层劳动人民学习的主张。即"农工商贾，厮役奴隶，钓鱼屠肉，饭牛牧羊，皆有先达，可为师表，无不利于事也"①。傅玄、颜之推之后，宋有陈亮、叶适之"事功学派"及欧阳修"与商共利"之思想。明清时，理学、心学影响渐次衰退，加之"西学东渐"，遂实学日盛。

致用文化背景下匠人、匠艺或被推崇。在《考工记》中记载，"有虞氏上陶，夏后氏上匠，殷人上梓，周人上舆"。由此看出，诸代尊尚虽有所差异，但无论是陶、舆皆是"匠器"所为。借此推断，上古时期"匠人"地位之高。再有，"匠器"获尊在朝代更迭中亦可看出。例如，周灭商，不但缴获了青铜器及其他宝器，更重要的是周人不仅占有商王朝手工业资源和设备，而且俘获了许多拥有熟练技术的手工业工人。因多有世传之专门技艺，受到战胜者周人重视。如周公教康叔杀违禁饮酒的人，独对违禁的商族手工业加以宽恕，即所谓"勿庸杀之，姑唯教之"，使他们能各展其所长，更好地为周人服务。再如元代，蒙古族在西征和南下攻略金朝及西夏之际，掳掠了数量可观的工匠，后迁徙安置，分局造作，形成了早期的官营手工业。事实上，历代官府皆更多地网罗天下能工巧匠。"匠籍"制度即是确保手工技术相传不辍，尤其是服务于统治阶级的

---

① 《颜氏家训·勉学》。

核心机制。故帝王将相之外，鲁班、马钧、杜诗、李诚、李冰、孙云球、宋应星等杰出"匠器"亦被载入史册。对于匠人、匠艺之崇尚，中国文化沉淀出技艺高于金钱的元素。在《颜氏家训·勉学》中有"谚曰：积财千万，不如薄技在身。技之易习而可贵者，无过读书也。"在生活中，颜之推重视学习"杂艺"，认为在社会动荡的非常时期，学习"杂艺"可以使人在战乱"无人庇荫"的情况下"得以自资"，保全个体的生存和士族的政治、经济地位。

问题是，设若中国文化一直偏颇于"经世致用"，则中华民族势必不会为世界呈现如此精致、高超的哲学，关键是，与"经世致用"并置或交互融合的另一级文化特质，即"非器"文化，二者交相辉映，并置合一。

二 非器

中国哲学史上，"道"与"器"历来是一对核心范畴。在《易经·系辞》中，有"形而上者谓之道，形而下者谓之器"一说，事实上，在"道""器"命题上，中国文化多是尚"道"而鄙"器"，换言之，与"道"相较，"器"处于低层次之列，"道"才是终极目标。该思想不仅是儒家思想的特征，亦贯穿于百家思想之中，至宋明理学亦如是。现以儒家、道家、墨家为例予以剖析。

"非器"首先是儒家思想的特征。在《论语·为政》中有"子曰：'君子不器'……"即有学问、有修养的人不应只是一种可供使用的器具，而应修身、齐家、治国、平天下。孔子的教育理想即培养弘道的志士和君子，尽管自己一生不得志，还将弘道之志寄托于弟子。[1] 而对于"匠器"多有鄙薄。仅就圣人孔子而言即存有几个著名事例。其中，"樊迟请学稼"凸显出儒家对于生产劳动的鄙视。在《论语·子路》中记载：樊迟请学稼，子曰："吾不如老农。"请学为圃，曰："吾不如老圃。"樊迟出。子曰："小人哉，樊须也！"需要注意的是，孔子"鄙农"却推崇尧舜"躬耕天下"之德。又《论语·子张》中"学而优则仕"思想

---

[1] 毛礼锐、沈灌群：《中国教育通史》（第一卷），山东教育出版社2005年版，第192页。

对读书人"官本位"的追求影响至深；另外，"君子谋道不谋食。耕也，馁在其中矣；学也，禄在其中矣。君子忧道不忧贫"，表明儒家学派人才培养的伦理取向。另外，《论语·微子》："丈人曰：'四体不勤，五谷不分，孰为夫子？'"凸显出其对于农业生产与农业教育的脱离。再有，在众弟子中，颜回"一箪食一瓢饮"而"不改其乐"等皆是儒家"非器"思想的生活方式体现，而"君子喻于义"是"非器"思想的自然逻辑，"小人喻于利"则是"器"拘囿之后的一种必然表达。而"仁者在上、能者在中，智者在侧、工者在下"次序则是"非器"思想在人才评价层面的反映。儒家志在"圣贤"的人生理想是"非器"文化又一体现，诚如北宋张载提出"为天地立心，为生民立命，为往圣继绝学，为万世开太平"的人生理想[①]，以及明代王阳明"第一等事读书学圣贤"等皆是如此。基于"非器"思想，农人、工者、商贾在历代很难进入仕途，只是在唐、宋、元等诸代偶尔有之，"匠器"更多是居于社会底层的庶民而已。但在另一维度，儒家"非器"思想尽管压抑了"匠器"，但诚如子夏所概括的儒家"学而优则仕"的追求，终使其成为政治与君王之"器"。

"非器"作为道家思想中一关键词，是在两个维度予以呈现的。其一，"器"与"用"之维度；其二，"器"与"道"之维度。在"器"与"用"之维度上莫过于《庄子·人间世》阐释之理：匠石之齐，至于曲辕，见栎社树。其大蔽牛，絜之百围，其高临山十仞而后有枝，其可以舟者旁十数。观者如市，匠伯不顾，遂行不辍。弟子厌观之，走及匠石，曰："自吾执斧斤以随夫子，未尝见材如此其美也。先生不肯视，行不辍，何邪？"曰："已矣，勿言之矣！散木也。以为舟则沉，以为棺椁则速腐，以为器则速毁，以为门户则液樠，以为柱则蠹，是不材之木也。无所可用，故能若是之寿。"在师徒对话中，弟子明了"不材之木"长寿之理，即因其"无所可用"，而"成其大用"。

在"器"与"道"之维度上，即老子"绝圣弃智"之命题。道家崇尚"无为"的自然之"道"。基于"礼治"对于"自然"的破坏，以及"为学者日益，为道者日损，损之又损，以至于无为"之理念，老子提

[①] 《张子语录·语录中》。

出"绝圣弃智、绝仁弃义、绝学无忧"等论断。其中,"绝圣弃智"思想即主张"复归于朴""复归于婴儿",希望回归原始淳朴的状态,诚如婴儿一般。"绝巧弃利",禁绝"五色、五音、五味",以废除一切物质文明与精神文明,从而复归于"小国寡民"的原始社会追求。"绝学无忧"则本质在于"非以明民,将以愚之"的政策谋略。在《庄子·天地》中,庄子亦有"有机械者必有机事,有机事者必有机心。机心存于胸中,则纯白不备,纯白不备,则神生不定;神生不定者,道之所不载也"一说。但老子、庄子其中之意不仅于此。与此同时,道家提出"大巧若拙""大智若愚""无用方为大用"等辩证思想。由此可知道家"反智巧"只是其表面含义,准确的内涵应该是"反低级智巧"。仅仅理解道家"反智巧"表层含义是对于道家思想的误读,"大巧"方是最终的追求。在另一维度,道家之"道"有"自由"的指向,这在《庄子》中有诸多阐述。诚如在《逍遥游》中"背若泰山,翼若垂天之云,抟扶摇羊角而上者九万里,绝云气,负青天"的大鹏。至于人,概而言之,诚如庄子向往的:至人无己,神人无功,圣人无名。

"非器"甚至是墨家思想的元素。墨家曾与儒家并称显学,墨子本人精于制造车、械等手工之物。其倡导"各从事其所能"实际本领的培养。墨子曾经设计九种防御武器最终阻止公输般"助楚伐宋"。但由此推断墨子与墨家学派仅仅培养能工巧匠的"操手"则是对于墨子思想的误读。墨家学派培养目标是将"农与工肆之人"培养成各从事其所能的"兼士"或"贤士"。《墨子·尚贤上》记载"兼士"必须符合三条标准,即"厚乎德行""辩乎言谈""博乎道术"。与儒家君子不同,墨家兼士在德行基础之上须懂得治国安邦之术与实用技术。墨子主张"有力者疾以助人,有财者勉以分人,有道者劝以教人"。墨子本人"日夜不休,以自苦为极"。他提出:言必信,行必果;强力而行,不敢倦怠;意志锻炼,强化意志;和其志功,明辨志功。墨子"兼士"培养,涵括"德艺兼求"之意。

"非器"思想并未止于先秦,而是与"致用"彼此贯穿于传统社会,否则即不会在清末"洋务运动"中依然提出"中体西用"之思想。体、用关系的本质,即在潜意识当中,以儒家文化优越自居的心理。换言之,除肯定"技不如人"之外,对西方仍以"蛮夷之邦"视之。遗憾的是，鸦片战争之后，传统"奇技淫巧"观破灭。但作为文化，非朝夕可改。至今，"非器"思想仍为底色，否则即不会有职业教育地位之尴尬。

"非器"文化有些类似于亚里士多德提出的"自由教育"或言"博雅教育"，学习在于"博雅"而不在于"实用"。可以说，"非器"文化有悖于职业教育与"匠器"的生成，但好在此文化并非一味"单极化"发展，有"致用"文化为底色，终使中国"匠器"既免于"非器"的压抑，亦免于"致用"的拘囿，从而有走向"通达"的可能。

三　通达

中国哲学具有辩证属征，表现于匠人领域，尤其彰显由"艺"至"道"的通达。在手工时代，传统匠人虽以技艺立足，但中国匠人并未拘囿于做一呆板的"操手"。事实上，在"经世致用"总体背景之下，由于"非器"文化嵌入其间，并置合一，遂使史上杰出匠人整体上呈现出"通艺通道"之境界追求，且在两个维度上，凸显出"经世致用"与"非器"这对范畴之张力空间。

由"艺"通"道"，首先体现了二者之间的发展序列与境界阶梯。欧阳修《卖油翁》一文："我亦无他，惟手熟尔。"凸显出"熟能生巧"技术训练特点与卖油翁对自身技艺通彻的理解。在《养生主》中，庄子曰："庖丁为文惠君解牛，手之所触，肩之所倚，足之所履，膝之所踦，砉然向然，奏刀騞然，莫不中音。合于《桑林》之舞，乃中《经首》之会。"文惠君曰："嘻！善哉！技盖至此乎？"庖丁释刀对曰："臣之所好者道也，进乎技矣。"此即著名"庖丁解牛"的寓言。这段话明晰了道家技巧的层次递进，其依据自然之道，以"游刃有余"之功实现了具体技巧的超越，其成为"美妙的音乐与桑林舞曲"的自由俨然成为一种境界。

由"艺"通"道"，致使视技艺为谋生手段的狭隘观念首先被突破。诚如朱子所言："器者，各适其用而不能相通。成德之士，体无不具，故用无不周，非特为一才一艺而已。"意思是，君子不能拘于一才一艺，而是要通于艺、游于艺。

历史上，伊尹、范蠡堪称典范。伊尹，商代开国君汤的宰相，其名为伊，尹是官名。有"烹调之圣"美称，"伊尹汤液"为人传颂千年而不衰。据《吕氏春秋·本味》记载：成汤聘请伊尹，伊尹"负鼎俎，以滋味说汤，致于王道"其情节精彩绝伦。如谈及火候："凡味之本，水最为始。五味三材，九沸九变，火为之纪。时疾时徐，灭腥去臊除膻"；论及调味："调合之事，必以甘、酸、苦、辛、咸。先后多少，其齐甚微，皆有自起。"此段论述尽管想说明治天下之理，但对于厨艺之中材料、火候即烹饪之法凸显得淋漓尽致，可窥其厨艺境界。两千多年前，伊尹在《本味篇》中说："鼎中之变，精妙微纤，口弗能言。"凸显出超越"饭蔬"之意味。在《史记·货殖列传》中，记述范蠡曾拜计然为师。计然是春秋时期著名的战略家、思想家和经济学家。计然并不是其真名实姓，而是善于计算运筹的意思。据说他是老子的弟子，博学多才，尤长计算。他教给范蠡《贵流通》《尚平均》《戒滞停》等七策，这大约是中国古代最早的商业理论，后人尊称"商圣"。《史记》中载"累十九年三致金，财聚巨万"。因仗义疏财，施善乡梓，范蠡三次弃财而运气萦于身，亦符合"大商无算"与"大赢靠德"的智慧。此乃心中有道，有如高明剑客"剑在心中"。事实上，经商、治国同属此道。境界即中国文化一专有名词，就匠人而言，在"艺"的基础上，持续不断地给予"道""德""自由"等综合关照，以至于卓越状态，即是境界。

在另一维度，通"道"之"艺"终使匠人突破了"工具"的拘囿，诚如在《论语·为政》中"子曰：君子不器"一说，意思是，有学问、有修养的人不应仅为一种可供使用的器具，否则，势必陷入技艺对于自身的"奴役"。沿袭于此，魏晋颜之推则进一步提出了"艺不役人"的哲学命题，且为规避该现象发生，遂而呼吁技艺"可以兼明，不可专业"之原则。其中，颜氏"薄技重于家财"与"艺不役人"论断之辩证性，恰是"君子不器"嵌入"经世致用"的最好诠释。颜之推对于技艺的认识具有辩证性。一方面告诫子孙"薄技"重于"家财"，且在强调"艺"时不仅包括经史百家书本知识亦包括"杂艺"诸如书、数、医、画、琴、棋、射、投壶等；另一方面，他站在士族的立场看，学艺是为了冶人和享受，而不是为了供人役使，如果专精一艺而且超乎常人，闻名之后，就会为地位更高的人所役使。技艺在身，反而成为负担，故言技艺只可兼习，而不可专业。该思想反映士族地主对技艺的轻视，阻碍了技艺的发展。但从职业教育哲学、伦理学的视角，颜之推对于技艺"异化"的功能为一个创造性的发现。技艺对于人的异化主要表现在两个维度：第一，技艺本身对于人的奴役，如技艺对于人创造力、想象力的局限，以至于人成为工具；第二，技艺之人被他人的奴役，其足以体现出"工者在下"的人才等级划分。

再有，"博闻执一"之理念在另一维度凸显出对于"致用"之超越。另由"艺"通"道"还表现于学徒制中传道、授业、解惑之理。古代手工技术境界在技术之中又在技术之外，既是器物之用，也有食用之器，还有鼎用之器。尤其器中含蕴自然之"道"。这些在师傅精艺、徒弟自悟性、德艺兼求等诸多方面皆有凸显。关键在于，超越具体技术之上的技术精神以及所引发的人的全面提升具有非凡的意义。

本章小结

在一定意义上，由"艺"通"道"极具人性解放的意义，即匠人以"技艺"为载体或媒介，透视人生与天道，虽劳作却也"诗意地栖居"。以现代职业教育话语诠释，即儒家对于技能型人才局限性以及教育功利性提出批判，为本土职业教育旨趣追求奠定了思想基石。但问题与之并置。第一，学理研究缺失。中国古代技术教育以经世致用为目的，以"巧"为基础，长于实用短于学理。西方技术以科学为基础，"巧"已经无法解决现代技术问题。"巧"文化与"理"文化应统一。第二，严谨规范缺失。中国古代技术长于艺术短于规范。手工时代属于技术的个性化时代，古代技术完全彰显手的力量，而手的创造具有很强的个性。"规矩"文化远没有"创造"文化之发达。第三，技术尊重的缺失。西方宗教改革所提出"天职"观念同时引发了对于"职业"以及"职业人才"的尊重。瑞士有句古谚是"Handwerk hatgolden en Boden"，意思是指手艺能从土壤中获得黄金。第四，理性思维的缺失。中国古代"德艺周厚"的追求尤其是"伦理本位"的特征，形成了中国独特的思维方式。但这种思维方式使人鲜于理性高峰的探究，鲜于理性自由的追求。整体思维、艺术思维、伦理思维的发达与概念、判断、推理的缺陷同在。

第十三章

德艺兼求

在《老子》一书中，分道、德两部分，其间蕴意既是承接中华文明发源以来的积淀，又成为之后数千年本土诸业文化的宗脉源头。自然，中国"工匠精神"在追求"通艺通道"之境界时，同时呈现"德艺兼求"之意旨。在一定意义上，于中国，丧失"德"之"艺"业已不称之为"艺"，丧失"德"之"匠人"业已排除于群体之外。

一 德化源流

中华文明素来重德，原始社会"禅让制"即"选贤与能"，贤者在先。据《左传》《尚书》与《史记》记载，尧帝时期，尧命舜推行"德教"。而在选择帝君之时，四岳推荐舜时称赞其虽处"父顽、母嚣、弟傲"之家，却"能和以孝"[1]。继而尧帝以二女妻之，以观其德，舜则能以妇礼待之，遂成五帝之一，且为中华道德之楷模。至舜帝时期，德教超越了尧帝时的"五典"之教，增有礼乐之教，据记载，通过礼乐使后裔"直而温，宽而栗，刚而无虐，简而无傲"。并且，舜帝时期曾"举八元，使布教于四方"，布教内容则是"父义、母慈、兄友、弟恭、子孝"[2]。

夏商之后，周公成为道德教育"里程碑"式的人物。周代商，周公功勋卓著。《尚书大传》将其概括为"一年救乱，二年克殷，三年践奄，

---

[1] 毛礼锐、沈灌群：《中国教育通史》（第一卷），山东教育出版社2005年版，第33页。
[2] 《尚书·五帝本纪》。

四年建侯卫，五年营成周，六年制礼乐，七年致政成王"①。尤其是，周公制礼作乐根本目的虽为巩固周王朝统治，但客观上推进了中华民族进一步的"文明开化"。可贵之处在于，周公第一个将"天命"拉向"人间"，以"敬德保民"为民本思想之"大德"奠定了基石。辅佐成王之时，周公常以先祖创业之艰难教诲之，诚如周公以稼穑之苦相告诫："呜呼！君子所其无逸！先知稼穑之艰难乃逸，则知小人之依。"规劝其"体恤下民，力戒贪逸"②。并列举殷王中宗、高宗、祖甲等贤君皆能"治民祗惧，不敢荒宁"及文王勤善之举教育成王，使之"勤勉从政，谨言慎行"。关键是，周公以身示德，才有"周公吐哺天下归心"之佳话。思想史上，孟子首称周公为"古圣人"，并与孔子并论，汉代刘歆等甚至将周公地位置于孔子之上。

孔子恢复"周礼"，同时成为周公德化思想的传承者，也是儒家思想的"集大成者"。儒家重德毋庸置疑，以"仁"为核心的德育体系，以"君子"为特征的人格追求，以"义"为标志的道德操守等对于中华道德文化影响颇深。诚如《论语·子路》中，孔子曰：其身正，不令而行；其身不正，虽令不从。孟子所谓"富贵不能淫，贫贱不能移，威武不能屈"③。如此等等。儒家之外，其他诸家尽管"纲领"不同，但重视道德成为诸家之"交集"，当然其中道德理念有所差别，诚如儒家"君子"与墨家"兼士"、道家"真人"之品端自然有异。

汉代之后，"独尊儒术"之政策将儒家推向"显学"之位，可以说，一直至清代，从《论语》《孟子》等经典典籍到《弟子规》等流行范本皆显德育取向。设若与智、能比较，道德则始终处于本体之位，诚如司马光在《资治通鉴》中所概括的"德者，才之帅也"。之后，有德有才之谓"圣人"，并由此影响了匠器"德艺兼求"的人生追求。

二 德艺周厚

在标准上，"德艺兼求"表现为"德艺周厚"。至于"德艺周厚"思

---

① 毛礼锐、沈灌群：《中国教育通史》（第一卷），山东教育出版社2005年版，第101页。
② 《尚书·无逸》。
③ 《孟子·滕文公下》。

想，尽管由魏晋思想家颜之推首先提出，但之前有墨子，之后有徐干等皆曾有所论述。尤为重要的是，该思想不仅限于思想层面，而是深深贯彻于诸业之中。

墨家重德在于"兼爱"，与儒家之"仁"比较，在性质和宽广程度上皆有不同，旨在强调无差别之爱。但墨家"兼爱"非是成为孔子眼中的"君子"，亦不是成为荀子眼中的"大儒"，而是成为如"巨子"般人物。墨子倡导"兼爱"，更重视"兼士"的技艺培养，即"爱"与"艺"的结合。曾有学生问："为义孰为大务？"墨子曰："譬若筑墙然，能筑者筑，能实壤者实壤，能欣者欣，然后墙成也。为义犹是也，能谈辨者谈辩，能说书者说书，能从事者从事，然后义事成也。"① 可以看出，墨家"兼士"即可谓"德艺兼求"之士。

汉代之后，儒家"显学"重德轻艺，遂东汉徐干"兼学技艺"思想尤显宝贵。在徐干看来，"贤者"只是品德端正还不够，要"殷民阜利，使万物无不尽其极"，"立功立事益于世"，才能称得上"明哲"②，遂要求读书人应有匡时济世的抱负，真正做一些有益于民众之事。徐干这些见解，在当时很有进步意义。曹丕曾就此大加赞扬说："……著《中论》二十余篇，成一家之言，辞义典雅，足传于后，此子为不朽矣！"徐干的著作除《中论》外俱已散佚，后人辑的《徐伟长集》也已罕见。旧《寿光县志》载有他的诗八首，《齐都赋》一篇（残）。"故圣人因智以造艺。因艺以立事，二者近在乎身而远在乎物。艺者，所以旌智饰能，统事御群也。"《中论·贵言》曰："故君子非其人则弗与之言，若与之言，必以其方：农夫则以稼穑，百工则以技巧，商贾则以贵贱，府史则以官守，大夫及士则以法制，儒生则以学业。"徐干倡导儒家思想，所以他主张遵循古制，以六德、六行、六艺来教育学生，"故先王立教官，掌教国子。教以六德，曰智仁圣义中和；教以六行，曰孝友睦姻任恤；教以六艺，曰礼乐射御书数。三教备而人道毕矣"③。六德旨在培养人优秀的品质，六行旨在培养人优良的行为，而六艺旨在培养人的技能、美感，这与现

---

① 《墨子·耕柱》。
② 《中论》。
③ 《治学》。

在所倡导的德、智、体、美全面发展的教育理念有着密切的关系。徐干注重德行的培养，但同时也强调艺的重要作用，认为德艺不可分割，他在《中论·艺纪》中说："艺者德之枝叶也，德者人之根干也，斯二物者，不偏行，不独立。木无枝叶则不能丰其根干，故谓之。人无艺则不能成其德，故谓之野。若欲为夫君子，必兼之乎。"因此，只有六德、六行、六艺三教俱备，才能培养出文质兼备、德艺合一的完美人格。

在《颜氏家训》中，魏晋思想家颜之推首提"德艺周厚"的人才标准。有曰："即人诚孝，杂艺自资。"所谓"德"，即恢复儒家的传统道德教育，加强孝悌仁义的教育。所谓"艺"，即恢复儒家的经学教育并兼及"百家之书"，以及社会实际所需要的各种知识和技艺。"艺"具有深刻内涵，是通识教育与实际技能的统一。尤其是，在颜之推看来，下层民众除"艺"在身尚有"品"之高洁，遂为学习对象。诚如有《颜氏家训·勉学》言"农工商贾，厮役奴隶，钓鱼屠肉，饭牛牧羊，皆有先达，可为师表，无不利于事也"。颜之推"德艺同厚"思想是对中国古代实用人才规格的典型论述。先秦，无论是道家"反智"文化，或是儒家"非器"文化皆非鄙弃所有实用人才，而是重视具有境界与道德的职业者。尤其是，"德艺同厚"标准贯穿于"四民四业"之中。

以唐代医学教育为例，医家孙思邈在总结医学实践经验基础上，提出要掌握医道，必须做到"胆大""心小""行方""智圆"。"胆大"指果决断诊，对症下药，要求学医之人需像勇士一样，无所畏惧，必须具有胆略和识见之明；"心小"指治病细心谨慎，如临深渊、如履薄冰，千万不可马虎大意；"行方"指行为方正不阿，不为利欲而偏离正道，不因坚持正义而感到忧惧不安；"智圆"指知识丰富，又有智谋，能做到"见机而做，不俟终日"。"胆欲大而心欲小，智欲圆而行欲方"本是古代为人处世箴言，孙思邈作为医者立德行业的准则。唐代有成就的科学家和工匠，皆强调道德、态度、技巧的辩证关系。《隋书·艺术列传序》认为技术以"因民设教"为目的，应"救恤灾患，禁止淫邪"。如"医巫所以御妖邪，养性命者也"，"技巧所以利器用，济艰难者也"。且有方技者只有"卓然有益于时者，兹可珍也"[①]。至于那种"恃己所长，专心经略

---

① 《新唐书·方技列传序》。

财物",或"矜以夸众,神以巫人"的所谓方技之人,在当时已为人所不齿,被指斥为"技之下者"。孙思邈将医学视为决人生死的"仁术",并告诫后学"人命至重,有贵千金",且"一方济之,德逾于此"。自己以"一存人心"的胸怀,热诚为民众治病,仅他亲手治疗的麻风病人即六百余例。另外,在传授技艺时,孙思邈还制定了一系列有关专业品德的戒律。如传授医学的咒禁学,就规定"凡欲学禁,先持五戒、十善、八忌、四归"。要求后学"济扶苦难""不淫声色""调和心性不乍嗔乍喜"。《素问》卷二十五还对针灸医师提出五项要求:"一曰治神;二曰知养生;三曰知毒药为真;四曰制砭石大小;五曰知腑脏血气之诊。"即要求在行医时须聚精会神,懂得养生之道,熟知药性,巧用医疗器械,知晓医理。《黄帝内经》还专门撰写"疏五过""征四失",详尽阐述了医德的内容。科技专业教材中设专章论述科技道德,乃我国所首创,足以说明对科技道德教育极端重视。隋唐时期科技教育重视学生智能培养。要把知识融会贯通,能够灵活地运用于实际,反对一知半解或拘泥不化。《新唐书·方技列传》总结出士君子"能以技自显于世"的经验,就在于其学艺"不迁""不泥",而智能不高的人学艺"则迁而入者拘碍,泥而不通大方"。即从正反对比中指出理解贯通知识,着重提高智能的重要性。医家还指出学习医学如果一知半解,强不知以为知,不在培养智能上下功夫,即会酿成灾害:"受师不卒,妄作杂术,谬言为道,更名自功,妄用砭石,后遗身咎。"颇有见地。

"德艺周厚"自然凸显于手工业。至明清,行业会馆与工匠会馆出现。行业会馆多称公所,如创建于乾隆年间的帽行会馆,创建于嘉庆年间的靛行会馆等。

会馆多数都立有行规,诚如《武岗铜店条规》:"盖闻百工店肆,各有规矩,以安其业,苟规矩不有,则和气不洽,而竞争起焉。我行铜艺居是帮者,不下数十家,其间带徒弟、雇工者,每多竞争,较长计短,致费周旋,爰集同行,商议条规,约束人心,咸归无事,庶几和气洽,而业斯安也。"其中,既防止同行间竞争又规范匠人之德。工匠行会道德的精华集中体现于宣统三年(1911年)所立的《水木工业所缘起碑》的碑文。在碑文之中,素来"崇德鄙技"的传统文化遭到揭示与批判,即"中国贵士而贱工,崇道而卑"。士大夫们因循守旧,高高在上,"喜空谈,耻实验,有言制造新法者,不斥为逐末,必诋为奇技淫巧"。而工匠们也因而自卑居下,不敢与士大夫相抗礼,于是"识日益短,技日益拙,器日益劣"。遂使技术落后、产品质劣。由此使洋人乘机"输运其物品,以供吾之求取;又曲顺吾之好尚,以吸吾之脂膏",由此,碑文警示中出现"官署有洋员,工厂有洋匠,学堂有洋教习,欧墨雨,卷地东来,横流滔滔,莫知纪极"等诸多对西方的"照搬仰望"之举。由此提出"独此建筑之术。楼阁轩廊,案图而肖其形,金木土石,引尺而悉数。能知外人之嗜好,而未尝求师于外人;能吸引外人之金钱,而不容外人插足其间,少分我纤毫之利益"。以至于"不倚赖(外人)而能自立者,惟此水木工耳!"显然,此碑文业已从匠人之"私德"升至民族之"公德",诚如碑文告诫水木工匠:"人必能自立,而后能自由;必能自由,而后能自强;必人人能自强,而后其国强,其种强。虽然,一人不能强,必合十百千万人而强,必合十百千万人为一儿而强。"故"自立者,自强之原素,而团体者,自强之妙用也"。该篇碑文,即我国工匠技术道德的精华。至于农人,除掌握农业技术以外,"面朝黄土背朝天"的人生砥砺,"不违农时"的朴素信念,"躬耕垅亩"的现实生活,遂铸就勤勉、规范与厚实之本色。商贾则视德为生命,诚一、不欺、公平、洁好等为儒商所标榜,相反者则为文化所不齿。

三 德艺并察

在选材上,"德艺兼求"表现为"德艺并察"。譬如,箕子为商王纣之叔,官至太师,受封于箕,其事载于《洪范》。箕子认为帝王需实施仁政如"敛时五福,用敷锡厥庶民","天子作民父母,以为天下王"等。在"八政"中,箕子提出国家重要的政府要员八位:"一曰食,二曰货,三曰祀,四曰司空,五曰司徒,六曰司寇,七曰宾,八曰师。"其思想凸显出伦理与经世致用的结合。周公,首倡礼乐制度,是对中华民族礼仪之邦的杰出贡献;提出"敬德保民"思想,是民本思想的渊源;对于"六艺"教育贡献颇大。另《尚书·立政》记载,周公教诲成王,识人应"忱恂于九德之行",即既审视人的内心之德,又考察体现其德的道艺作为。提出"宅乃事,宅乃牧,宅乃准"即"三宅考吏法",针对不同对象按照不同要求去考察他们的德与能：治事之官，要看其是否善于理事；牧民之官，要看其是否使民安乐；执法之官，要看其施法是否公正。

西周选士制度尤其凸显出德行与道艺兼求的明显特征。作为世界上最早的选士制度并相沿不辍以至三千年之久。西周贡士有两条途径即乡里选举与诸侯贡士。乡里选举或称"宾兴"之制，"周朝都城百里以内曰乡"，因此，指在王畿之内施行。《周礼·乡大夫》记载"以考其德行，察其道艺……三年则大比……此谓使民兴贤，出使长之；使民兴能，入使治之"①。西周"射试""行同而能耦，别之以射"即将德行寓于道艺之中的考核方式。射试是西周选贤贡士的考试内容与手段，以射试士，体现了原则即德行寓于道艺之中。地方官吏乡大夫于每年正月初一秉承大司徒的"教法"（政教禁令），令乡吏施教于乡民，"使各以教其所治，以考其德行，察其道艺"②。把乡中驯从教化、德行道艺兼优者层层推举到上层部门，并以"书"的形式记录被推荐者的事迹材料，供遴选录用时参考。此对于德艺兼求给予了很好的说明。

"乡射之礼"凸显出射箭竞技与礼仪的结合。据凌廷堪《乡射五物考》所云：乡射分为三次，"和""容"为第一次射，"但取其容体比于乐"；"和"为掌六乐声音之节奏的乐器，第一次射的仪节体态要和从于乐。"主皮"为第二次射，皮为兽皮制成的箭靶。主皮之射是西周射礼中的最低等级，郑玄注《周礼》说："主皮者，张皮射之无侯也。"按《周礼·天官·司裘》："王大射，则共虎侯、熊侯、豹侯，设其鹄。诸侯则共熊侯、豹侯。卿大夫则共麋侯。皆射其鹄。"王之射以"三侯"即虎、熊、豹，诸侯射以"二侯"即熊、豹，卿大夫射以"一侯"即麋，士射以犴为侯。所谓"侯"者，虽是射鹄，但实为贵族等级的标志。而乡射之礼主皮无侯，可见乡射礼的参加者是士以下的庶民，这说明乡属地方的选士是以庶民为对象的。"和容""兴舞"为第三次射，即《司射命》之"不鼓不释""取其容体比于节，其节比于乐"。这即是说，乡射礼对于众庶的考核，以礼乐的节制为主，而主皮之射则为其技艺的考核。由此，乡选的目的不仅是为了选拔具有一技之长者，更主要的是重视被选

---

① 毛礼锐、沈灌群：《中国教育通史》（第一卷），山东教育出版社2005年版，第75页。
② 《周礼》。

者的思想和道德行为规范，并以此强调社会教化的方向。

在考察认识高下时，墨子"三表法"即"是非利害之辩，不可得而明知也。故言必有三表"。此三表为"有本之者，有原之者，有用之者"。所谓"有本之者"，即"上本之于古者圣王之事"，而"古者圣王之事"自然有"贤德"之标准；所谓"有原之者"，即"下原察百姓耳目之实"，而"百姓耳目之实"自然有"民本"元素；所谓"有用之者"，即"废以为刑政，观其中国家百姓人民之利"，显然其间"德艺并察"。

四 至德大艺

在内在逻辑上，"德艺兼求"表达为"大艺至德"。换言之，"艺"与"德"之间虽有相对独立性，但二者又并存相依，如"至德大艺"与"大艺至德"者古今有之，同理，"小艺微德"与"微德小艺"者则比比皆是。

"至德大艺"，即因为"至德"所以成就"大艺"。换言之，之所以有如此高的"技艺"源于有"厚德载物"之心。史上，古代先贤多为"至德大艺"。诚如盘古之德，以生命血脉，化作天地江河；伏羲之德，福佑社稷之正神，所以"创八卦"以占卜祸福，"造文字"以绝"结绳记事"，"制医药"以消百姓伤痛，"结绳为网"以教万民"渔猎"，"造瑟乐"以文明化育天下。伏羲之后，三皇五帝无不如此。诚如燧人氏教人钻木取火，有巢氏教民构木为巢，伏羲氏教民以猎，包牺氏教民以渔，神农氏教民稼穑，"虞舜"开创"制陶技术"以化东夷，"大禹"发明"规、矩"用以治水以利万民。"至德大艺"直接成为一种文化对后世影响颇深。在农业方面，没有对北方旱作农业区百姓疾苦的关注，赵过为一职官，断然不会有"代田法"，以及"超出常田一斛以上，善者倍之"之效；在工程方面，没有对蜀郡百姓水患困扰之体恤，李冰父子也不会有"都江堰"名垂青史；在工业方面，没有对松江人民的感怀，黄道婆也不会有织造技术的改良，以及之后松江布有"衣被天下"的美誉；在商业方面，如果没有对越国的赤子之心，范蠡也不会有"忠以为国；智以保身；商以致富，成名天下"，如此等等。

"大艺至德"，即称其"大艺"是因含蕴"至德"，换言之，最"大"

的技艺，一定是"至德"之境界。历史之例不胜枚举，而典范莫过于《庄子·说剑》所阐述之理。故事情节是：赵文王嗜好比剑，不仅因此每年死伤剑客数百，尤其是玩物丧志。终使国力衰微。公子悝遂请庄子说服赵文王，文章即描述该场面。其中，庄子为赵文王介绍"三剑"时有一段精彩的对白：

> 庄子曰："然臣有三剑，唯王所用，请先言而后试。"王曰："愿闻三剑。"曰："有天子剑，有诸侯剑，有庶人剑。"王曰："天子之剑何如？"曰："天子之剑，以燕谿石城为锋，齐岱为锷；晋卫为脊，周宋为谭，韩魏为夹；包以四夷，裹以四时；绕以渤海，带以常山；制以五行，论以刑德；开以阴阳，持以春夏，行以秋冬。此剑直之无前，举之无上，案之无下，运之无旁。上决浮云，下绝地纪。此剑一用，匡诸侯，天下服矣。此天子之剑也。"文王芒然自失，曰："诸侯之剑何如？"曰："诸侯之剑，以知勇士为锋，以清廉士为锷，以贤良士为脊，以忠圣士为谭，以豪桀士为夹。此剑直之亦无前，举之以无上，案之亦无下，运之亦无旁。上法圆天以顺三光，下法方地以顺四时，中和民意以安四乡。此剑一用，如雷霆之震也，四封之内，无不宾服而听从君命者矣。此诸侯之剑也。"王曰："庶人之剑何如？"曰："庶人之剑，蓬头突鬓，垂冠，曼胡之缨，短后之衣，瞋目而语难。相击于前，上斩颈领，下决肝肺。此庶人之剑，无异于斗鸡，一旦命已绝矣，无所用于国事。今大王有天子之位而好庶人之剑，臣窃为大王薄之。"

显然，天子之剑、诸侯之剑和庶人之剑三种剑代表三种境界。时下赵文王嗜好之剑即庶人之剑，结果无碍乎"上斩颈领，下决肝肺"。与斗鸡无异，尤其无益于国事。至诸侯之剑，"以智勇之士做剑尖，以清廉之士做剑刃，以贤良之士做剑脊，以忠诚圣明之士做剑环，以豪杰之士做剑柄。"业已超越"物化之剑"之境界。至天子之剑，不仅超越器物本身，遂而呈现"德艺一体"与"天人合一"的至高境界，即所谓"天子之剑，拿燕溪的石城山做剑尖，拿齐国的泰山做剑刃，拿晋国和卫国做剑脊，拿周王畿和宋国做剑环，拿韩国和魏国做剑柄；用中原以外的四境来包扎，用四季来围裹，用渤海来缠绕，用恒山来做系带；靠五行来统驭，靠刑律和德教来论断；遵循阴阳的变化而进退，遵循春秋的时令而持延，遵循秋冬的到来而运行。这种剑，向前直刺一无阻挡，高高举起无物在上，按剑向下所向披靡，挥动起来旁若无物，向上割裂浮云，向下斩断地纪。这种剑一旦使用，可以匡正诸侯，使天下人全都归服"。

本章小结

在"水木工业所缘起碑"的碑文中曾提出上海水木工匠应遵循的七条道德准则——"过相规；善相劝；弊相除；利相兴；相师；相友；共求吾业之精进而发达"，此是隋唐以来的行会道德伦理的丰富与发展，亦反映出中国匠人群体"德艺兼求"的人格追求。在《劝学篇》序言中，有"中国学术精微，纲常名教以及经世大法，无不毕具，但取西人制造之长，补我不逮，足矣"。之所以"中体西用"被接受，除西方压迫外，"德艺兼求"之传统或许是一文化基因。

第十四章

强勉拙诚

设若视"通艺通道"与"德艺兼求"为匠杰的至高境界,就整个中国匠人群体而言,有三个具有本土意味的关键词,即强勉、诚一、拙巧。事实上,"强勉拙诚"不是儒家、道家、墨家其中之一的独有文化,恰是儒家"自强不息"、道家"绝巧弃智"、墨家"强力行事"的统一体。三种品性相辅相成,共同成为中国传统匠人与精艺的基础。

一 强勉

强勉亦作"彊勉",即努力而为。在《汉书·董仲舒传》中有:"事在彊勉而已,彊勉学问,则见博而知益明。"又有元刘祁《归潜志》卷十三记述道:"强勉乎政,勿以否泰归之时。"近现代,瞿秋白在《赤都心史》三三中有以下论述:"自然,不能永久如此,如此强勉。"事实上,"强勉"作为一种职业精神自古有之,作为一种哲学见于东周,尤见于儒、墨两家。

"强勉"事例在史上不胜枚举,自远古神话至朝代正史皆是如此。诚如在梁任昉撰《述异记》、徐整《三五历纪》以及《五运历年纪》《古小说钩沉》辑的《玄中记》中所记述的"盘古开天辟地"之说。皆有如《广博物志》卷九行《五运历年纪》这样记载:"盘古之君,龙首蛇身,嘘为风雨,吹为雷电,开目为昼,闭目为夜。死后骨节为山林,体为江海,血为淮渎,毛发为草木。"盘古以"生命本体"化作"日月江河"颇有"强勉"之功。再有,女娲"抟土造人,化生万物,炼五色石补天",神农"教人医疗与农耕,尝尽百草因断肠毒而亡",尧帝"兴利除害,伐乱禁暴,文治武功,因农耕疲累腿瘦如雉",舜帝"南巡狩,崩于苍梧之野",禹帝治水十三年,"三过家门而不入"。如此等等。

"强勉"先贤逐渐积淀出"强勉"文化,至东周百家争鸣之时,主以儒、墨、农三家倡扬其精神。儒家"强勉"之精神即五经之首《易经》中所勾画的"天行健,君子以自强不息"的刚健有为之精神,在儒家代表人物孔子身上,即一种"知其不可为而为之"的执着精神。孔子周游卫国、宋国、齐国、郑国、晋国、陈国、蔡国、楚国等十四载,虽到处碰壁,但始终不改其志,即便有"逝者如斯夫"的人生慨叹,但依然砥砺后学悲歌挺进。后来儒家的这种精神,虽逐渐从修身、齐家、治国、平天下演进成"学而优则仕"的基本框架,但孟子之"富贵不能淫,贫贱不能移,威武不能屈"大丈夫的人格自在其中。比较而言,儒家"强勉"精神,更多主旨读书之"士",而墨家则以庶人为核心,在《墨子》中,墨子以"强力从事"为职业道德。强调王公大人、士君子、农人、妇人等皆需做好分内之事。其力主"赖其力者生,不赖其力者不生"。墨门师生"多以裘褐为衣,以跂蹻(草鞋)为服,日夜不休,以自苦为极",即他们穿粗衣,着草鞋,日夜操劳,食不得饱,自觉地同"贱人"为伍。墨子以"知行合一"为教育方法。《墨子·修身》有"士虽有学,而行为本焉",即亲身实践是学习的根本。作为实用主义者,墨子更重视效果,即实践。《墨子》中的《经上》《经下》《经说上》《经说下》和《备城门》等篇章中记载了大量实践教育的内容。至于农家许行,其依托远古神农氏教民而耕,"种粟而后食,贤者与民并耕而食"之主张自然含蕴"强勉"之精神。

"强勉"之文化直接影响了后世"四民四业"的职业精神。原始人群阶段先民"不耕不稼""不织不衣",过着"茹草饮水、采树木之食,食螺蚌之肉"的生活。[①] 进入劳动阶段之后,依托生存环境因素,出现了"靠山者为猎人,近水者为渔夫,居草者为牧民,住沃野者为农人"的发展趋向。至原始社会末期,渐次出现农业、手工业、商业分工的萌芽。中经夏商周三代的迅速发展,至管子,"四民分业定居"以国策形式稳定下来。在"筚路蓝缕"的早期社会,"四民四业"无不彰显"强勉"之

---

① 《淮南子》。

精神。

　　"匠士"之"强勉"，在天文、历算、中医等畴学领域皆有所现。以医学为例，如若没有医人"强勉"，则不会有春秋时医和的阴、阳、风、雨、晦、明"六气"致病说，以及扁鹊言论涉及的"五脏""肠胃""血脉""血气"、阴阳等生理概念，更不会在战国时期即诞生《黄帝内经》，之后也不会有张仲景、孙思邈、李时珍等医学大家出现。在天文学领域，早在春秋战国时期即成绩斐然，不胜枚举。此处只举三例，即两部著作，一项技术。其一，《春秋》一书。春秋时期，人们已能由月亮的位置推出每月太阳的位置，在此基础上建立了二十八宿体系。根据《春秋》一书的记载，当时已将一年分为春、夏、秋、冬四季。尤其是在二百四十二年间，记录日食三十七次，其中最早的一次是鲁隐公三年二月己巳日（前720年2月22日）的日全食，比西方的记录早了一百三十五年。其二，《甘石星经》。战国时期，诸侯畴官最著名者为楚人甘德与魏人石申。其中，甘德著《天文星占》八卷，石申著《天文》八卷，后人合称为《甘石星经》。其原著均已遗失，但据《史记》《汉书》《开元占经》记载，两书中星表比欧洲第一个古希腊伊巴谷星表早二百多年。其中，石申还认识到日月食是天体之间相互遮掩的现象，此极为可贵。书中记录了800个恒星，其中121个的位置已被测定。还记载了五大行星的运行情况。《晋书·天文志》载，西晋后武帝时，吴国太史令陈卓将石氏、甘氏、巫咸氏三家所著星经综合在一起，编写成一个包含283个星座、1645颗恒星的星表，并绘成星图，成为中国古代的一个标准星图，使三氏星经的内容一同留存。在《开元占经》中，引有甘氏、石氏、巫咸氏三家的恒星表。其三，土圭观察日影技术。大约在周初，我国已经知道用土圭观察日影，测定冬至和夏至的时日。《左传》记载了两次日南至（冬至），一次在鲁僖公五年（前655年），一次在昭公二十年（前522年），两次间隔133年，其间记录闰月48次，失闰一次，共计应有闰月49次，这就是有名的十九年七闰的方法。这不但比商代的历法精确，而且比欧洲应用这个历法早160多年。清人阮元《畴人传》，该书从黄帝时开始到清初，在天文历算方面有一定成就的共开列了243人。试想，如此成就没有天文职官"强勉"之探索精神断然不行。再如汉代落下闳与张衡。落下闳生在蚕桑农家，没有刻苦自修便不会有

《太初历》及"闳运算转历"的历史功绩;张衡起于官宦,少年时即辞家独身到外地访师求学,可谓没有"强勉"则不会有2500颗恒星的观测记录,不会有漏水转浑天仪、候风地动仪的发明,更不会有指南车、记里鼓车、飞行数里的木鸟等发明,以及科学、哲学、文学著作32篇的撰著。

"农人"之"强勉",是农耕中国的一贯底色。至夏代,上古神农氏时期"神农教耕而王天下"[①]之精神得以传承。自夏王朝建立者禹起,国家就对农业生产极为重视,其能够"卑宫室而尽力沟洫"。《韩非子·五蠹篇》记载:"禹之王天下也,身执耒臿,以为民先。"另在《论语·宪问》中记载有"禹、稷躬稼而有天下"之说。商代甲骨文中有"受年""观黍""求晴雨"等活动,多由商王亲自主持,商王武丁为其中典范。周人先祖后稷"遂好耕农,相地之宜,宜谷者稼穑焉……天下得其利,有功"[②]。又公刘"虽在戎狄之间,修后稷之业,务耕种,行地宜……民赖其庆,百姓怀之,多徙而保归焉"[③]。周人兴起于黄土高原渭水中游,宜于农耕,其始祖后稷长于种植,后来,公刘率众迁豳、古公亶父再迁岐山周原,皆为农业的进一步发展创造了条件。《史记·货殖列传》总结了周人重农的历史,"而公刘适邠,大王、王季在岐,文王作丰,武王治镐,故其民犹有先王之遗风,好稼穑,殖五谷"。周公旦贵为摄政,亦"先知稼穑之艰难",中国古代重农思想和重农理论便初步形成。在《诗经·周颂·噫嘻》中亦有"率时百农,播厥百谷"之说。"耕籍礼"在另一层面彰显农人之"强勉"。"耕籍礼"亦称"藉田礼",即中国古代帝王重农劝农的重要仪式。自西周始至清代始终未断。如《礼》曰:"孟夏之月,命野虞出行田原,为天子劳农,劝民毋或失时。命司徒巡行县鄙,命农勉作,毋休于都。驱兽无害五谷,毋大田猎。"《国语·民本》记周宣王时铁文公阐述农业的重要性说:"夫民之大事在农,上帝之染盛于是乎出,民之蕃庶于是乎生,事之供给于是乎在,和协辑睦于是乎兴,财用蕃殖于是乎始,敦庞纯固于是乎成,是故稷为

[①] 《商君书·农战第三》。
[②] 《史记·周本纪》。
[③] 同上。

大官。"由于农业的重要,在立春之前九日,就由"太史告稷,翟以告王","王乃使司徒咸戒公卿、百吏、庶民,命农大夫咸戒农用"。到举行籍礼的开耕之日,"后稷兰之,膳夫、农正陈藉礼,太史赞王,王敬从之。王耕一拨,班三之,庶民终于千亩。其后稷省功,太史监之,司徒省民,太师监之;毕,宰夫陈飨,膳宰监之。膳夫赞王,王欲大牢,班尝之,庶人终食"。其意是在立春开耕之日,周王率领百官、庶民,共同垦耕大面积的籍田。经过这样一番隆重的礼仪之后,"民用莫不震动,烙恭于农",于是"财用不乏,民用和同"。虢文公进一步强调说:"是时也,王事唯农是务,无有求利于其官,以干农功。三时务农而一时讲武,故征则有威,守则有财。"耕籍礼仪式复杂,表达了统治者重农劝农之意识。到了西周末年,周宣王欲废籍礼,卿士虢文公明确指出:"不可,夫民之大事在农,上帝之粢盛于是乎出,民之蕃庶于是乎生,事之供给于是乎在,和协辑睦于是乎兴,财用蕃殖于是乎始,敦庞纯固于是乎成。"虢文公把农业当作是祭祀、养生、办事、人情、足用和稳定社会秩序的重要保证,是关乎国计民生的大事。自周代始,历代"重农"不辍,尤其是农业社会自给自足,春种夏管、秋收冬藏等生产习性,以及农人"强勉"之文化造就了"尚农、务农、孝亲、重养"的民族性格。

"工者"之"强勉"是完成精品的必备品质。毋庸置疑,自"原始瓷器"始,在手工时代创制出不胜枚举的精艺。商代,以"司母戊大方鼎"为例。当时,大批奴隶被迫进入各种作坊劳动,作坊内的分工已相当细,形成了复杂的综合性手工业。殷墟出土的考古文物,重达875公斤的青铜器"后母戊大方鼎",是由铜、锡、铅按一定的配方浇铸而成的,其工艺相当复杂。铸造如此大鼎绝非易事。由于铜液冷却很快,必须在较短时间内,一次把铜液灌注完毕、否则就会形成冷隔,器物会分裂。已发现的"将军盔"坩埚,一个一次只能铸铜12.5公斤,"后母戊大方鼎",必须有七八十个这样的坩埚同时熔铜,才能一次满范。坩埚多,需要大场地才能摆得开,当时从事铸造工作的,有烧炭、观火色、运料、运铜液浇灌等诸种分工。以一个坩埚配1—2人计,也需要一二百人以上。这就需要合理的组织、密切的合作,才能有条不紊顺利进行,并且必须有受过多年专门技术训练的专门人才方可胜任。一方面反映了商代青铜器高度发展的技术水平,另一方面是对匠人辛勤劳作的勾画。至周代,《诗经》中已有不少记载,如《小雅·大东》:"小东大东,杼柚其空。纠纠葛屦……"其中,杼,织机之梭;柚,同"轴",织机之大轴。合称指织布机。说明,西周时期织布机已经进入家庭。试想,没有民间匠人之勤勉断然没有精品之创制。况且,"强勉"之风自古传承。试举三例:齐是周代丝织业最为发达的地区,史称"齐带山海,膏壤千里,宜桑麻,人民多文彩布帛鱼盐"。齐国的丝织业在西周初年已开始发展起来,当太公初封营丘时,由于"地潟卤,人民寡,于是太公劝其女功,极技巧",故齐能"冠带衣履天下"。再有,建安出,遭"遣归家"的曹操丁夫人,"距机"纺织。太和中,濮阳王曹衮教敕妃妾纺绩织纴,习以为家人之事。左思《魏都赋》,列举中原地区丝织名产时"锦绣襄邑,罗绮朝歌,锦纩房子,总清河"。如此等等。

"商贾"之"强勉"自商代即有记述。在中国商业史上,殷人"肇牵车牛远服贾"[①]是中国古代文献关于商业和贸易行为的最早记载。另据《竹书纪年》记载:帝泄"十二年,殷侯子亥宾于有易,有易杀而放"。意思是,帝泄十二年,即公元前1810年,王亥和弟弟王恒从商丘出发,载着货物,赶着牛羊,长途跋涉到河北易水一带。有易氏部落首领绵臣见财起歹意,杀害了王亥,赶走了王亥的随行人员,夺走了货和牛羊。4年以后,王亥弟弟王恒与王亥之子上甲微借助河伯之师,灭了有易氏,杀了绵臣,为王亥报仇。由此看来,经商艰难且有风险。自西周始,商、贾有别。《白虎通义·商贾》云:"商之为言商也,商其远近,度其有亡,通四方之物,故谓之商也。贾之为言固也,固其有用之物,以待民来,以求其利者也。行曰商,止曰贾。"据《史记·齐太公世家》记载:"太公望吕尚者,东海上人。其先祖尝为四岳,佐禹平水土甚有功……"吕尚曾穷困,所以"屠牛于朝歌,卖饭于孟津"。其中辛劳自不用说,单调苦累与屈辱惊怕是学商之必需。诚如汉代乐府诗《孤儿行》所言:孤儿生,孤子遇生,命独当苦!父母在时,乘坚车,驾驷马。父母已去,兄嫂令我行贾。南到九江,东到齐与鲁。腊月来归,不敢自言苦。头多虮虱,面目多尘……以后诸代,以商贾

---

① 《尚书·酒诰》。

营生虽家财丰厚，但多辛劳。最典型的是洛阳商人，他们出门学做生意，"相矜以久贾"，即相互之间以长时间在外学习经商为骄傲自豪。甚至学习夏禹治水的精神，"数过邑门而不入"，足见其"强勉"精神。晋地俗谚"十年寒窗考状元，十年学商倍加难"是一真实写照。

二 拙巧

"拙巧"精神主要涵括两个层面，其一，以"琢"显"拙"；其二，以"拙"致"巧"。其中，以"琢"显"拙"，旨在说明制器用工之"久"，即所谓"功夫"。以"拙"致"巧"，旨在凸显匠人处事之"策"，即所谓"哲学"。二者从"形下"到"行上"，彼此并置，相得益彰。

以"琢"显"拙"旨在凸显用工之"久"。在《诗经·卫风·淇奥》中，有"如切如磋，如琢如磨"之说。原因是，在对骨器、象牙、玉石进行切料、糙锉、细刻、磨光工序中，只有"琢磨"之"拙"，才有工艺之"精细"。诚如汉代漆器制造，以蜀郡和广汉郡生产的漆器最多且最为精致。扬雄在《蜀都赋》中即称："雕镂初名器，百伎千工。"新创工艺为镶嵌、堆漆工艺。制造漆器需要有精细的分工，据漆器铭文的记载，可知有素工、髤工、上工、铜耳黄涂工、画工、雕工、清工、造工八道工序。加上镂金错银，雕文彩绘，制作起来旷时费力，故产品价比金玉。其他制品亦如是。宋代朱熹曰"言治骨角者。既切之而复磨之；治玉石者，既琢之而复磨之，治之已精，而益求其精也"将"琢磨"直接与"精益求精"相关联。

以"拙"致"巧"旨在凸显"拙"功，此处之"拙"与史家司马迁之"笨拙"之意不尽相同。在《货殖列传》中，司马迁指出"巧"者富、"拙"者贫之理。在司马迁看来，"富无经业，财货无常主"，即获得财富业不局限于某一种经济行业，农工商虞各业皆可经营致富。但比较各行业，"用贫求富，农不如工，工不如商。刺绣文不如倚市门"。司马迁在《货殖列传》中着重指出："贫富之道，莫之夺予，而巧者有余，拙者不足。"即是说贫穷和富厚非命运注定而全凭各人智慧和能力去争取。但此处之"拙"是"巧"之根本。或言没有"琢磨"之

"拙",即没有"拙"之生"巧"。在士子当中,恐怕曾国藩为"拙"之典范,此"最笨"之人终得立德、立功、立言"三不朽",但比之聪慧数倍的左宗棠、李鸿章等皆不如之。匠人史上,鲁班曾经削竹木以为鹊,成而飞之,三日不下。但墨子在《墨子·鲁问》中批评其"拙",即"子之为鹊也,不如翟之为车辖,须臾刘三寸之木,而任五十石之重。故所为功,利于人谓之巧,不利于人谓之拙"。鲁班深受触动,终成"工匠之父"。

以"拙"致"巧"更与道家思想具有一致性,因此,道家"反智巧"思想助推了"琢磨"之"拙"功,诚如在《庄子·天地》中"抱瓮汲水"之例所阐述的:"有机械者必有机事,有机事者必有机心。机心存于胸中,则纯白不备,纯白不备,则神生不定;神生不定者,道之所不载也。"但设若视道家之"拙"完全排斥"巧"是一种误读,道家"大巧若拙"诠释出"反智巧"只是"反低级、小的智巧"而已,"大巧"方是最终之追求,而其恰是一种"拙巧"之精神。道家"大巧"并非纯粹的诠释技术的词语,其从哲学的高度去凸显"大""小"之区别。至于"大巧",在《庄子·徐无鬼》记载:"庄子送葬,过惠子之墓,顾谓从者曰:'郢人垩慢其鼻端若蝇翼,使匠人斫之。匠石运斤成风,听而斫之,尽垩而鼻不伤,郢人立不失容。'宋元君闻之,召匠石曰:'尝试为寡人为之。'匠石曰:'臣则尝能斫之。虽然,臣之质死久矣!'自夫子之死也,吾无以为质矣,吾无与言之矣!"意思是,一位叫作郢人的高明泥水匠,在粉刷房子时鼻端溅上一滴白灰浆,薄如蝇翼。他让匠石把白灰砍去。匠石运斤成风,听而斫之,尽垩而鼻不伤,郢人立不失容。说明匠石运用工具的高超技艺,已近出神入化的境地。后人故以斫鼻比喻技巧卓越。

"拙巧"精神为中国手工技艺达至卓越奠定了基石。以宋磁与纺织为例,宋瓷享誉古今,得益于它在烧造过程、制作工艺方面的突破。以定、钧、汝、官四大名窑为核心的北方窑系,其产品胎薄且轻、胎白如粉、釉彩纯正,白瓷白如雪,青瓷有"色近雨过天晴"之称。景德镇瓷窑创于唐,极盛于宋真宗景德年间,其瓷器釉色介于青、白之间,釉质如玉,故有"假玉"之称。宋代以前烧瓷所用的匣钵法改用先进的覆烧法。在制作技术上,从各种器物造型、装饰图案到质地釉色等,千姿百态，争奇斗艳，形成了南北诸窑的独特风格和窑系，从而使宋瓷达到了极高的艺术境界。景德镇瓷器的图案花纹，采用以自由描绘代替雕划摹印的方法，色彩富丽，线条流畅，富于变化。宋代纺织业，马端临在《文献通考·田赋考四》的记载共有十种："一曰罗，二曰绫，三曰绵，四曰纱，五曰丝，六曰细，七曰杂折，八曰丝线，九曰锦，十曰布葛。"唐代政府绢帛收入最高额在唐玄宗时期达到740余万匹，宋代元花初年细绢收入则高达2445万匹。宋代各个地区都有自己的名牌产品，普遍具有细、密、轻薄的特点。张应文在《清秘藏》评价："唐绢粗而厚，宋绢细而薄，元绢与宋绢相似而稍不匀净。"如四川绵州所产的"巴西纱子"，"一匹重二两，妇人制衣服，甚轻妙"[1]。又如京东路单州成武县所产纱"修广合于官度，而重才百铢，望之若雾"[2]。亳纱和扬縠在轻而薄方面尤为有名，北宋的张咏在一首诗中描道："维扬软縠如轻云，亳郡轻纱若蝉翼。"[3] 南宋大诗人陆游也说：亳州轻纱"举之若无，裁以为衣，真若烟雾"。宋代瓷器与织品仅是中国传统工艺精品海洋之"一粟"，其他诸如制陶、冶炼、木器、漆器、造纸等皆在手工史上取得无与伦比的成就，历代精艺，无论官方或是民间无不蕴涵"拙巧"之功。

三　诚一

事实上，无论是"强勉"或是"拙巧"皆有"诚一"之元素。"诚一"，即专注一事。历史上诸如"葛家制笔""雷家之琴"姓氏命名的制品等皆是如此。明清以降，诸多著名店铺出现，并终成"老字号"，其中重要特点即"诚一"。诚如经营高档文房四宝的荣宝斋；以制造、销售墨汁的一得阁；以制造、销售中成药闻名的同仁堂；有专营剪刀的王麻子刀剪；在北京绸缎、棉布行业里最负盛名的瑞蚨祥；在制鞋行业中最有权威性的内联升；以经营熟牛羊肉驰名京城的月盛斋；以经营烤生牛、

---

[1]　《能改斋漫录·卷十五》。
[2]　《鸡肋编》。
[3]　《乖崖集存·卷一·筵上赠小英》。

羊肉为主的烤肉宛；以创制挂炉烤鸭闻名的全聚德烤鸭店等，有的至今不衰。

至东周，管子"诚一"思想表达为"攻于一事、事之不可兼也"，原因在于，"成于务，不务则不成"。以此为前提，管子提出"五务"即君择臣而任官，大夫任官辩事，官长任事守职，士修身功材，庶人耕农树艺。如此方有"凡此五者，务之力也，夫民必知务，然后心一，心一然后意专，心一而意专，然后功足观也"。另《国语·齐语》提及"四民者勿使杂处"即"制国以为二十一乡，工商之乡六，士乡十五"。"四民分业定居"的实施，使得士、农、工、商"群萃而州处"，同业相居减少相互干扰，便于专业化管理。《管子·小匡》记载"令夫农群萃而州处……是故其父兄之教不肃而成，其子弟之学不劳而能……"此即"同业相聚，父子相承"。《管子·轻重甲》曰："一农不耕，民或为之饥；一女不织，民或为之寒。"在一定意义上，没有农人、工者之"诚一"则没有"四业"之稳定。尤其可贵的是，管子"诚一"思想表现在教育上的"终身性"，诚如在《管子·权修》中有："一年之计，莫如树谷；十年之计，莫如树木；终身之计，莫如树人。一树一获者，谷也；一树十获者，木也；一树百获者，人也。"寓意尤为深远。

至西汉，"诚一"思想由史家司马迁明确提出。在《史记·货殖列传》中，司马迁提出诸行商业巨子，诚如"蜀卓氏用铁冶富"，"田池射猎之乐，拟于人君"，鲁国的曹邴氏，"以铁冶起，富至巨万"，"任氏折节为俭，力田畜"，"富者数世"等。其中，众商"诚一"之品性尤其得到司马迁的赞誉，如"卖浆，小业也，而张氏千万。洒削（磨刀铿剪），薄技也，而郅氏鼎食。胃脯，简微耳，浊氏连骑。马医，浅方，张里击钟。此皆诚一之所致。"意思是，"诚一"是张氏、郅氏等"谋小事得大富"之关键。之后，"诚一"甚至成为"四业"职业操手与成器之诀窍。

至魏晋，"诚一"思想在颜之推处即"博闻执一"。意思是，博闻与执一相结合。他主张博览群书，扩大知识面，"夫学者能博闻也。郡国山川，官位姓族，衣服饮食，器皿制度，皆欲根寻，得其原本！"颜之推敏锐地意识到人的精力与成才区域的局限性，认为"博"需建立在适度基础之上，否则就会无所成就。即"人生在世，会当有业"。但有业需专。颜之推举例说："近世有两人，朗悟士也，性多营综，略无成名，经不足以待问，史不足以讨论，文章无可传于集录，书迹无堪以留爱玩……天文、绘画、茶博、鲜卑语、胡书，煎胡桃油，炼锡为银，如此之类，略得梗概，皆不通熟。"成才建立在对事物深思熟虑基础之上，这就要求学有专精，不可贪多务得，要在"博"的基础上求"精"。他说"多为少善，不如执一""惜乎，以彼神明，若省其异端，当精妙也"。即集中精力专攻一门以达到精深的程度，博闻与精深的辩证统一体现出成才的重要规律。之所以从宋时胡瑗到清时颜元皆推崇"两斋"教学，除注重实才之外，自有"诚一"于其间。

概而言之，"诚一"思想为历代诸业所推崇。至于影响，除保持效率与稳定性之外，在政策上往往表现出等级性与阶层之拘囿，诚如《唐六典卷三·尚书户部》载："辨天下之四人，使各专其业。凡习学文武者为士，肆力耕桑者为农，工作贸易者为工，屠沽兴贩者为商。工商之家不得预于士，食禄之人不得夺下人之利。"事实上，在《颜氏家训·勉学第八》中亦有："农民则计量耕稼，商贾则讨论货贿，工巧则致精器用，伎艺则沈思法术，武夫则惯习弓马，文士则讲议经书。"意思是，人生在世，应当从事一种事业。农民就考虑耕种，商人就议论财物，工匠就致力于器物的精益求精，技艺就潜心钻研法术，武夫就熟知骑马射箭，文士就讲论经典。

本章小结

"强勉拙诚"之功势必有世之精艺，同时也造就出具有中国特征的匠人"气质"。这两个维度对该群体有深远的影响，其一即强勉守拙之功，其二即诚一专注之道。考量当下非遗、老字号等无不具备二者。相反，惰散、取巧、游移一直被排除于这一本土"气质"之外。

第十五章

维新守庸

中华文化素来具有革新精神,《大学》开篇即"大学之道,在明明德,在新民,在止于至善";群经之首《周易》之"易"即"变化"。革新精神首先表现在适应变化、善于变通。但可贵之处在于,中国文化之"变革"哲学,是"变"之守度、"变"之守理,此理即"中庸"。在职业技术或该领域教育思想中亦贯穿此理,就工匠而言,"维新守庸"成为一种独特的精神特质。

一 革新创物

儒家经典中之革新精神本质即改造环境的文化心理,诚如董仲舒献给汉武帝的"天人三策",即中国知识分子试图主导改革的最好范例。革新精神还表现在困难面前的锲而不舍,对于心系天下的"君子"而言,这是天职所属。其他诸家如是。中国历史上出现的商鞅、韩非、王安石、张居正等著名政治家和改革家,近代变法图强的"维新志士"等凸显出革新变法作为中国文化重要特征源远流长。尽管中国数千年等级制度,但政治革新一刻也没有停止,并且直接波及经济、科技、教育的革新,自此可以透视出中国人的原创精神并非来自政治开明,而是中国文化当中的革新精神塑造了政治、经济、教育制度精神,只是历史上封建制度的先进性本身导致了自身的衰落。近代诸多领域的革命以及20世纪末以来中国的改革开放也明晰了中国文化的革新精神。

史上革新多与富民强国有关。与生产相关的变法首推商鞅。就战国时期法家而言,商鞅是奠基者,韩非是集大成者。商鞅、韩非力主耕战治国。商鞅变法的第一道政令便是《垦令》，它要求秦国的官吏、贵族、商人必须与农民一起全力除草开荒，增产粮食。有《韩非子·五蠹》曰"故明主之国无书简之文，以法为教；无先王之语，以吏为师"。法家强调以法官为师，向民众解释法令的内容，使"万民皆知所避就"[①]，以至于"连妇人婴儿能言商君之法"[②]。之后，王安石"青苗法"与张居正"一条鞭法"等皆因恢复生产提升国力的重要意义而被载入史册，历代皆有效仿。

史上教育变革颇具影响。如汉兴太学、隋设科举、宋有书院，如此等等。尤其是，从孔子到颜元，教育家思想与实践从未止步。就诸朝代而言，宋为典范。其中，庆历兴学、熙宁兴学、崇宁兴学为宋代三次大规模兴学运动。范仲淹庆历兴学创建太学，采用分斋教学的形式；王安石熙宁兴学创立"三舍法"，三舍法又比汉唐分经教学，分科教学前进了一步，达至依据程度分班教学的水平。另外，恢复与创立武学、律学、医学等专科学校。蔡京崇宁兴学即恢复医学，新设算学、书学、画学等专门学校。"三次兴学"均继承北宋初期著名学者和教育家胡瑗之思想。中国教育史上，胡瑗"苏湖教法"颇负盛名，其核心与精华为"分斋教学"。胡瑗"治事"斋及实用学科设立对于突破经学垄断教育体系以及"仕宦"追求意义深远。

革新精神最显著的表达，即制造业中"创物"精神。古之圣贤堪为表率，进入阶级社会以后，圣人创物为师的历史变成人民群众世代创造的历史。确如吴国盛所说：推动人类进步的是两个传统，其一即哲学家传统，其二即工匠传统。

在《周礼·考工记·序》中记载，"智者创物，巧者述之，皆足以为利，而物无不备，用无不致，立成器以为天下利者，惟圣人为大。烁金以为刃，凝土以为器，作车以行陆，作舟以行水，此皆圣人之所作也……"另《易·系辞传》中亦曰："备物致用，立成器以为天下利，莫大乎圣人。"火没有诞生之前，原始先民如禽兽般生活，诚如《礼记·礼运》所述："食草木之食，鸟兽之肉，饮其血，茹其毛。"燧人氏为人类发明火，

---

① 《商君书·定分》。
② 《战国策·秦策》。

即《韩非子·五蠹》中"上古之世……有圣人作,钻佐木取火,以化腥臊,而民说之,使王天下,号之曰燧人氏",另有《太平御览》"伏羲蝉于伯牛,错木取火"一说。农业方面,神农出现。在《白虎通》卷一中有:"古之人民皆食禽兽肉。至于神农,人民众多,禽兽不足,于是神农因天之时,分地之利,制耒耜、教民以耕……"另《易经·系辞》曰"包羲氏没,神农氏作。折木为耜,揉木为耒,耒之利,以教天下"。《淮南子·本经训》中有"拘兽以为畜"。建筑方面,据《太平御览》记载:"上古皆穴处,有圣人教之巢居,号大巢氏。今南方人巢居,北方人穴处,古人遗俗也。"文化方面,前有仓颉造字,后有周公制礼作乐。概而言之,古代"圣师合一",即既是创造者亦是传承者。诚如朱熹所说:"有聪明睿智能尽其性者出于其间,此伏羲、神农、黄帝、尧、舜所以继天立极,而司徒之职、典乐之官所由设也。"

先贤"创制"渐成文化,法贤之士历代有之。其中知名者,周有墨翟、鲁班、李冰,汉有张衡、蔡伦、赵过,魏晋有马钧、杜预、耿询、祖冲之,唐有李淳风、曾一行、薛涛,宋有沈括、毕昇、李诫,元有郭守敬、黄道婆,明有赵士祯、王徵、王征,清有徐寿、华蘅芳、戴梓等将匠人文明推到一个又一个历史新高。并且,诸工皆诚如《马钧别传》中马钧"巧思绝世"之描述。就历代著名创物而言,西周以往,铜器有后姆戊大方鼎,陶器之刻纹白陶无人继做,原始瓷器出现,纺织品有锦、绢,建筑有"鹿台"之建,骨、角之器雕刻精良;春秋战国时期,铸铁技术早于西方1800年,青铜"金银错"与"刻镂画像"工艺技术达致极高的水平,蜀郡太守李冰父子都江堰水利工程至今造福百姓,瓦顶开始出现,战国时已有两层楼房;秦汉时期,手工业重大发明有杜诗水排、"百炼钢"工艺技术、织物印花技术、瓷器出现以及玉雕工艺,尤其是四大发明之一的"蔡伦纸"诞生于世;魏晋南北朝时期,水磨和水碾、车帆、链式传动、绫机改革、连续发石机、木牛流马、磨车、水车、飞车等闻名于世。发明了青瓷、黑瓷和白瓷,创造了藤皮纸和侧理纸,发明了活动式帘床抄纸器与向纸施胶技术,掌握了重板造船技术以及"水车"船舶发明。隋唐金属铸造技术最大成就为合铸金银取得重大成果。赵州桥与河北沧州现存的五代后周时期的重5万公斤铁狮均采用泥范铸造工艺铸造而成。纺织产品有布、绢、丝、纱、绫、罗、锦、绮、绸、褐等，夹缬、蒴缬染法的发明奠定了我国早期印染业的技术基础。唐代白瓷接近现代高级细瓷的标准，唐三彩成为陶瓷发展史上的一大创举，雕版印刷术是隋唐时代的重要发明，造船普遍采用钉接榫合法，当时欧洲的船板连接办法还处在使用皮条绳索绑扎的阶段；宋代创造了新的淋铜钢冶炼法，纺织细、密、轻薄，南宋大诗人陆游也说：亳州轻纱"举之若无，裁以为衣，真若烟雾"，刺绣和缂丝两种工艺，刺绣是传统的工艺，而缂丝则是宋代创造出来的新工艺，宋瓷享誉古今，有"假玉"之称，毕昇发明活字印刷术；元代王祯发明了木活字印刷术；明代工匠已懂得把煤炼成焦炭并用于铁的冶炼，这比欧洲要早二百多年，发明"过锈"法，创造了"彩瓷"，明"竹纸"与"宣纸"；清代制瓷工艺发展到清代达到了历史的最高水平，康熙朝又创新了珐琅彩、粉彩和釉下三彩等新品种。如此等等。

庶民在创造杰出器物的同时，对创物之理进行了归纳与阐释。天文、农、工、医、商等诸多领域均有经典传世。天文，商代巫咸作《咸乂》，东周有《甘石星经》，汉代制定《太初历》，二十四节气纳入中国历法，魏晋何承天《元嘉历》，祖冲之《大明历卜》，唐代崔良佐撰写《历像》《浑仪》，苏颂著《新仪象法要》，明贝琳著《七政推步》，清代有《康熙永年历》《历象考成》《数理精蕴》等。农学经典有六大农书：汉代《氾胜之书》，魏晋贾思勰《齐民要术》《农桑辑要》，元代《王祯农书》，明代徐光启《农政全书》，清代《授时通考》。手工业经典，春秋战国时期《考工记》，宋代李诫编撰的《营造法式》《熙宁法式》《弓式》以及朱琰所撰的《陶说》，喻浩《木经》，蒋祈《陶记》，沈括《梦溪笔谈》；元代，薛景石《梓人遗制》，沙克什《河防通议》；明代宋应星《天工开物》，孙云球《镜史》，计成《园冶》，匠师《鲁班经》，黄成《髹饰录》；清代雷发达《工部工程做法则例》，麟庆《河工器具图说》。医学，春秋战国时期出现专门的医学著作，长桑君授予扁鹊的《禁方书》，马王堆汉墓帛书《五十二病方》《足臂十一脉灸经》《阴阳十一脉灸经》等；战国时，医书的数量更为丰富，如《黄帝内经》，所引用的《上经》《下经》《金匮》《揆度》等十多种古医书更早于《内经》。《封诊式》是世界上最早的有丰富的法医学内容的刑事技术书；秦汉涪翁与《针经》《诊脉法》，张仲景《伤寒杂病论》，华佗弟子吴普《吴普本草》，李当之撰有《李当之药录》;唐代孙思邈《急备千金要方》(30卷)及《千金翼方》(30卷),被誉为中国最早的医药百科全书;宋代窦材《扁鹊心书》,钱乙《小儿药证直诀》,宋慈《洗冤集录》是中国古代法医学著作,同时也是世界上现存的第一部系统的法医学专著;明代李时珍的《本草纲目》;清代乾隆时官修的《医宗金鉴》九十卷,王清任著有《医林改错》一书。著名商书,明代程春宇与《士商类要》,李晋德与《新刻客商一览醒迷》,儋漪子与《士商要览》,鼎锓与《商贾指南》;清代著名商书有崔亭子与《路程要览》二卷、赖盛远与《示我周行》全三卷附续集、清乾隆年间吴中孚与《商贾便览》八卷、清乾隆间王秉元与《生意世事初阶》、清末杨树棠抄本《杂货便览》等。饮食书籍,商代伊尹曾著有《汤液经》传世,春秋战国推出《吕览本味》和《黄帝内经》。《吕览本味》被后世尊为厨艺界的圣经,魏晋南北朝时期较著名的有北魏的《崔氏食经》、梁朝的《梁太官食经》、南齐虞悰的《食珍录》和刘休的《食经》等。贾思勰的《齐民要术》中也记载了不少菜肴的烹制方法。隋唐,韦巨源《食谱》、段成式《酉阳杂俎》与《食经》。北宋饮食书籍逐渐增多。有《禾谱》《糖霜谱》《菌谱》《笋谱》《桔录》《荔枝谱》《鱼经》《酒经》多种。元代忽思著《饮膳正要》、倪瓒的《云林堂饮食制度集》等。明代食书丰富,如《多能鄙事》《墨娥小录》《居家必用事类统编》《便民图纂》、张岱的《陶庵梦忆》《琅嬛文集》、何良俊的《四友斋丛说》、陈继儒的《晚香堂小品》、冒襄的《影梅庵忆语》等有关篇章。综合性食书有《易牙遗意》《宋氏养生部》《饮食绅言》《遵生八笺·饮撰服食笺》《闲情偶寄·饮撰部》等。张汝霖的《容史》、张岱的《老套集》、袁宏道的《筋政》、屠隆的《茶说》、李渔的《闲情偶寄》等美食文学,享誉一时。清代则有王士雄撰《随息居饮食谱》以及《调鼎集》《素食说略》等专著。

经典之中"创制"处处彰显。以饮食经典为例。《易牙遗意》一书为明代食疗家韩奕因推崇名厨易牙所作。此书分为十二类,共载有150多种调料、饮料、糕饼、面点、菜肴、蜜饯、食药的制作方法,全书分为脯、蔬菜、糕饵、汤饼等十二类,内容丰富。《多能鄙事》题名是明代刘基所撰。全书十二卷,内容包括饮食、服饰、百药、农圃、牧养等许多方面的制作技能,有关烹饪的四卷,见解独特。如李渔二言道出清淡的奥妙说："论蔬食之美者，曰清、曰洁、曰芳馥，曰松脆而已矣。不知其至美所在，能居肉食之上者，只在一字之鲜。"据现代学者研究，李渔在万余字的《饮撰部》中，使用"鲜"字多达36处。一代名妓董小宛精心收集各地菜谱，鸡鸭鱼肉一经她的烹饪，"火肉久者无油，有松柏之味；风鱼久者如火肉，有麋鹿之味。醉蛤如桃花，醉鳁骨如白玉，油绍如鲜鱼，虾松如龙须，烘兔酥难如饼饵，可以笼食"。冒辟疆在《影梅庵忆语》中对这样充满诗情画意的食品制作有生动描述。

揭示传统中国如此丰厚的"创制"之因，观点繁多。但就匠人态度而言，"持规破矩"之理念恐怕是一种甚为重要的匠人文化。

二 持规破矩

中国匠人有极强的"规矩"意识。所谓"规"和"矩"，原本是校正圆形和方形的两种工具。诚如在《礼记·经解》中有："规矩诚设，不可欺以方圜。"孔颖达释其为："规所以正圆，矩所以正方。"之后，"规矩"从校正工具进而衍生出法度、本分之意。如《史记·礼书》有："人道经纬万端，规矩无所不贯，诱进以仁义，束缚以刑罚。"在《大人先生传》中，阮籍曰："动静有节，趋步商羽，进退周旋，咸有规矩。"个中含义在匠人群体中皆有体现。

恪守传习。在《谢南省主文启·王内翰》中，苏轼曰："欲求倜傥超拔之才，则惧其放荡，而或至於无度；欲求规矩尺寸之士，则病其龌龊，而不能有所为。"传习法度在士、农、工、商"四民"之中皆有贯彻，尤以商贾为甚。以晋商为例。王秉元所著《贸易须知辑要》中对学徒"五品"要求：学小官，先要立品行。行有行品，立有立品，坐有坐品，吃有吃品，睡有睡品。以上五品，务要端正，方成体统。行者务须平身垂手，望前看足而行。如遇尊者，必须逊让。你獐头鼠脑，东张西望，摇膊乱跪，卖呆望蜜，如犯此样，急宜改之……由此说明晋商学徒要求之严、学之不易。学徒还要练就"站"的功夫。伙计有顺口溜曰："当铺饭，真难吃。站柜台，下地狱。没有金鸡独立功，莫来这里当长工！"即学徒入门后，要整天站着，俗称"站柜台"。有的三五年，有的十年。如晋商复恒当规定，学徒进号十年内不设座位。学徒每天从早上六点开门，到晚上十点左右关门，要站十四五个钟头，而且必须是立正姿势。除非接待顾客，手绝不能放在柜台上。许多学徒伙计因此腿脚浮肿，甚至会晕倒在地。晋商学徒探亲规矩一般为三年一次，其让未成年的学徒身心备受煎熬。有的远在异地的商号规矩更苛。如大盛魁规定，学徒入号必须满十年才能探亲，第二次探亲需满六年，此后是三年一次。清同治二年（1863年）晋商手写《杂算书一本》：一日离家一日深，好是（似）狐狸入山林。谁（虽）然此处风景好，还有思家一片心。晋商学徒学成可谓心力俱劳。当地俗谚"十年寒窗考状元，十年学商倍加难"。晋商录用与培养学徒整套程序与严格考核造就了优秀的晋商。在此应受到启发，科学、严格实践为职业教育育人的核心教学法则。反思今天职业教育，在书斋之中读几本书怎能成才？

恪守禁忌。就晋商而言，禁忌有三，即忌欺慢、忌不吉、忌跳槽。晋商商业书《生意论》中对此有种种教导：纹银不使假色，给戥头不少分离（厘），交来往有近有远。既当门市以悦人心，勿谓与己有益而悦，勿谓与人不睦而绝向日之好。值钱货物必知各处称平斗口之事，犯跨踏不耻下问。席前勿论老幼，必以礼貌相待。讲生理观其动静，可买可卖，凭行市不戏己亦不戏人。观人物看其来脉，可刚可柔。虽年青（轻）不行婴儿之态，不叫他人之轻慢……。晋商特别注意经营中的语言表达和行为习惯，形成了特殊的"利市"禁忌习俗。在语言上有特殊禁忌。如晚上关门，绝不能说"关门"，要说"请门"或"上门板"。初学生意的学徒往往易犯此忌，常受到掌柜的训斥。在行为上规矩禁忌。如学徒练习打算盘，忌在白天打，认为白天打就是打空算盘，不吉利，所以，学徒练习打算盘，一定要在晚上关门后练习。晋商决不录用跳槽者和被其他商号开除的人。对商家而言，这种禁忌有着积极作用，它保证了从业者在思想上对商号的一心一意，从一而终。铺诀中"最所担心，铺盖立卷"之语，正是在这种禁忌下学徒内心感受的真实表达。

恪守标准。标准即匠器工作之标尺与参照。在《楚辞·九辩》中有："何时俗之工巧兮？灭规榘而改凿！"至手工实践领域，最典型的范例即《隋书·何稠列传》中"凡有所为，何稠先令亘、衮立样，……"的记述。事实上，自唐宋以来，"立样"与"程准"是官府手工业工师授徒中最为核心的两个环节。中医择徒如是。长桑君与扁鹊即为范例。据记载，长桑君乃出其怀中药予扁鹊："饮是以上池之水，三十日当知物矣。"乃悉取其禁方书尽与扁鹊。此意为长桑君从怀中取出药给予扁鹊，告诉扁鹊，用未沾及地面的水服用此药，三十天后，可看见隐秘之物，并将所有的秘方书籍授予扁鹊。扁鹊依他的话服药三十天后，"视见垣一方人。以此视病，尽见五藏症结，特以诊脉为名耳"。此种方式虽然比之班级授课效率低下，但往往能培养出技术精湛的人才。扁鹊之例说明在春秋战国时期名师选徒甚为严格，越是有绝巧者越是如此。《黄帝内经·素问经》："非其人勿教，非其真勿授，是谓得道"。其含义为师傅选择徒弟要严肃认真符合标准，在教学中还必须以徒弟所能，授以真本领，这才是师傅的教授之道。《灵枢经》记载"明目者，可使视色；耳聪者，可使听音；捷疾辞语者，可使论语；徐而安静，手巧而心审谛者，可使行针艾、理血气而调诸逆顺，察阴阳而兼诸方论；缓节柔筋而心和调者，可使导引行气痛毒；言语轻人者，可使唾痈咒病；爪苦手毒，为事善伤者，可使按积抑痹。由是则各得其能，方乃可行，其名乃彰。故曰非其人勿教，非其真勿授也"。其要求根据学生生理与心理特点，并按当时的医学分科进行分科传授，扬长避短，发挥其特长，使受教育者各得其能。师傅带徒弟，也是古代科技教育中普遍存在的一种形式，几千年来从未间断，往往能培养出技术好且有高深造诣的人才来。

恪守绝活。古代世袭技艺作为谋生资本，甚于金钱与土地。颜之推在其家训之中倡导"家财万贯，不如薄技在身"。尤其独门技艺作为一种无限的财源，家族本身往往不惜各种代价以确保技艺私密性。核心精艺子继父业，绝不向外人传授。家庭成员"传男不传女"，甚至"传媳不传女"。唐代诗人元稹《织妇词》："缫丝织帛犹努力，变缲撩机苦难织。东家头白双女儿，为解挑纹嫁不得。"其意是为保持"挑纹"绝活家族独占，竟使两个女儿终老于家不得嫁人。元代，杭州姜娘子、平江王吉铸铜器皆得名。皆非常注重对技艺的保密，绝少向外展示技艺，亦是传男不传女，以守其业。但由于家庭成员的局限性，此规矩亦时时突破，而以学徒、招赘、近亲等方式补偿。元代制墨专家于仲，所造荆溪墨位列当时三大名品之首，因为于仲无后，不得不将艺传于外甥李文远，但"不若老于亲造之为佳"。宋陆游《老学庵笔记》卷六"亳州出轻纱，举之若无，裁以为衣，真若烟雾。一州惟两家能织，相与世世为婚姻，惧他人家得其法也。云自唐以来名家，今三百余年矣"，为保持技术垄断，两家世代联姻，保证了技艺独占。另外，朱彧《萍洲可谈》卷二说抚州莲花寺织造莲花纱云："抚州莲花纱，都人以为暑衣，甚珍重。莲花寺尼，凡四院造此纱。捻织之妙，外人不可传。"南宋都城临安徐官人幞头铺、李家丝鞋铺、彭家油靴等皆凸显家传字号。

俗语言，"没有规矩则不成方圆"，诚如《韩非子·解老》曰："万物莫不有规矩。"但"没有破规即没有创制"，就"匠"字本身理解，即一斧头被"规矩"之框所围，但冲破框架即为"匠"。回顾中国制造历史，皆是在"破"与"立"、"规矩"与"巧"的张力中，将其发展到卓越之境界。

实学在经学中突破。事实上，自汉代独尊儒术之后，作为"显学"之儒学，具有"法度"之意义，尤其在官学当中，几乎充斥学习考核的全部内容。但是，规矩之下，治事之学仍未停止，墨家开启中国古代科学技术之滥觞；《考工记》成为第一本工艺典籍；鸿都门学成为第一所职业技术学府；从魏晋傅玄到清代颜元治事之教育思想一直相继不辍。儒学与科技之张力，历代有之，以宋代为甚。宋时政治革新，遂致知识分子研讨科技之兴趣日益提高。司马光撰写《太元历》；苏轼研究医道，他收集的药方被编入《苏沈良方》（苏轼与沈括药方的合集）；屡任州学经师教授的曾元忠，著有《春秋历法》；王应麟《六经天文篇》系统采缀六经中的天文知识，更为以往经学研究所未有。此学习、研究和传授自然科学的风气，至金元之际形成高潮。沈括、苏颂、韩公廉、毕昇、宋慈、李诫等人才辈出，将宋代科技推进到封建时代的高峰。虽理学盛行，其中亦涵科技教育因素。其研究成果广泛应用于天文、历数、音律、丈量、罗盘与巫占等各方面。其中，蔡元定、蔡沈、朱熹堪为代表。

诸艺在批判中革新。以历法、医学为例。诸如隋唐太史局培养天文、历法人才，注意博通古今，兼采众长。太史局内存有大量古今天文、历法资料供学生学习研究，隋代的耿询正是就教高智宝，从而得助于广泛阅读太史局所藏图书，才制成水运浑天仪。唐代曾多次改历，而每一部新历皆是在纠正原有错误的基础上制定而成。《新唐书·历志下》总结了这方面的实践经验,指出"较历必稽古今注记",反对"算者昧于象,占者迷于数"。唐代太史局曾多次就古今历书展开问难论辩,即使对南宫说这位著名天文学家,大家也敢于据理驳难,这对学于太史局的天文生、历法生智力的发展,无疑很有利处。僧一行学习天文、历法知识曾云游天下,多方就教,取众家所长,制成当时最完备的《大衍历》。之后他又撰文总结自己学习研究有关名家学说和制定历法的经验。其中有十二篇论文被收入《新唐书·历志》,成为后学者的重要借鉴。其在论文中一方面强调"较历必稽古史",要求广泛学习研究古史,做到博古;另一方面明确提出不能拘泥于古代历书,还须通今,即知道今人之说与当今的天象。他认为必须反复比勘古今历法,验证古今天象,即"由历数之中以合辰象之变;观辰象之变,反求历数之中。类其所同,而中可知矣;辨其所异,而变可知矣"①。这样就能知晓天道变化的规律,即达到"天道如视诸掌"的境地。这正是他本人的经验之谈,不论是日食月食,还是"合朔"与"中气",但凡与制历有关的天象,他都必通考古今。在医界,有学者曾将孙思邈与前辈张仲景比较,孙思邈更富于创新精神。张仲景方剂多依据古代相传的药方,所用药物皆《神农本草经》所记载。孙氏则不然,无论方剂还是药物,皆有独创成分。在《医学源流论》中,清代徐灵胎曾称赞孙氏创新:"此医道之一大变也。"孙思邈总结自己学医经验,在《千金方·自序》中写道:"上极文字之初,下讫有隋之世或经或方,无不采摭。集诸家之秘要,去众说之所未致。"其中说明了既要博采,又要深入钻研,去粗取精。且告诫后学:"学者必须博极医源,精勤不倦,不道听途说,而言医道已了,深自误哉。"②为了达到旁搜囊括、集诸家秘要之目的,孙思邈提倡不耻下问,凡有"一事长于己者,不远千里,伏膺取决"。需要指出的是,这些经验并非孙思邈一人独有,王焘在《外台迷要·自序》中也提及,研讨学问必须做到"捐众贤之砂砾,掇群才之翠羽"。孙思邈弟子孟诜(身)所著《食疗本草》,在药物学领域有另辟蹊径之功,正是继承"师之志"的表现。

---

① 《新唐书》。
② 《千金方·自序》。

关键是"持规破矩"忌偏执，过多拘泥于"持规"则必走向保守，过多拘囿于"破矩"，则本土底色有变更之危险。恰到好处即在"持"与"破"之张力中"致中庸"之境界。

三　致中庸

革新创物之精神终使中国传统精艺缔造了无与伦比的手工时代，事实上，在手工时代任何一个民族皆有自己的创制，如古希腊神庙、古罗马斗兽场、古埃及金字塔等。之所以在悠长的历史中，手工制造彰显"中国话语"，除"强勉拙巧"之功以外，中国本土哲学思想在士、农、工、商"四民四业"之中一以贯之的本土思想中，最为突出的元素即"中庸"。在一定意义上，"致中庸"甚至成为诸业崇尚之追求。

"中庸"思想首出儒家，主要出自《中庸》一书。《中庸》为孔子后裔子思所做，后由秦代学者修改整理而成。起初原是《小戴礼记》中的一篇。至宋代，《中庸》被提至突出之地位，诠释中庸之道的文章不下百篇，尤其是北宋程颢、程颐极力尊崇《中庸》，至南宋，朱熹又作《中庸章句》，并把《中庸》和《大学》《论语》《孟子》并列称为"四书"。宋、元以后，《中庸》成为学校官定的教科书和科举考试的必读物，至此，"中庸"思想之合法性得到保障。

作为中国哲学的基本观点，事实上招致了诸多误读，甚至"骑墙论""平衡论"等庸俗之举皆归罪于"中庸"思想。原因在于，哲学本意并没有伴随历史贯彻于"四民四业"之中，通俗化的释义遭到异化。在春秋时期，老子曾言："致虚，恒也；守中，笃也。"《管子》中也有"正心在中"的记载。这里的"中"是形容心境达到了定、正、静的状态。在一定意义上，"中为适应之谓，庸为经久不渝之意"，"中庸"即适用而经久不渝。这一点实际是与"恒久意识"相通的，进而演绎为不偏不倚、允当适度之意。在人格思想上并不注重强烈的自我表现，而是追求执两端而用中的温顺谦和的君子之风。所谓"君子讷于言"。

事实上，孔子是"中庸"思想较早的诠释者。在《中庸》第二章中有此记述，仲尼曰："君子中庸，小人违背中庸。"意思是，"君子之所以中庸，是因为君子随时做到适中，无过无不及；小人之所以违背中庸，是因为小人肆无忌惮，专走极端。"在《论语·先进》中这一段话是对"君子而时中"的生动说明。原文如下：子贡问："师与商也孰贤？"子曰："师也过，商也不及。"曰："然则师愈与？"子曰："过犹不及。"意思是，弟子子贡曾问孔子："子张和子夏哪一个贤一些？"孔子回答说："子张过分，子夏不够。"子贡问："那么是子张贤一些吗？"孔子说："过分与不够是一样的。"意思是，过与不及皆不符合"中庸"思想，"中庸"即恰到好处。诚如宋玉笔下的大美人东家之子："增之一分则太长，减之一分则太短；著粉则太白，施朱则太赤。"北宋大儒学家程颐注释中庸为：不偏之谓中，不易之谓庸。中庸即永恒恪守中正之道。

之所以手工时代中国创制无与伦比的精艺制品，除技艺精湛之外，内在蕴含的本土文化至关重要，其间，"致中庸"为一显著属征。该文化符号在建筑、中医、制品等诸物中皆有凸显。

施之于建筑，"中庸"思想则表现为不求外显而求内涵的特点。农耕文化内向型的特征决定了中国建筑必然要选择这种重感悟、重内涵的建筑布局方式。中国建筑的"气场"不是通过"物理高度"来彰显的，这种张扬的味道远不是"中庸"文化的追求。建筑犹如君子，即"敏于行而纳于言"，因此，君子之建筑亦是"讷之于言"。因此，中国建筑往往把精华和高潮放至最里面，甚至最后面，而前面则只是朴质的墙。如此，庭院深深深几许，精彩之处全在这一层层的化解之中。且庄严与方正之中与融通、自由浑然一体，假以中国建筑的厚重感，构成"气场"之根源。

施之于中医，"中庸"思想更是通体贯彻。事实上，中医之"中"，不全是"中国"之意，其间本来即涵括"尚中""中庸"之意。中医理论更是把阴阳五行作为理论基础，将人体看成是气、形、神的统一体，通过望、闻、问、切四诊合参的方法，探求病因、病性、病位。在中医理论看来，阴阳失衡是致病之源。如此，则导致机体的阴阳消长失去相对的平衡，所出现的阴不制阳，阳不制阴的病理变化。阴阳失衡又是脏腑、经络、气血等相互关系的失调，以及表里出入，上下升降等气机运动失常的概括。包括阴阳偏盛、阴阳偏衰、阴阳互损、阴阳格拒、阴阳亡失以及阴阳离决等。因此，中医秉承"持中守一而医百病"理念，即身体内阴阳平衡，一直保持中和之气，才会百病不侵。

施之于制品，"中庸"思想往往使诸物超越了本来的"物性"。如汉代宝剑，将"中庸"与"器用"结合，呈现威严简约，窄长尖锐，高贵至美。唐代茶具因渗透"中庸"文化，彰显自然大方、中规中矩之美，与之相应，中国茶道因"中庸"文化而彰显清新、淡雅、素朴、和谐之品位。"中庸"文化施之于饰品尤显独特。如"玉"，其价值业已超越自身的物理之用。比之于西方人喜欢的灿烂夺目的宝石，晶莹剔透的闪耀光彩，"玉"规避了过于浓烈和张扬，更多彰显隐忍内敛，不事张扬，进而有所谓"美玉无瑕，玉洁冰清，清廉守节，出泥不染；勤勉尽职，忠义礼信，能屈能伸，因时置变"等，中庸、温良、内敛的中国文化气质得以彰显。

施之于方法，"中庸"思想表现为"法无定法"之辩证性。在官府手工业授徒中，"立样"与"程准"成为规制，民间授徒则多取决于师傅个性。《纪昌学射》一例出自《列子·汤问》，曰：甘蝇，古之善射者，彀弓而兽伏鸟下。弟子名飞卫，学射于甘蝇，而巧过其师。纪昌者，又学射于飞卫。飞卫曰："尔先学不瞬，而后可言射矣。"纪昌归，偃卧其妻之机下，以目承牵挺。三年后，虽锥末倒眦，而不瞬也。以告飞卫，飞卫曰："未也，必学视而后可。视小如大，视微如著，而后告我。"昌以牦悬虱于牖，南面而望之。旬日之间，浸大也。三年之后，如车轮焉。以睹余物，皆丘山也。乃以燕角之弧、朔蓬之簳射之，贯虱之心而悬不绝。以告飞卫。飞卫高蹈拊膺曰："汝得之矣！"文中"飞卫"之教法极为典型，飞卫没有直接传授射箭，而是从"以目承牵挺到视小如大，视微如著"基本眼力练起终掌握射箭之诀窍。对此，孟子曾有论述。孟子曰："大匠不为拙工改废绳墨，羿不为拙射变其彀率。"工匠师傅不因徒弟笨就改变或废弃用来画线的绳墨；后羿也不能因学射箭的人笨拙改变其张弓的限度，而不张满弓。如果弃其绳墨，舍其规矩，不坚持标准，一定是教不好的。但是孟子又说："梓匠（木工）轮舆（车工），能与人规矩，不能与人巧。"即教育能把规矩给学生并教他如何使用，但是并不能使他灵巧。即所谓"中道而立，能者从之"之理。

本章小结

概而言之，传统匠人在"革新"中"持规"，在"持规"中"破矩"，在"破矩"中"守度"，以"致中庸"。问题在于，后世需承继精华，而不是糟粕，当下匠人保守有余，创制不足亟待更转。

第十六章

民生家国

中国匠人的信仰不是面向上帝，而是面向民生、家国与天下。换句话说，不是视职业或工艺为天职，甚至也不是来自于个体的旨趣。在一定意义上，更多的是承载着对于国家与民众的担当，是一种家国情怀。不是对于终极世界的聆听，而是祖先崇拜的一种延展。以"匠人营国"一词对其诠释，业已超出其原意，因为"建造"为本来之意，但此处指向精神，即营生、营国、营天下。换言之，即"为民生营""为国家营"与"为天下营"。

一 营生

匠人营生，即"为民生营"，或言匠人根植于民生。原始社会，生活条件十分恶劣，能干的人脱颖而出，便在生产活动中有意识、有步骤地把生产知识、制造使用劳动工具的方法与技能，以及生活经验、风俗习惯及行为准则等传授给部族成员。进入氏族公社后，掌握生产技术的人被推举为部落首领，因其掌握知识与技能的权威性而备受崇拜。诚如唐朝教育家韩愈所言"古之时，人之害多矣，有圣人者立，然后教之以相生之道，为之君，为之师"。又宋代朱熹所说："有聪明睿智能尽其性者出于其间，此伏羲、神农、黄帝、尧、舜所以继天立极，而司徒之职、典乐之官所由设也。"在此意义上，早期圣贤是民间最早的匠人。诚如燧人氏教人钻木取火，有巢氏教民构木为巢，伏羲氏教民以猎，包牺氏教民以渔，神农氏教民稼穑，"虞舜"开创"制陶技术"以化东夷，"大禹"发明"规、矩"用以治水以利万民。史学家范文澜列举受祀的祖先神有：神农、周弃、后土、帝喾、尧、舜、鲧、禹、黄帝、颛顼、契、冥。受祭祀的祖先皆品德高尚、功勋卓著。原始文化的"崇德尚贤"成为后来中国社会伦理走向的源泉。

圣贤"泽世"精神在技术职官中延续。战国李冰父子都江堰工程即典型一例。古代蜀地因遭受岷江水患，非涝即旱，素有"泽国""赤盆"之称。岷江发源于成都平原北部岷山，沿江两岸山高谷深，水流湍急；到灌县附近，进入一马平川，水势浩大，往往冲决堤岸，泛滥成灾；从上游挟带来的大量泥沙也容易淤积在这里，抬高河床，加剧水患。特别是在灌县城西南面，有一座玉垒山，阻碍江水东流，每年夏秋洪水季节，常造成东旱西涝，给蜀地人民世世代代带来洪水之苦。秦惠文王九年（前316年），秦国吞并蜀国。秦为了将蜀地建成其重要基地，决定彻底治理岷江水患。同时派精通治水的李冰取代政治家张若任蜀守。李冰到蜀郡后，完成了以分水堰、飞沙堰和宝瓶口三个主要工程在内的都江堰水利工程，兼有防洪、灌溉、航行三种作用，在世界水利工程史上也是罕见的奇迹。两千多年来一直发挥着巨大的排灌作用，确保了当地农业生产，至今造福百姓。历史上，汉代农官推广代田法、牛耕与发明耧车；魏晋马钧发明龙骨水车；元代王祯发明木扇鼓风技术等，皆是职官以技艺营民的典范。

民间匠人之杰出者多以技艺造福于民。元代黄道婆"松江传艺"是为典范。黄道婆，松江府乌泥泾（上海旧城西南九里）人，元代伟大的民间纺织专家，对于棉纺织技术传承与发展作出了杰出贡献。黄道婆时期，植棉和棉纺织技术在长江流域和黄河流域业已广泛传播。诚如王祯《农书》卷二一载："夫木棉产自海南，诸种艺制作之法骎骎北来，江淮川蜀既获其利。至南北混一之后，商贩于北，服被渐广。"只是，由于技术粗陋，导致产品粗粝，终使百姓生活困苦。诚如陶宗仪说："松江府东去五十里许乌泥泾，其地土田硗瘠，民食不给，因谋树艺以资生业，遂觅种于彼（闽广）。初元踏车椎弓之制，率用手剖去子，线弦竹弧置案间振掸成剂，厥功甚艰。"黄道婆将流落崖州（海南岛南端的崖县），从当地黎族人民学会运用制棉工具的技能和棉布织造方法带至松江，在松江府以东五十里乌泥泾地方教人制棉，传授"做造捍、弹、纺、织之具"，又以崖州织被面法教妇女，"错纱配色，综线絜花"都有一定法则，"以故织成被、褥、带、悦,其上折枝、团凤、棋局、字样,粲然若写。"致使当时乌泥泾和附近地方"人既受教,竞相作为,转贷他郡,家既就殷",长江流域特别繁盛的松江棉纺织业就以黄道婆的卓越贡献奠下了始基。乌泥泾在元初本是个"民贫不给"的地方,可是后来由于制作棉织品而变得家户殷实。并且,黄道婆将黎族先进的棉纺织技术和内地原有的纺织工艺结合起来,在制棉工具和织造方法上作出一系列重要的发明和技术革新。如以前除去棉籽是由手剥,她则创制了轧棉籽用的搅机;以前弹棉花用的是线弦竹弓,她则代之以强而有力的绳弦大弓;她还设计出性能良好的三锭脚踏纱车,这是当时世界上最先进的纺纱工具。此外,她还改进了织造机具和提花技术,因而使从碾棉籽、弹花、纺纱到织布的整个棉纺织技术和效率得到了全面的提高。元以后,松江一带成为全国棉纺织业的中心,享有"衣被天下"之美誉。

  世之品牌皆匠人营生之标志。以宋代为例。宋时家庭手工业极为兴盛。如伴随染色业兴盛,从名城大邑到小的市镇,出现了专门为人制作衣服的裁缝这一独立的行业。如南宋都城临安也有"徐官人幞头铺"[1],制鞋业民间有李家丝鞋铺、彭家油靴等。木工分工进一步细密,从中发展出许多专门化的工匠,如家具制造匠、农具制造匠、桶匠等,各种木制器具都有专门的生产者,而主要以木材为原料的造船业,实际上也是从木工中分化出来的一个专门化的手工业部门。金银器皿私家制作和经营的作坊行铺更多,在汴梁、临安和建康等大城市中都有金银行或金银铺,即使在一般小城市中,也有不少专门制作金银器物的匠人,如"袁州泸萧市有银匠姓郭","乐平桐平市童银匠者,为德兴张官人宅打银"等。[2] 这些工匠们打造金银器物,种类花样繁多,极为精巧,而且从金银器皿手工业中分化出鎏金、镀金、锚金等新技术,发展为金银细工这一新的分支。造纸业和印刷业的空前进步,致使出现一批制笔、制墨、制砚的专业户。如毛笔的生产,以宣城诸葛氏最为有名,"宣州诸葛氏,素工管城子,自右军以来世其业,其笔制散卓也……是诸葛氏非但艺之工,

---

[1] 《中山诗话》。
[2] 《异闻总录·卷一》,《夷坚乙志·卷二十》。

其鉴识固不弱，所以流传将七百年"①。《清异录》卷下记南唐元宗第九子宜春王李从谦，喜爱书札，"学晋二王楷法，用宣城诸葛笔一枝，酬以十金，劲妙甲当时"。其次则有南方的常州许氏、安陆成安道、弋阳李展，皆"世其家"，"驰名于时"；北方京东路也有不少制笔名家。墨的生产以歙州李氏所造最为珍品。元代手工业作坊一般有技艺精湛的工匠。他们生产的产品通常是当地的名牌产品。如元杭州姜娘子、平江王吉铸铜器皆得名。私营作坊主为了在市场上立于不败之地，非常注重对技艺的保密，绝少向外展示技艺，而是传男不传女，以守其业。武陵人严子英，以制笔为生，本着"传家贵在一艺精"思想，令子孙甚守其业以治生。制墨专家胡氏"子孙绳其祖武，他工竟莫窥其藩篱，故艺独精而名誉彰"。另一制墨专家于仲，所造荆溪墨位列当时三大名品之首，因为于仲无后，不得不将艺传于外甥李文远，但"不若老于亲造之为佳"。封建社会对于技艺的保守性致使许多独门技艺失传，其对整个社会技艺的提高、交流、发展产生很大的负面作用。换言之，老字号即是匠人营生之标志，同时也凸显出内在的"保守性"等有悖于营生之理念。

就中国传统文化指向而言，匠人一定不会止步于"营生"之水平，儒家自古家国一体，即有所谓"国若不在，何以保家"之说。儒家思想贯彻在士、农、工、商天下四民之中，就匠人而言，从"营生"自然会走向"营国"，这是中国匠人的独特精神气质。

二　营国

所谓"匠人营国"，出自《周礼·考工记》，即"匠人营国，方九里，旁三门。国中九经九纬，经涂九轨。左祖右社，前朝后市，市朝一夫……经涂九轨，环涂七轨，野涂五轨。环涂以为诸侯经涂，野涂以为都经涂"。事实上，"匠人营国"原意是指匠人营建都城，清华大学建筑学院60周年庆典，吴良镛先生即以"匠人营国"为题撰文。此处并未停留于建筑旨趣，而是将"匠人营国"引申为"为国家服务"，以至于对国家的忠诚，即匠人超越了单纯的"技艺逻辑"，往往将其所为置于国家命

---

① 《铁围山丛谈》。

运之高度。

鉴于与国家军事、经济联系紧密，自古匠人、匠艺颇受青睐，诚如《考工记》记载，"有虞氏上陶，夏后氏上匠，殷人上梓，周人上舆。"且周公"勿庸杀之，姑唯教之"，对于违禁饮酒的匠人加以宽恕传为佳话。之后，推行"匠籍"制度强化了匠人与国家之间的隶属关系，且融合于儒家"修、齐、治、平"之理想，在制度之外，"匠人"群体逐渐衍生出一种家国情怀或国家主义。但"匠人营国"并非其全部工作，历史上，"匠人"在工程、器具、武器等诸方面对于"国"之重要皆有文献载传。

在冷兵器时代，武器装备关乎战争之胜负，甚至国家之兴亡。据《越绝书·越绝外传记宝剑第十三》载有越王与薛烛关乎"纯钧"剑的对话：越王曰："有人欲用有市之乡二、骏马千疋、千户之都二作交易，可否？"薛烛答曰："不可。当造此剑之时，赤堇之山，破而出锡；若耶之溪，涸而出铜；雨师扫洒，雷公击橐；蛟龙捧炉，天帝装炭；……欧冶子因天之精神，悉其伎巧，造为大刑三、小刑二：一曰湛卢；二曰纯钧；三曰胜邪；四曰鱼肠；五巨阙……今赤堇之山已合，若耶之溪深而不测。群神不下，欧冶子即死。虽复倾城量金，珠玉竭河，犹不能得此一物，有市之乡二、骏马千疋、千户之都二，何足言哉！"剑之重要性十分明了。意思是，在世上五大名剑之中，名列第一的即湛卢。此剑可让头发及锋而逝，铁近刃如泥，举世无可匹者。后代诗人题诗曰："十年云卧湛卢下。斗间瞻气有双龙，人间何处问欧冶？欧冶一去几春秋，湛卢之剑亦悠悠。"湛卢即为欧冶子所铸。湛卢山也因此称为"天下第一剑山"。相传，欧冶子曾应楚昭王之邀与干将（传说与欧冶子同师）一起"凿茨山，泄其溪，取铁英，作为铁剑三枚：一曰龙渊、二曰泰阿、三曰工布（一作工市）"。楚王曾引泰阿之剑大破晋郑王三军。

至于欧冶子之同门干将，助吴国阖闾破越而闻名。根据《吴越春秋》记载，干将"采五山之铁精，六合之金英"，以铸铁剑。三月不成。莫邪"断发剪爪，投于炉中，使童男童女三百人鼓橐装炭，金铁乃濡，遂以成剑"。制成的两柄剑分别被称为"干将""莫邪"。吴越争霸，越国大败。但吴有干将，越有钟离泉。

在国破家亡之际，为复兴越国，勾践任命钟离泉为铸剑国师，主持铸剑大事。其间，吴国大夫莫千曾拿吴王的诏令，强索钟离泉去吴国，破坏其铸剑强国之举。但他在吴十年，未铸一剑。吴王大怒，欲将其杀害，钟离泉壮烈投炉而亡。但其孙素女继承铸剑技艺，终助越复国成功。

汉武帝时期，击败匈奴，武器精良至关重要。在各种兵器之中，铁兵器所占比例越来越大，汉初晁错所列的弓弩、短兵、长戟、剑盾、矛铤等多是质量精良的铁制兵器。近年来考古发掘的长安武器库所出兵器，除少量仍为青铜制造外，绝大多数均为铁兵器，刀、剑、戟、矛、斧、镞、盔甲一应俱全，仅铁镞就达1000余件。仅就弓箭而言，汉朝箭头为"铁制"水平，匈奴箭头处于"竹制"水平；诚如晁错所言，汉军精兵良器，"匈奴之弓弗能格也"，"匈奴之兵弗能当也"，"匈奴之革笥木荐弗能支也"，如此等等。显然，汉军铁甲、铁刃、铁镞，匈奴多为竹镞，军事格局自然明了。

武器之外，工程技术对于一个国家军事实力举足轻重。如灵渠之于秦始皇统一中国不可或缺。就灵渠而言，监察御史史禄和3位石匠担纲载入史册。灵渠在广西壮族自治区兴安县境内，是世界上最古老的运河之一，有着"世界古代水利建筑明珠"的美誉。灵渠古称秦凿渠、零渠、陡河、兴安运河，于公元前214年凿成通航，距今已2231年，仍然发挥着功用。灵渠工程主体包括铧堤、南北渠、秦堤、陡等，完整精巧，设计巧妙，通三江、贯五岭，沟通南北水路运输，与长城南北呼应，同为世界奇观。可以说没有"天平陡门"等技术，就没有灵渠的开凿成功，没有灵渠的开凿，就没有岭南的征服。

就"匠人营国"而言，军事工程之大恐怕莫过于万里长城。长城始建于战国秦、赵、燕三国，是有史以来唯一在太空中可见到的三度空间建筑物。当时，秦国之北，有义渠，又北为匈奴；赵国西北有林胡、楼烦，北有襜褴、匈奴；燕国北界东胡。据《史记·匈奴列传》记载：匈奴人以游牧、狩猎为生，"逐水草迁徙，毋城郭常处、耕田之业。然亦各有分地。"男子从小就学习骑射。"儿能骑羊，引弓射鸟鼠；少长，则射狐兔；用为食。"因此，一到成年，"尽为甲骑"。自战国中期以来，他们不断掳掠秦、赵、燕三国北部地区。为防止匈奴、东胡南掠，遂修筑长城。即"大兴师征之，则遁逃伏匿，不可得而诛也；师还则寇钞又起；

留卒戍守,则劳费不资,故惟有筑长城以防之。"以及"然则长城之筑,所以省戍役,防寇钞,休兵而息民者也"①。秦时,"北筑长城而守藩篱,却匈奴七百余里,胡人不敢南下而牧马"②。汉武帝时,"建塞徼、起亭燧、筑外城,设屯戍以守之,然后边境得用少安"③。以"变俗胡服,习骑射"而著称于世的政治家赵武灵王则"筑长城,自代并阴山下,至高阙为塞"④。据记载,秦始皇使用了近百万劳动力修筑长城,占全国人口的1/20,当时没有任何机械,全部劳动都得靠人力,而工作环境又是崇山峻岭、峭壁深壑。遂使"因地形,用险制塞"成为修筑长城的一条重要经验,司马迁把它写入《史记》之中。以后诸代凡修筑关城隘口皆是非曲直选择在两山峡谷之间,或是河流转折之处,或是平川往来必经之地,这样既能控制险要,又可节约人力和材料,以达"一夫当关,万夫莫开"之效。修筑城堡或烽火台也是选择在"四顾要之处"。如像居庸关、八达岭的长城都是沿着山岭的脊背修筑,有的地段从城墙外侧看去非常险峻,内侧则甚是平缓,收"易守难攻"之效。明代辽东镇长城有一种叫山险墙、劈山墙的,即利用悬崖陡壁,稍微把崖壁劈削一下就成为长城了。还有一些地方完全利用危崖绝壁、江河湖泊作为天然屏障,真可谓巧夺天工。长城在中国历史的长久岁月中,曾经对它进行过多次修筑,中国古代千千万万劳动人民为它贡献了智慧,流尽了血汗。其中既有"孟姜女哭长城"之传说,也有"冰道运石""山羊驮砖"等故事。

设若匠人制造旨在民生家国,则反对制造亦可能为民生家国,譬如墨子。据《公输》记载,约于公元前450年,公输般由鲁至楚,帮其制造兵器。且曾创制云梯,准备攻宋,但被墨子制止。墨子主张制造实用的生产工具,反对为战争制造武器,鲁班遂接受此思想。显然,墨子思想超越了一家一国之拘囿,而在天下。

---

① 吕思勉:《中国民族史》,吉林人民出版社2013年版。
② 《新书·过秦》。
③ 《汉书·匈奴传》。
④ 《史记·匈奴列传》。

三　营天下

"天下"一词较早出现于《尚书·召诰》之中："其惟王位在德元，小民乃为刑用于天下。"意思是，周王德行天下，小民效之。之后，在《周书·顾命》中赞誉文王、武王之时有"信用昭明于天下"之说。在《诗经·大雅·皇矣》中有"以笃于周祜，以对于天下"记述，而《诗经·小雅·谷风之什·北山》中有"溥天之下，莫非王土，率土之滨，莫非王臣。大夫不均，从事独贤"。至春秋，在《论语·颜渊》中有"君子敬而无失，与人恭而有礼，四海之内，皆兄弟也"。显然，"天下"之意自在其中。

"天下"起初为一地理概念，所谓家、国、天下。"家"指血亲家族，"国"即诸侯国，自周代起"封邦建国"，诸侯之外或诸侯之全部视为"天下"。诚如《诗经》上所说"溥（普）天之下"，意指"天底下所有的土地"；用《中庸》上的话来说，即是"舟车所至，人力所通，天之所覆，地之所载，日月所照，霜露所坠"。在儒家看来，天下即周天子统治之"中国"，战国时期阴阳家邹衍则将其拓展为"世界"，即"儒者所谓中国者，于天下乃八十一分居一分耳"。

有"天下"即有"天下观"。此哲学贯穿于百家之中，但儒学之中更为彰显。诚如在《礼记·大学》中，有"古之欲明明德于天下者，先治其国；欲治其国者，先齐其家；欲齐其家者，先修其身；欲修其身者，先正其心；欲正其心者，先诚其意；欲诚其意者，先致其知；致知在格物。物格而后知至；知至而后意诚；意诚而后心正；心正而后身修；身修而后家齐；家齐而后国治；国治而后天下平"。其中，"天下"一词业已超越了原初的地理空间指向，也超越了政治版图之诸侯国与周天子的分野，而更多聚焦于"天下之责""天下情怀"等意蕴，终具天下苍生之意。"平天下"则指向安抚天下黎民百姓，使他们能够丰衣足食、安居乐业。正如孔子在《礼记》中提出的"天下大同"的理想，即"大道之行也，天下为公。选贤与能，讲信修睦，故人不独亲其亲，不独子其子，使老有所终，壮有所用，幼有所长，矜寡孤独废疾者，皆有所养。男有分，女有归。货恶其弃于地也，不必藏于己；力恶其不出于身也，不必为己。是故谋闭而不兴，盗窃乱贼而不作，故外户而不闭，是谓大同"。这是一种中国式的"理想国"。关键在于，儒家"天下观"衍生出一种胸怀、责任与担当。诚如在《孟子·公孙丑下》中："如欲平治天下，当今之世，舍我其谁也？"在一定意义上，"平天下"即儒家最终的关怀。

当然，儒家"天下情怀"不止于"官"，也有"民"之成分。诚如在顾炎武《日知录·正始》中有"天下兴亡，匹夫有责"之经典话语。原文即"有亡国，有亡天下。亡国与亡天下奚辨？曰：易姓改号，谓之亡国；仁义充塞，而至于率兽食人，人将相食，谓之亡天下。是故知保天下，然后知保其国。保国者，其君其臣肉食者谋之；保天下者，匹夫之贱与有责焉耳矣"。意为天下大事的兴盛、灭亡，每一百姓皆有义不容辞的责任。儒家如是，儒家主导下的传统中国自然如是，该背景下民间匠人亦如是。

设若儒家在"官"的层面贯彻"天下观"，由此衍生出对于"民"之影响，墨家则一开始即在"民"的层面践行"天下观"。与儒家不同，"墨家"着眼于"农与工肆之人"，终以"兼士"为培养目标。在《墨子·兼爱》中，墨子道："仁人之所以为事者，必兴天下之利，除去天下之害，以此为事者也。"意思是，有别于儒家君子与道家真人的人格追求，墨家培养"兴万民之利"的"兼士"。在一定意义上，"兼士"没有人我之分，"必为其友之身，若为其身；为其友之亲，若为其亲。……是故退睹其友，饥则食之，寒则医之，疾病待养之"。在墨家看来，需"有力者疾以助人，有财者勉以分人，有道者劝以教人"，因此，墨子强调"凡天下群百工，轮车、鞼靼、陶冶、梓匠，使各从事乎其所能"。如此，天下人才得以兼相爱。

墨家"天下观"非平地而起，其更多受到古圣先贤尤其是大禹之影响。在一定意义上，三皇五帝皆有"匠人"之底色，亦由此成为墨家之信仰来源。据统计，在《墨子》书中提到尧舜禹汤文武者14次，称禹汤文武者9次，称文王者8次，所提禹者最多。诚如《墨子·兼爱下》中对禹有此描述："禹之征有苗也，非以求以重富贵、干福禄、乐耳目也，以求兴天下之利，除天下之害，即此禹兼也。虽子墨子之所谓兼者，于禹求焉。"另在《墨子·法仪》中记载："昔之圣王禹、汤、文、武，兼爱天下之百姓，使立为天子，天下诸侯皆宾事之。"在《墨子·大取》中也说:"为天下厚禹,为禹也。为天下厚爱禹,乃为禹之人爱也。厚禹之加于天下,而厚禹不加于天下。"的确如是。夏禹,一位兼爱天下百姓的圣王,其关心民间疾苦,为民治水,身先士卒,形劳天下。诚如《诗经·大雅》中对于禹的赞扬:"丰水东注,维禹之绩。"另有《诗经·商颂》曰:"洪水芒芒,禹敷下土方。"同样,在《尚书·吕刑》中云:"禹平水土,主名山川;稷降播种,农殖嘉谷。三后成功,惟殷万民"。在《庄子·天下》篇中说:"墨子称道曰:'昔者禹之湮洪水,决江河而九夷九州也,名川三百,支力三千,小者无数。禹亲自操橐耜,而九杂天下之川。胼无胈,胫无毛,沐甚雨,栉疾风,置万国。禹大圣也,为形劳天下如此。'使后世之墨者,多以裘褐为衣,以跂蹻为服,日夜不休,以自苦为极。曰:'不能如此,非禹之道也,不足谓墨。'"

匠人之"营天下"表现于诸多层面:

其一,助推天下一统。诚如"秦王扫六合"除兵器之锐坚,更有"车同轨"及"统一货币、统一度量衡"之功,其间,匠人"铸轨""铸币"与"铸度量衡"业已超越纯粹手工制造的功用。匠人参与消解了诸侯国之间在经济、社会等的诸多壁垒。

其二,助力天下和平。墨家"兼爱""非攻"之主张,尤其是墨子阻止公输般造云梯"助楚伐宋"即匠人兼济天下的典范。墨子与他的弟子为了黎民百姓利益,"皆可使赴火蹈刃,死不旋踵",这种道德价值观,得到后世工匠的认同。例如,浙江绍兴出土的神人车马画像镜上,镌刻有著名镜师周是铭文,"吴向阳周是作竟(镜)四夷服,多贺国家人民息,胡虏殄灭天下复,风雨时节五谷熟,常保二亲此天力,传告后世乐无极"。

其三,助帮天下贫弱。光绪二十一年(1895年)所立《吴县为梳妆公所公议章程永勿改碑》规定,行会经费来自业主开店、开作、收学徒和学徒满师入行所交纳的银两,这些银两用于行会公益,如"年迈孤苦伙友,残疾无依,不能做工,由会所每月酌给膳金若干";"伙友身后无着,给发衣衾、棺木、灰炭等件";"伙友疾病延医,至公所诊治给药"。

其四,助尚天人和谐。以徐霞客为例。在古代匠人中,徐霞客曾被列为与鲁班、蔡伦并列的、在各自的领域具有里程碑式意义的杰出匠人。当然,《徐霞客游记》作为"明末社会的百科全书",业已超越匠人之作。

徐霞客自22岁出行,至54岁辞世,32载足遍华夏大部分区域(21个省市自治区)。关于"人与自然和谐共处"是徐霞客毕生所探寻的,诚如学者于希贤所认为的:"他把山形水势、晴空阴云情趣化、拟人化、性格化,体现了对大自然的仁爱。"姚伟钧以《徐霞客游记》的"故事"来例证徐霞客是一位理性的生态学者:"他反对人畜共处,较早指出牲畜饲养和采石、烧石灰对生态环境的破坏,强调政府的禁令对生态环境的保护作用,歌颂良好的生态环境。"

本章小结

信仰对于匠人而言十分重要,在一定意义上,甚至决定其匠艺的境界高下。

西方匠人聆听上帝的声音,其作品往往渗透着"宗教感",例如西方哥特式建筑的空灵、纤瘦、高耸、尖峭以及整体高峻的升腾感恰合于对上帝的皈依。与之不同,方正、厚重、和谐、庄严是中国建筑之风。从"家"到"国"至"天下",祖先崇拜、国家至上、天下兴亡渗透于匠人骨髓之中,诚如尧帝"尧之王天下也,茅茨不翦,采椽不斫,粝粢之食,藜藿之羹,冬日麑裘,夏日葛衣,虽监门之服养,不亏于此矣"[①]。大禹"禹之王天下也,身执耒臿以为民先,股无胈,胫不生毛,虽臣虏之劳不苦于此矣"[②]。该精神世代绵延不绝。

---

① 《韩非子·五蠹》。
② 《庄子·天下》。

结　　语

近代以降，中华民族遭难。中国"现代化"起于殖民地时期，遂在"被现代化"历程中，传统范式在历史更迭中发生"断裂"，本土"现代化"自然进程遭到阻滞。职业教育领域如是。百余年来，其间"隐存"的危机未因快速发展而自然地消解，尤在"西方话语"主导下中国本土职业教育理论颇显"贫困"，终使职业教育实践虽呈"繁荣"表象但困境越发凸显。

"本土基因"断裂。在生物学上，作为具有遗传效应的 DNA 片段，基因支持着生命的基本构造和性能，储存着生命的种族、血型、孕育、生长、凋亡过程的全部信息。但是，当基因隐性化或断裂之后，自身所携带的信息即无法"完整"表达，之后所引发的基因突变或重组遂使原有的生物品系被否定，如此，一个原有物种消亡，一个新物种诞生。该现象在生物界或许是一个"不坏"的事件，但在人类社会并非如此，这即是"社会达尔文主义"一直为人诟病之所在。事实上，中国职业教育业已拘囿于此冲突之中。

在名著《中国：发明与发现的国度》一书中，英国学者罗伯特·K. G. 坦普尔慨叹道："如果诺贝尔奖在中国的古代已经设立，各项奖金的得主，就会毫无争议地全都属于中国人。"[①] 显然，坦普尔主指中国手工时代杰出的技术文明。事实上，其背后与同样杰出的技术教育文明不无关系。其间，堪与基因相称的主要包括三个层面：其一，包括治事之

---

① ［英］罗伯特·K. G. 坦普尔：《中国：发明与发现的国度》，陈养正、陈小慧等译，21世纪出版社1995年版，第5—11页。

学、修业学馆、畴人世学、艺徒制、学徒制、社学等在内的传统职业教育制度;其二,包括经世致用、德艺周厚、通艺通道、诚一大巧等在内的传统职业教育文化;其三,包括傅玄"九品人才观"、颜之推"艺不役人"、胡瑗"分斋教学论"等在内的传统职业教育思想,如此等等。①遗憾的是,诸项在当下中国职业教育理论体系之中几乎"荡然无存",间或有些许成分存于史学之中,亦极少有传承的痕迹,至于破解现实问题则离之甚远。

这即是西方话语遮蔽之下"本土基因"断裂的表征,危机之处在于,设若西方话语长期霸权,职业教育"本土基因"极易从"断裂"转向"隐性",自"隐性"转向"遗忘",再由"遗忘"终成"丧失"。的确,达尔文"自然选择"学说并不完全适用于人类社会,或言"自然法则"不能完全支配人类社会,但在另一视角,由斯宾塞首提的"社会达尔文主义"及由此衍生的"种族主义"等依然为"被现代化"民族敲响了警钟。与生物界"隐性基因"比较,人类社会"隐性基因"的命运或许更为危险,诚如"巴比伦文明""玛雅文明"等业已消失的古文明,在当下几乎寻觅不到其被传承的"痕迹",如此则违背了"文化多样性"规则。在《世界文化多样性宣言》中,"文化多样性"不仅被视为一种文化尊重、一种良好愿望,尤其作为"人类社会的基本特征""人类文明进步的重要动力"越发被世界所认同。换言之,设若"乡土基因"渐次被淹没,一个单一的或一个趋同的世界,则势必因没有"杂多"的文化基因"库存"而成为一个"趋亡"的社会。职业教育与此同理。

问题是,由于两个学科"跨界"相隔,致使文化人类学者对于"乡土基因"的自觉意识并未影响至职业教育学人,诚如时下在探讨德国工业4.0之时,尤在谈论"工匠精神"之时,学界每每指向诸如"斯托阿迪瓦"②等欧洲"匠人",而本土史上铸剑名士"钟离"、制笔名士"诸葛氏"、制琴名家"雷氏"等只在历史文本中偶有提及,其间蕴含的传统技术教育因子更是被"淹没"殆尽,这即一本土基因"断裂"之佐证。如此,极易导致中国职业教育"再现代化"失去原初的根基。

---

① 路宝利:《中国古代职业教育史》,经济科学出版社2011年版,第1—4页。
② [美]理查德·桑内特:《匠人》,李继宏译,上海译文出版社2015年版,第81页。

问题并未止步,"本土基因"断裂之后,西方话语遮蔽之下的中国本土文化"同化力"有衰减之兆,在职业教育领域即如是。当下中国职业教育对于"舶来品"鲜有改造的声音、鲜有改造的行为、鲜有改造的制度、鲜有改造的文化,即是已有职业教育文化图示"丧失"的表征。关键是,在职业教育领域,如何在文化冲突中建立基因保护机制,如何唤醒本土文化自觉更新力,如何在文化"杂交"而不是文化"替代"中生成新结构一直鲜有学人探究。而本土改造能力的丧失,终使"本土原创"能力日趋衰落。

接下来的问题是,如若不能就此将"原创力"衰减之势"阻断",则此背景之下,照搬西方会衍生为一种"习惯",事实上,该现象业已初露端倪。并且,"衰减"与"照搬"彼此间"交互效应"势必会助推此势以更快的速度攀升,很可能使本以"隐性"存留的"原创"基因消失殆尽。当下提出"再现代化"思路,即试图"阻断"此势,而如何规避对"再现代化"误读是又一需注意之处。

"再现代化"课题。时隔百余年,社会在各个层面发生骤变。这一时空的跨度,足以使学界可以在"被现代化"的惯性中"抽身离去",遂而站在学科自觉的立场上,去诠解中国职业教育本土"现代化"的自然进程,尤以规避"新殖民主义"[①] 在职业教育领域可能过甚的影响。但"再现代化"绝不是回到手工时代的"原点",亦不是重新启动现代化的过程。作为对"被现代化"进程的一种"矫正","四非四属"凸显出其内在属征。

其一,非"被现代化"——属"自觉现代化"。在一定意义上,职业教育中断百余年"被现代化"之惯性,转向本土、自觉之路,是一个与"启蒙运动"相类似的课题。换言之,没有"被现代化"民族职业教育的"启蒙",即不会真正有职业教育"被现代化"进程的中断与转向,诚如18世纪欧洲启蒙运动思想巨匠康德所诠释的,人类需"用自己的理性去独立思考、判断"[②]。此理同样适用于当下"被现代化"背景下的职业教育学科。由此,职业教育启蒙之课题需依托思想界、理论界,提早为该

[①] 张顺洪:《英美新殖民主义》,社会科学文献出版社1999年版,第1—5页。
[②] [德]康德:《历史理性批判文集》,何兆武译,商务印书馆1990年版,第28页。

学科改造清理出"本土哲学"框架,遂而为进入"自觉现代化"轨道奠定思想基石。该历程势必艰难,因为时下职业教育学界能完成"启蒙"使命的思想家凤毛麟角,再有,由于"被现代化"惯性所致,其间势必存有"被"与"自觉"之间的冲突与反复,加之对本土"自觉现代化"规律性的认识不足,欲完全打破"被现代化"之惯性,或言职业教育领域完成自觉"现代化"之路,确需一段较长、较复杂的时段,还需注意,即便经历"启蒙"之后,从"被现代化"转向"自觉现代化"亦不单是一个"被动"与"主动"的观念转变而已,如若在该领域继续照搬"普适性"范式,则依然会拘囿于"被现代化"之列。

其二,非"同质现代化"——属"异质现代化"。作为"现代化"发源之地,英国、西班牙、法国等欧洲强国在起点上即以"现代化"的欧洲框架首先席卷美洲,进而波及亚、非、拉乃至整个世界。遗憾的是,尽管美国与西欧不同,亚洲与美国有别,但强力之下,第三世界"现代化"则渐次成为"西方化"的翻版。一时间,标榜工业化、城市化、市场化、民主化、科技化等表象的具有"普适"意义的"现代化"迅即"扑向"殖民地世界。在殖民主义背景下,殖民地国家"现代化"的自然进程被中断,本土因子被遮蔽,本属不同民族的"异质现代化"只得隐性存留,遂而彰显出世界"同质化"取向。中国如是,职业教育如是。在此背景之下,在"现代化"批判的浪潮中,属于民族的、本土的、悠久传统的因素重新被关注,这是职业教育转向"异质现代化"基础。事实上,即便是欧美诸国,本土"现代化"自然进程亦不尽相同,如英国一直带有"王制"色彩,美国却显现出"天生的自由主义",日本则没有丢掉传统。[1] 只是欧美强国以强力阻滞了殖民地国家"现代化"道路的自然选择而已。在职业教育领域,如果说百余年来德国"双轨制"、美国"单轨制"及日本"企业培训本位"皆是该领域"异质现代化"一种呈现,我们对其第次照搬则说明中国尚未在职业教育"同质现代化"意识中觉醒开来。当下,适逢后工业社会背景下职业教育转型的契机,"中断"照搬之路,以"起于本土之需,止于本土原创"之理念,构建职业

---

[1] [以] S. N. 艾森斯塔德:《现代化:抗拒与变迁》,张旅平、沈原译,中国人民大学出版社1988年版,第63—70页。

教育"中国模式、中国道路、中国理论"是继政治、经济"现代化"完成之后又一重要使命。当然,"异质现代化"并非否定"现代化"之共性,而是弥补以往疏失的"个性"元素。如果说,"同质现代化"是"被现代化"必然的结果,"异质现代化"则是"自觉现代化"的必然归宿。

其三,非"第二次现代化"——属"第二次*现代化"。以"第二次*现代化"相称谓,主要涵括三层含义,其一,在水平上,无论是发展要素或是自觉成分,"第二次*现代化"皆超越了工业革命初期的框架水平。就中国而言,百余年"被现代化"所获得的形式与实质的变革、进步皆不得"清零",尤其近三十年中国职业教育斐然成就同是基础,换言之,"第二次*现代化"是中经"被现代化"发展的一种"再现代化",回归"原点"是不客观甚至是错误的。其二,在内容上,与"第二次现代化""后现代化"等语词相别。因为,在"被现代化"背景下,往往"现代化"进程获得"不平衡"发展,这是西方国家长期"控制"的结果,中国如是。因此,至今皆是先进的、本土的政治制度与照搬的、西化的职业教育话语并存。所带"*"则旨在表征中国"再现代化"的特殊起点与内涵。其三,在主体上,即由"他者"转向"本土之我"。关键是,需彻底颠覆西方"偏好"及照搬"惯性"对于中国职业教育"现代化"本土进程的影响,完全转向主体自觉之轨道。在此方面,尤需承继黄炎培等以来近现代中国职业教育先行者"自觉"的成分。显然,中国"第二次*现代化"水平低于贝尔指向的"后现代化"与何传启定义下的"第二次现代化"水平。但概念一经提出,至少在职业教育理论界表征出其是一次基于本土自觉意识的"现代化"转向,另需注意,言及"再现代化"势必沿袭传统,但沿袭传统是传统"断裂"的回归,而不是重回手工时代。

其四,非"复古式现代化"——属"回归式现代化"。事实上,在方法论维度,"第二次*现代化"业已含蕴了"再现代化"非复古取向而具回归意味。换言之,职业教育"再现代化"不是一种怀旧,更不是一种手工情节,而是一种复兴。复古则没有出路,即便手工时代的部分"元素"具有永恒性,甚至的确在现实性上需将手工时代制度、文化、制品中优质"内核"涵括于"再现代化"范畴之中,但是更多是将其置于

"回归"的位格。由此,"回归"主旨与"传统"相关的三个关键词,即起点、基因与中线。回归起点,即本土职业教育"传统"是"再现代化"之起点,如此,在"被现代化"进程中有偏离起点之处需要回归,诚如中国民间"箕裘相继"制度虽具"现代性",但在现代职业教育体系构建中被完全"悬置",需加以融合;回归基因,即本土职业教育"传统"是"再现代化"之基因,如此,以往照搬的部分需经本土基因的改造,诚如 CBE 课程、学习领域课程等模式在中国几乎没有"本土化"痕迹,需加以"浸濡";回归中线,即本土职业教育"传统"是"再现代化"之基本方向,如此,以往偏向西化的部分需转向本土。对此,20 世纪初期,美国民主主义与德国职业主义博弈中,中等职业教育从德国"双轨制"转向本土"单轨制"堪为典范。尤需注意,与复古有别,回归本身具有"张力"属征。换言之,回归起点,但"传统"不是起点的唯一,除传统自身具有变化的逻辑之外,关键还有社会嬗变提供了诸多起点的可能性;回归基因,但"传统"不是基因的唯一,一方面有传统的"突变"发生,另一方面周遭世界的基因资源跨越"边界"之后可供共享;回归中线,但中线或许亦在变革之中。一言以蔽之,在职业教育"再现代化"进程中,"传统"之价值全在对"回归"意蕴把握得当与否。

可以说,中国职业教育"再现代化"即是以"第二次 * 现代化"为起点,从"被现代化"转向"自觉现代化""同质现代化"转向"异质现代化"过程中,完成本土"现代化"回归。但设若该过程没有"附着点",则回归只得存于理念之中,接下来的问题即路径如何选择?

回归传统。破解当下"本土基因"断裂,复兴职业教育"原创"文化,尽管非是回到手工时代的原点,但亦需从职业教育历史中汲取优质内核与具有"永恒"意义的元素。在进路上,即回归"匠人""匠艺""匠制"与"匠道"。

其一,回归"匠人"。在传统意义上,"匠人"主要指作坊之中从事手工技艺的杰出群体。当下,能否掌握"技术知识"是为现代"匠人"之根本属征,并且该点尤其具有"职业技术教育学"学科意义。至于回归"匠人",观念之外,主要涵括三个层面,即破除"匠人"生涯障碍,提升"匠人"职业声望,推进"匠人"培育制度。其中,破除"匠人"生涯障碍,属社会层面,即通过厘清"匠人"生成、生存、流动之境遇、归因，遂而提出并实施破解来自观念、资源、制度等障碍之策，如"匠人"职业生涯发展与终身教育体系困境之破解即属此类；提升"匠人"职业声望，属政府层面，即通过搭建国家职业资格框架与变革工资福利等制度，使"匠人"尤其是精湛"匠人"成为受社会尊重的群体，如剔除传统"匠籍"制度中等级因素，在"正激励"向度上创制"现代匠籍"制度或许是一有效思路；推进"匠人"培育制度，属教育层面，即变革学校形式的职业教育方式，推进"现代学徒制"改革，构建适应"匠人"成长的现代职业教育体系，遂而完成初级、中级、高级"匠人"之培育。如此等等。当然，回归"匠人"不是一蹴而就的事情，尽管时下"大国工匠"始被关注，但"科学主义"主导之下，毕竟是一新兴"话语"，就中国而言，仍需冲破双重困境。其一，在历史上，是市场经济体制与现代生产方式首先打破了"匠人"固有的自然社会生存环境，致使该群体"隐性"生存，故如何破解中国特色的市场经济境遇下"匠人"生存与发展的制度、体制是当下之难题；其二，在传统上，自来是"仁者在上、智者在侧、工者在下"，且"君子不器"的文化根深蒂固，因此，如何破解传统文化背景下"匠人"生存与发展的制度、体制是又一难题。当然，此"匠人"已不是彼"匠人"，这恰恰是百余年前，中国"现代化"自然进程需破解的问题，只是该命题留至今天而已。

其二，回归"匠艺"。"匠艺"主要指驰名于手工时代且至今涵括价值的本土制品、工艺。回归"匠艺"不是回到手工制品、工艺的原点，更不是以其替代现有机器之作，其主要有三点意蕴，即在当下尤其是在"智能制造"背景下，重构工业制品、工艺之中的民族性、经典性、原创性。民族性，即民族符号，当下本土手工制品、工艺之"现代化"与机器制品之"本土化"即是实现民族性的双重路径；经典性，即经典符号，意思是，在提升本土手工制品、工艺"现代化"水平时，非是覆盖一切手工领域，而是聚焦于诸如苏绣、青花瓷、景泰蓝、龙泉剑等具有经典意义的部分；原创性，即通过传统"匠艺"的回归，至少在该领域复兴民族原创的品性。但是，重构民族性时，基于经典元素的"永恒性"，在传统制品、工艺中取舍"现代化"目标元素甚为重要，诚如在古船木家具制造中，需以传统"榫卯结构"保持古典"绿色意蕴"，现代防腐剂则替代以往长年累月的海水浸泡。重构经典性时，虽聚焦传统著名品牌，但不能忽略现代制造业中"新经典"品牌催生,设若"唐氏琴""诸葛笔"在于"匠人"之"天资慧手""岁月琢磨"与"作坊话语"的三重归因,"新经典"需切合定制化与柔性生产之需求,尤与后福特主义相呼应、本土化的"生产岛"不可或缺,中国工匠精神须自在其中。重构原创性时,遵循市场规则,关键佐之以政策导向功用,遂而助推原创文化复兴与新的因子的发育。二者之间,以民族性为原则,以经典性为策略,以原创性为目标。尤需注意,"智能制造"时代非是"手"的使命完成,在《匠人》一书中,理查德·桑内特引用康德之语:"手为心灵之窗",进而著者本人生发出"制造就是思考"判断[1]。事实上,早在1833年,查尔斯·贝尔在《手》一书中,即有"聪明的手"深刻判断。[2] 在《造物有灵且美》一书中,日本工艺大师赤木明登对于"人之手"描述和"手艺人之魂"的命题皆诠释出"手之智慧""手之品德"等人性属征的永恒品性。[3] 而在诸多文明古国之中,将"手之品性"挥发至极致的,中国堪称典范。时下,"中国制造2025"业已在制造业维度凸显出一种民族自觉意识,但需注意的是,在此过程中,不是对于德国工业4.0的一味追捧,从而再一次陷入"被4.0"的境况,更多是一种回归,一种对于本土传统基因、元素的挖掘、寻找。并且,非是在现代话语之下融合民族旨趣,而是基于民族之根融合现代话语。

其三,回归"匠制"。"匠制"主要指"匠人"培养制度。事实上,该体系在古代中国业已成熟、完整。同理,回归"匠制"非是重新照搬手工时代"匠器"培养制度,关键是镶嵌于本土"匠制"中的哲学将成为"再现代化"的逻辑参照,概而言之,即"匠制"应具多样性、行业性、本土性、历史性。多样性主要指"匠制"形式。鉴于"匠器"培养特殊性,非是单一学校形式所能涵括的,古代专门学校之外,尚有培养医师的药园、培养工役的掖庭局等值得深思;行业性主要指"匠制"取向。行业不同,则"匠制"不同,诚如"学徒制"用于"匠人"培养,

---

[1] [美]理查德·桑内特:《匠人》,李继宏译,上海译文出版社2015年版,第181页。
[2] Charles Bell. The Hand, Its Mechanism and Vital Endowments, as Evincing Design, London, 1833.
[3] [日]赤木明登:《造物有灵且美》,蕾克译,湖南美术出版社2016年版,第1—10页。

"畴官之学"用于"畴人"培养；本土性主要指"匠制"民族性。正如在世界历史上，尚未发现有其他民族农业技术教育有"社学"存有；历史性主要指"匠制"时代性，诚如"鸿都门学"诞于汉代，成熟"艺徒制"则自宋代起。如此等等。事实上，"匠制"诸属征业已被学界与实践领域所意识到。在多样性上，单一学校形式职业教育逐步被打破，"校企合作"模式渐次被推行；在行业性上，现代职业多偏向于学校制，传统职业则多偏向于学徒制；在民族性上，美国中等职业教育以综合中学见长，日本则是企业培训更具特色；在历史性上，中经"现代学校制"批判之后，"现代学徒制"进入理论与实践的视阈等。归根结底，回归"匠制"即是本土的、开放的且与"匠器"培养相适切的制度体系构建。事实上，基于沿袭西方话语"惯性"持存，当下在"匠制"原创方面尤其不能满足现代职业教育体系建设需求，尽管在职业教育领域有"天津模式"、广东顺德"双零模式"、广东惠州"四环模式"、深圳"宝安模式"等第次涌现且颇有建树，但究其根本，其间制度创制部分依然彰显出德国"双元制"、英国"现代学徒制"、澳大利亚"新学徒制"与美国"青年学徒制"之"底色"，本土、传统元素"甚少"势必将制约诸模式能否"走远"。这即是回归"匠制"时尤需考量的。

其四，回归"匠道"。简而言之，"匠道"即通常所言"工匠精神"及其背后与之相关的文化特质。就职业教育"再现代化"而言，"匠道"比"匠艺""匠制"更具价值，因为，后者属于技艺、制度层面，而前者属于精神、文化层面。事实上，回归"匠道"至少含蕴着三重命题。首先，打破遮蔽。即尽快将中国"工匠精神"从被欧洲遮蔽的状态中"剥离"出来，在"技艺""德艺""道艺"三者张力中，重现中国本土"匠道"的特质。其次，扬弃特质。承继精华，如"追求精艺且通于道、达于德""薄技于身而艺不役人"等境界；去其糟粕，诸如崇官、保守等元素谨当规避。再次，汲取营养。如若将西方视职业为"天职"的职业主义融于中国之"道"，将科学精神统合于"艺术"框架之中，或许是本土"匠道"现代化之路径。作为职业教育之根，"匠道"的回归具有本体之意义，但转型背景下，此事非一"匠人"群体之事，更不是职业教育学人"清议"的结果，为"匠道"回归搭建切合的平台是为根本，当下"中国制造2025"即是一重要契机，只是注意回归中的"张力"把握。

"回归"不是"回到",后者是机械的,前者带有张力。"回归"是一种扬弃,是一种螺旋式的上升,其生命力是在民族的、本土的基石之上,蕴含着世界性、现代性与发展性,并于诸张力间获得一种带有民族"取向"的重新建构。

就世界而言,中经百余年工业社会长足发展,尤在后工业社会总体背景之下,定制化生产方式颠覆了工业文明所带来的规模化、标准化、同质化职业教育范式,转而呼唤与之契合的新型职业教育。就中国而言,当下职业教育学科自觉意识业已具备,实践获得长足进展,政策亦空前有力……基于此,诠释"再现代化"概念,剖解回归的进路,以期为构建民族的、本土的、个性化的现代职业教育体系,甚至为规避与破除现代职业教育领域之"东方主义"偏见起到了"抛砖引玉"之功用。

主要参考文献

1. （北齐）魏收：《魏书》，中华书局1983年版。
2. （北魏）贾思勰撰：《齐民要术》，缪启愉校释，缪桂龙参校，农业出版社1982年版。
3. （东晋）袁宏：《后汉纪》，周天游校注，天津古籍出版社1987年版。
4. （汉）班固：《汉书》，中华书局1962年版。
5. （汉）刘歆撰：《葛洪集》，向新阳、刘克任校注，西京杂记校注，上海古籍出版社1991年版。
6. （汉）司马迁：《史记》，中华书局1982年版。
7. （后晋）刘昫：《旧唐书》，中华书局1983年版。
8. （梁）肖子显：《南齐书》，中华书局1983年版。
9. （明）宋应星：《天工开物译注》，潘吉星译注，上海古籍出版社1998年版。
10. （明）徐光启：《农政全书》，陈焕良、罗文华校注，岳麓书社2002年版。
11. （南朝梁）沈约：《宋书》，中华书局1983年版。
12. （南朝宋）范晔：《后汉书》，中华书局1975年版。
13. （清）张廷玉：《明史》，中华书局1974年版。
14. （清）赵尔巽：《清史稿》，中华书局1976—1977年版。
15. （宋）欧阳修、宋祁：《新唐书》，中华书局1975年版。
16. （宋）欧阳修：《新五代史》，中华书局1983年版。
17. （宋）司马光：《资治通鉴》，中华书局1956年版。
18. （宋）宋濂：《元史》，上海古籍出版社、上海书店影印本1986年版。

19. （宋）薛居正：《旧五代史》，中华书局1983年版。
20. （唐）杜佑：《通典》，中华书局影印、商务印书馆万有文库本1988年版。
21. （唐）房玄龄：《晋书》，中华书局1974年版。
22. （唐）李百药：《北齐书》，中华书局1983年版。
23. （唐）李延寿：《南史》，中华书局1975年版；《北史》，中华书局1983年版。
24. （唐）令狐德棻：《周书》，中华书局1983年版。
25. （唐）魏徵：《隋书》，中华书局1973年版。
26. （唐）姚思廉：《陈书》，中华书局1983年版。
27. （唐）姚思廉：《梁书》，中华书局1983年版。
28. （西晋）陈寿：《三国志》，中华书局1975年版。
29. （元）马端临：《文献通考》，中华书局影印、商务印书馆万有文库本1990年版。
30. ［英］李约瑟：《中国古代科学思想史》，陈立夫等译，江西人民出版社2000年版。
31. ［英］李约瑟：《中国科学技术史》，科学出版社、上海古籍出版社1990年版。
32. （春秋）左丘明：《国语》，上海古籍出版社1978年版。
33. （清）阮元：《十三经注疏》，中华书局1980年版。
34. 王玉哲：《中华远古史》，上海人民出版社2003年版。
35. 胡厚宣、胡振宇：《殷商史》，上海人民出版社2003年版。
36. 杨宽：《西周史》，上海人民出版社2003年版。
37. 顾德融、朱顺龙：《春秋史》，上海人民出版社2003年版。
38. 杨宽：《战国史》，上海人民出版社2003年版。
39. 林剑鸣：《秦汉史》，上海人民出版社2003年版。
40. 王仲荦：《魏晋南北朝史》，上海人民出版社2003年版。
41. 王仲荦：《隋唐五代史》（上），上海人民出版社2003年版。
42. 陈振：《宋史》，上海人民出版社2003年版。
43. 李锡厚、白滨：《辽金西夏史》，上海人民出版社2003年版。
44. 周良霄、顾菊英：《元史》，上海人民出版社2003年版。

45. 南炳文、汤纲：《明史》（上），上海人民出版社2003年版。
46. 南炳文、汤纲：《明史》（下），上海人民出版社2003年版。
47. 李治亭主编：《清史》（上），上海人民出版社2002年版。
48. 李治亭主编：《清史》（下），上海人民出版社2002年版。
49. 戴逸主编：《简明清史》（第一册），中国人民大学出版社2006年版。
50. 戴逸主编：《简明清史》（第二册），中国人民大学出版社2006年版。
51. 白寿彝主编：《中国史学史》，北京师范大学出版社2004年版。
52. 瞿林东：《中国史学史纲》，北京出版社1999年版。
53. 陈选善主编：《职业教育之理论与实际》，中华职业教育社1933年版。
54. 李蔺田主编：《中国职业技术教育史》，高等教育出版社1994年版。
55. 米靖：《中国职业教育史研究》，上海教育出版社2009年版。
56. 吴玉琦：《中国职业教育史》，吉林教育出版社1991年版。
57. 孙培青：《中国教育史》，华东师范大学出版社2000年版。
58. 毛礼锐、沈灌群主编：《中国教育通史》（1—6卷），山东教育出版社1985年版。
59. ［英］罗伯特·K. G. 坦普尔：《中国：发明与发现的国度》，陈养正、陈小慧等译，21世纪出版社1995年版。
60. 路宝利：《中国古代职业教育史》，经济科学出版社2011年版。
61. ［美］理查德·桑内特：《匠人》，李继宏译，上海译文出版社2015年版。
62. ［德］卡尔·西奥多·雅斯贝尔斯：《历史的起源与目标》，魏楚雄、余新天译，华夏出版社1989年版。
63. 张顺洪：《英美新殖民主义》，社会科学文献出版社1999年版。
64. ［美］塞缪尔·亨廷顿：《文明的冲突与世界秩序的重建》，周琪、刘绯等译，新华出版社2002年版，第249页。
65. ［德］康德：《历史理性批判文集》，何兆武译，商务印书馆1990年版。
66. ［美］阿尔文·托夫勒：《第三次浪潮》，黄明坚译，中信出版社2006年版。
67. 石伟平：《比较职业教育》，华东师范大学出版社2000年版。
68. ［以］S. N. 艾森斯塔德：《现代化：抗拒与变迁》，张旅平、沈原译，中国人民大学出版社1988年版。

69. 何传启：《第二次现代化理论——人类发展的世界前沿和科学逻辑》，科学出版社 2015 年版。
70. 路宝利：《美国中等职业教育发展的职业主义与民主主义之争："普杜之辩"研究》，中国社会科学出版社 2015 年版。
71. 吴国盛：《科学的历程》，北京大学出版社 2002 年版。
72. ［日］赤木明登：《造物有灵且美》，蕾克译，湖南美术出版社 2016 年版，第 10 页。
73. 爱德华·沃第尔·萨义德：《东方主义》，王志弘等译，立绪文化出版社（台湾）1999 年版。

后　　记

　　本书搁笔之际，心中久未平静。思忖起来，盖因两种情节：一是本土情节，二是故土情节。二者与我形影相随，可谓魂牵梦绕。该情该景或许会一直伴随于我的学术生活，抑或走到哪里即会跟至哪里。

　　本土情节即学科情节。因为，推进职业教育的"中国话语"建构是我一直以来的梦。借用爱默生一句名言，即"我们依赖外邦干瘪谷粮的日子已太久、太久"，终使我们忘记本来的路。在"轴心时代"，中华文明与希腊文明并置。设若民主是西方文化之根，民本则是中国文化之魂。遗憾的是，苏格拉底死于民主，孔子虽有无奈但以其人生辗转诠释出自由之元素。在另一维度，莫说中国没有认识论，早在胡塞尔提出现象学之前，阳明心学业已含蕴现象学意旨；莫说中国没有科学教育学，早在杜威提出"做中学"之前，颜元即已提出"习行"教法。如此等等。或许此等比较不甚科学，关键是，吾辈觉醒之后，路该如何去走自然明晓。

　　故土情节由来已久。1990 年 9 月，离开养育我 20 余年的故乡河北香河，只身前往昌黎求学。27 年已去，我与妹妹出生的老屋、故乡泥土的香味及缕缕乡愁总在梦中出现。故无论身处何境，我首先做到的是：不给母亲抹黑，不给故乡抹黑，让已逝的父亲在云端微笑。2017 年 6 月，我离开母校河北科技师范学院，举家前往安徽师范大学从教，这是我第二次迁途。离冀去皖，曾给予我温暖的领导、老师、同窗挚友与同事兄弟时常牵挂于心！燕山脚下、渤海之滨一花一草、一人一景难忘，母校是我第二故乡！做强学校是我一直的夙愿！

　　造化弄人，本书起笔之时，我工作于河北，收笔之时，我已在安徽。家人不解、友人不解，我自身亦不全然清楚此行初愿。老母古稀之年还需随儿南迁,妻、子就此顺应,徒增远方亲人牵念,故心存愧疚!但吾已近知天命之年,尚知"生于忧患"之理。……初入赭山校园,似感陌生,又似曾相识。梅雨季节湿热,难免思乡。但浸濡于百年老校,尤有教科院友好与进取氛围的关照,乍来的不适渐被冲淡。有此皖江同道中人,遂初心不改,夜以继日!

著 者
2017.6 于江城